KB271373

서양 해운사

서양 해운사

A SHORT HISTORY OF
THE WORLD'S SHIPPING INDUSTRY

어니스트 페일 지음 | 김성준 옮김

혜안

이 책은 한국과학기술단체 총연합회의 과학대중화사업 지원도서로 선정되어
한국항해항만학회와 한국 해사재단으로부터 일부 자금을 지원받아 발간되었음.

西洋海運史

題字 : 象步 李俊秀 博士(前 韓國海洋大學 學長)

17세기 네덜란드 상선 | Macpherson Collection 소장, Renier Nooms, '선원'

| 일러두기 |

1 한글로 적는 것을 원칙으로 하되, 고유명사는 우리말로 읽고, 필요에 따라 한자어와 원어를 병기하였다. 다만 약어와 발음을 확인하기 어려운 것은 원문 그대로 적었다.

2 본문 속에 나오는 England는 잉글랜드로, Britain은 브리튼으로 옮겼고, Great Britain은 영제국 또는 영국, Unite Kingdom은 영국으로 적고, 괄호 안에 GB 또는 UK라고 적었다.

3 역주에는 '**역주 |**'라고 표시하여 저자의 원주와 구분하였다.

4 수자는 만 단위로 읽고, 셋째 단위에 쉼표(,)를 찍지 않았다.

　보기) 123,578 → 12만 3578

5 우리들에게 익숙한 단위는 단위로 취급하여 영문 그대로 적었고, 생소한 단어는 우리 말로 적고, 괄호 안에 원어를 표기하였다. 단 배의 단위인 톤은 우리에게 익숙한 단위이지만, 우리 말로 적었다.

　보기) 미터→m, 베일→bale, ducat→두캇

추천사

요즈음 우리 사회에서는 '상식常識이 통하지 않는다'라는 말이 자주 회자膾炙되고 있다. 이것은 지식 전달에만 급급한 우리 교육에 전적으로 책임이 있다는 생각이 든다. 지식이란 것은 책을 통해 스스로 공부할 수 있지만, 상식은 책을 통해서 배울 수 없고, 사람과 사람이 만나 대화를 통하여 서로 돕고 협조하는 과정에서 얻을 수 있는 것이다. 따라서 교사와 교수들이 학생들에게 가르쳐야 할 것은 지식만이 아니라 상식도 포함되어야 한다.

상선사관商船士官 양성교육도 예외는 아니어서 순전히 지식을 전달하는 데 치중한 나머지 상선사관으로서 갖추어야 할 인성人性과 인문학적 교양을 교육하는 것에는 등한시해 왔다. 그 결과 우리 나라의 해기사海技士들의 모랄(morale)은 크게 저하되었으며, 해양사고에서 인적 요인이 차지하는 비율이 절대 다수를 차지하고 있는 실정이다. 상선 예비사관들이 과거 뱃사람들이 인류의 문화발전에 어떻게 공헌했는가를 배우게 된다면, 그들의 모랄(seamanship)은 크게 향상될 것이다.

　이번에 한국해양대학교의 김성준 박사가 해운사의 고전인 Fayle의 『서양 해운사』를 번역하여 출간하였다. 그 동안 세계해운업계에서는 US Line, Sealand, 산코三光 기선 등과 같은 대형선사大型船社들이 하나둘 역사 속으로 사라져갔다. 이들 선사의 부침浮沈에서 아무런 교훈도 얻지 못한다면 그들이 밟았던 전철을 뒤따르게 될 것이다. 해운업에서 과거는 지나간 옛 일로 끝나는 것이 아니라, 미래를 예시해 주는 훌륭한 경영지침이라고 할 수 있다. 이런 점에서 이 책이 해운 경영자들에게 좋은 경영지침서가 될 것을 믿어 의심치 않는다.

　어려운 번역작업을 마친 역자의 노고에 격려를 보내며, 이 책이 해운 경영자는 물론 해운을 공부하는 학생과 일반인들에게 해운에 대한 이해를 높이는 데 이바지하기를 바라마지 않는다.

2003년 12월

大韓海運株式會社 名譽會長

이 명 기

책을 옮기며

이 책은 페일(Ernest Fayle)의 *A Short History of the World's Shipping Industry* (George Allen & Unwin Ltd., 1933)를 번역한 것이다. 우리 해운사와 관련해서는 이미 손태현 교수가 1982년에 『한국해운사』韓國海運史를 출간한 바 있지만, 아직까지 세계 해운의 본고장이라고 할 수 있는 서양 해운사와 관련된 책이 출간된 적은 없다. 2019년 1월 현재 외항선 1637척, 7670만 중량톤을 보유하여 세계 7위의 해운국으로 성장한 우리 나라의 자화상으로 보기에는 너무나 부끄러운 모습이 아닐 수 없다. 이미 일본에서는 고베神戸 대학의 사사키 세이지佐々木誠治 교수가 일역하여 1957년에 『세계해운업소사』世界海運業小史라는 서명으로 일본 해운집회소日本海運集會所에서 출간한 바 있다. 우리 나라의 해양 관련 월간지나 기관지에 '세계해운사'라는 제목으로 게재된 글들은 거의 전부 바로 사사키 교수의 일역판을 참조한 것들이다.

하지만 이번에 원서를 바탕으로 하되 원서의 오식誤植과 일역서의 오역을 바로잡아 전역全譯하여 출간하게 됨으로써 우리도 서양 해운사를 제대로 읽을 수 있는 바탕이 마련되었다. 물론 이 책은 1차대전이 끝난 1930년대까지만을 다루고 있어 현대 해운사에 대해서는 전혀 다루고 있지 않다고 해도 지나친 말이 아니다. 하지만 다행히도 2차대전 이후 세계해운사를 이끌어 왔던 컨테이너선의 등장과 그로 인한 물류혁명에 대해서는 여러 단편 논문들이 있으므로 참조할 수 있을 것이다. 따라서 원래 현대 해운사 부분을 제13장에 덧붙이려고 생각했지만, 그것은 도리어 원서를 훼손한다는 생각이 들어 원서를 충실하게 번역하는 데 집중하기로 했다.

이 책을 읽는 독자들을 위해 몇 가지 번역 원칙을 알려드리는 것이 도리인 것 같다. 먼저 이 책은 교양서가 아니고 전문서이므로 철저하게 전문 해사 용어를 살리고자 했다. 이로 인해 일반 독자들이 어려움을 겪을지 모르지만, 그것은 불가피한 일이다. 전문가인 역자조차도 원서를 읽고 이해하는 데 어려움을 겪었기 때문이다. 그렇다고 하더라도 원서를 우리 말로 이해할 수 있도록 번역해야 한다는 역자의 책무를 게을리하지는 않았다.

둘째는 저자가 해운의 전문가로서 본문을 전개하는 데 해사 용어를 자연스럽게 사용하고 있기 때문에 가능한 한 저자의 문장을 그대로 옮기려고 노력하였다. 물론 수동태나 복수형, 사물이 주어가 된 문장 따위는 우리말답게 옮기려고 했지만, 그것도 저자가 원문에 사용한 낱말을 모두 옮긴다는 원칙을 훼손하지 않는 범위에서 그렇게 했다.

셋째는 전문서인만큼 우리말로 표현할 수 있는 것은 우리말로 옮기되 그렇지 못한 것은 저자의 의도를 존중하여 원어를 그대로 표기하였다. 이것이 큰 문제가 되는 것은 아니겠지만 한글 읽기에 익숙한 독자들에게는 간혹 튀어나오는 한자나 영어가 눈에 거슬릴지도 모르겠다.

이것은 독자들이 이 책을 정확하게 이해하기 위한 것이라는 점을 이해해 주기 바란다.

마지막으로 페일은 유럽인으로서 가질 수밖에 없었던 유럽중심주의로 인해 서명을 『세계 해운업의 약사』라고 붙였지만, 이 책의 어디에도 인도양과 태평양, 극동의 해역에서 이루어진 해운사에 대해서는 다루고 있지 않다. 따라서 책을 고를 독자들이 '세계'라는 말에 현혹되지 않도록 하기 위해 서명을 『서양 해운사』라고 붙였다.

이와 같은 점을 이해한다면 페일이 들려주는 해운사 이야기를 흥미 있게 읽어 내려갈 수 있을 것이다.

저자인 어니스트 페일은 해운의 본고장인 영국에서 해운사가이자 해운전문가로서 명성을 날렸지만, 그의 이력에 대해서는 잘 알려져 있지 않다. 사사키 교수가 일역서 서문에서 밝힌 내용을 정리하면, 1879년에 태어난 페일은 City of London School을 졸업하고, 오스트레일리아로 건너갔으나, 병을 얻어 귀국하여 해운 관련 관청·해운회사·연구기관에서 일한 것으로 보인다. 1920년부터 1943년에 사망할 때까지 Imperial Defence College에서 강사로 활동하였다. 그는 이 기간 동안 『해상무역 : 1차대전의 역사』(*Seaborne Trade : History of the Great War, based on official documents by direction of the Historical Section of the Committee of Imperial Defence*, 3vols., 1920~1924), 『전쟁과 해운산업』(*War and the Shipping Industry*, 1927), 『로이즈의 역사』(*A History of Lloyd's*, 공저, 1928)와 같은 해운의 고전서를 출간하였다. 그의 사후인 1948년에 출간된 『무역풍』(*The Trade Winds*)이라는 책은 파킨슨(Northcote Parkinson)과 함께 편집을 맡았고, 논문 2편("Shipowning and Marine Insurance", "Employment of British

Shipping")을 싣기도 했다.

해양사의 핵심인 해전과 해운 분야의 명저를 꼽으라면 단연 메이헌(Alfred Mahan, 1840~1914)의 『역사에 미친 해양력의 영향』(*Influence of Sea Power upon History*)과 페일의 이 책을 꼽는 데 주저하는 사람이 없을 것이다. 메이헌의 책은 출간된 지 6년 만에 일역판이 출간되었고, 우리 나라에서는 110년 만에 번역되었다. 이에 대해 페일의 책은 24년 만에 일어판이 출간되었고, 71년 만에 우리말로 번역되었다. 우리 나라의 해운과 해군을 비교해 본다면, 39년(110-71)의 시간 만큼 해운이 앞서고 있다고 해도 크게 어긋나지는 않을 것이다. 하지만 이렇게 비교한다는 것은 해양의 속성을 제대로 이해하지 못한 것이다. 왜냐하면 해군과 해운은 서로 떼려야 뗄 수 없는 사이이기 때문이다.

이 책을 번역하는 데 거의 1년 반이란 시일이 소요되었다. 물론 전적으로 이 책을 번역하는 데에만 집중했다면 그 시간은 훨씬 단축되었을 것이지만, 사람이 살아가는 데 한 가지 일에만 몰두할 수는 없는 것이 인간사다. 게다가 번역을 학문적 업적으로 인정하지 않는 우리 학계의 풍토 또한 역자로 하여금 번역작업에 집중할 수 없도록 했다. 하루에 한두 쪽, 어떤 날은 그냥 넘어가기도 하면서 세월을 보내다가 출간 약속 기한이 다가오자 하루에 열 쪽 이상씩 옮기면서 몸살을 앓기도 했다. 이렇게 오랜 작업에서 벗어날 수 있도록 해주신 한국해사재단(이사장 박종규)과 서예가이신 보정寶鼎 조국현 사무국장님, 그리고 한국항해항만학회(회장 장두찬)에 감사드린다. 한국해사재단과 한국항해항만학회에서 출판비를 지원해 주지 않았다면 이 작업을 도중에 포기했을지도 모른다. 이에 대해 다시 한 번 깊이 감사의 말씀을

전한다. 그리고 귀중한 시간을 내어 원문과 일역문을 대조해 가며 오역을 바로잡아 주시고 제자 題字를 써주신 이준수 학장님과 추천사를 써주신 이맹기 제독님, 초역본을 읽고 문장을 가다듬어 주신 한국해운물류학회 오세영 회장님께도 깊이 감사드린다. 시장성이라고는 없는 이런 책을 기꺼이 맡아 출간해 주신 혜안의 오일주 사장님과 편집부의 여러 직원들에게도 감사드린다. 이 책이 해운사에 대한 이해를 높이는 데 자그마한 보탬이 되었으면 하는 마음 간절하며, 사사키 교수의 일역판에서 본문 속에 나오는 여러 인물들의 생몰연대와 그 밖의 정보들을 참조했지만 옮기는 과정에서 오류가 있었다면 그것은 전적으로 역자의 잘못임을 밝혀둔다.

이 책의 초역판이 출판된 것이 2004년이었다. 책이 출판되고 나서 한 문장을 오역했음을 확인하고, 못내 마음이 불편해 초판이 절판되기만을 기다렸다. 이제 오역된 문장을 바로잡고, 오타와 탈자 등을 바로잡아 개역판을 내어놓는다. 부디 개역판에는 오역이 발견되지 않기를 바라본다.

우리들의 바다! 우리들의 미래
Mare Nostrum! Futura Nostra!

2020년
아치섬 해죽헌에서
옮긴이 김성준

권두언

일부 사람들은 바다에 대해 어떤 특별한 감정도 갖고 있지 않을지 모르지만, 대부분의 사람들은 바다를 사랑하거나 싫어한다. 보다 견고하고 통풍 설비도 잘 된 배가 만들어지고 있는 지금은 바다를 사랑하는 사람들이 해마다 점점 늘어나고 있고, 필자도 그런 사람들 중의 하나다.

바다와 바닷가에서 일을 하거나 놀고 있거나 뱃사람과 크고 작은 배들이 내 생활의 대부분을 차지하게 된 지금, 나는 바다와 뱃사람, 그리고 배를 사랑하기 때문에 배에 관한 책을 펼칠 때 약간의 불안감을 느끼지 않을 수 없다. 어떤 저자들은, 배를 타고 바다로 나갈 때, 요트용 모자를 쓰기도 하고, 헐렁한 바지춤을 추겨올린 채 호른파이프 무용곡(옛날 영국 선원들이 즐기던 무용곡 | 역자)에 맞추어 한바탕 춤을 추기도 하고, 스티븐슨(R. L. S., Robert Louis Stevenson, 1850~1894)이 '옛 투'擬古體(tushery)라고 부른 잰 체하는 행위에 몰두하곤 한다.

나와 마찬가지로 폼잡고 잘난척하는 것을 싫어하는 독자가 있다면, 이 책에는 그런 거드름 따위는 전혀 없다고 말해주고 싶다. 이 책의 저자는 시공을 명확히 구분하고 자신의 이야기를 이 대단한 주제에 어울릴 만한 위엄을 갖추어 서술하고 있다.

게다가 저자는 극히 많은 사건들을 이 책 한 권에 압축시켰으면서도 어떤 이야기와 관련된 자료에 대해서는 놀랄 만큼 상세하다. 그리고 평범한 사실事實과 명확한 수치를 들어, 과거의 거친 항해 모습을 정교하게 부각시키고 있다. 이들 항해가 얼마나 거칠었으며, 항해에 종사한 사람들이 얼마나 열성적이고 용감하였으며, 현재의 우리에게도 이러한 사실들이 얼마나 실질적이고 현실적인 의미를 갖는지 그야말로 생생하게 느낄 수 있을 만큼 묘사해 내고 있다.

국적과 시대에 상관없이, 선원과 선주, 상인들은 만약 오늘날 볼 수 있는 볼틱 익스체인지(Baltic Exchange)나 해운집회소(*Chamber of Shipping*) 같은 조직들을 이용할 수 있었다면 훨씬 편하게 활동할 수 있을 것이다. 그러나 안전하고 성공적인 항해를 위해서는, 배는 항상 파도와 암초, 짙은 안개와 싸워 이겨야 할 뿐 아니라 다른 배와도 끊임없이 경쟁하지 않으면 안 된다는 현실을 깨달아야 한다. 이 같은 사실은 옛날의 선원, 선주, 상인들도 이미 알고 있었고, 오늘날 바다에 봉사하고 있는 우리 역시 알고 있다. 이들 뱃사람들에게는 어떤 속임수도 통하지 않았다. 당시에는 어떤 보조금도 성공을 전혀 보증해 주지 못했다. —이는 오늘날 역시 변함없는 사실이다.

Alan G. Anderson
영국해운집회소 전 회장

머리말

　이 책은 해운사를 한 권의 적당한 두께로 정리한 책이 없다는 것을 애석해하던 나의 절친한 영국 상선 선원 친구들과 얘기를 나누는 과정에서 아이디어를 얻었다. 그들은 인류 역사 초창기부터 오늘날에 이르기까지 '바다를 통해 물건과 사람을 실어 나르는 사업'(해운업 | 역자)이 어떻게 이루어져 왔고, 그것이 세계 인류의 삶에 어떤 의미가 있었는지 생생하게 보여줄 수 있는 그러한 책을 원했다. 이들뿐만이 아니라 다른 선원들과, 해운과 직접 관련을 맺고 있는 사람들도 여태까지 그러한 책이 없었다는 사실을 잘 알고 있을 것이다. 물론 코라클(coracle)1)에서 큐나드 라인(Cunard Line)의 배에 이르기까지 배 자체가 어떻게 발전해 왔는가를 서술한 책이나, 해상무역의 특정한 부분과 특정한 시기를 역사적으로 다룬 책들은 상당히 많다. 또한 그 중 많은 것은 대단히 뛰어난 저술이다. 그러나 해운산업의 발전과 그것이 인류의 진보에 끼친 기여에 대해 폭넓게 서술한 책을 원하는 독자들은 린제이(W. S. Lindsay)2)가 반세기 전에 출판한 그 방대하기 짝이 없는

---

1) **역주** | 아일랜드와 웨일즈에서 쓰이는 작은 배.

4권짜리 『해운과 고대무역사』(*History of Merchant Shipping and Ancient Commerce*)를 펴보거나, 그렇지 않으면 여러 저자들이 쓴 많은 책을 읽고 얻은 지식들을 종합해야만 했다.

이 책은 바로 이러한 틈새를 메우기 위한 것이다. 이 책의 목적은 산업으로서 해운업의 역사를 전체적인 시각에서 살펴보는 것, 즉 세계사적인 각각의 발전단계에서 상선이라는 것이 어떻게 소유되고 운항되었으며, 이들 상선이 취항한 항로와 운반한 화물·선박 소유자와 정부와의 관계, 배 위에서의 생활 상태와 노동 조건을 해명하는 데 있다. 특히 중요기간산업 중에서도 으뜸가는 해운업이 각각의 발전단계에서 세계자원의 개발, 미개지역의 식민, 오늘날 우리 주변에서 볼 수 있는 것과 같은 문명의 점진적인 형성에 끼친 공헌에 대해 가능한 한 명확히 하는 데 그 목적이 있다.

해운업의 역사를 책 한 권에 정리하려다 보니, 서술했다면 분명 흥미진진했을 이야기들도 부득이하게 생략하지 않을 수 없었다. 배의 설계와 구조의 개선에 대해서도, 선주가 사업을 영위하는 방식과 범위에 근본적인 변화를 불러일으켰거나 또는 그 결과에 의해 변화가 일어났을 경우로 한하여 언급하였다. 대탐험가들과 대항해자들의 탐험과 항해에 대해서도, 비록 모험담으로 가득차 있다 해도 간단한 서술에 그치고, 오히려 이러한 항해들로 인해 가능해진 이후 시대의 보다 무미건조해 보이는 상업적 발전을 더욱 상세히 기록하고자 하였다. 해운산업 그 자체의 성장에 대해서는 각 시대에 바다에서 활발하게 활동했던 민족들과 당 시대 가장 전형적인 것으로 간주될 수 있는

---

2) **역주** | *History of Merchant Shipping and Ancient Commerce*(4 Vols., 1874~1876)의 저자이자, W.S. Linday & Co.이라는 해운회사를 경영한 상인이자 선주.

해상무역의 방법과 성과에 대한 이야기부터 주로 서술하였다.

이와 같은 한계 내에서 쓰기는 했지만, 이 책은 개설서 이상의 것은 될 수 없다. 따라서 특히 해운산업의 특정 측면들, 즉 사회적 또는 경제적 측면에 관심이 있는 독자라면 이 책에 그렇게 큰 주목을 하지 않을지도 모른다. 그러나 고백컨대, 해운산업의 역사를 전체적으로 하나의 연속된 이야기로 만들고자 하다 보니, 특정한 시대의 특정한 문제를 뽑아서 고찰하는 경우라면 필요했을 많은 것들을 일정 부분 내버릴 수밖에 없었다.

해당 주제에 대해 좀더 알고 싶은 독자들은 각 장의 말미에 있는 참고문헌을 보면 도움이 될 것이다. 물론 참고문헌이라고는 해도 해당 주제에 대한 충분한 참고문헌은 아님을 밝혀 둔다. 이 목록들은 필자가 특히 유용하게 참조한 저서들과 비교적 손쉽게 구할 수 있는 저서들로 한정하였다.

이 책을 간행하는 데 런던도서관과 사서들, 그리고 특히 친우인 메인워링(G. E. Mainwaring) 씨는 자료 수집에 편의와 도움을 주었다. 깊이 감사의 마음을 전한다.

C. E. F.

차 례

서장 | 장벽이자 한길로서의 바다 ·· 25

운송은 문명이다-세계 자원의 풀링(pooling)-물자의 교환과 사상의 교류-원시인 거주지의 고립성-장벽으로서의 산·늪·사막-가항可航 하천의 활용-최종적인 장벽으로서의 바다-바닷길의 개척자-행상인, 상인·소선장, 자본가 선주-장벽이 어떻게 한길이 되었나?-책의 개요

제1장 다르수스의 배 | 고대의 바다 장사꾼들 ································· 39

선사시대 해운업의 기원-바다 장사꾼으로서의 이집트인-고대 세계의 일반 운송인이자 중개인이었던 페니키아인-페니키아의 식민지와 무역거점-갤리선과 둥근 배-그리스 상인·소선장-'부정기 무역'의 시작-곡물공급과 선박량-해운사업의 기법-무역 사기-로마 제국 초기 해운의 황금시대-무역로와 화물-여객 수송-항해의 제한-항해지시서-해운업의 조직과 해상법의 출현-전형적인 용선계약서

표차례

서장
장벽이자 한길로서의 바다

"깊이를 알 수 없고, 짜디짜며, 가로막고 있는 바다여"
Matthew Arnold(1822~1888)

"바다야말로, 자신이 갈라놓은 육지를 연결시킨다."
Alexander Pope(1688~1744)

키플링(Rudyard Kipling, 1865~1936)이 그의 책에 등장하는 가상의 항공통제국(Aerial Board of Control)의 모토로 '운송은 문명이다'(Transportation is civilization)라는 문구를 만들어 넣었을 때, 그는 단 세 낱말로 진실을 가장 함축적으로 표현하였다. 물론 이 표현이 오늘날 우리가 주변에서 볼 수 있는 것과 같은 종류의 문명을 정확하게 묘사한 것인가에 대해서는 다소 의문을 가질 수도 있다. 그러나 한 가지만은 확실하다. 즉 어떤 민족도 그 자체만으로는 아무것도 이룩할 수 없었다는 것이다. 어떤 나라의 국민이 문명화된 삶을 영위하기 위해서는 필수품이지만 자체적으로 생산할 수 없는 다양한 종류의 물품을 다른 나라로부터 공급받아야 한다. 오늘날에도 자국 내에서 필요한 것을 모두 '자급자족'하는 나라가 바람직하다는 얘기를 자주 듣는다. 하지만 자급자족이라는 용어는 아주 제한적인 의미에서만 사용될 수 있다는 사실을 흔히 간과하는 경향이 있다. 어떤 지역의 토양에서 생산할 수 있는 농산물을 증산하고, 해당 지역의 공장이 획득할 수 있는 원료만으로 자국의 산업을 발전시킬 수도 있다. 그러나 어떤 정책을 쓰더라도 자연 여건상 해당 지역에 매장되어 있지 않은 석탄이나 철, 또는 구리, 주석, 망간 등을 채굴해 내거나, 해당 지역의 토양이나 기후조건에는 재배하기 적당하지 않은 면화나 차, 고무 따위를 재배할 수는 없는 일이다.

흔히 세계의 모든 부를 창출해내는 것은 뭔가를 재배하거나 만들어내는 사람, 또는 상품을 만드는 데 필요한 원재료를 채굴해내는 실제 생산자라고 얘기하곤 한다. 이는 어느 면에서는 사실이다. 운송과 판매는 운송하고 팔 재료가 없다면 존재할 수 없다. 그럼에도 불구하고 생산물이나 상품을 생산지 이외의 다른 지역으로 운송할 방법이 없다면 전 세계 부의 상당량은 무용지물이나 다름없을 것이다. 어떤 지역에는 철광석이 풍부하게 묻혀 있지만, 그것을 녹일 수 있는 석탄이 전혀 나지 않을 수 있다. 철광석이나 석탄이 전혀 나지 않는 열대나 아열대 지역에서는 고무나 면화가 생산될 수 있다. 이들 세 지역은 각자 자신들이 생활하는 데 필요한 것보다 많은 철광석이나 석탄, 또는 고무나 면화를 생산할 수 있다. 그렇지만 각 지역의 생산력을 완전히 활용할 수 있고, 주민들이 다양한 삶을 누리기 위해서는 철광석을 석탄 생산지로, 또는 석탄을 철광석 산지로 운송하여 용광로와 주물공장에서 만들어낸 철강 제품을 고무와 면화와 교환하고 난 이후에나 가능하다. 원재료의 측면에서 보면 문명의 성장은 인류가 세계의 자원을 공동으로 이용하고, 각 지역의 특화 상품을 전체적으로 이용할 수 있느냐의 여부에 달려 있다. 이것이 운송의 역할이다.

이 밖에도 상품의 교환은 사상의 상호 교류와 연계되어 있다. 각 민족은 인종적 특성과 환경·고유의 제도·독자적인 예술문화, 사회·종교·정치적 문제를 바라보는 관점에 따라 발전해 왔다. 그러나 이러한 것들 뒤에는 여러 나라의 사상가·예술가·철학자들이 만들어 놓은 사상과 전통 같은 보다 근본적인 공통된 지적 유산이 자리잡고 있다. 로마의 법률가·영국의 행정가·프랑스의 철학자·독일의 과학자들의 사상이 우리가 문명국이라고 부르는 모든 나라의 제도와 사상에 반영되어 있는 것이다. 우리들이 삶에 대해 사고하고, 옷을 입고, 예의범절을 지키고, 여가를 즐기는 방식은 수백 내지 수천 마일 떨어진 곳에 거주하는 수많은 사람들의 생각과 관습으로부터 지금도 계속해서 영향을 받고 있다.

이와 같은 사상의 교환은 무역의 발전과 매우 긴밀하게 연관되어 있다. 바울과 같은 순회 전도사·교사·학생도 보통 무역업자들이 개척해 놓은 교역로와 상선이 항해한 항로를 따라가곤 했다. 물건을 갖고 이동하는 상인들과 외국무역에 종사하는 선박의 선원들은 멀리 떨어진 지역에 사는 사람들이 사회적·지적인 교류를 증진시키는 데 중요한 역할을 담당했다. 일단 무역업자들이 길을 개척해 놓기만 하면, 곧이어 관광객들과 이민자들이 여행자들의 이야기에 고무되어 호기심을 충족시키거나, 새로운 지역에서 새로운 삶을 살아볼 양으로 그들의 뒤를 따랐다. 그들은 어느 곳을 가든지 간에 물건만 가져간 것이 아니라, 자기 지역의 사상과 유행, 관습도 함께 가져갔고, 되돌아올 때는 기이하고 신기한 상품뿐만 아니라 그 지역의 새로운 사상을 들여왔다.

일부 민족들은 상황에 따라 외부와 고립되어 있기도 했고, 어떤 민족들은 고립을 정책의 목표로 추진하기도 했다. 물론 아메리카나 오스트레일리아의 원주민들처럼 미개 상태에 머문 경우도 많이 있지만, 고립된 민족들이 모두 미개나 야만 상태에 머물렀던 것은 아니었다. 그러나 그들 민족은 발전의 이익을 다른 민족에게 전하지 않았을 뿐만 아니라, 자신들의 발전 그 자체도 정체되어 버릴 수밖에 없었다. 스페인인들이 페루에서 발견한 문명과, 중국과 일본이 수세기 동안 외부 세계와 단절한 채 발전시킨 문명도 경이롭고 아름다운 특징을 지니고 있다. 어떤 측면에서는 그들의 문명이 동시대의 유럽인들이 이룩한 문명보다 훨씬 세련되기도 했다. 그러나 이들의 문명은, 유럽 문명처럼 새로운 사상과 다른 민족의 생활방식들과 꾸준히 접촉함으로써 얻는 자극을 받지 못하였다. 따라서 그들의 문명은 미적으로 세련된 측면을 갖고 있음에도 불구하고, 점차 협애화狹隘化되고 정체되어 갔다. 그들의 문명은 성장을 멈추었고, 결국 쇠퇴하기 시작했다.

그러므로 문명은 팽창, 다른 말로 하면 다른 문명과 접촉하지 않으면 안 되며, 그렇지 않으면 영양결핍으로 쇠퇴하게 된다. 이미 살펴본 것처럼, 자기에게는 희소하거나 전무한 생산품을 다른 상대와 교환할 수 있는 수단을 갖지 못할 경우 문명은 물질적인 측면에 크게 이바지할 수 없다. 이를테면 인류의 발전사에서 초기에 속하는 청동기 시대를 살펴보자. 청동을 만들려면 구리와 주석이 필요하고, 이 두 금속, 특히 주석 원광은 매우 넓은 지역에 산재되어 있다. 구리와 주석이 산출된다 해도 두 광물은 매우 빨리 고갈되어 버리기 때문에 그것을 보충하기 위해서는 아주 먼 지역에서 찾지 않으면 안 되었다.

자원이 여기저기 흩어져 분포하기 때문에 사람들은 이를 찾아 이동하지 않으면 안 되는 반면에, 자연은 사람들이 나아가는 데 경계를 긋고, 장벽이 되었다. 산맥, 물이 없는 사막, 통과할 수 없는 드넓은 습지, 진입이 불가능한 원시림은 원시인이 문명을 발전시키기 위한 긴 여정의 첫 걸음인 정착촌 건설을 모든 측면에서 가로막았다. 민족의 대이동으로 사람이 사는 지역이 점차 확대되어 갔다. 하지만 민족의 대이동도 이러한 장벽들에 부딪치기 일쑤였고, 값비싼 대가와 희생을 치르고서야 겨우 가능할 수 있었다. 여러 민족들이 사력을 다해 사막지대나 수풀이 우거진 산악지대를 통과하였다 해도, 다른 지역에 사는 사람들과 정기적으로 교류한다거나 많은 상품을 정기적으로 교환하는 데 자연은 실질적으로 극복할 수 없는 장벽이 되었다. 물론 우리들은 거대한 바위를 솔즈베리 평원(Salisbury Plain)으로 옮겨와 일정한 계획에 따라 거석을 세운 사람들의 토목기술을 낮게 평가해서는 안 된다. 우리들은 선사시대 사람들이 황무지를 개척하고, 배수로를 만들고 도로를 만드는 데 뛰어난 기술을 발휘했다는 사실을 잘 알고 있다. 그러나 대부분의 고대사회는 오늘날 우리가 상상하기조차 어려운 고립 속에서 서로 격리되어 있던 상황에서 이루어진 것이 사실이다.

그러므로 사람들이 자연 자체가 만들어 놓은 큰길을 가능한 한 최대한 이용하려 했던 것은 어쩌면 당연한 일이었다. 넓은 가람은 폭포에 의해 단절되는 경우를 빼놓고는 이동하는 데 아무런 장애가 되지 않으며, 길을 내기 위해 나무를 벨 필요도 없었고 길바닥을 닦기 위해 수고를 들일 필요도 없었다. 좋은 뭍길이 있거나 큰 어려움 없이 만들 수 있을 때조차도 먼 거리로 상품을 대량으로 운송하는 데는 수상운송이 육상운송보다 쉽고 저렴했다. 이는 오늘날도 마찬가지다. 이를테면 독일에서 이탈리아로 석탄을 운송할 때 거리상으로는 훨씬 더 짧은 뭍길을 이용하지 않고, 라인강을 따라 내려와 네덜란드 항구로 이송하여 배에 실어 영국해협을 지나 비스케이만을 가로지른 뒤, 포르투갈 해안을 따라 내려와 지브롤터 해협을 통과하여 지중해를 지나 제노바나 나폴리에 이르는 바닷길을 이용한다. 오늘날 철도와 수상운송 중 어느 쪽을 선택할 것인지의 여부는 주로 상대적인 비용의 문제가 되었다. 그러나 문명의 여명기에는 짐을 운반하는 데 우차나 낙타를 이용할 수 없었기 때문에 배를 택했을지 모른다.

고대문명이 항행 가능한 하천의 유역에서 성장했던 것은 관개용수의 공급과 운송의 편리함 때문이었다. 나일강은 이집트를 비옥하게 만든 원천이었을 뿐만 아니라 나라 전체를 하나로 묶는 연결고리였다. 고대에도 이집트의 모든 화물은 사실상 나일강을 따라 오르내리면서 운송되었다.

강물을 따라 내려가거나 뭍길을 통해 수풀이나 습지, 사막을 통과한 사람들은 마침내 더욱 큰 진전을 위해 최후의 장벽인 바다에 이르게 되었다. 그 너머에 뭔가가 있다고 할지라도 사람들은 무엇이 있는지 알 수 없었다. 따라서 점차 바다 너머에는 더 이상 해안은 존재하지 않고 순전히 물로만 된 '한 바다'(ocean flood)가 있어 사람들이 살고 있는 땅을 감돌고 있다는 얘기가 여러 지역에서 생겨나기 시작했다.

어떤 사람이 대담하게 용기를 내어 고기를 잡거나 해안에서 보이는 섬으로 가거나, 또는 수풀을 가로지르거나 바위투성이인 산을 올라가 어려움을 피하여 인근 바닷가를 방문하기 위해 조그만 뗏목이나 마상이(dug-out)를 타고 바다로 나섰을 때조차도, 보통사람이라면 '난 바다'로 나간다는 것을 생각도 할 수 없었기 때문에 그런 사람은 미치광이나 자포자기한 사람, 아니면 영웅으로 취급하였다. 고대의 배는 거친 파도를 견디기에는 너무 약했고, 오랫동안 항해하는 데 필요한 식량과 비품을 싣기에는 너무 작았다. 뱃사람들은 침로를 알려주는 기기가 없었기 때문에 일단 육지의 물표를 시야에서 잃게 되면 낮에는 해를 보고 밤에는 별을 보고 항해할 수밖에 없었다. 어렵게 항해를 마치고 목적지에 이르면 뭔가가 있을 수도 있고, 아무것도 없을 수도 있었다. 알려지지 않았던 해안이 있다고 하더라도 그곳에는 식인종이나 야만인들이 살고 있을지도 모른다. 그러므로 그런 곳으로 갈지도 모르는 뱃길은 말로 표현할 수 없는 공포감을 주었다. 왜냐하면 비교적 근대라고 여겨지는 시기에도 사람들은 바다에 뭔가가 살고 있다고 생각하였기 때문이다. 그래서 16세기경, 사람들은 아시아로 가는 북동항로를 찾아 항해에 나선 탐험가들을 향해 다음과 같은 주의를 줄 필요가 있다고 생각하였다.

머리는 사람이고 꼬리는 물고기 모양을 한 동물의 속임수를 조심해야 한다. 이 놈은 협곡이나 만에서 활을 갖고 헤엄을 치면서 사람을 잡아먹고 산다.

인류의 조상이 미지의 땅으로 이주하면서 품고 있었던 미신적인 공포심이라든가, 작은 배에 몸을 싣고 바다로 나가야 했다는 것, 거기에 지리적 지식과 과학적인 항해장비를 전혀 갖추고 있지 못했다는 점을 아울러 염두에 둘 때, 수세기 동안 지중해와 북유럽의 해안을 따라 해상무역이 성장한 후에도 난바다는 여전히 인류의 활동에 마지막 장벽으로 남아 있었고, 아메리카와 오스트레일리아가 사람들에게 전혀 알려지지 않았다는 사실은 이상할 것도 없다.

바닷길을 열었던 개척자들은, 많은 예에서 알 수 있는 것처럼, 해안을 따라가며 약탈을 자행한 해적들과 침입자들을 피해 달아났던 피난민들, 궁핍 때문에 자기가 살던 땅을 떠나야 했던 이주민들 또는 호기심과 모험심에 고무된 탐험가들이었다. 그러나 만약 어떤 산물을 육지를 통해 수급받을 수 없었다거나 교환이 불가능했다면, 바다를 통해 교통할 수 있는 신뢰할 수 있고 정기적인 수단이 없었다면, 피난민들이나 이주민들이 건설한 식민지들은 곧 사라졌을 것이고, 탐험가들이 이룩한 업적도 잊혀졌을 것이다.

이 책에서 다루어야 할 사람들이 바로 이런 사람들이다. 우선 이들은 주로 상인들이었다. 이들은 멀리 떨어져 있는 시장으로 자기 자신의 화물을 운송하거나 새로운 화물을 찾아나서기 위해 배를 만들었다. 역사의 초창기에도 배가 없는 상인들도 바다 너머에서 팔 만한 물품을 소유하고 있었을 것이다. 배 주인들은 배에 실을 화물이 부족하면 자기 화물과 함께 다른 사람들의 화물을 운임을 받고 기꺼이 실어 날랐을 것이다. 교역량이 늘어나면서 화물을 실어 나르는 사업 자체가 돈을 버는 사업이 되었고, 배를 짓기에 충분한 돈을 갖고 있거나 빌 수 있는 경험 있는 소선장小船長(skipper)은 배를 빌리고 싶어하는 상인들이 많다는 사실을 깨달았을 것이다. 돈이 많은 사람들은 자신이 직접 바다로 나가지 않고 배를 짓는 데 돈을 투자하여 항해는 유능한 뱃사람들에게 맡기고 운항은 능력 있는 장사꾼에게 맡겼다. 오늘날에도 이 세 가지 유형의 해운 관계인들이 존재하고 있다. 자회사를 통해 유조선이나 상선을 소유하고 있는 석유회사나 석탄회사, 또는 청과회사들은 과거의 상인 선주(merchant shipowner)에 해당한다. 누구나 빌려 쓸 수 있는 배를 소유하고 있었던 고대 그리스의 기업심 왕성한 소선장들은 오늘날 자기 배를 갖고 있거나 배의 소유권 중 일부를 갖고 있는 부정기선의 선장과 비슷하다고 할 수 있다. 알렉산드리아와의 곡물 무역에 취항하는 배 한두 척을 갖고 있는 로마의 자본가들은 오늘날 해운회사의 선구자들이었다.

수세기가 흐르는 동안 인류의 발전에 마지막 장벽으로 남아 있던 바다를 한길로 전환시켜서 전 세계를 점차 하나로 만든 사람들이 바로 이들이었다. 비록 해운산업의 초기 발전 단계에 대해서는 두드러진 특징들밖에 다룰 수 없기 때문에 매우 개략적이고 생략된 부분이 많기는 하지만, 이 책에서 할 얘기는 바로 그들에 대한 이야기다.

우선 이집트·페니키아·그리스의 바다 장사꾼들이 어떻게 유럽과 아시아를 한데 연결시켜 무역을 확대시키고, 또 그럼으로써 문명을 지중해 전역으로 확대시켜 나갔는지 살펴볼 것이다. 이러한 활동은 선사시대부터 시작되었다. 해운산업은 로마제국의 전성기였던 기원후 2세기 동안 황금기를 맞이하였다. 이 시기에 서구 세계는 단일한 통치권 아래 통합되었고, 유례 없는 평화와 번영을 누리면서 무역량이 크게 늘고 선박 소유의 기법도 빠르게 발전하였다(제1장).

이 황금기 이후 로마제국이 붕괴하여 해체되어 가는 동안 오랜 기간에 걸쳐 정체와 쇠퇴 시기가 뒤따랐고, 뒤이어 '암흑의 시대'가 계속되었다. 그 뒤에 이탈리아의 도시국가가 성장함에 따라 두 번째 지중해 시대가 찾아왔다. 이 시기는 대체로 베네치아가 번영을 누린 11세기부터 15세기까지에 해당한다. 지중해는 여전히 무역과 문명의 중심이었으나, 베네치아의 갈레아스 선(Galleass)과 제노바의 캐랙 선(Carrack)은 훨씬 더 멀리까지 항해하여 지중해 산물과 동방의 부를 북유럽의 여러 항구로 실어 날랐다. 해운산업 측면에서 보면, 짐을 실어 나르는 방법은 초기에는 로마의 해운과 비교해 보건대 놀랄 정도로 조잡하고 원시적이었다. 그러나 후대에는 상업조직이 매우 빠르게 발전하였고, 은행업과 보험업이 해운업자들을 후원하였다. 용선계약서도 공들여 작성되었고, 뱃사람들의 임금과 노동조건에 대한 규정도 주의 깊게 만들어졌으며, 오늘날의 플림솔 마크(Plimsol mark, 만재흘수선)와 선급과 비슷한 것들도 처음으로 나타났다(제2장).

2차 지중해 시대가 전개되던 그 시기에 북유럽에서는 청어와 잉글랜드 양모의 유통을 주로 하는 해운산업이 발전하였다. 북유럽 해운은 게르만 상업국가 연합체인 한자동맹(Hansa)이 장악하였다. 한자동맹은 운송무역을 장악함으로써 막대한 경제력과 막강한 정치력을 구축하였다. 이에 대해 잉글랜드 뱃사람들도 보르도 포도주 무역과 청교도 이주민 운송에 종사하면서 뱃일과 해운산업을 익혀 나갔다(제3장).

그 사이에 배를 짓는 기술과 항해술이 크게 진전되어 15세기 말엽에는 바스코 다 가마, 콜럼버스, 마젤란과 같은 탐험가들이 세계의 전체적인 균형을 뒤흔들어 놓았다. 인도로 직접 가는 바닷길이 열림으로써 지중해 국가들에게 번영을 가져다주던 근원이 사라져 버렸다. 대서양 너머에는 사람들이 이주하고 탐험할 새로운 세계가 있었다. 16세기에서 17세기에 걸쳐 해양 팽창이 급속하게 이루어졌고, 유럽으로 유입된 멕시코와 페루산^産 귀금속은 유럽의 경제생활을 근본적으로 바꾸어 놓았다. 즉 이것은 유럽인들의 자본 축적에 유례없는 자극제가 되었던 것이다. 스페인인들과 포르투갈인들이 이 해양팽창을 선도하였는데, 그들은 장사꾼이라기보다는 정복자들이었다. 실질적으로 해상무역을 발전시킨 사람들은 잉글랜드인들과 네덜란드인들이었다. 이들은 특허회사를 설립하여 해상무역을 발전시켰다. 처음에는 네덜란드인들이 한자동맹이 장악하고 있던 북유럽 어업을 차지하고, 세계 운송무역의 상당 부분을 장악함으로써 자신들이 아주 유능한 선주라는 사실을 입증하였다(4·5·6장).

16세기와 17세기 초에 개척된 식민지들이 성장함에 따라 해상무역은 더욱 중요해졌다. 모든 나라는 새로운 식민지 개척에 나서거나 다른 나라가 개척한 식민지를 정복하거나 또는 그들의 교역, 특히 운송무역을 독점하려고 노력하였다. 대략 1650년에서 1815년에 이르기까지 지속된 오랜 투쟁 끝에 영국이 해군력·해상력^{海商力}·선박 소유에서 1인자의 자리에 섬으로써 점차 선두주자로 나섰고, 영국의 식민지였던 미합중국은 독립국가가 되었다. 이 기간 동안 해운산업은 차츰 근대화되어 갔다. 특허회사들은 동인도무역을 제외하고는 모두 개인 상인과 선주들에게 자리를 내주어야 했다. 많은―아마도 거의 대부분의―선주들이 무역에 종사하고 있었는데, 주로 장사가 아닌 운임을 통해 이익을 얻고자 하는 '해운 이해관계자'들이 무역업자의 일반 형태와 구별되는 존재로서 등장하기 시작하였다(제7·8장).

해상의 패권을 장악하기 위한 투쟁이 종결된 시점은 영국에서 산업 혁명이 시작된 시점과 대체로 일치했다. 산업혁명에 뒤이어 산업과 인구가 급격히 성장하였다. 19세기 중반 캘리포니아와 오스트레일리아에서 금광이 발견되면서 경제발전은 더욱 촉진되었다. 무역과 이주민의 운송을 위한 수송력에 대한 수요가 증가하자 돛배의 정점인 클리퍼선(Clipper)이 건조되었고, 이와 동시에 돛배의 강력한 경쟁자이자 최종적인 대체물인 증기선이 개발되기에 이르렀다. 새로운 환경과 새로운 경제사조가 결합하여 압력을 행사함에 따라 운송무역에 가해졌던 국가적 규제는 마침내 폐기되었다. 이제 각국 정부는 해운산업을 보호하던 데서 효율성을 증진시키고, 뱃사람들의 생명과 배의 안전을 확보하며, 중세시대 이래 악화되어 온 뱃사람들의 고용조건을 개선하는 쪽으로 관심을 돌리기 시작했다.

해운 보호정책이 폐지되었음에도 불구하고 영국의 해운업은, 한때 미국으로부터 강력한 도전을 받기는 했지만 계속 우월한 지위를 유지하였다. 영국의 선주들은 목재와 돛을 근대 산업문명의 기초인 철 또는 철강과 증기기관으로 대체하는 데도 앞장섰다. 19세기에 단순히 부를 축적하는 수단이었다가 생활 그 자체를 위한 필수품이 된 해상무역의 양상을 변형시킨 증기기관으로 인해 수송력은 급격하게 증가하였다(제9장).

운송무역에서 일어난 이러한 혁명과 보조를 맞추어 선박 소유 기법에도 혁신이 일어났다. 전신의 발명으로 인한 통신의 신속화와 책임제한회사(limited liability company) 제도의 도입으로 인한 자본 확보의 용이성이, 증기기관 그 자체만큼이나 중요한 역할을 하게 되었다. 여러 나라의 선적으로 구성된 부정기선도 늘어나는 수요에 대응함으로써 세계 선박량의 증가에 이바지하였지만, 정기 무역은 차츰 대형 정기선 사들의 손으로 넘어갔다(제10장).

19세기 말과 20세기 초에 해운산업은 그 국제적인 성격 탓에 경쟁이 더욱 치열해졌다. 이는 특히 정기무역의 경영방식에 영향을 끼쳐 '해운동맹'의 설립으로 이어졌고, 대형 '기업합동'(Combines) 추세가 나타났다. 전반적으로 해운산업은 과거에 비해 보다 긴밀하게 조직되었고, 정부 규제의 강화만이 아니라 노동조합의 조직 개선 역시 해상의 근로조건을 크게 개선시키는 데 일정한 역할을 했다. 1914~1918년의 제1차세계대전은, 경제적 민족주의를 부활시켜 선박과잉 현상을 초래하고, 운송무역에 대한 낡은 규제들을 부활시킴으로써 세계경제를 위협하였다. 반면에 공동의 이익을 획득하기 위해서는 국제적으로 상호 협력해야 한다는 새로운 인식도 등장하였다. 선주들이나 배에 선원을 태워야 하는 사람들이 장래에 최상의 성공을 보장받기 위해서는 세계경제의 핵심산업이 호황을 누리는 데 그와 같은 공동의 이해가 필요하다는 인식이 커져 갔고, 이로써 세계의 모든 나라는 하나의 경제기구에 연결되었다(제11·12장).

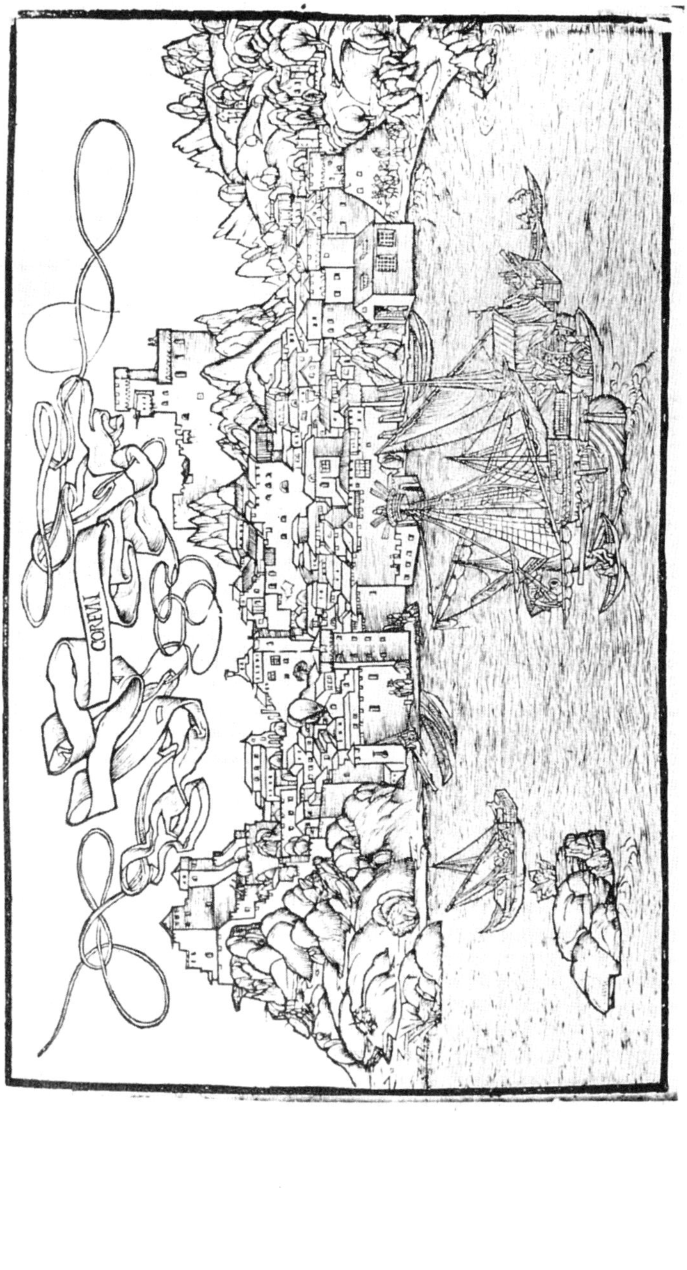

1483년 당시 그리스의 Corfu 섬

제1장 다르수스의 배

고대의 바다 장사꾼들

바다 어귀에 자리잡고 있고 여러 섬 나라와 무역하는 도시 티로에게
들려주어라 …, 그발의 장로들과 기술자들이 배의 틈을 메웠고,
항해하는 모든 뱃사람들이 너에게 무역하러 왔다. …
다르수스의 짐배들이 너의 상품을 날라다 주었다.

『구약성서』 에제키엘서 27장 3, 9, 25절

로마는 많은 짐배들이 출입하여 실질적으로
전 세계를 위한 일반공장(common workshop)이 되었다. …
언제나 항구로 들어오거나 항구에서 나가는 배들이 있다.

Aristides(129?~89 BC)

이야기를 시작할 때는 '태초에'라는 말로 시작하는 것이 관례다. 그러나 인간의 주요 활동 분야 가운데 어느 분야에 대해 이야기를 할 때는 그런 방식을 따르는 게 그리 쉬운 일은 아니다. 자신의 행적을 항구적이고 일관된 기록으로 남길 줄 알게 되기 오래 전에, 원시인은 문명단계로 나아가기 위한 노정에 매우 중요한 걸음을 내딛고 있었다. 즉 원시인들은 불을 피우고, 곡식의 씨앗을 뿌리고 거두어들이고, 도구를 만들고, 옷감을 짜는 법을 발견했다. 우리는 고고학자들이 발굴해 낸 도구들과 도자기 파편들, 그리고 오늘날 미개민족에 대한 연구를 통해 원시인들이 어떤 방식으로 일을 했는지에 대해 많은 것을 알 수 있다. 그러나 우리가 얻을 수 있는 지식이란 매우 단편적이어서 선사시대에 대해 상세하고 연속성 있는 서술을 기대할 수는 없다. 우리가 비교적 명확하고 일관되게 얘기할 수 있는 가장 오래된 민족은 정착생활을 하고, 위계질서가 잡혀 있고, 예술과 산업에서 재주가 뛰어난 문명인이었다.

해운업도 이 같은 일반적인 규칙에서 벗어나지 않는다. 홍수가 났을 때 쓰러진 나뭇가지나 떠다니는 덤불을 타고 개울을 떠내려오는 우리 조상들의 모습을 상상해 볼 수 있을 것이다. 그들은 세월이 흐르면서 조잡한 카누를 만들기 위해 나무기둥을 오목하게 파내거나 갈대를 엮어 뗏목을 만드는 법을 익히게 되었을 것이다. 또한 우리는 무심코 물을 첨벙이던 나무로 상앗대를 만들어내고, 바람을 받기 위해 동물 가죽으로 돛을 만들어내게 된 과정을 상상해 볼 수 있다. 이는 모두 상상해 낸 이야기들이고, 역사와는 무관하다. 그리고 이런 이야기들은 사업으로서의 해운업에 관한 이야기라기보다는 배에 관한 이야기에 해당한다.

가람을 건너고, 이 사냥터에서 저 사냥터로 이동하고, 해안을 따라

인접한 다른 쪽 해안으로 물고기를 잡으러 가거나 다른 부족을 약탈하기 위해 전사들을 태우고 갈 목적으로 처음으로 이용되었던 것은 마상이와 갈대 뗏목이었을 것이다. 이보다 훨씬 뒤에 큰 가람이 있는 언덕에 흩어져 살거나, 해안가에 점점이 흩어져 살던 사람들 가운데 자기 배에 다른 소수부족들과 교환할 만한 가죽이나 무기, 토기 따위를 실을 만한 공간이 있다는 사실을 발견한 사람들이 있었을 것이다. 물론 이 단계도 선사시대에 해당한다. 글이나 그림, 또는 조각으로 남아 있는 기록에 근거하여 과거에 관한 지식을 얻기 훨씬 이전에 마상이와 갈대뗏목은 어느 정도의 확실성을 갖고 항구와 항구 사이로 여객과 짐을 운송할 수 있는 원양 항행선으로 발전하였다. 해운업은 우리가 쓸 수 있는 다른 어떤 역사보다도 시대가 뒤진다.

어떤 학자들은 기원전 3000년에 바빌로니아와 인도가 바다를 통해 직접 교류한 흔적이 있으며, 이는 아시아의 해안을 따라 무역과 탐험이 이른 시기에 이루어졌음을 암시하고 있다고 주장하고 있다. 실제로 크레타인들이 기원전 4000년에서 3000년 사이에 물건과 생각을 교환하기 위해 그리스·이집트와 정기적으로 교류하고 있었다는 것은 확실하다. 이러한 주장들은 모두 특정 지역에서 만들어진 도자기가 다른 지역에서 발견되었다는 사실로부터 추론한 것이다. 독자들도 예상하고 있겠지만, 해상무역이 대량으로 행해지게 되었음을 명확히 보여주는 증거는 이집트에서 나왔다.

일찍부터 나일강은 이집트의 한길이었다. 기원전 3500년 즈음에는 큰 강에서 이용되던 갈대 뗏목이 노와 돛으로 동력을 얻어 실질적인 운송능력을 갖춘 배 형태로 발전하였다. 일단 그와 같은 배를 갖게 되자, 팔레스타인과 시리아 지방을 통해 육지를 가로질러 가야 하는 어려운 육로를 피할 목적으로 나일 삼각주 너머로 항해하는 데 그러한 배를 이용하는 것은 시간문제일 뿐이었다. 당시 이집트에서는 주민들이 필요로 하는 거의 모든 것이 산출되었다. 그러나 목재가 부족하였다. 이집트의 기록에 따르면, 기원전 3000년경 스네프루(Snefru) 파라오가 40척의 선단을 페니키아로 파견하여 레바논 수풀지대의 삼나무를 가져오도록 명하기도 했다. 이것이 실제로 해운사가 시작되는 시점이다. 왜냐하면 이 항해에 나타난 수많은 배·항해 일수·대량 화물은 그 항해가 첫 번째 원정항해가 아니었고, 이집트와 페니키아 항구 간에 지속적이고 확고한 무역이 이루어지고 있었음을 입증하고 있기 때문이다.

이 항해 이후 1500년 내지 2000년 동안 바다에서 일어난 일을 보여줄 만한 자료는 매우 드물다. 이집트·시리아·크레타·키프러스·그리스 사이에 교류가 있었음을 보여주는 흔적은 많지만, 그 교류의 성격이 어떠했는지는 확실하게 알 수 없다. 해독할 수 있는 기록이 부족한 상황에서, 일부 잊혀진 도시들을 발굴할 때 발견되는 외국산 물건들이 무역을 통해 이입된 것인지, 이민자들이 가져온 것인지, 아니면 피정복민들이 공물로 보낸 것인지, 그도 아니면 해적들이 약탈하여 가져온 것인지를 밝힐 수 없다. 우리는 크레타가 단순히 고도로 발전한 문명의 중심지였을 뿐만 아니라, 그리스 본토와 에게해의 여러 섬에 식민지나 무역거점을 건설한 대 해양국가였다는 사실을 잘 알고 있다. 그러나 크놋소스(Knossos)의 창고를 가득 채운 물건들이 무역의 산물이었는지, 아니면 해적이나 정복의 산물이었는지는 전혀 알 수가 없다.

이에 대해 적어도 이집트인들은 무역을 하는 민족이었음이 분명하다. 대략 기원전 1300년에서 1225년 즈음에 해당하는 투트모스 3세

(Thutmose III, 1501~1479 BC)와 람세스 2세(Ramses II, 1301~1234 BC) 통치기에 이집트는 레반트와 에게해 전역을 통제할 수 있는 함대를 보유한 대 해군국으로 성장하였다. 그러나 이 함대는 다른 민족을 정복하기 위해서뿐만 아니라, 광대한 해상무역을 보호할 목적으로도 활용되었다. 효율적인 해상순찰 함대가 해적으로부터 상선의 안전을 보호하기 위해 나일강 삼각주를 순찰하였다. 모든 항구에는 세관이 세워져 무역을 감독하고 세금을 거두어들였다. 이 해상무역의 상당 부분은 파라오가 장악하고 있었다. 그렇지만 세관이 중요한 역할을 담당하고 있었다는 것은 개인 상인들이 해상무역 중 많은 부분을 떠맡고 있었고, 돈 많은 지주들이 팔레스타인과 시리아로부터 아시아의 귀중품을 수입하기 위해 배를 보유하는 것이 일반화되어 있었다는 사실을 보여준다.

이집트인들은 페니키아와 시리아로부터 목재, 페니키아인들이 짜고 빛깔을 입힌 옷감, 페니키아 장인들이 조각한 금은 용기, 이슬람 대상들이 아라비아와 동방에서 수입한 향료와 방향재芳香材를 수입하였다. 무기, 금장식한 마차, 상아와 흑단으로 만든 가구, 희귀한 동식물, 맛좋은 먹거리 등은 시리아·소아시아·키프러스·에게해 지방에서 흘러 들어왔다. 상업용으로 쓸 금과 은은 주로 속국이 일정한 무게에 따라 고리 형태로 만들어 공물로 바쳤다.

또 다른 항로는 홍해로부터 오늘날 소말리랜드(Somaliland)에 해당하는 푼트(Punt)에 이르는 길이었다. 이 항로는 최소한 기원전 2500년 즈음에 군사적 원정로와 무역로로 이용되었다. 투트모스 3세 통치기 훨씬 이전에 이 항로가 이용성 측면에서 육로보다 훨씬 우월했다는 것은, 아프리카 연안을 따라 곳곳에 무역거점과 보급기지가 건설되었던 사실을 통해 확인할 수 있다. 일단의 배무리船團가 나일강의 동쪽

지류를 따라 비터 호(Bitter Lake)를 경유하여 홍해로 빠져나온 뒤 푼트에 이르러 화물을 싣고 다시 나일강의 항구로 되돌아왔다. 최소한 3000년 전에 근대운송사의 획기적인 사건 중의 하나가 이렇게 이루어졌다.

푼트에서 들여온 주요 수입품은 금·상아·흑단·가구용 목재·향·계피·가죽·눈 화장품 따위였다. 이 가운데 눈 화장품은 아주 근대적인 성격을 띤 품목이었다! 작은 가축들이 수입되었고, 개코원숭이와 원숭이 같은 야생동물들도 파라오와 사제, 그리고 귀족들의 애완용으로 수입되었다.

지중해와 홍해를 통해 들어오는 수입품의 대금은 상당 부분 공물로 받은 금과 은으로 지불했을 것이다. 그러나 이집트는 곡물·질 좋은 아마포(linen)·파피루스·밧줄·도자기·유리 타일·쇠가죽과 같은 상품을 수출하기도 하였다. 그리고 아시아와 아프리카로부터 수입된 상품 중 일부는 서로 교환되었을 것이다. 육로를 통해 이루어진 무역을 제외하고도 광대하고 다양한 해상무역이 이루어졌음을 보여주는 기록들은 많이 남아 있다.

나일강을 통해 이집트로 유입되는 물건들이 모두 이집트 배로만 운송되었던 것은 아니다. 아랍인, 크레타인, 소아시아의 여러 민족들이 이집트 해상무역의 일부를 담당했다. 멤피스(Memphis)의 외국인 거주지로 몰려든 외국인 상인과 선주들 가운데 수적으로 가장 많고 장사 수완이 뛰어났던 사람들은 페니키아인이었다. 이집트 세력이 약화되어 감에 따라 이집트의 무역은 점점 페니키아인들의 수중으로 넘어갔다.

페니키아인들은 티로, 시돈(Sidon), 베리투스(Berytus : 현재의 Beirut), 그 밖에 오늘날 시리아 연안의 여러 도시에 거주하는 사람들이었다. 이들은 고대 최고의 뱃사람이자 최대의 상인들이었음에 틀림없다.

페니키아인들은 단순히 장사꾼에 그쳤던 것이 아니라, 직물·자수품·금속 공예품·유리 세공품 따위를 만들어내는 장인들이기도 했다. 그들은 뿔고동으로부터 아름다운 염료를 채취하였고, 티로산의 자줏빛으로 물들인 옷이나 발은 모든 나라의 왕과 부자들이 갖고 있는 귀중품 중 하나였다. 그럼에도 불구하고 페니키아인들이 후대에 남긴 가장 큰 흔적은 장사꾼이나 선주로서였다.

페니키아인들이 고대 무역로의 중심점에 자리잡고 있었다는 것은 그들에게 커다란 행운이었다. 페니키아의 도시들은 대상들이 아르메니아·앗시리아·바빌로니아·페르시아, 심지어는 더 동쪽 지방의 물건들을 실어오는 서쪽 종점이었다. 다른 길은 아라비아 남부나 페르시아 만에 연해 있는 항구에서부터 시작되었다. 페니키아인들 자체가 천혜의 항구를 인공적으로 개발한 해항海港에 거주하는 사람들이었다. 그들은 레바논의 수풀에서 배를 만들 수 있는 풍부한 목재를 얻었다. 바다는 또한 페니키아인들이 이집트·키프러스·크레타·소아시아 연안 지방·그리스와 이탈리아에서 발흥하기 시작한 새로운 지중해 문명권으로 접근할 수 있는 통로가 되었다. 그들은 목재와 자신들이 만든 제조품뿐만 아니라, 동방 산품·소아시아산 청동그릇·그리스의 수공예품을 이집트로 가져갔다. 페니키아인들은 돛베(canvas)·밧줄·파피루스·상아·흑단 따위를 싣고 돌아왔다. 이 물품들은 페니키아 본국과 레반트와 에게해 지방의 민족들 사이에서 이미 구매시장이 형성되어 있었다. 그들은 자신들도 사용하고, 곡물이 부족한 그리스 남부에 공급하기 위해 이집트산 곡물도 운송하였다. 페니키아인들은 키테라(Cythera : 오늘날의 Kithira) 섬에 커다란 창고를 세우고 이를 물류 중심지로 삼았다.

페니키아인들은 일찍부터 무역거점을 세우기 시작했고, 각지의 광산을 채굴하거나 레반트 지방과 에게해 지역에서 나는 토산물을 개발하기 위해 곳곳에 정착촌을 건설하였다. 그들은 항해기술이 축적되고 인구가 늘어남에 따라 점차 서쪽으로 이동하여 북아프리카 해안, 시칠리아, 스페인에도 일련의 식민지를 건설하였다. 페니키아인들이 아프리카에 처음 세운 식민지는 기원전 1100년 즈음 튜니스 만(Gulf of Tunis)에 세운 우티카(Utica)였던 것으로 보인다. 페니키아인들이 아프리카에 세운 식민지 가운데 가장 유명한 곳은 우티카 남서쪽에서 얼마 떨어지지 않은 곳에 위치한 카르타고였다. 우티카를 건설한 지 얼마 지나지 않아 페니키아인들은 '헤라클레스의 기둥'을 지나 미지의 바다로 나가기까지 했다. 오늘날의 지브롤터에 해당하는 이 곳은 거친 바람이 몰아치고 밤에도 해가 빛나는 바다로, 지하세계를 통해 동방으로 빠져나갈 수 있는 세계의 끝으로 알려져 있었다. 페니키아인들은 해협을 빠져나가 당시 문명의 최서단이었던 가데스(Gades : 오늘날의 Cadiz)에 식민지를 세우고 정착하였다.

내륙에 일정한 '세력권'을 갖고 있었던 이들 페니키아의 식민지들은 문명세계의 범위가 얼마나 넓었는지를 보여준다. 또한 이 식민지들은 페니키아의 물품뿐 아니라 메소포타미아의 고급 발·카펫·의류·아라비아와 인도의 보석과 향료를 위한 새로운 시장이 되었다. 카르타고와 다른 아프리카의 식민지로부터 금·흑단·상아·가죽·동물로 만든 갖가지 물품이 수입되었고, 스페인으로부터는 은·철·주석·납·염장 생선·칼 날 따위가 수입되었다.

페니키아인들은 차츰 고대세계의 중개인이자 일반 운송인(general carrier)으로 발전하였다. 그들이 세운 도시들은 모든 지역의 물품이 한데 집결했다가 곳곳으로 빠져나가는 화물의 집산지이자 시장이 되었다. 구약성서의 선지자인 에제키엘(Ezekiel)은 티로에 대해 시적인 언어로 아주 생생하고 묘사하고 있다. 에제키엘은 "바다 어귀에 자리잡고 있고…, 그 곳의 사람들은 여러 섬과 장사하는 상인들이다"라고 묘사하였는데, 이는 페니키아인들이 주로 운송무역을 통해 부와 번영을 누렸음을 보여주고 있다.

세계가 노예노동에 기반을 두고 있었던 시대에 페니키아인들이 축적한 부의 대부분이 전쟁포로와 파산한 채무자를 동원하고, 노예시장의 다른 원재료들을 운송해준 데서 유래했다고 하여 페니키아 상인들을 비난할 수는 없을 것이다. 또한 노예노동에 대한 오늘날의 도덕적 관념에 근거하여 페니키아인들을 평가절하 할 필요도 없다. 그들은 자신들이 구축한 무역로를 통해 알려진 세계 전체에 걸쳐 물질적 번영의 전반적인 수준을 끌어올리는 데 동시대의 다른 어느 민족들보다 크게 이바지했다. 에제키엘조차도, 비록 티로인들의 자만심과 사치심에 대해 비난하기는 했지만, 그 점에 대해서는 인정하였다.

바다에서 싣고 온 상품으로 여러 사람들을 먹여 살린다. 그들은 그 많은 보화와 상품으로 지상의 왕들을 부유하게 한다. (구약성서 에제키엘서 27 : 33)

당시 가장 뛰어난 선주이자 가장 유능한 뱃사람이었던 페니키아인들은 다른 나라의 지배자들이 배를 필요로 할 때에는 그들에게 고용되어 항해를 대신해 주기도 했다. 그들은 배를 짓고 배의 틈을 메우는 데 뛰어났을 뿐만 아니라, 노와 돛을 다루는 데도 빼어난 기술을 갖추고 있었다. 게다가 더욱 중요했던 것은 그들이 기항한 적이 있는 항구와

육표, 별과 바람, 조수 따위의 항해상의 비밀과 지식을 철저하게 지켰다는 것이다. 해도나 항해기구가 없었던 당시에 노련한 항해자들이 실제 관측했던 것들을 한 세대에서 다음 세대로 물려주는 이야기들이 항해술의 기초를 이루었기 때문이다. "오 현명한 너희 티로인이여! 너희가 바로 수로안내인이로구나"(예제키엘서 27 : 8). 솔로몬 왕이 페니키아의 배를 빌리고 페니키아인 수로안내인과 뱃사람을 고용하여 목재를 엮어 만든 뗏목을 레바논에서부터 사원까지 끌어오도록 하고, 오피르(Ophir : 현재의 아라비아로 추정 | 역자)로부터 금을 실어오도록 했으며, 타르수스(스페인의 Tartesssus)에서 금은·상아·원숭이·공작 따위를 실어오도록 했다는 이야기를 모두 믿을 수는 없다. 그러나 그 핵심적인 이야기가 사실이었다는 것은 확실하다. 후대에는 이집트의 네코(Necho : 609~594 BC) 왕에 복무하고 있던 일단의 페니키아 뱃사람들이 실제로 홍해에서 출발하여 아프리카를 돌아 지중해를 거쳐 되돌아왔던 것으로 전해지고 있다.

그렇지만 전 세계적인 운송무역을 성공적으로 수행해 내기 위해서는 대담한 용기와 뛰어난 항해술 이상의 그 무엇이 필요했다. 크세노폰(Xenophon : 434?~355? BC)의 책을 보면, 페니키아인들이 배를 운항하는 기법을 매우 발달시켰음을 알 수 있다. 그 덕분에 페니키아인들은 티로와 시돈이 몰락하여 각각 별개의 나라로 존재했던 수세기 동안 '바다의 장사꾼'으로서의 지위를 유지할 수 있었다. 크세노폰은 "내가 이제껏 본 것 가운데 가장 완벽하게 정돈되어 있었던 것은 페니키아의 커다란 돛배였다"고 적었다. 그는 계속해서 배의 삭구索具와 무기, 뱃사람들이 쓰는 기구, 그리고 "선주들이 자신의 이익을 위해 직접 운송하는 물품"이 적은 공간에 얼마나 잘 적재 또는 비치되어 있는지에 대해

적고 있다. 페니키아인들은 이렇게 배의 적은 공간을 효율적으로 활용함으로써 필요하면 어떤 것이든 즉시 찾을 수 있도록 해 놓았던 것이다. 크세노폰은 또한 배가 항구에 정박해 있는 동안, 나중에 출항했을 때 삭구와 적재된 화물에 문제가 발생하지 않게 하기 위해 선장 보조원이 모든 것이 잘 정리정돈 되어 있는지 살펴보는 것을 보았다는 사실에 대해서도 얘기하고 있다.

이 커다란 페니키아의 짐배가 돛배였다는 사실에 주목할 필요가 있다. 당시는 충돌이 해상전투의 주된 공격법이었던 시대였기 때문에 싸움배는 무엇보다도 빠르고 조종하기 쉬워야 했다. 노잡이들을 잔뜩 태우고, 짧은 구간에서 최대 속력을 내기 위해 매우 빠르고, 조종하기 쉽도록 길고 좁게 만들어진 갤리선은 당시나 수백년 후의 어떤 돛배보다도 뛰어났다. 페니키아의 갤리선은 싸움이나 추격전에 대비하여 노잡이들의 힘을 비축하고자 바람으로 항해할 수 있을 때는 언제나 돛을 이용하였지만, 기본적으로는 노젓는 배였다. 그러나 이와는 달리, 장사꾼에게는 속도보다 운송 능력이 더 중요했다. 운송 능력이 크려면 배의 흘수가 깊고, 너비가 넓으며 무거워야 했다. 더군다나 노잡이들을 많이 태우게 되면 그들의 식량과 물건들이 화물을 실을 공간을 차지하게 될 것이고, 항해에서 얻어지는 수익금은 노잡이들의 식비와 임금, 또는 노예를 태웠을 경우에는 노예 구입비용으로 사용되어 버릴 것이다. 그에 따라 페니키아의 짐배는 잔잔한 날씨나 맞바람이 불 때에는 노를 저어 항해할 목적으로 커다란 노를 장비하고 다녔지만, 주로 커다란 돛 하나로 항해하는 '통 모양의 돛배'로 점차 발달하였다. 페니키아 배의 모양과 그 이후의 발달 과정에 대해서는 다른 곳에서 살펴볼 것이다. 그러나 지중해가 해상활동의 주된 무대로 남아 있었던 수세기 동안 해전에 이용된 '긴 배'(long ship)와 상업용으로 이용된 '둥근 배'(round ship) 간의 위와 같은 근본적인 차이는 지속되었다. 이 두 형태의 배 사이에 보이는 뚜렷한 차이는 상업적으로 중요한 영향을 끼쳤다. 즉 해군력 양성을 목표로 하는 모든 나라들은 전적으로 전투용 함대를 건설하지 않을 수 없었고, 짐배는 후대에서와 마찬가지로 해전시 전함으로 이용되지 않았던 것이다. 이것이 좋은 점도 있었다. 왜냐하면 전쟁 발발을 예상하여 싸움배를 동원할 필요가 생길 경우, 짐배는 그 동원 대상에서 제외되었기 때문이다. 느리고 다루기 어려운 짐배는 민첩한 전투용 갤리선이나 해적선에 맞설 수도 없었고 그들의 추격에서 달아날 수도 없다는 것이 그 이유였다. 전쟁이 끊임없이 계속되고, 해적 행위가 일상화되어 하나의 직업으로 인정받고 있던 시대적 상황에서, 무역은 불가피하게 제한적으로 발달할 수밖에 없었다.

바다에 대한 지리적 이점과 천부적인 소질에 바탕을 둔 페니키아인들의 상업적 위대성은 실로 확고하였다. 이 때문에 수세기에 걸쳐 앗시리아인(Assyrians)·바빌로니아인(Babylonians)·페르시아인(Persians)·마케도니아인(Macedonians)들에 의한 파괴적인 전투와 뒤따르는 정치적 지배에서도 벗어날 수 있었다. 페니키아인들은 잇따르는 정복자들에게 강력한 전투함대를 제공해 주었고, 정복자의 지배 하에서도 계속 문명세계 무역량의 상당 부분을 실어 날랐다.

그렇지만 페니키아인들은 기원전 450년 즈음부터 그리스인들과의 경쟁에 직면해야 했다. 에게해 인근의 작은 섬과 본토 해안선을 따라 거주하던 그리스인들은 본능적으로 바다로 진출하였다. 그러나 그들이 수백 년 동안 바다에 배를 띄운 목적은 장사보다는 해적질·정복, 또는 이주를 위한 것이 더 컸다. 해안가를 따라 가늘고 긴 농경지를 경작하고 있던 이들 소규모 도시국가들은 생활필수품을 자급자족해야 했고, 사치품을 쓰기에는 너무 가난했다. 천연자원 또한 포도주와 올리브 기름을 제외하면 수출할 만한 것이 별로 없었고, 잘 닦인 대상로가 없었기 때문에 티로와 시돈처럼 내륙의 대제국의 부가 그들에게 전달되지도 못했다. 게다가 도시국가에 속하지 않는 모든 배는 특별한 계약을 체결하지 않을 경우 '정당한 전리품'으로 간주되는 정치적 상황이었기 때문에 무역도 제대로 발전하지 못했다.

아테네와 코린트 같은 도시국가가 막 성장하기 시작한 초창기에도 무역은 이루어지고 있었다. 철갑병들에게는 철과 청동이 필요했다. 그리고 향수와 향료, 티로산 자주빛 옷, 북아프리카의 키레네(Cyrene)산의 맛좋은 채소와 같은 식용 사치품이나, 원숭이와 흑인노예와 같은 기호품 따위에 돈을 쓸 수 있는 부유한 시민들이 있었다. 초창기에 그리스 도시국가들은 주로 이집트와 페니키아, 소아시아 서쪽 해안에 자리잡고 있는 식민지 도시들과 교역하였다. 그러나 페니키아인들과 마찬가지로 새로운 땅과 시칠리아, 남부 이탈리아에 수많은 식민지도 개척하여 이를 무역중심지로 성장시켜 갔다. 그리스인들이 에트루리아인(Etruscan)들에게 도자기를 수출하는 무역을 개척할 수 있었던 것은 아마도 이들 이탈리아 도시국가를 통해서였을 것이다. 에트루리아인들도 해상민족이었지만, 무역보다는 해적질에 치중한 정체불명의 민족이었다. 그리스인들은 카르타고와도 무역을 했고, 그 과정에서 타르테수스(Tartessus)로 통하는 항로를 발견하기까지 했다. 처음으로 대서양 연안을 따라 항해하여 스킬리스(Scillies : 오늘날의 시칠리아)나 콘웰(Cornwall)에서부터 주석을 싣고 돌아온 사람들은 가데스의 페니키아인들이 아니라 마실리아(Massilia : 오늘날의 Marseilles)의 그리스인들이었던 것으로 보인다. 무기·철갑·가정용구를 만드는 데 청동이 필수적이었던 시대에 이는 매우 중요한 발견이었다. 그러나 이 시대에 주석이 차지하는 중요성이 너무 컸던 나머지, 이는 마침내 마실리아인들을 몰락으로 내몰았다. 강력한 카르타고인들이 곧 이 주석 항로에 참여하여 그리스인들을 축출한 뒤 오랫동안 항로의 비밀을 지켜왔기 때문이다.

이 시기 대부분의 무역은 상인-소선장(merchant-skipper)이 장악하고 있었다. 상인-소선장은 배를 갖고 있거나 이웃과 친지들에게 배를 짓거나 사는 데 필요한 비용을 투자하도록 설득할 수 있었던 행운아였다. 그는 투자하고 남은 돈으로 도자기나, 포도주, 올리브 기름과 같은 뱃짐을 살 수 있었다. 이런 물건들은 요리용·등불용·목욕용으로 어느 곳에서나 수요가 많은 것들이었다. 상인-소선장은 봄철에 출항하여 익히 알려진 항로를 따라 항해하여 이탈리아와 시칠리아, 레반트 연안의 항구도시에서 배에 실은 짐을 팔고, 다시 그 곳에서 다른 곳에서 팔 만한 짐을 실었다. 특정한 여정이나 특정한 무역이 정해지지 않은 채 그런 식으로 여름을 보내면서 고향에서 잘 팔릴 만한 물건들을 사들인 뒤 겨울이 되기 전에 되돌아왔다. 이는 선박 운항자와 선박 소유자, 소선장의 역할을 한 사람이 도맡아했다는 점을 빼놓으면, 오늘날의 부정기선 운항방식과 매우 비슷했다.

다른 유형의 선주들도 있었다. 이들은 주로 수출할 만한 산품을 생산하지 못하는 섬에 거주하는 사람들이었다. 이들은 자기 배에 자기 짐을 싣지 않고 상인들을 태우고 다니면서 배삯만 받고 그들이 원하는 곳으로 짐을 실어다 주었다. 이들은 오늘날 사용되는 진정한 의미의 부정기 해운업자와 같이 활동하였다. 이러한 유형의 선주들이 차지하는 비중은 무역의 증가와 함께 꾸준히 늘어난 것으로 보인다.

향수와 향료 같은 사치품은 배에 실을 때 공간을 많이 차지하지 않지만, 세월이 흐름에 따라 대량화물과 필수화물을 운송할 필요성이 늘어나면서 선박에 대한 수요도 증가하였다. 아테네와 코린트가 보유하고 있던 해군 함대도 전쟁과 좌초로 침몰하는 경우가 많았기 때문에 계속적으로 보충해 주어야 했다. 따라서 마케도니아와 트라키아(Thracia : 마케도니아 북동 지역의 옛 이름 | 역자)로부터 목재와 타르(tar)를, 이집트로부터 돛이나 아마, 그리고 밧줄 따위를 수입해야 했다. 이보다 더 중요했던 것은 식량 공급 문제였다. 그리스 초기 시대에도 주민들을 부양하기에 충분한 곡물을 자체적으로 생산하지 못하는 도시국가들이 있었다. 식량을 자급할 수 있는 코린트 같은 도시국가들도 흉년이 들 때에는 곡물을 수입하지 않으면 안 되었다. 아테네는 처음에는 아티카(Attica) 반도에서 나는 곡물로 주민들을 부양할 수 있었지만, 인구가 늘어남에 따라 로마제국이나 영제국처럼 곡물을 수입해야만 했다. 아테네는 초기에는 주로 키프러스와 이집트로부터 곡물을 수입하였다. 그러나 페르시아가 영토를 확장하면서 팽창함에 따라 이 지역으로부터의 곡물 수입이 불확실해지자 아테네의 진취적인 정치가들과 뱃사람들은 러시아 남부의 종족과 상업관계를 맺었다. 헤로도투스(480~425 BC)는 러시아 남부의 종족들에 대해 "곡물을 자기들의 식량으로 사용하기 위해서가 아니라 팔기 위해 재배한다"고 적었다.

곡물의 2/3를 수입해야 했던 아테네는 무역에 대한 새로운 전망을 갖게 되었다. 아테네의 통치자들은 주민들이 자유롭게 교류할 수 있는 바탕이 되는 해양력과 상업적 계약에 점점 중요성을 부여하기 시작했다. 또한 그들은 무역 자체를 규제하기 시작했다. 배가 아테네로 귀항하면서 곡물이나 다른 특정한 필수품들을 싣고 오지 않으면 누구든 배나 짐을 담보로 잡고 돈을 빌릴 수 없었다. 아테네 선적의 배가 곡물을 운송할 때에는 다른 항구로 가서는 안 되고 아테네의 항구인 피레에프스(Piraeus)로 직접 입항해야 했다. 헬레스폰트 감시대(the Wardens of the Hellespont)라는 특별위원회가 구성되어 다다넬스(Dardanelles)를 통과하는 배의 통항을 감독하였다. 피레에프스에 도착한 곡물은 검사관의 감독 아래 공공 창고에 보관되었다. 검사관들은 곡물의 2/3가 아테네 곡물시장으로 유입되도록 감독하였고, 수입된 곡물의 1/3만 다른 곳으로 재수출될 수 있었다.

아테네가 수출하는 양은 그렇게 많지 않았기 때문에 곡물과 목재의 수입 대금은 라우리움(Laurium) 광산에서 나는 은이나, 동맹 도시국가들이 내는 공물, 또는 외국 항구에서 은을 구하기 위해 구입한 화물 판매 수익금으로 충당하였다. 데모스테네스(Demosthenes : 384?~322 BC)의 연설로 알려진 글을 통해 우리는 당시 무역이 어떻게 이루어지고 있었는지를 알 수 있다. 데모스테네스는 그리스의 대연설가였을 뿐만 아니라, 겨울철에 배가 항구에 묶여 있을 때에는 법정에서 주로 상업 관련 소송을 처리해 주기도 한 법률가였다.

이 시기가 되면 보통 자신이 소선장으로 직접 승선하기도 했던 선주들은 일반적으로 배를 빌려쓰던 상인과는 구별되었던 것으로 보인다. 선주와 상인은 모두 투자할 자본을 갖고 있는 부자에게 의존하고 있었다. 선주는 배와 운임을 담보로 잡히고 항해 비용을 빌렸으며, 상인은 운임과 화물의 구입 자금을 빌렸다. 데모스테네스는 "배나 선주, 그리고 여객 그 누구도 전주錢主의 도움 없이는 바다로 나갈 수 없었다"고 말하고 있다. 여기에서 얘기하는 '여객'은 아마 화물과 함께 항해하는 상인을 의미할 것이다. 데모스테네스 자신도 상속받은 재산 가운데 1/12을 '해상 모험'에 빌려주었다.

이러한 모험사업에 빌려준 자금은 배나 화물이 상실될 경우 그 손해액은 전주가 고스란히 감수하고, 배와 화물이 안전하게 도착할 경우에는 원금에 상당한 이자를 덧붙여 돌려받았다. 이윤율은 전주가 감수해야 하는 위험을 고려하여 법으로 일정 비율 이내로 제한하였다. 이 같은 위험, 특히 사기위험을 감소시키기 위해 전주는 흔히 배에 자신의 대리인을 보내 계약이 적절히 이행되고 있는지 살펴보았다.

당시의 전형적인 거래를 일반화해서 살펴보면 다음과 같다 ; C와 D가 지정된 항구 두 곳 중 한 곳으로 가서 포도주 3000 상자를 "E가 소유하고 있는 노 20개짜리 배에 싣는다"는 계약에 따라 A와 B가 은화 3000 드라크마(drachma)를 C와 D에게 빌려준다. 그런 다음 C와 D는 흑해로 항해할 수 있다는 자유재량권을 얻어 보스포러스(Bos-phorus)로 항해하여 포도주를 팔고 아테네로 싣고 갈 짐을 싣는다. 아테네로 돌아오면 그들은 도착한 지 20일 내에 빌린 돈을 갚는다는 보증 하에 돈을 빌려준 사람에게 짐을 맡긴다. 이 때 돈을 빌린 사람들은 원금의 22.5%(또는 흑해에서 특정한 날 이후에 출항했을 경우에는 30%)를 돈을 빌려준 사람에게 상환해야 한다. 돈을 빌린 사람은 '공동의 결정'(common resolution)에 따른 투하(jettison)나 적대국 또는 적대 국민에게 지출한 돈을 제외하고 한 푼의 에누리도 없이 원금 전액을 상환해야 한다. 원금을 상환하지 못했을 경우에는 돈을 빌려준 사람은 짐을 팔아 충당한다. 그렇게 해도 돈이 모자랄 경우에는 돈을 빌려준 사람은 모자라는 금액만큼 용선자(돈을 빌려간 사람)의 재산을 압류한다. 용선자는 같은 담보물을 잡히고 돈을 빌리지 않았다는 사실과 앞으로도 빌리지 않을 것이라는 점을 보증해야 한다.

선주와 용선자의 관계를 살펴보면, 선주는 보통 총액(lump sum)으로 운임을 받고, 상인은 자신과 배에 함께 탄 아래 사람들의 식비를 스스로 부담해야 했으며, 짐을 싣고 부리는 비용은 용선자가 부담하는 것이 일반적이었다.

해상사업에 빌려주는 자금에 대한 이자가 아주 높았던 것은 전쟁과 해적 행위와 같은 위험뿐 아니라, 행정력이 제한되어 있던 당시에 사기를 당할 위험이 상존해 있었고, 항해가 오래 걸리고, 통신수단이 불확실했다는 점을 감안하면 충분히 이해할 만했다. 해운산업에는 언제나 어두운 면이 있기 마련이다. 그리스인들이 최근 범한 악행으로 고통을 받은 사람들도 데모스테네스가 제노테미스(Zenothemis)에 반대하여 행했다는 다음과 같은 격정적인 연설을 상기한다면 조금이나마 위안을 얻게 될지 모른다.

원고들이 이 법정에 출두하여 소송을 제기하게 된 이유가 무엇이었습니까? 저는 이 자리에 계신 배심원 님들에게 말씀드리고자 합니다. 이 사건은 저에게 많은 고통을 주었습니다. 저는 엄숙하게 배심원 여러분을 납득시킬 수 있습니다. 하지만 저는 확신하고 있습니다. 피레에프스에는 일단의 나쁜 패거리들이 있습니다. 배심원 여러분들이 그들이 누구인가를 보려고만 한다면 금세 알 수 있을 것입니다.

여기에서 얘기하는 나쁜 패거리들은 온갖 종류의 사기와 관련된 사람들이었다. 즉, 같은 담보물을 제공하고 돈을 두 번 빌리는 행위, 짐을 갑판 위에 실어 모험사업을 위험에 빠뜨리는 행위, 짐을 계약서에서 허용되지 않은 항구로 싣고 가도록 선주와 공모하는 행위, 빌린 돈을 갚지 않으려고 거짓으로 배가 침몰했다고 보고하는 행위 따위가 당시 아테네의 일부 시민들이 저지른 사기행위였다. 당시의 불미스러운 사건 가운데는 시라쿠사(Siracusa : 영어로는 Syracuse)에서 아테네까지 밀을 운송할 목적으로 용선된 배의 선주가 여객들에게 자신이 사업을 아주 잘 수행하였고 아주 정직했다고 말해 주도록 공모한 경우도 있었다. 또 다른 예로는 사기꾼 두 명이 시라쿠사로 가서 자신들이 짐 주인인 척하면서 그것을 담보로 상당액을 빌린 경우도 있었다. 그들은 그런 다음 빌린 돈을 다른 배편으로 고향인 마실리아로 보냈다. 사흘 뒤 그들의 배가 헤게스트라투스(Hegestratus)에서 출항하자 선주는 사기를 친 사실을 숨기기 위해 밤에 배의 바닥에 구멍을 내어 배를 침몰시키고는, 해상사고라고 하면서 빌린 돈을 갚지 않으려고 했다. 그러나 그 날 밤 배 밑에 구멍을 뚫고 있던 선주를 발견한 여객들이 그를 배 밖으로 내던졌고, 선주는 물에 빠져 죽고 말았다.

저명한 데모스테네스에 의해 악명이 드러난 이러한 나쁜 패거리들은 분명 소수에 지나지 않았을 것이다. 끊임없는 전쟁으로 아테네와 코린트는 정치적으로 쇠락의 길을 걸었지만, 그리스인들의 상업활동은 중단되지 않았다. 그리스의 장사꾼들은 마케도니아의 알렉산더(Alexander : 356~323 BC) 대왕과 그의 후계자의 뒤를 따랐다. 프톨레마이오스(Ptolemaios) 왕가가 이집트에 마케도니아 왕조를 설립했을 당시, 알렉산드리아에 거주하고 있던 그리스인들은 세계 최대의 상인이자 선주의 지위를 차지하고 있었다. 시라쿠사와 타렌툼(Tarentum : 오늘날의 Taranto)과 같은 그리스 식민지들은 아프리카와 스페인에 있던 페니키아 식민지들을 휩쓸어 '서부의 티로'라는 명성을 얻고 있던 카르타고와 지중해의 상업적·정치적 패권을 놓고 끊임없이 겨루었다. 하지만 시라쿠사의 그리스인들조차 카르타고의 상인-선주들을 당해내지 못하고 제2인자에 머물러 있어야 했다. 카르타고의 상인-선주들은 지중해 전역에서 무역활동을 전개했을 뿐만 아니라 지브롤터 해협을 건너 북쪽으로는 브리튼 섬, 그리고 남쪽으로는 아프리카의 황금 해안으로까지 뻗어나갔다.

그러나 카르타고도 그리스 본토와 그리스 식민지들처럼 로마의 압도적인 세력에 눌려 멸망했다. 결국 상호 전쟁을 일삼던 수백 개의 도시국가들이 사라진 폐허 위에 로마제국이 건설되었다. 이 도시국가들은 선주들이 도시국가가 멸망하기 이전이나 또는 로마제국이 멸망한 뒤 수세기 동안 최대의 호황을 누릴 수 있도록 사업적 자극을 제공해 준 원천이었다.

우리는 로마제국의 멸망으로 잃은 것이 무엇인가 하는 시각에서만 로마제국을 보는 경향이 있다. 로마가 전성기를 누릴 때에도, 세련되지는 않았지만 건강했던 초기 공화정의 장점과 그리스 도시국가들의 열성적이고 다채로운 생활방식을 그리워하는 도덕주의자들과 철학자들이 있었다.

그러나 무역업자와 선주들, 그리고 그들이 사업 대상으로 삼는 수많은 일반 민중들에게는 그래도 초기의 로마제국이 황금기였다. 왜냐하면 로마제국은 끊임없이 계속되던 전쟁·약탈·해적에 대해 염려하지 않고 자유롭게 사업을 할 수 있는 여건을 만들어 주었기 때문이다. 대서양 연안에서부터 아라비아 사막과 홍해에 이르기까지 로마제국의 황제들은 확고한 통치력을 행사하였다. 이 광대한 영역 전체에 걸쳐 로마법과 로마군이 농부들과 장인들을 보호해 주었고, 자본가들에게는 대규모 사업과 무역에 반드시 필요한 안전망을 제공해 주었다.

잘 만들어지고 치안 유지상태도 좋았던 로마의 도로에는 배에 싣기 위해 항구로 운반되는 짐의 행렬이 끊임없이 이어졌다. 외부의 적에 대해 아무 걱정도 없었던 로마 함대는 지중해에서 해적의 뿌리를 뽑아버렸다. 해적의 활동반경은 이제 흑해와 인도양으로 한정되었다. 이렇게 새롭게 구축된 안정망 속에서 선주들과 상인들, 그리고 제조업자들은 정치제도의 부패나 국경의 축소 따위로 근심할 필요가 없었을 것이다. 어떤 웅변가가 아우렐리우스(Marcus Aurelius : 121~180)에게 했다는 다음과 같은 연설에서 당시 이들의 생각이 어떠했는지를 살펴볼 수 있다. 그는 여러 가지 주제들을 열거한 뒤 "어떻게 하면 현재보다 더 많은 이익을 올릴 수 있고 더 나아질 수 있는가"라는 문제를 제기하고, 이에 대해 "지금 누구라도 확신을 갖고 자기가 원하는 곳은 어디든지 갈 수 있고, 제국 안의 모든 항구에는 사업거리가 득실거리고 있다"라고 간단하게 대답하였다.

해운업은 로마제국 이전에 잠시 동안, 그것도 제한된 해역 내로 한정되었던 때를 빼면 지금까지 결코 누려본 적이 없는 안전을 누리게 되었을 뿐 아니라 선박 수요 역시 이제까지 알려진 것보다 훨씬 많아졌다. 로마제국 자체도 제국의 부와 장엄, 그리고 호사로운 생활을 유지하기 위해 해상무역에 의존하고 있었다. 세계 최대의 도시에 거주하는 시민들은 해마다 이집트로부터 곡물 2000만 bushel[1]을 들여오는 곡물 함대가 없었다면 단 몇 주 만에 굶주림에 시달려야 했을 것이다. 로마의 곡물 수입은 이것만으로는 부족하여 아프리카(앞에서 얘기한 바와 같이 튜니스)로부터 보충해야만 했다. 나중에 이집트의 곡물 수출이 줄어들었을 때는 아프리카로부터 들어오는 곡물이 한때는 한 해에 1000만

---

1) **역주 l** 1 bushel은 약 36리터.

bushel에 이르기도 했다고 한다.

곡물 무역에는 개인들이 소유한 배 가운데 가장 큰 배와 가장 많은 선단이 종사했다. 곡물 다음으로는 건축 자재와 도로 건설 자재들이 많았던 것으로 보인다. 로마제국의 해상 무역 규모가 어느 정도였고 얼마나 다양했는지는, 각 속주가 수출하는 가장 중요한 수출품 목록을 살펴보는 것만으로도 충분할 것이다. 여기에서 기억해 두어야 할 점은 속주의 수출품이 로마로만 보내어진 것이 아니라 다른 속주의 상품과도 교환되었다는 사실이다. 로마 도시들이 건설되고 로마 문화권이 확대되어 감에 따라 속주들에서는 이제까지 상업 교류의 틀 밖에 있던 사람들 사이에서조차 문명화된 삶을 영위하는 데 필요한 욕구가 계속 증가하였다. 그러면 여기에서 『로마제국 연간 무역통계』(*Annual Statement of the Trade of the Roman Empire*)에 나오는 각 속주의 수출품목을 요약해 보기로 하자.

이집트   곡물·대추야자·콩·파피루스·반암斑岩(porphyry)·화강암·건축용 석재·화장용 수산화나트륨과 명반白礬·아마·아마포·의류·유리 제품·에티오피아산 금은·아프리카산 상아·시나이(Sinai)산 구리·아라비아산 보석과 향료·인도산 제품의 재수출품

시리아   도로 포장용 석회석과 현무암·목재·과일·포도주·비단과 아마 제품·염료와 염직물·유리제품

소아시아   올리브 기름·포도주·알 버섯(truffle)·생선·약초·건과·밀랍(wax)·송진·아마·유화납硫化鉛·비소·연단鉛丹·돌비늘·대리석·숫돌·염소 털로 만든 옷·천막

그리스	올리브 기름·포도주·꿀·대리석·돌·오지그릇
아프리카	곡물·과일·올리브·기름·알버섯·오이·생선·피클(pickle)·상아·밀감나무·대리석·돌비늘·가죽·모피·산 짐승·노예
누미디아[2]	대리석·산 짐승
모리타니아[3]	상아·밀감 나무·자줏빛 염료·모직물·사자나 코끼리와 산 짐승·아이올 케사리아(Iol Caesaria)에 있는 큰 제작소에서 만든 등·카나리아 제도산 사냥개
스페인	금은·납·철·구리·생선·피클과 소스·기름·꿀·포도주·과일·아마·아프리카 수염새[4]·양털·옷감·그물
골(Gaul)	곡물·기름·포도주·철·모직물·오지그릇·유리제품
브리튼	주석·납·가죽·양털·굴·거위·사냥개

　　제국 밖의 나라와의 교역에서 가장 중요한 곳은 인도와 중국이었다. 중국산 비단과 비단 제품은 주로 먼 내륙로를 경유하여 시리아 항구를 통해 로마로 들어왔지만, 인도 무역은 많은 선박을 필요로 했다. 기원전 최소한 6세기 동안 인도산 상품은 주로 연안 항로를 따라 페르시아만과 아라비아 남쪽 해안에 연해 있는 항구를 경유하여 서방으로 유입되었다. 페르시아만과 아라비아 남쪽 해안에서 시리아의 대집산지까지 대상로가 이어졌다. 프톨레마이오스 왕조 하에서 이집트에 머물던 그리스 상인들이 홍해 항구에서부터 아라비아 해안까지 항해함으로써 인도에 도달하는 데 성공하였다. 인도 해안에서 좌초되었던 그리스

---

2) **역주** | Numidia. 북아프리카 지방.

3) **역주** | Mauretania. 북아프리카에 있었던 고대국가.

4) **역주** | esparto grass. 스페인과 북아프리카에서 나는 풀로 밧줄·바구니·베·종이 따위의 원료.

뱃사람들이 등장하는 오래된 익살극 하나가 전해져 내려오는데, 그 지역의 왕이 즐겨 보았다고 한다. 이 익살극을 보면, 왕이 카나레족(Canarese)[5] 말로 그들에게 인사를 건넸으나, 그리스 뱃사람들은 무슨 뜻인지 알아들을 수 없었다. 그들은 왕이 하는 모든 말을 보통 처음 만나는 사람들을 정중하게 환영할 때 하는 인삿말인 "한 잔 더 하시겠어요?"라는 뜻으로 해석했다고 한다.

로마제국 통치 하에서 이러한 교통이 크게 증가하였다. 인도산 향수·향료·후추·보석·약·진주·상아·비단·면화·무명·가죽·티크 목재에 대한 수요가 로마제국의 부와 사치의 증가에 따라 크게 늘어났다. 로마 황제들은 가능하면 무역량의 상당 부분을 해상로로 전환시키려고 했다. 그렇게 함으로써 내륙 교통로의 길목을 장악하고 있던 파르티아인(Parthians)[6]들이 거둬 가는 통과세를 자신들이 장악할 수 있었다. 로마인들은 아랍 해적들을 견제하였고, 토사가 쌓여 있던 나일강에서 홍해 연안의 아시노에(Arsinoe)에 이르는 운하를 준설하여 나일강의 콥토스(Coptos)에서 미오스 헤르모스(Myos Hermos)와 더 남쪽에 있는 아시노에보다 더 좋은 정박조건을 갖춘 홍해 연안의 항구까지 훌륭한 도로를 건설하였다. 스트라보(Strabo : 63? BC~AD 21?)는 미오스 헤르모스에서만 포도주·금속·제조품·금을 실은 배 120척이 해마다 인도 산품과의 교환을 위해 출항하였다고 기록하였다. 50년경 히팔루스(Hippalus)라는 사람이 계절풍이 주기적으로 분다는 사실을 발견함으로써 무역의 성장을 크게 자극하였다. 계절풍을 이용하면 아덴에서 인도까지 해로를 통해 바로 갈 수 있었다. 이제 상인들은 7월에 이집트를 출발하여

---

5) **역주** | 인도 봄베이 주 카나레 지방에 거주하던 종족.
6) **역주** | 북부 이란 지방에 거주하던 옛 종족.

9월 말에 인도의 항구에 도달하여, 11월 말에 귀로에 올라 2월까지 알렉산드리아로 돌아길 수 있었다. 게다가 상인들은 파르티아를 경유하는 동안 내륙로에서 정정 불안과 약탈로 인한 위험을 피할 수 있게 되었을 뿐만 아니라, 아라비아 항구의 토후들과 해적들에 의한 약탈 위험에서 벗어날 수 있게 되었다. 이 시기 이후 해로가 크게 발전하여, 160년 경에는 중국으로까지 이어지기도 했다.

　해상무역이 크게 팽창한 것 외에 인적 교류도 증가하였다. 변방의 속주로 부임하거나 속주에서 귀환하는 로마 관리들과 군 지휘관들, 징모병과 제대 군인, 새로운 시장을 개척할 수 있을지 탐색하는 상인과 자본가, '황제에게 청원'하기 위해 가는 사람, 바울과 같이 황제에게 재판을 받기 위해 가는 국사범들이 로마의 선주들에게 심심찮은 부업 거리를 제공했다. 법·언어·화폐·관습과 취향이 로마제국 내에서 점차 통일되는 추세를 보이면서 전문 기술자들이나 장인들이 해외에서 돈을 벌기 위해 이동하려 했기 때문에 이주민들도 적지 않았다. 게다가 해로가 안전해지고, 부유한 유한계층의 수가 증가함에 따라 여행이 일반화되었다. 교양있는 로마인들은 역사와 옛것(antiquities)을 좋아했고, 그들 중 대다수는 그리스에서 교육을 받아 그리스 문화에 동화되었다. 그에 따라 에게해의 여러 섬들, 그리스와 소아시아의 연안 도시로 정기적으로 여행하는 사람들도 많아졌고, 이따금 올림픽 경기 같은 대축전을 보러 가는 구경꾼들 덕에 여행객 수가 크게 늘어나기도 했다. 아테네·델피(Delphi)·트로이(Troy)·에페수스(Ephesus)·로도스(Rhodes)를 돌아본 사람들 중 상당수가 이집트까지 여행을 계속했고, 이집트를 본 다음에 곡물 운반선을 타고 로마로 돌아왔다.

　실제로 곡물 운반선과 다른 화물선들은 사업이나 여가를 즐기고자 여행하는 사람들을 많이 운송하였다. 바울이 탔던 배는 뱃사람을 포함하여 276명을 태웠다. 그러나 순전히 여객을 태울 목적으로 건조된 배도 있었다. 이렇게 지어진 여객선 중 일부는 브린디시[7] - 두라조[8] 간에 취항하고 있는 연안 페리선처럼 가볍고 빠른 배도 있었고, 장거리 항해에 알맞은 큰 배도 있었다. 그러나 고대의 작가들이 전하고 있는 선실에 욕실과 도서관을 갖추고, 꽃을 꽂은 꽃병으로 통로를 장식한 배들은 오늘날의 호화 유람선보다는 강과 호수에서 사용하던 유람선에 가까웠을 것이다.

상선 자체는 페니키아인들이 사용한 '둥근 배'와 본질적으로 달라진 것이 거의 없었지만, 무역의 증가에 따라 배의 크기가 커져 갔다. 루키안(Lucian : 120?~180?)은 이집트 곡물 운반에 이용되는 배의 크기가 길이 180ft (54m), 최대 넓이 46ft (13.8m), 상갑판에서 화물창의 밑바닥까지의 깊이가 $43\frac{1}{2}$ ft (13.05m)에 이르렀다고 기록하고 있는데, 이를 그대로 믿을 수는 없다. 그러나 이집트 무역에 종사하는 화물선 가운데 그 크기가 250톤에 달하는 것도 드물지 않았기 때문에 17~18세기의 원양 무역선보다 훨씬 컸던 것은 사실이다. 이따금 이보다 훨씬 더 큰 배가 만들어지기도 하였다. 이를테면 40년경 로마로 운송된 바티칸 오벨리스크(Vatican obelisk)는 자체 무게만도 거의 500톤에 달하였는데, 이 정도의 짐을 운송하려면 800톤 정도는 되었을 것으로 추측된다.

배의 의장도 개선되었다. 몇몇 로마 배들은 돛대를 두 개 설치하기도 하였지만, 앞뒤 돛前後縱帆(fore-and-aft sail)을 설치하지 않았고, 바람이 잔잔할 때나 맞바람일 때도 노를 저어 항해하였다. 이렇게 다루기

---

7) 역주ㅣBrindisi. 이탈리아 동해안의 도시.
8) 역주ㅣDurazzo. 알바니아 북서안 도시.

힘들고 아무런 항해장비도 갖추지 않은 배에서는 뱃사람들은 바다 가운데 있는 특출한 목표물과, 낮에는 해 그리고 밤에는 별을 의지하여 항해할 수밖에 없었다. 따라서 자연히 선주들과 항해 선장(sailing master)들은 겨울철에 항해하거나 연안에서 멀리 떨어져 항해하는 것을 주저하게 되었다. 로마의 항구인 오스티아(Ostia) 곡물창고의 재고량이 안전선 이하로 떨어지는 위급한 경우와, 황제가 겨울철에 이집트로 출항하는 것에 대해 막대한 장려금을 제공하는 경우를 제외하면, 해상무역은 실질적으로 3월 중순에서 11월 중순 사이에만 이루어졌다. 여름철에도 대다수의 항해는 항구에서 항구로, 주요 육표를 확인해 가며 연안을 따라 이루어지는 것이 보통이었다. 알렉산드리아에서 출항한 곡물 운반선은 이른 여름 동안 오스티아나 나폴리 부근의 푸테올리(Puteoli)로 직선 항로로 항해하였다. 하지만 7월 중순경에는 강한 북서풍(Etesians)이 불어와 약 6주 정도 서쪽으로의 항해를 방해하였기 때문에 곡물 운반선대는 시리아와 소아시아의 연안을 따라 항해할 수밖에 없었다. 아마 이 항로가 가장 많이 이용되었을 것이다. 페니키아인들이 브리튼 섬까지 이르렀을 때 비스케이 만을 따라 연안 항해를 했다. 로마시대에 브리튼 무역은 대부분 와이트 섬(Isle of Wight)에서 세느 강(the Seine) 입구나 불로뉴(Boulogne)까지 짧은 해로로 횡단한 뒤 그곳에서 세느 강과 론 강(Rhone)을 따라 내려온 뒤 마르세이유에서 환적되었다. 인도까지의 직항로는 계절풍이 주기적으로 불었기 때문에 예외였다. 일반적으로 보았을 때 바울의 항해(사도행전 xxvii, xxviii)는 겨울철에 안전하게 피항할 수 있는 항구를 찾을 때나, 이 기항지에서 저 기항지까지 짧은 해로를 따라 항해할 때 이용하던 당시대의 가장 전형적인 항해였던 것으로 보인다.

당시 항해하는 데에 시간이 어느 정도나 걸렸는지에 대해서는 알려진 바가 전혀 없다. 로마에서 알렉산드리아까지 9일 만에 항해했다는 기록이 남아 있지만, 이는 북서풍을 받은 빠른 돛배를 이용한 이례적인 항해였던 것으로 보인다. 오스티아에서 알렉산드리아까지 평균 항해 소요기간은 약 18~19일 정도였다. 선단으로 항해하는 곡물 운반선은 서향 직항로로 항해할 경우 보통 25일 정도가 걸렸다. 연안 항로를 따라 항해할 경우에는 이보다 두 배 이상 걸렸을 것이다. 오스티아에서 스페인의 타라스코(Tarrasco : 오늘날의 Tarragona)까지는 4일이 걸렸고, 가데스까지는 7일이면 양호한 편이었고, 평균 10일이 걸렸다. 카르타고에서 가데스까지는 7일 정도 걸리는 것으로 생각되었다.

항해 장비가 없었음에도 불구하고 로마시대에는 개척된 항로가 더 많았기 때문에 페니키아 시대보다 더 쉽게 항해할 수 있었다. 지도를 사용하기 시작했고, 티로 사람 마리누스(Marinus, 2세기?)와 스트라보 같은 학자들이 과학적 지리학의 기초를 닦았다. 인쇄술이 발명되기 수백 년 전에도 필사가들 덕분에 유용하고 대중적인 책들이 비교적 널리 유통되고 있었고, 세심한 상인이나 선주들이라면 대부분의 주요 무역로에 대한 '여행안내서'를 갖고 있었다. 『이리트래 해 항해기』(*Periplus of the Erythraean Sea*)는 그 좋은 예다. 이 책은 인도양으로 항해하는 데 필요한 항해안내서와 무역안내서를 결합한 것으로, 정박지와 묘박지·조수와 바람·시장, 상거래에 알맞은 화물·지역 주민들의 특성에 대해 서술하고 있다.

이 지역 너머 남쪽 방향에는 향료 시장이 있고, 베르베르 해안의 동쪽 끝에 향료 곶(Cape of Spices)이 있다. 묘박지는 북쪽으로 노출되어 있기 때문에 파도가 밀려와 간혹 위험할 때도 있다. 깊은 바닷물이 위로 올라오고 빛깔이 변하면 이 지역에 고유한 태풍이 다가온다는 신호다. 이러한 현상이 나타나면, 사람들은 타바에(Tabae)라고 부르는 안전한 피항지로 피하는데, 이 곳은 아주 큰 곳이다.

… 이 곳에는 아랍어를 사용하고 야자잎으로 몸을 가리고 다니며, 생선을 주식으로 하는 세 종족이 살고 있다.

… 이 곳(인도) 시장으로 이탈리아인들과 소아시아의 라오디케아 사람(Laodicean)들과 아랍인들이 좋아하는 포도주가 수입된다. 구리·주석·납… 얇은 천과 여러 종류의 하급품; 너비가 반 팔 길이 정도 되는 밝은 빛깔의 요대, … 금화와 은화 따위도 수입된다. 이런 것들을 이 곳에서 팔면 이윤을 남길 수 있고, 연고약은 그렇게 비싸지도 않고 많지도 않다."9)

다른 항해안전장비로는 알렉산드리아·오스티아·불로뉴·도버와 같은 곳에 세워진 등대나 봉화대가 있었고, 안전하게 입항할 수 있는 항구도 많이 있었다. 건축에 뛰어난 재능을 지녔던 로마인들은 항구 개발에도 탁월했다. 황제들도 건물이나 항구, 도로를 새로 짓거나 개량하는 데 적극적이었다. 도로는 수출품을 선적하기 위해 항구로 운송하고, 수입품을 항구에서부터 내륙으로 운송할 수 있는 통로였다. 오스티아와 푸테올리와 같은 대형 항구에는 창고·곡물창고·저장창고

---

9) Wilfred H. Schoff trans., *Periplus of the Erythraean Sea*, N. Y. and London, 1912.

가 즐비했고, 제국 각처에서 온 상인들과 선주들은 부둣가에 사무실과 대리점을 갖고 있었다. 이를테면 오스티아에는 특별한 대리인이 주재하기도 했는데, 이들은 그 지역 상인들과 항구 관리들을 상대하면서 모든 카르타고 선장들의 업무를 도와주었다.

사실 로마제국의 무역은 광대했을 뿐만 아니라 매우 잘 조직되어 있었다. 무역법 체계가 잘 갖추어져 있어서 무역거래와 해상거래를 하는 당사자들의 권리와 의무는 명확하게 정의되어 있었다. 로마인들은 그리스의 법과 관습에서 유용한 것이 발견되면 그것을 받아들여 입법화했다. 로마인들이 그리스인들로부터 받아들여 오늘날 전 세계 무역업계에 물려준 원칙 가운데 하나가 '투하(jettison)의 원칙'이다. 로마인 자신들은 투하의 원칙을 로도스인들로부터 차용한 것이라고 생각하였다. 로도스인들은 기원전 4~3세기에 걸쳐 동지중해에서 아테네가 장악한 해상권을 이어받은 사람들이었다.

어느 로마의 법률가는 "로도스 법은 배를 가볍게 하기 위하여 화물을 바다에 버렸다면, (선주와 화주의) 공동의 이익을 위해 희생한 것에 대해 공동으로 부담하는 것이 옳다고 규정하고 있다"고 말하고 있다.

사도 바울이 탄 배가 말타 해안에 좌초했을 때 선주와 화주 어느 누구도 이 원칙에 따라 이익을 볼 수 없었다. 왜냐하면 로마법에 따르면, 배가 구조되지 않는 한 누구도 분담액을 요구할 수 없었기 때문이다. 해양사고로 야기된 손해를 보상하기 위해 모든 이해 당사자들이 비율에 따라 분담한다는 공동해손共同海損(General Average)의 원칙은 후대에 확립된 것이다.

모든 선주들은 '나비쿨라리 마리니'(navicularii marini)라고 하는 조합에 공식적으로 등록해야 했다. 이와 같은 선주조합은 각 주요 항구에 하나씩 조직되어 있었던 것으로 보인다. 이 선주조합은 회원 개개인이 개인 비용을 내어 무역을 했다는 점에서 특허회사라기보다는 선주협회나 선주 동업조합과 유사했다. 로마제국이 쇠락하는 동안 선주조합은 제국의 통제 하에 더 엄격하게 운용되었고, 상선업商船業은 세습적인 국가사업으로 변모했다. 그러나 해운업은 적어도 기원후 2세기까지 개인 사업가들이 주도하였다. 이는 정부의 독점 하에 있는 곡물 무역에서도 마찬가지였다. 곡물 무역에 정기적으로 자신의 배를 취항시키고 있던 선주들은 세금을 부과하기 위한 재산 평가에서 배를 제외하는 것과 같은 특정 특권을 누리는 방식으로 보상이나 보조를 받았다.

많은 선주들은 명백히 자본가들이었다. 이들은 배의 운항에는 관여하지 않고, 일정 기간이나 배의 내용기간耐用期間 동안 배를 운항하는 지식을 갖고 있는 사람에게 빌려주었다. 이와 같은 조건 하에 배를 빌린 정기 용선자는 원하는 대로 배를 운항할 수 있었고, 모든 운임을 자신의 이윤으로 챙겼다. 용선자는 선주에게 서로 합의한 용선료만 지불하면 그만이었다. 그러므로 용선자는 법적으로 배의 주인과 같은 지위에 있었으므로 선주조합에 회원으로 가입할 수 있었다.

자신들의 비용으로 자기 배를 운항하는 선주들도 있었다. 이들 중에는 상인들이 많았는데, 이들은 자기 배에 자기 짐을 실었다. 그러나 현실적으로는 선주와 화주가 별개인 경우가 더 일반적이었던 것 같다. 선주들은 배마다 지휘관 두 명을 지명하여 태우는 것이 보통이었다. 한 명은 항해를 책임지는 '구베르나토르'(gubernator)라고 하는 항해 선장이었고, 다른 한 명은 '마지스테르'(magister)라고 부르는 사업 관리인이었다. 마지스테르는 화물이나 짐을 운송할 계약을 맺고, 화물의 운임과 여객의 배삯을 받고, 비품과 수리 여부를 감독하였으며, 만약 배를 용선하겠다는 사람을 찾기 어려울 경우에는 선주의 비용으로 물건을 사고 팔기도 했다. 그러나 일부 선주들은 자기 자신이 사업 대리인으로 직접 승선하기도 하였고, 매우 드물게는 자기 자신이 항해 선장으로 나서기도 하였다. 배를 여러 명이 공동으로 소유하고 있을 때에는, 공동 선주들이 자신들 가운데 한 사람을 관리 선주(managing owner)로 지정하는 것이 관례였다. 관리 선주는 자기가 직접 마지스테르로 활동하거나 공동 선주들을 대신하여 한 사람을 고용하였다. 선주가 배에 자신의 노예를 승선시키는 경우를 제외하고는 뱃사람들은 오늘날과 마찬가지로 고정급을 받았고, 중세시대처럼 모험 항해에서 얻어진 이익금을 분배받지 않았다.

오늘날에는 모든 운송계약이 용선계약서에 기록된다. 236년에 체결된 계약서 한 장이 남아 있는데, 이를 보면 이 시기 운송계약이 어떻게 이루어지고 있었는지 알 수 있다. 이 계약서에는 선장과 상인의 이름이 나오고, 선장이 그 배의 선주라는 사실과 화물량이 기록되어 있다. 상인은 특정 항해를 위해 용선료 은화 100 드라크마에 이 배를 전부 빌렸다. 상인은 용선계약 체결시 40 드라크마를 지불하고, 나머지는 화물을 인도할 때 지불하기로 합의하였다. 선주는 이틀 후에 짐을 실을 수 있고, 바닷물에 젖지 않고, 안전하게 짐을 부릴 수 있도록 적절하게 비품을 장비하고 선원을 태워야 했다. 선주는 짐 부리기가 나흘 안에 끝나지 않을 때는 체선료로 하루에 16 드라크마를 받기로 합의하였다.

이 문서는 선주가 책임을 지지 않는 문제에 대해 상세하게 명시해 놓은 오늘날의 정기선 선하증권과 비교하면 간단하고 단순하다. 그러나 계약 자체는 명백하고, 실제적이며 주요한 요점을 다루고 있다. 어쨌든 이 문서는 '자기 짐을 운송하는 것이 아니라 이윤을 얻기 위해 배를 운항하는 사업'인 해운업이 근대적인 양상으로 잘 조직되어 있었음을 보여준다. 루키안이 묘사한 대형 곡물 운반선인 이시스(Isis) 호가 한 해에 적어도 12 탈렌트(talent)를 선주에게 벌어줄 만큼 해운업은 수익성 있는 사업이었던 것 같다. 12 탈렌트는 오늘날보다 가치가 훨씬 컸겠지만, 1933년 화폐가치로 치면 2925 파운드에 달한다. 그러나 로마제국 치하에서 해운업의 발전이 중요했던 것은 이윤이 개인에게 돌아갔다는 이유 때문만은 아니었다. 로마의 선주들은 이탈리아인이거나 알렉산드리아에 거주하는 그리스인, 또는 티로의 페니키아인, 골이나 아프리카의 원주민이거나 간에 사업 면에서는 그들의 선배격인 그리스인과 페니키아인들과 마찬가지였다. 그러나 자신들의 이익을 추구하는 면에서는, 전 세계의 상품을 모든 나라 사람들이 이용할 수 있게 하기 위해 그들의 선배와 수세대 뒤의 후계자들이 행했던 것보다 훨씬 더 많은 것을 해냈다.

▐▐▐▐ 참고문헌

The Cambridge Ancient History.

Rawlinson, *Phoenicia,* Story of the Nations Series, London, 1899.

A. E. Zimmern, *The Greek Commonwealth,* Oxford, 1911.

M. P. Charlesworth, *The Trade Routes of the Roman Empire,* Cambridge, 1924.

J. E. Sanys, *Companion to Latin Studies,* 3rd ed., Cambridge, 1921.

Cecil Torr, *Ancient Ships,* Cambridge, 1894.

Orations of Demosthenes, trans. by Bohn & ed. by Kennedy, 1861.

제2장 아드리아해 신부新婦

지중해 시대

한때 그 나라는 거대한 동방을 상속받았었지…
그리고, 그 나라의 백성들이 뱃사람이 되었을 때,
그 나라는 바다의 영원한 배우자가 되어야만 했다네.

Wordsworth, '베네치아 공화국의 멸망에 대한 송가'

전 세계를 무대로 항해를 했던 유능한 사람들이 우리 후손들에게 가르쳐
주었던 해상무역에 관한 훌륭한 제도와 좋은 관습이 여기에서 시작된다.…
여러분들은 이 법전에서 큰 배거나 작은 배거나 간에 배의 선장이
상인·뱃사람·여객들에게 해야 하는 의무와, 상인·뱃사람·여객들이 선장에
대해 지켜야만 할 의무가 무엇인지를 알게 될 것이다.

Consulato del Mare

해상 무역량을 엄청나게 팽창시키고, 해운 조직을 놀라울 정도로 진보시킨 '로마의 평화'는 단 두 세기밖에 지속되지 못했다. 로마제국의 국력이 계속된 내란과 외침으로 쇠락해 감에 따라 무역량도 줄어들었다. 결국 제국이 붕괴하고 속주들이 잇달아 야만족의 수중으로 들어가게 되자 대규모 산업인 해운업은 유럽 대부분의 지역에서 사라져 버렸다. 로마제국의 폐허 위에서 일어난 프랑크족·고트족·반달족 왕국들은 너무 미개하고 빈곤했으며, 내부적으로 쉽게 혼란에 빠지는 수가 많아 대규모 해외무역을 계속할 수가 없었다. 이제 로마 함대는 더 이상 바다의 경찰 노릇을 할 수 없게 되었고, 이에 따라 자기 목숨과 재산을 바다에 맡겨야 하는 많은 사람들에게 바닷길은 이제 위험한 곳이 되었다.

대혼란의 와중에서 단 한 지역이 무역과 해운의 중심지로 두각을 나타냈다. 328년 콘스탄티누스 대제가 비잔티움(Byzantium)을 탈환하여 콘스탄티노플(Constantinople)로 개명하고, 제국의 수도를 티베르 강변에서 보스포러스 해안으로 이전하였다. 로마제국이 동서로 분리되었을 때 이 곳은 동로마(비잔틴) 제국이 되어 옛 로마의 생명력과 행정력의 일부를 유지하였다. 그렇게 크지 않았던 콘스탄티노플은 이제 문명세계의 정치중심지이자 상업중심지가 되었다.

그리스 시대와 로마 시대에도 비잔티움은 중요한 해운·무역의 중심지였다. 비잔티움은 흑해의 출입구를 장악하고 있었고, 소아시아의 주요 종착점과 좁은 수로를 그 사이에 두고 있었다. 시리아와 이집트가 처음에는 페르시아 침입자에게, 나중에는 사라센 침입자에게 굴복하게 되었을 때, 소아시아를 경유하는 대상로隊商路는 동방과 연결되는 유일한 교통로가 되었다. 콘스탄티노플은 유럽과 아시아 간의 전체

교통망의 병목으로서 티로와 시돈의 지위를 이어받았다. 어렵게 콘스탄티노플 성벽을 고수하여 사라센의 침입을 막아내는 데 성공한 7세기에, 비잔티움이 해상무역에서 차지하고 있던 독점적 지위는 확고해졌다. 사라센인들은 비록 해상 무역업자는 아니었지만, 뛰어난 해적들이었다. 그들의 해적 선대는 비잔틴의 상선대를 제외한 다른 상선대를 바다에서 싹쓸이해 버렸다. 이제 동방의 물품은 보스포러스의 대집산지를 경유해서만 서유럽의 여러 나라로 유입되었다. 이는 모두 강력한 동로마 제국의 해군의 보호를 받는 비잔틴 상선에 의해 행해졌다.

이윽고 지중해에서 해운이 다시 활발해지게 되는데, 이는 어느 한 강국의 힘에 의해 이루어진 것이 아니라 베네치아·제노바·피사·아말피와 같은 이탈리아 도시들과 자라(Zara)·라구사(Ragusa)·달마치아 연안의 다른 라틴 도시, 프랑스의 마르세이유, 스페인의 바르셀로나 같은 수십 개의 항구 도시들이 점진적으로 성쇠를 거듭한 데 따른 것이었다. 이들 도시 중 일부는 고대 그리스의 도시국가들과 같이 독립된 공화국이었고, 일부는 독립되어 있지는 않았지만, 무역과 해운 관련 부문에서는 상당한 자치권을 향유했다. 우리는 중세 지중해에서 선주들이 어떻게 사업을 하였는지 당 시대의 법률과 이들 항구 도시의 고문서고에 보관되어 있는 책을 통해 알 수가 있다.

우선 이 시기의 무역량은 매우 소규모였을 것임에 틀림없다. 그러나 서유럽과 중유럽의 문명이 부흥됨에 따라 무역과 부 역시 빠르게 팽창하였다. 이 도시국가들은 상선대를 보호하기 위해 전투용 갤리선단을 건조하였고, 전쟁에도 참여하였으며, 식민지를 개척하기도 했다. 11세기에 이르면, 베네치아와 제노바는 페르시아·사라센·슬라브·터키 족들과의 끊임없는 전쟁에 시달리며, 쇠퇴의 길을 걷고 있던 동로마제국의 동맹국 혹은 강력한 경쟁자가 될 만큼 강대한 세력으로 성장하였다. 1081년 베네치아는 동로마 제국이 시칠리아의 노르만족에 대항하는 데 협조한 대가로 상업협정을 체결하는 데 성공하였다. 이 협정의 체결로 베네치아 상인들은 콘스탄티노플에서 특권을 누릴 수 있었고, 그 덕분에 동방의 물품을 서방으로 공급하는 분배업자가 될 수 있었다. 그러나 결정적으로 이탈리아를 상업활동의 중심지로 되돌려 놓은 것은 종교적 열정·모험심·약탈욕이 혼합된 십자군 원정이었다. 십자군들은 병사들을 운송하고, 물품을 보급하기 위해 짐배를 필요로 했고, 전쟁에서 사라센 함대와 맞서 싸울 싸움배와 능숙한 바다 싸움꾼을 필요로 했다. 오랫동안 무슬림에 대항하는 기독교 세계의 방벽 역할을 했던 동로마 제국은 이즈음 쇠퇴일로를 걷고 있었다. 그러나 베네치아·제노바·피사는 대가만 받는다면 운송용·호송용 배를 공급할 능력을 충분히 갖고 있었다. 이 도시들은 참된 종교적 대의를 실천하기 위해 용역을 제공한 대가로 돈뿐만 아니라, 십자군이 사라센인들로부터 탈환한 시리아 항구에서 독점적인 상업특권을 누릴 수 있게 되었다. 이렇게 하여 이탈리아와 동방 간의 직접 교통로가 열림으로써 비잔틴의 지위가 크게 변하게 되었다. 찰스 오만(Sir Charles Oman : 1860~ 1940)의 추산에 따르면, 1차십자군 원정 이후 50년 동안 콘스탄티노플 무역량의 1/3~1/2이 이탈리아 항구로 이전되었다. 나이 들어 눈이 먼 베네치아 총독 단돌로(Eurico Dandolo : 1120?~1205)는 1203~1204년 사이에 제4차 십자군 지도자들을 설득하여 공격 목표를 성묘 聖墓(Holy Sepulchre)[1] 탈환에서 콘스탄티노플 점령으로 바꾸는 데 성공하였다. 역사적으로 동방과 서방 사이를 연결해 주었던 콘스탄티노플의 지위는 이제 베네

---

1) **역주**ㅣ예루살렘의 예수의 묘.

치아인들의 흑해무역을 위한 중간 항으로 전락하였다.

베네치아 공화국을 필두로 한 이탈리아 도시공화국의 시민들은 동방 물품을 서방으로 분배해 주는 배급자로서 페니키아인들과 비잔틴인들의 역할을 계승하였다. 이 도시국가들도 선행자들처럼 동방 물품의 운송자이자 배급자로서 막대한 번영을 누렸다. 물론 이것은 그들의 배를 활용하는 것만 가지고 이루어진 것은 아니었다. 서방 문명이 부활하자 지중해 각 항구 간에 운송해야 할 화물량이 많아졌고, 북유럽 국가들도 이탈리아 도시국가들이 재수출한 동방 물품과 지중해 물품을 필요로 하게 되었다. 그러나 15세기 말까지 베네치아와 제노바의 상인들과 선주들이 아무도 넘보지 못할 지위를 차지하게 된 것은 시리아와 이집트 항구와의 무역을 장악하면서였다.

이제 해운산업은 더 이상 지중해 해역으로만 국한되지 않았다. 로마 시대에도 잉글랜드와 대륙 간의 교통은 활발하였다. 서방에서 로마 제국의 잔재를 무너뜨리는 데 큰 역할을 한 노르만인들은 싸움꾼이자 탐험가였을뿐 아니라 뛰어난 장사꾼이기도 했다. 그들은 무시무시한 '긴배'와 함께 장삿배도 갖고 있었다. 노르만인들은 세계 역사상 가장 담대한 뱃사람들일 것이다. 중세 암흑기에도 잉글랜드·아이슬랜드·스칸디나비아 사이에는 교통량이 제법 많았다. 몇 세기 동안 아이슬랜드 또는 노르웨이와 그린랜드의 아이슬랜드 식민지 사이에는 해상교통이 계속되고 있었다. 12세기 이후 잉글랜드의 해운이 꾸준히 성장했다. 플랑드르인들이 가장 활동적인 무역업자들이었고, 뤼벡·함부르크·브레멘이 주도하는 한자 도시동맹 사람들이, 운송인으로서 베네치아인들이 지중해에서 점하는 지위에 버금가는 위상을 북해에서 차지하고 있었다. 초기 북해의 해운업 발전에 대해서는 다음 장에서 살펴보게 되겠지만, 여기에서도 간략하게 기술하기로 한다. 베네치아가 거대한 동방을 차지하고 있는 동안 지중해 국가들이 부와 문명, 해운업에서 우월권을 쥐고 있었다. 실제로 지중해 도시국가들보다 훨씬 늦게 경쟁에 뛰어든 북방 국가들은 이탈리아인들에게 선박 소유업을 배워야 했다. 1190년 제3차십자군전쟁에 의해 잉글랜드 배와 뱃사람들이 지중해로 내려왔고, 이를 계기로 북방의 배짓는 장인들과 항해가들은 많은 것을 배웠다. 잉글랜드와 프랑스, 심지어 한자동맹의 해상법과 관습도 상당 부분 지중해 항구도시의 전례를 모방한 것이었다.

북방인들은 지중해 무역에서 아무런 힘이 없었고, 거기에 끼어들 엄두도 내지 못했다. 베네치아와 제노바는 이들이 맞서기에는 너무 강했고, 전투용 갤리선은 어쨌든 지중해 해역에서 오랫동안 싸움배로서 그 명성을 쌓아 왔기 때문에 북방의 배들이 감히 이탈리아 세력권으로 끼어들 엄두를 내지 못했다. 동방의 비단과 향료, 그리고 지중해의 올리브 기름·포도주·염료 따위는 베네치아의 짐배인 갈레아스선(galleass)과 제노바의 캐랙선(carrack)에 실려 잉글랜드와 플랑드르로 운송되었고, 일부는 플랑드르를 경유하여 북유럽 전역으로 운송되었다.

무역이 확대되고 증가함에 따라 배가 어떤 양식으로 소유되고 운항되었는지 지중해의 여러 항구의 법률을 통해 살펴보기로 하자. 당시 지중해에서는 다음과 같은 무역이 행해지고 있었다. 우선 베네치아와 제노바의 선주들에게 가장 귀중한 짐을 제공한 동방의 이집트·시리아·팔레스타인·비잔티움에 이르는 대무역로가 있었다. 진귀하고 값비싼 화물을 스페인·프랑스·잉글랜드·플랑드르로 배급하는 데 이용된 서방 무역로도 있었고, 베네치아산 소금과 유리 제품, 아프리카산 금과 가죽 따위의 토산품을 교환할 목적으로 이탈리아와 스페인 사이, 그리고 이탈리아와 북아프리카 사이에 만들어진 수많은 교차로도 있었다. 여기에 수많은 작은 배들이 항해하는 연안 항로와 단거리 해로도 있었는데, 선주들은 이들 항로에서도 나름대로 충분한 이익을 거두며 배를 운항할 수 있었다.

이 모든 지역에서 해상교통을 규제한 법률의 모태가 된 것은 이른바 「로도스 해법」(Sea Law of the Rhodians)일 것이다. 이 비잔틴 법은 600~800년 사이에 해상법과 관습을 집대성한 것으로, 일종의 상업 지침서였던 것으로 여겨진다. 로도스 해법에는 연대도 다르고, 출처도 다양한 내용이 포함되어 있어서 증거로 활용할 경우 신중한 주의가 필요하다. 하지만 로마시대부터 중세시대에 이르기까지 선박 소유의 양상이 비잔틴 시기에 이르러 변화되기 시작했다는 사실을 확인할 수는 있다. 중세시대의 해운 부흥이 여러 지역에 근거를 두고 있었다고 한 데서도 예상할 수 있는 것처럼, 새로운 선박 소유방식 역시 다양한 양상으로 발전하였고, 중세도시의 법률과 상업 문서들은 지역에 따라 다양성을 보여주고 있다. 법과 용례 또한 끊임없이 변화하고 발전하고 있었기 때문에 지중해의 해운업이 1000~1500년에 이르기까지 중세 전 시기와 모든 지역에 어떤 방식으로 이루어지고 있었는지 일반화시켜 얘기할 수는 없다. 그럼에도 불구하고, 선주들이 사업을 영위한 일반적인 조건에 대해서는 비교적 정확하게 그려낼 수 있다.

중세시대 선박 소유방식에서 보이는 가장 두드러진 특징은, 배를 소유하고 용선하는 방식이 매우 다양하고, 각 거래 당사자들 간에 기능이 흔히 혼합되어 있었다는 점이다. 로마법에서는 해상 모험 당사자들의 역할이 오늘날의 계약에서처럼 분명하게 구분되어 있었다.

선주는 배를 소유하고, 배를 운항할 선원을 고용하고, 정해진 운임으로 자신의 짐을 운송할 용선자와 계약을 했다. 이에 비해 중세시대에는 조합 회원들이 배를 소유하고, 조합원의 짐을 싣고, 자신이 직접 선원으로 승선하는 것이 보통이었다. 따라서 동일인이 선주·화주·선원으로 활동하였다. 선주와 화주가 서로 다른 경우라 해도 화물을 운송하는 예가 자주 있었고, 선원들은 이윤을 공유하는 방식으로 보수를 받았다.

이와 같은 모험 조합체계 가운데 가장 오래된 것 중 하나가 11세기까지 기원이 거슬러 올라가는 「아말피 해법」(Table of Amalfi)에 기록되어 있다. '연안의 관습'에 따르면, 선주·상인·선원이 하나의 조합을 구성한다. 선주들은 조합원 가운데 한 사람을 모험사업을 전반적으로 관리하는 권한을 가진 '파트로누스'(patronus : 관리자)로 지명한다. 다른 선주들은 선원으로 직접 승선하기도 했던 것 같고, 상인들도 자기 화물을 싣고 배에 탄 듯하다.

손익 분배에서 선주는 배의 크기나 가치에 따라 모험사업에서 차지하는 지분만큼 갖고, 상인들도 모험사업에 투자한 돈이나 화물의 가치에 따라 지분을 받으며, 선원들은 노동력을 제공한 대가로 지분 일부를 받았다. 만약 선원이 공동 선주나 상인이라면 항해에서 벌어들인 이익금을 추가로 분배받는다. 관리 선주는 항해 선장과 서기에게 지분을 추가로 줄 수도 있지만, 이럴 때는 공동 선주들의 동의를 얻어야만 했다.

서기 또는 '스크리바누스'(scribanus)는 아주 중요한 사람이었다. 지분명부(share-register)·화물목록·회계장부와 같은 장부들을 기록하고 보관하는 것이 그의 임무였다. 이런 장부에는 각 선주들이 보유하고 있는 지분, 각 상인들이 소유한 화물과 운송하는 화물에서 각 상인들이 차지하는 지분, 선원 명단, 모험사업의 지출 비용과 영수증 따위가 기록되어 있거나 첨부되어 있었다. 조합원 이외의 사람들로부터 받은 운임과 여객들의 배삯을 포함하여 화물 매매로 벌어들인 모든 이익금은 조합원 공동 계정으로 들어갔다. 왕복 항해가 끝나면 법원에서 회계장부를 공증 받은 다음, 순익은 선주·상인·선원들이 지분에 따라 나누어 갖게 된다.

또 다른 독특한 조합 형태가 중세시대에 이루어진 선박 소유와 무역 체계인 1272년 「라구사 법」(Statitutes of Ragusa)에 기술되어 있다. 이 체계에 따르면, 일정 수의 상인들이 각자 무역에 필요한 자금이나 화물을 사는 데 드는 일정액을 선장과 선원에게 맡겼다. 선주나 선원 역시 자기의 개인 비용을 투자할 수도 있었다. 이렇게 배에 맡겨진 돈으로 구입한 화물을 운송하는 데 드는 운임은 공동 비용으로 처리하고, 우연찮게 싣게 된 화물의 운임과 여객들의 배삯을 포함하여 배의 운항으로 벌어들인 이익금은 화물 매매로 벌어들인 이익금과 함께 조합 공동기금으로 들어갔다. 왕복 항해가 끝나게 되면 배와 선원들이 공동기금의 절반을 차지하고, 나머지 절반은 모험 상인들이 투자액에 따라 나누어 가졌다.

이와 같은 모험조합 방식과는 별도로 일반적인 선박 소유방식이나 용선방식으로 해운업을 영위하는 예도 계속되었다. 일부 항구에서는 모험조합 방식이 전혀 이루어지지 않기도 하고, 다른 곳에서는 중요한 무역에서는 선주와 용선자 사이의 일반적인 관계로 점차 대체되어 갔던 것으로 보인다. 항해 중의 사업을 돌보기 위해 자기 배를 운항하거나 자기 배에 대리인을 파견해야 하는 단독 선주는 매우 드물었던 것 같다. 중세시대에 주로 조합들이 사업을 주도하였고, 대부분의 배도 조합들이 소유하였다. 이 경우 조합원 중 한 사람이 관리 선주로 활동하였고, 다른 공동 선주들이나 공동 선주 중 일부는 선원으로 승선하는 경우가 많았다. 15세기에 이르면 대부분의 배들은, 한 사람이 2 내지 그 이상의 지분을 소유하는 경우도 물론 있었지만, 대체로 24개의 지분으로 나뉘어 소유되었다.

선주는 자기의 짐으로 화물창을 채울 수 있는 상인일 수도 있고, 아닐 수도 있었다. 만약 선주가 상인이 아니라면, 대개는 상인조합에 배를 빌려주었다. 이 경우 상인들은 반드시 동업으로 사업을 할 필요는 없었고, 배를 빌려 화물창을 채울 능력만 있으면 되었다. 각 상인은 자기 화물에 대한 운임은 각자 부담해야 했다. 상인들이 자기 화물을 싣고 함께 배에 타서 외국 항구에서 그것을 팔아 번 수익금으로 다시 귀항 화물을 구입하는 것이 보통이었기 때문에, 왕복 항해로 용선하는 것이 가장 일반적인 형태였다. 기간을 정해 용선하는 정기용선도 이루어지고 있었고, 배 한 척을 통째로 용선할 필요가 없는 상인들은 오늘날의 정기선처럼 화물량에 따라 화물창의 일부 공간만 이용할 수도 있었다.

여러 종류의 모험조합 형태 하에서 선원들이나 선원들 가운데 일부도 모험사업에 동업자로 참여할 수 있었고, 노동에 대한 보수는 정해진 임금이 아니라 이익의 분배 형태로 받았다. 그렇지만 모험조합 체계 하에서도 모험사업에 참여하지 않는 사람들을 선원으로 승선시켜 단순히 고용 선원으로 일하게 하는 경우도 간혹 있었다. 모험조합 체계가 이루어지지 않은 곳에서는, 선원들은 일반적인 방식으로 고용되었고, 선원으로 승선하는 공동 선주는 지분만큼 항해의 이익을 분배받고 그 외에 선원으로서 보수도 받는 것이 보통이었다.

선원들의 보수는 달 단위·항해 단위·계절 단위로 지급되었고, 법적으로 식료품비는 선불 임금으로 지불해야 하며, 승선 중 선원이 병에 걸리거나 죽은 경우에도 지불해야 했다. 14세기 초반 자라(Zara)와 스플라토(Spalato : 오늘날의 Split)에서 사용된 고용계약서가 그 대표적인 예다. 선원들은 3월 1일부터 11월 30일까지 항해 가능한 기간 동안 고용계약을 체결하고, 3월 1일·6월 1일·9월 1일 석 달마다 고정된 임금을 받았다. 만약 배가 11월 30일 이후에 외국 항구에 머물러 있을 때에는 비율에 따라 보수를 추가로 받았다. 선원이 승선한 지 처음 3개월 안에 죽었다면, 그의 상속인이 그 기간 동안의 전체 임금을 대신 받을 수 있었다. 만약 선원이 5월 1일 이후에 죽었다면, 죽은 날까지 받을 수 있는 실질 임금만 받을 수 있었다. 그러나 선원이 일하다 다친 부상이나, 적선敵船이나 해적에 대항하다가 죽었다면, 죽은 날짜에 관계없이 전체 고용계약 기간 동안의 임금 전부를 상속인에게 지불해야 했다.

통상적으로 아파서 배를 내린 선원은 하선한 날까지의 임금만 받을 수 있었다. 그러나 일부 법률은 한 달 간 요양수당을 지불하도록 규정하는 경우도 있었다. 이 점에서 중세의 여러 해법들은 1194년경에 만들어진 「올레롱 해법」(Judgement of Oléron)에 비해 약간 뒤떨어져 있었다. 올레롱 해법은 북유럽의 해사 관습법의 토대가 되었다. 올레롱 해법에 따르면, 선원이 승선 중에 아파서 배를 내린 경우 선장은 선원에게 숙박비·등화비(light)·식비를 지급해야 했다. 아픈 선원은 배에서 일상적인 음식보다 더 좋은 것을 제공해 달라고 요구할 수는 없었다. 그러나 육상에서 간병인을 고용하거나 선원 한 명을 하선시켜 자신을 보살펴 주도록 요구할 수 있었다. 선원이 회복되면 해당 항해기간 동안의 전체 임금을 받을 수 있었고, 죽으면 상속인에게 지불되었다.

지중해에서 항해하는 선원들은 무슬림 해적들에게 잡혀 노예로 전락할 위험도 감수해야 했다. 많은 경우 선원이 항해 도중에 해적들에게 잡힌다면, 잡혀 있는 동안 그의 임금이 계속 가산되는 것으로 법률로 규정되어 있었고, 선주나 공동선주들은 그의 몸값을 지불할 의무가 있었다.

일반적으로 선원들은 임금 외에도 자신이 산 물건을 운임을 내지 않고 싣고 갈 수 있었다. 이는 선원들에게는 아주 중요한 특권이었다. 왜냐하면 비잔티움이나, 베이루트, 튜니스 같은 곳에서 싸게 산 기호품이나 신기한 물품을 본국에서 비싸게 팔 수 있었기 때문이다.

선원이 임금을 받고 일하는 동안에는 선주가 식량을 제공해야 했다. 선원이 지분 소유자일 경우에는 식비는 이윤을 분배하기 전에 벌어들인 전체 금액에서 공제하였다. 1258년 「바르셀로나 조례」(Barcelona Ordinance)에는 당시의 전형적인 선내 급식표가 포함되어 있다. 이 규정에 따르면, 소금에 절인 고기·빵·야채·올리브 기름·포도주·물이 포함되어 있었다. 14세기 말 카탈로니아 지방의 해법과 관습법을 집대성한 「콘솔라토 델 마레」(Consolato del Mare : 원어 Lo Libro de Consolato del Mare '바다 영사의 법전')에는 선원들에게 일·화·목요일에는 고기를, 그 나머지 날에는 스프를, 그리고 매일 저녁에는 빵과 치즈, 양파 또는 생선을 제공해야 한다고 규정되어 있다. 포도주는 적당한 가격에 구할 수 있으면 제공하고, 종교적 축제일에는 보통 때의 두 배를 공급해야만 했다. 이 시기에는 연안을 따라 항해하다가 항구에 자주 들러 신선한 야채와 식료품을 구입할 수 있었기 때문에 중세시대의 선원들은 18세기의 전형적인 무역 항해에 종사한 잉글랜드의 선원들보다 더 잘 먹었고, 괴혈병에 덜 걸렸을 것이다.

일반적으로 선원들은 화물을 싣거나 부리는 데 관여하지 않았다. 왜냐하면 대부분의 항구에는 하역작업에 종사하는 인부들로 구성된 동업조합(guilds)이 있었기 때문이다. 선원들은 보통 전손全損이 아닌 일반 사고가 발생할 경우를 대비하여 일정 기간 동안 배에서 대기하였고, 구조작업을 해야 할 경우에는 함께 참여하였다. 선원들이 구조작업에 참여하여 구조를 완료시켰을 경우 베네치아에서는 구조된 모든 물품 가액의 3%를 구조비용으로 받았다.

선내 규율은 매우 느슨했다. '파트로누스'인 선장이나 항해 선장 모두 후대의 선장들이 갖고 있던 독재적인 권한 같은 것은 없었다. 앞에서 살펴본 것처럼, 선원 자신들도 배나 화물의 지분을 소유하고 있는 경우가 보통이었고, 배에 탄 선원들은 사회적인 지위 면에서 모두 동등했다. 여객들은 흔히 여러 차례 항해를 한 적이 있는 상인인 경우가 많았고, 해안의 지형·수심·항해상의 위험에 대해 항해사들만큼 잘 알고 있었다. 항해술에 대해 살펴보면, 과학적 항해기구나 과학적 지식이 결여되어 있었기 때문에 추측항법으로 항해하였고, 선원들도 뱃일에 대해서는 선장만큼 잘 알고 있었다. 올레롱 해법에 따르면, 선장은 출항하기 전에 배에 탈 사람들에게 조언을 받아야 했다.

선장은 배가 항구에 머물며 출항을 기다리고 있을 때에는 '선중'船衆2)과의 상의 없이 출항해서는 안 된다. 선장은 선중들에게 다음과 같이 물어 보아야만 한다. "여러분, 날씨가 어떻다고 생각하십니까?"

---

2) **역주** | ship's company : 배에 타고 있는 상인, 여객, 선원을 총칭한다.

만약 선중 중 일부는 "날씨가 나쁘다"고 말하고, 일부는 "날씨가 좋다"라고 답했다면, 선장은 다수 의견에 따라야만 한다. 만약 선장이 이렇게 하지 않아서 배를 잃게 되었다면, 그가 가진 재산의 한도 내에서 배와 화물의 주인에게 변상해야만 한다.

지중해 해역의 어느 해법도 이 정도까지 규정된 것은 없었다. 그러나 어려움이나 위험에 처했을 때 선장이 배에 타고 있는 모든 사람들과 상의를 하는 것이 관례였고, 그러한 과정에서 혼란이 야기되어 배가 재난을 당한 사례가 수없이 많았을 것이다. 1240년 베네치아 법은 항해의 전권을 선장·항해선장·상인 3자에게 위임함으로써 이 같은 혼란을 규제하려고 하였다. 그러나 이들 위원회가 항해를 주도하게 된 것은 일반 대중의 총의에 따라 항해하는 것에 비해 개선된 것이긴 하지만, 오늘날 승객들은 그런 식으로 지휘되는 배를 타고 항해하는 것을 좋아하지는 않을 것이다.

실제로 선장은 한 무리 가운데 선임자에 지나지 않았고, 선원들과의 관계에서도 독재자라기보다는 아버지와 같은 존재였다. 올레롱 해법에서는 선장은 "선원들이 사이좋게 지내도록 만들고, 분쟁을 조정할 의무가 있다"고 규정하고 있다. 선원 중 한 사람이 식사 중에 다른 선원에게 거짓말을 했다면, 그는 벌금으로 4펜스를 물어야 했다. 만약 선장이 거짓말을 하거나 선원이 선장을 속인 경우에는 그 두 배를 물어야 했다.

만약 선장이 선원을 때린다면, 선원은 한 번은 맞고 참아야만 한다. 그리고 선장이 다시 때리려고 하면 선원은 자신을 방어해도 좋다.

선장을 한 대라도 때린 선원은 누구든 100 수스(sous)3)를 지불하거나 손을 잘리거나 둘 중 하나를 선택해야 한다. 이것이 이 경우에 대한 판결이다.

보통 선원의 식당에서 발생하는 분쟁과 관련하여 또 다른 흥미로운 규정이 있다. 음식에 대해 불평을 한 선원이 음식 질의 개선을 요구하였는데 선장이 "너무 강경하여 해당 선원을 하선"시킨다면, 선원은 다른 배를 타고 처음 탔던 배의 다음 하륙항까지 따라가서 자신이 먹지 않은 식비를 제외한 나머지 임금 전부를 지급해 줄 것을 요구할 수 있었다. 만약 선장이 하선한 선원과 비슷한 능력을 보유한 선원을 승선시키지 못하여 배가 침몰하였다면, 선장은 자기의 전 재산 범위 내에서 책임을 져야 했다.

지중해의 법률에 따르면, 도둑질·소란행위·그 밖의 범법 행위를 저지른 선원은 해고할 수 있었다. 그러나 그 밖에 선내 규율을 유지하는 것과 관련한 다른 규정은 별로 없었다. 채찍질이 허용되었을 때조차도 피를 흘리게 때려서는 안 된다는 단서조항이 있는 경우가 종종 있었기 때문에 18세기 해군에서 행해진 채찍질과는 크게 달랐다.

선원이 도주한 경우에는 그로 인해 선주가 입은 손해를 변상해 주도록 요구하는 정도에 그쳤던 듯하다. 일부 법에는 선원이 다른 배에 사관으로 승선하는 것을 제안 받은 경우, 위약금을 물지 않고 고용계약을 해지할 수 있다고 규정되어 있었다. 어찌되었든 이 같은 단서조항을 법에 삽입할 필요가 있었다는 것은, 고용된 선원이 뱃일을

---

3) 잉글랜드와 보르도 간의 항해에 종사하는 선원이 받는 임금의 약 절반에 해당하는 금액.

하는 동안 자신의 처지를 개선시킬 기회가 있었음을 보여준다. 오늘날의 관념과는 아주 판이한 관례로, 항해를 하는 동안 예루살렘의 예수 성묘나, 로마, 또는 콤포스텔라의 야곱 사원(St. James of Compostella)[4]까지 순례할 것이라고 서원誓願을 한 경우에는 선원이 고용계약을 파기할 수 있다는 규정이 있었다. 그러나 중세시대의 선주들은 이러한 순례에 대해 상당히 호의적이었다. 성지순례가 근대의 이민행렬에 필적할 정도로 많은 이익을 가져다주고 많은 선원을 고용하도록 했기 때문이다.

배를 이용하는 순례객의 수가 어느 정도였는지는 항해하는 동안 순례객들을 위해 배를 용선하고 식량을 보급하는 일을 도맡아 하는 대리인들이 많이 활동하고 있었다는 사실을 통해서 짐작할 수 있다.

전체적으로 보았을 때, 중세 지중해 국가들의 법률은 선원들의 권리를 명확히 정의하고, 병이나 사망과 같은 돌발적 사고에 대비하는 데 상당한 주의를 기울이고 있었다고 할 수 있다. 이 점에서는 중세의 해법이 18세기나 심지어 19세기 전반기의 배에 일반적으로 적용되었던 규정보다 명백히 앞서 있었다. 앞에서 살펴본 것처럼, 중세시대에 대부분의 선원들은 배에 타고 있는 사람들이 모두 사회적으로 동등한 것으로 간주하였고, 가혹한 규율이나 열악한 조건을 받아들이려 하지 않았다. 이는 '콘솔라토 델 마레'에 명확하게 나타나 있다. 이 해법에는 '세뇨르 데 나우'(Senyor de nau : 선장 또는 관리 선주)가 몇 항차 동안 선원을 고용하여 항해를 한 뒤 숙련 선원이 인정하지 않은 제3자에게 배를 빌려주었다면, 선원들은 배가 대선된 뒤 첫 항해가 끝날 때 하선할 수 있다는 취지의 조항이 규정되어 있다.

---

4) 역주 | 스페인 북서부의 산티아고 데 콤포스텔라(Santiago de Compostella)에 있는 대사원으로 사도 야곱의 묘가 위치해 있다.

이 조항을 만든 이유는 다음과 같다. 신분이 높은 상인이나 사람들이 선원으로 고용되는 경우가 많다. 그런데 부유하지만 신분은 낮은 사람이 용선자가 될 경우 고상한 선원들이 비천한 용선자와 함께 항해하는 것을 좋아하지 않을 것이기 때문이다.

14세기 발트해의 법전인 「비스비 해법」(Sea-Laws of Wisby)에는 중세 선원들의 지위에 대해 놀랄 만한 규정이 나와 있다. 비스비 해법에는 선원이 고용계약을 체결한 뒤에 자기 배를 사게 될 경우 자신이 미리 받은 임금을 반환할 필요가 없다는 단서조항이 규정되어 있다.

선원 가운데 사회적으로 선장과 동등한 지위에 있고, 선장을 고용할 만한 재력을 갖춘 사람들이 존재했다는 사실을 감안하면, 항해와 선내 규율에 대한 중세적 관례 중에 오늘날 우리들에게는 다소 이상하게 보이는 점들이 상당히 많다는 것을 충분히 이해할 수 있다. 그러나 중세 해법들이 선원들의 임금과, 편안함(당시의 관념으로)에 대해 상당히 주의를 기울이고 있었던 것은 사실이다. 예컨대 오늘날의 선원들이라면 '콘솔라토 델 마레'의 '벌거벗은 선원'(Of the sailor who undresses)에 관한 조항이 들어 있는 고용계약서에는 서명하려 들지 않을 것이기 때문이다.

또한 선원은 겨울을 나기 위해 항구에 정박하고 있는 경우를 제외하고는 옷을 벗어서는 안 된다. 만약 선원이 그렇게 했다면, 세 번 활대 끝에서 바다로 빠뜨린다. 선원이 이와 같은 행위를 세 번 거듭한 경우에는 그가 받을 임금과 배에 갖고 있는 그의 전 재산을 몰수한다.

이러한 조항을 법으로 규정한 것은 선원들이 언제나 직무를 행할 준비를 갖추고 있어야 한다는 사고를 반영한 것인지도 모른다. 중세 사람들은 입던 옷을 벗지 않고 그대로 자는 것을 대수롭지 않게 여겼다. 중세 선원들이라면 몇 년 전 초등학교 건강진단 도중에 어린아이 한 명이 추위를 막기 위해 옷을 모두 꿰매버렸다는 사실을 알고도 전혀 놀라지 않았을지 모른다.

중세시대 선원의 임금과 근로조건은 근대에 비해 상대적으로 나았을 뿐만 아니라 이탈리아 도시국가의 법률들은 바다에서 생명과 재산의 안전을 확보한다는 면에서 100년 전의 잉글랜드 법보다 분명히 앞서 있었다. 이를테면, 베네치아 법은 크기에 따라 배의 길이와 너비를 제한하는 규정을 두고, 이 규정을 시행하기 위해 배가 선거船渠에서 건조 중일 때 공식 검사를 받도록 강제하였다. 이보다 상세하지는 않지만, 선체의 판재 이음매를 잘 메워서 물이 스며들지 않도록 건조해야 한다고 규정한 법도 있었다. 그리고 최소한 베네치아 법에서는 내부 배치도 법의 규정에 따라야 했고, 선실과 창고가 위치해야 할 장소와 개별 공간의 용도까지 상세하게 규정되어 있었다. 여기에서 한 가지 기억해 둬야 할 것은 이 시기에는 선실이 항해 때마다 필요한 수만큼 간단히 칸막이를 쳐서 만드는 임시 구조물에 지나지 않았다는 사실이다.

장비에 대해서는 아주 상세하게 규정되어 있었다. 여러 해법에는 각 등급에 따라 배가 장비해야 하는 돛의 수·돛베帆布를 만드는 재료·닻과 닻줄의 수·삭구索具를 만드는 데 필요한 비품 따위가 세세히 열거되어 있다. 대부분의 해법들은 큰배는 끌배로 끌어야 한다고 명시하고 있다. 특히 베네치아 법에서는 큰배는 작은 거룻배를 싣고 다녀야 한다고 규정하고 있다. 각 지역의 법에서 규정한 것 이상의 장비를 갖추도록 하거나 보다 확실하게 안전을 확보하기 위해 선주가 제공해야 하는 비품은 용선계약서에 상세하게 명시하였다.

바닥짐 적재와 화물 선적도 세심하게 규제되었다. 베네치아에서는 바닥짐은 항해 선장과, 선주와 용선자의 대리인으로 구성된 위원회의 감독을 받아 실어야만 했다. 갑판상에 싣는 화물은 상자 안에 넣어 운송할 수 있는 화물이나 비단제품처럼 아주 가벼운 물품으로 한정하도록 법으로 규정되어 있는 경우가 보통이었다. 이중갑판에 화물을 실어 운송하는 것도 엄격히 제한되었다. 베네치아에서는 가벼운 화물만 가능했고, 피사에서는 전체 화물량의 4분의 1만 이중갑판에 선적할 수 있었다. 그러나 식량을 선적한 배·순례객을 태운 배·목재선과 말 운반선과 같이 특수한 무역에 종사하는 배에 대해서는 이따금 예외가 인정되었다.

화물창에 짐을 싣는 것은 화주와 하역인부들의 몫으로 남겨지는 것이 보통이었다. 그러나 지나치게 많이 싣는 것을 막기 위한 규정들이 세심하게 규정되어 있었다. 베네치아에서는 선체의 뱃전에 공식 표지를 해 두고, 배가 출항하기 전에 검사를 받아야 했다. 만약 공식 표지가 수면선 아래 정해 놓은 깊이보다 위쪽에 있는 것이 발견되면 초과 선적한 화물은 당국에 의해 하륙되었고, 화주는 무거운 벌과금을 물어야 했다. 짐을 실을 수 있도록 허용한 깊이는 배의 나이에 따라 차이가 있었다. 이 같은 목적을 위해 모든 배는 나이에 따라 5년 이하·5년에서 7년·7년 이상 세 등급으로 나뉘었다. 오늘날의 플림솔 마크(Plimsol's Mark : 만재흘수선)와 선급의 전조가 나타나고 있음을 알 수 있다.

마지막으로 베네치아 법은 짐배에 태워야 하는 선원의 수를 명확하게 규정해 놓고 있다. 200 밀리아리아(milliaria)5)급의 배는 군인과 요리사를 제외하고 선원 20명을 승선시켜야 했고, 200 밀리아리아 이상의 배들은 10 밀리아리아마다 선원 한 사람을 추가로 승선시켜야 했다. 그 외의 항구에서는 법으로 선원 수가 규정되어 있지 않을 경우 보통 용선계약서에 정해 놓는 것이 일반적이었다.

모든 배들이―당시의 기준에 따라―감항성을 유지하고, 의장을 잘 갖추고, 적절하게 선원을 태우도록 하기 위해 항해의 사업적 측면까지 고려하여 세심한 주의가 기울여졌다. 베네치아·제노바·기타 다른 지중해 도시국가들에서처럼, 상인이 지배계급을 형성하고 있는 곳에서는 법을 제정하는 기관이 상인들의 이익을 고려하여 법을 만들었던 것 같다. 많은 해법들은 선주와 용선자가 고대에는 전혀 알려지지 않았던 의무까지 지켜야 한다고 아주 명확하게 규정하고 있었다.

상업적 이해관계를 우선으로 생각하는 이러한 새로운 풍조는 중세 이전에는 찾아볼 수 없었던 스크리바누스 또는 서기의 지위와 역할에 잘 나타나 있다. 베네치아 법을 포함한 여러 나라의 법들은 서기의 업무를 아주 꼼꼼하게 명시해 놓았을 뿐 아니라, 모든 배들이 스크리바누스를 태우고 다닐 것을 규정하고 있다. 스크리바누스에게는 장부나 회계기록부 같은 것이 지급되었다. 이 장부에는 (가) 선주와 용선자가 맺은 용선계약서와 각종 합의문서, (나) 선원의 이름과 그들의 직무, (다) 화물 목록과 각 화물의 식별표, 그리고 화주 이름을 기록하였다. 서기가 기록하는 장부는 오늘날의 공용항해일지(Official Log)와 적하목

---

5) 중세의 치수는 매우 복잡해서 오늘날의 톤수로 정확하게 환산하는 것은 불가능하다. [역주] 대략 1 metric ton = 2 miliaria이므로 200 밀리아리아 = 100 metric ton 정도로 환산할 수 있다. 김성준, 『서양항해선박사』, 혜안, 2015, p.55.]

록(Cargo Manifest)을 합쳐 놓은 것과 같았다. 또한 스크리바누스는 화주가 요구할 때에는 해당 화주의 짐과 관련된 기사를 필사해 주어야 했다. 이 필사본은 화물 수령증과 같은 효력을 지니고 있었다. 용선계약서에는 일반적으로 화물은 'per apurtum scriptum', 즉 오늘날 용어로 '서명 날인한 대로'(as singed for) 인도해야 한다고 명시되어 있었다. 이 필사본은 실제로 화물수령증과 선하증권 사이의 중간적 형태였던 것으로 보인다.

스크리바누스 자신도 자신의 직무를 성실하게 수행할 것이라고 관계 당국에 출두하여 맹세해야 했고, 때로는 자격시험을 치르기도 했다. 그가 작성한 모든 문서는 장부에 기록된 것이건 별도의 낱장에 기록된 것이건 간에 공적 문서로서의 권위를 지녔다. 실제로 스크리바누스는 선장을 도와주는 서기 그 이상의 존재였다. 그는 어느 면에서는 선주뿐만 아니라 화주와 선원들에 대해서도 의무를 갖고 있는 '관리'이기도 했다. 베네치아 법은 과적 행위에 대해 보고할 의무를 선주의 고용인인 스크리바누스에게 부과하였다.

체선료·부적운임不積運賃(short freight)·선주 책임의 제한에 관한 조항은 중세 해법에 일반적으로 규정되어 있었다. 이를테면 베네치아 법에 따르면, 선주는 화주의 동의를 받아 갑판에 적재한 비단제품이 손상을 입은 경우에는 책임을 지지 않았다. 일반적으로 선주는 배의 틈새를 잘 메우지 못해 물이 스며드는 것과 같이 선주의 직무 태만으로 인해 일어난 손상에 대해서만 책임을 졌고, 태풍과 같은 불가항력으로 인한 손상에 대해서는 책임을 지지 않았다. 이러한 손해는 부분적이고 불완전하기는 하지만 비잔틴 시대에 발전하여 일정하게 중세의 법과 관습에 스며들기 시작한 것으로 보이는 새로운 원칙에 따라 보전되었다.

로마법 아래에서는 모험사업에 관계된 모든 당사자들이 손해를 공동으로 분담하는 유일한 해손海損은 공동의 안전을 위해 자발적으로 화물을 바다에 버리는 투하 같은 손해뿐이었다. 배나 화물이 어느 정도나 손해를 입었든지 간에 공동해손共同海損(general average)이라는 새로운 원칙에 따르면, 잘못이나 태만으로 인한 손해일지라도 그 잘잘못을 따지지 않고 모험사업에 대해 각자 갖고 있는 이해관계의 비율에 따라 선주와 화주가 공동으로 분담하였다.

한 사람이 파산하기보다는 여러 사람이 손해를 조금씩 분담하여 위험을 분산시키려는 이 같은 생각은 보험의 원칙에서 더욱 발전되었다. 보험에서는 모험사업에 참여하지 않은 사람들이 보험료를 받은 대가로서 위험을 떠안는다는 점이 공동해손과 다를 뿐이다. 근대적인 의미에서의 해상보험은 14세기 전반기로 거슬러 올라가 제노바·피사·피렌체에서 시행되었다는 명확한 증거가 있다. 이 점에서는 서부 이탈리아 도시국가들이 베네치아보다 훨씬 앞서 있었다. 이는 아마도 롬바르디아인(Lombards)이 일찍부터 금융업을 발전시켰고, 단순한 상인이 아니라 자본가이자 재정가에 가까웠던 부유층이 형성되어 있었기 때문일 것이다.

중세 후기 지중해 무역은 실제로 고대와 근대의 모습이 뒤섞여 나타났다. 상당히 정교하게 작성된 정식 용선계약서, 공동해손과 투하와 같은 문제를 규정한 해법, 고도로 발전한 금융체계, 해상보험의 형성 등이 선박소유 면에서 고대의 공동모험 체계의 존속, 배 안에서의 규율의 부재, 조잡한 운임계산법 등과 병존했던 것이다.

이 시기에 운임을 공정하게 결정하기 어려웠던 것은 중세의 선박 측정법이 불확실했던 데서 기인하였다. 배의 크기는 언제나 무게 단위로 표시했다. 그런데 무게가 같다고 해도 그 부피에 따라 화물창에서 차지하는 공간은 다르기 마련이다. 이 같은 문제를 해결하기 위해 두 가지 방법이 고안되었다. 부피에 비해 고가인 화물은 가액에 따라 운임을 매기고, 그 외의 화물에 대해서는 정교하게 등적환산표等積換算表를 만들어 적용하였다. 배의 크기는 모항에서 주로 수출하는 화물의 톤수나 그에 해당하는 중세나 해당 지역의 단위로 계산하고, 운임은 이 톤수를 기준으로 하여 톤당 얼마씩으로 받았다. 그 외의 상품은 화물창을 차지하는 공간을 기준으로 운임을 받았다. 튀니스의 항구인 게르바(Gerba)에서는 가죽을 세는 단위인 '칸타리아'(cantaria)를 기준으로 운임을 계산했다. 이를테면 명반(alum) 2 칸타리아는 운임을 계산할 때는 무게가 가죽에 비해 가벼웠기 때문에 1 칸타리아밖에 되지 않지만, 설탕 1 칸타리아는 2 칸타리아에 상당하는 운임을 내야 했다. 이 같은 환산작업을 수월하게 하기 위해 무역 관례 안내서와 계산 보조책으로 이용될 수 있는 등적환산표가 흔히 각 지역의 법에 구체적으로 명시되어 있었다. 그러나 선주들과 용선자들은 화물창의 공간이 부족하다는 점을 들어 등적환산표를 무시하는 것이 다반사였다.

1263년에 작성된 포르토 피사노(Porto Pisano : 피사 항)와 부게아(Bugea) 간의 항해 용선계약서를 보면, 13세기 지중해에서 선주들이 어떻게 해운업을 영위하였는지 분명하게 알 수 있다. 이 용선계약서는 제1장에서 인용한 고대의 용선계약서보다 훨씬 더 정교하게 작성되었고, 상당수의 조항은 놀라울 정도로 근대적인 성격을 띠고 있다. 이 용선계약서는 수많은 공동 선주들을 대신하여 관리 선주로 활동한 듯한 A·B·C 세 사람과 자신들을 포함하여 다른 상인들을 대표하는 D·E·F·G 네 사람 사이에 체결되었다. 이 용선계약서의 주요 조항을 살펴보면 다음과 같다.

  선주들은 상태가 양호한 배를 제공하고, 선장과 서기 또는 화물감독을 포함하여 숙련된 선원 36명과 잔심부름꾼 6명, 기타 명시된 삭구와 장비를 제공해야만 한다. 선장과 선원은 적절한 무장을 갖추어야 한다.

1. 선주는 자기 돈으로 거룻배를 마련하여 피사에서 배까지 화물을 운반하고, 배에 실어 계약일로부터 10일 이내에 포르토 피사노에서 출항해야 한다. 선주들은 출항하기 전에 동업자·선장·선원·하역인부들에게 모든 계약조건의 준수를 서약하도록 해야 한다.
2. 운임은 관례에 따라 받는다. 용선자와 그들의 동업자나 개인들의 물품에 대해서는 운임을 받지 않는다.
3. 선주는 부게아에 도착하여 화물을 부려서 인수 확인을 받고 상인에게 넘겨주어야 한다.
4. 선주들은 부게아에 도착한 뒤 10일 이내에 귀항 화물을 싣기 시작하여 한 달 이내에 정해진 양을 모두 실어야 한다. 각 상인들을 위해 실어야 하는 화물의 양은 미리 약정한다. 귀항 화물은 상인들이 자기 비용으로 배까지 운반한다. 하지만 화물을 배에 적절하게 싣는 것은 선주들의 몫이다. 계약 당사자들이 지명한 검량인이 화물의 양을 측정하는 비용은 선주가 부담하고, 서기는 검량인이 측정한 화물량을 배의 장부에 기록해야 한다.
5. 3층 갑판과 고물(선미) 상갑판은 상인들이 개인 물품을 보관하고, 거주공간으로 이용할 수 있도록 아무것도 실어서는 안 된다.

6. 귀항 화물의 운임은 칸타리아(cantarium)당 운임률로 미리 약정한다. 만약 화물이 양털이나 양가죽이어서 정해진 양 이상으로 압축하여 실었다면, 그에 비례하여 운임을 깎아야 한다. 포르토 피사노에서 적절하게 부려진 화물이 아닌 경우에는 운임을 청구할 수 없으며, 귀항 화물의 양륙비는 선주가 부담한다. 선주는 양륙이 끝날 때까지 선장과 선원의 4분의 3을 배에 대기시켜야 한다.

7. 항해는 포르토 피사노와 부게아 사이를 직접 왕복한다. 선주들은 용선자와 그 동업자들이 배를 만재시키지 못하는 경우가 아니면 다른 사람의 화물을 실어서는 안 된다. 선주들은 왕복 항해 기간 동안 잃어버렸거나 손상을 입은 삭구에 대해서는 해손을 청구할 수 없다. 선원이 항해 도중 행방불명되었을 경우에도 선주들은 해손을 청구할 수 없고, 자신들이 보충해야 한다.

8. 운임은 포르토 피사노에서 귀항 화물을 인도한 날로부터 여드레 안에 현금이나 금은으로 지불한다. 운임이 지불되기 전에 화물이 실질적으로 인도되었다면, 은행의 보증장을 제출해야 한다.

9. 선주들은 태풍이나 다른 불가항력으로 인한 경우를 제외하고 모든 계약조건을 준수할 것을 서약한다. 계약을 위반한 경우에는 손해액의 2배를 벌금으로 지불해야 한다. 용선자들이 계약을 해지한 경우에는 운임과 손해액의 두 배를 물어야 한다.

이 용선계약서에 선원들을 적절하게 무장시켜야 한다고 명시되어 있다는 점에 주목할 필요가 있다. 이는 매우 필요한 조항이었다. 로마제국이 붕괴한 뒤 지중해 전역에는 해적들이 창궐하여 중세 내내 기승을 부렸다. 베네치아·제노바·피사와 같은 도시국가들은 막강한 해군력을 보유하고 있었지만, 이들 중 어느 국가도 자기의 국력만으로 해적을 진압할 수 있을 만큼 광범위한 관할권을 행사하지 못했고 강력하지 못했다. 이탈리아 도시국가들은 전쟁을 일삼으며 서로 시기하고 있었기 때문에 해적 소탕을 위해 서로 연합한다는 것은 꿈도 꾸지 못하였다. 전쟁이 실제로 일어나면 모든 해상국가는 나포면허장 같은 것을 제멋대로 발행하였고, 사나포선과 해적선은 언제나 종이 한 장밖에 차이가 나지 않아 상황에 따라 사나포선이 해적선으로 돌변하기 일쑤였다. 성지순례를 위해 돈을 빌린 뒤, 바다에서 순항하던 도중에 '신의 뜻'(DV : deo volente)으로 자신이 바란 대로—해적질로—큰 돈을 벌어 빚을 갚았다는 가장 경건하고 존경받을 만한 '코르세어'(corsair : 지중해의 해적)조차 전시나 평시, 적과 이방인을 가리지 않고 약탈을 자행하였다. 그는 스스로 모국인을 노략질하지 않았다면 양심에 꺼릴 바가 없다고 생각했다. 또한 코르세어들은 수단과 방법을 가리지 않았다. 1165년 어떤 피사 사람이 제노바의 유명한 어느 코르세어에게 "지금 어디로 가고 있느냐?"고 묻자, 그는 "나는 지금 너희들을 잡으러 가는 중이다. 너희들이 갖고 있는 물건을 빼앗은 뒤 코를 몽땅 베어 버릴 것이다"라고 답했다는 일화가 전해오고 있다.

'보복'행위 또한 비난을 면하기 어려운 제도였는데, 이는 중세에 생겨나 17세기까지 지속되었다. 국제법은 아직 초보 단계에 있었고, 외교관을 파견하는 제도는 불완전했으며, 통신도 아주 느렸다. 따라서 A 도시국가의 시민이 B 도시국가의 시민에게 손해배상을 요구하기란 극히 어려웠다. 결국 그가 할 수 있는 유일한 해결책은, 모국으로부터 허가장을 받아 자신이 받아야 할 금액만큼 B 국가의 시민이 소유한 재물을 빼앗는 것이었다. 그렇게 되면 피해를 입은 B 국가의 시민은

1483년 크레테 항

자기 모국을 향해 역시 자신이 당한 피해를 보상받을 수 있게 해 달라고 요구하게 된다. 그런데, 이 경우 복수라는 수단에 호소하는 자가 과연 본의 아니게 희생을 강요당한 제3자에게 빼앗는 액수가 자신이 본래 입은 피해금액으로만 그쳤을지는 의심스럽다.

보복을 행사할 권리를 가진 적국의 함대·코르세어·해적·상인들 때문에 선박 소유업은 모험적인 사업으로 변하였다. 해상에서의 위험은 투르크 제국이 흥기하고, 일련의 무슬림 국가들이 북아프리카 해안을 따라 건국되면서 더욱 커졌다. 기독교권 국가들은 투르크 제국과 거의 항시적인 전쟁 상태에 놓여 있었고, 회교국들은 해적활동 자체를 국가의 주요 산업으로까지 여기고 있었다.

이런 상황에서 법과 용선계약서가 배와 선원들을 방어하기 위해 적절한 무장을 규정한 것은 어쩌면 당연한 일이었다. 더 나아가 많은 용선계약서들은 전문적인 병사들과 석궁 사수들을 태우고 다녀야 한다고 규정하였다. 이 시기의 배들은 서로 협조한다는 조건 아래 2개 내지 3개 선단으로 항해하는 경우가 많았다. 이 경우 선주들과 상인들은 해적들로 인한 피해를 함께 분담하고, 자신들이 나포한 이익금을 공동으로 나눈다는 데 합의하였다. 가장 중요하고 이익이 많이 남는 장거리 무역은 정부의 엄격한 관리 하에 잘 무장된 일단의 선단에 의해 이루어졌다. 이들 선단은 체계적으로 조직되어 일정한 기간 동안 함께 활동하였으며, 흔히 군함의 호위를 받기도 했다.

이와 같은 항해 통제방식을 가장 선호한 사람들이 베네치아인들이었다. 베네치아는 적어도 13세기부터 15세기에 걸쳐 유럽의 최강국 가운데 하나였다. 베네치아 함대는 바다를 제패하였고, 여러 나라가 앞다투어 베네치아와의 동맹을 희망하였다. 베네치아보다 백배도 넘는 인구를 갖고 있고, 수백 배에 달하는 영토를 가진 나라들조차도 베네치아를 적으로 돌리는 것을 두려워하였다. 그런데, 이 베네치아의 국력은 오로지 경제적인 부에 의존하고 있었고, 이 경제적 부는 온전히 무역에서 나온 것이었다. 베네치아 총독(Doge)의 주관 하에 매년 공화국과 아드리아해의 결혼식을 축하하는 연중행사야말로 공화국의 번영이 바다에 의존하고 있다는 사실을 상징적으로 보여주는 것이었다. 베네치아 공화국의 정책은 어느 총독이 통치하든 베네치아 무역과 해운의 장려라는 한 가지 목적에 집중되어 있었다. 이러한 정책이 지속적으로 유지될 수 있었던 것은 베네치아가 상인계급과 지배계급이 일치하는 도시국가였기 때문이다. 외국 항구에서 베네치아의 배와 상품들을 보호하기 위해 병기고의 무기들을 아낌없이 사용하였고, 온갖 형태의 보복과 압력을 동원하였다. 차별 관세·차별 선박세·외국적 선박의 이용을 제한한 항해법·수출입 통제 등은 베네치아 공화국이 사용하는 상투적 수단이었다. 공화국은 무역과 해운업 자체도 그 통제 아래 두었다. 해로의 이용을 장려하고, 이를 통해 톤세 수입을 증가시키기 위해 육로를 통해 수입되는 물품에 대해서는 특별세를 부과하였다. 개인이 소유한 선박의 선장들은 공화국이 발급하는 면허장을 소유해야 했고, 실어야 할 화물과 받아야 할 운임에 대해서는 공화국의 지시를 받아야 했다. 장거리 항로는 공화국이 소유한 배에게만 허용되었다.

이들 선박은 시간의 흐름과 함께 유명한 갈레아스 상선으로 발전하였다. 갈레아스 선은 전투용 갤리선과 일반 상선의 특징을 결합시켜 만든 배로, 뱃전 중앙부의 건현이 낮고, 돛과 노로 항해하였다. 갈레아스 선은 당시의 다른 배에 비하면 매우 큰 편에 속했다. 베네치아인들은 주로 가격은 비싸고 부피는 작은 화물을 취급하였기 때문에 보유

척수가 그렇게 많았던 것은 아니다. 잉글랜드와 북유럽과의 무역을 담당한 '플랑드르 갤리선'(Flanders Galley)도 5척 이상을 넘어선 적이 없었다.

최소한 12세기에는 이미 공화국 소유의 배들이 해마다 정기적인 호송선단의 호위 하에 운항되었다. 한 해에 두 차례씩 소선단이 이집트와 시리아로 항해하였다. 봄에 출항하는 선단은 9월에 귀항하였고, 8월에 출항하는 선단은 겨울을 해외에서 보내고 이듬해 5월에 귀항하였다. 콘스탄티노플과 발칸 지방을 일컫는 '로마니아'(Romania)6) 방면으로는 해마다 봄·6월말·8월 세 차례 출항하였다. 시리아·이집트 방면쪽으로 항해하던 선단은 후에 이집트 항해와 시리아 항해의 두 가지로 분리되어, 알렉산드리아로는 연 2회, 베이루트로는 연 1회 호송선단이 항해하였다.

베네치아 공화국이 전성기를 구가하던 14세기와 15세기에 공화국소유선들은 6개 항로에 취항하였다. 이집트·시리아·로마니아 갤리선단은 고가의 동방물품을 베네치아로 들여와 이를 다시 재수출함으로써 부를 획득하였다. 바르바리(Barbary) 갤리 선단은 해마다 한 차례시라쿠사·트리폴리(Tripoli)·다른 북아프리카 항구·스페인의 말라가(Malaga)와 알메리아(Almeria)를 경유하여 귀항 시에는 튀니스에도 기항하는 장거리 항해를 했다. 바르바리 갤리 선단은 동방 항로에서 가져온귀중한 화물을 분배하는 역할을 함과 동시에 지중해 무역의 상당량을 운송하였을 것이다. 또한 다른 두 개의 선단은 지중해 산물과 베네치아제조품, 고가의 동방의 귀중품들을 북유럽 국가로 운송하였다. 아케모

---

6) **역주** | 오늘날의 루마니아라는 국명은 이 지역을 가리키는 로마의 지역명에서 유래한 것이다.

르테(Aquemorte) 갤리 선단은 스페인 북부와 프랑스 지방의 항구로 취항하였다. 최소한 1317년부터 나타나기 시작한 플랑드르 갤리 선단은 지중해의 여러 항구에 기항한 다음 지브롤터 해협을 지나 영불 해협에서 두 선단으로 나뉘어졌다. 한 선단은 런던과 샌드위치(현재의 사우샘프턴)로 가서 화물을 팔아 그 돈으로 잉글랜드산 양모를 구입하였고, 다른 선단은 앤트워프와 플랑드르 지방의 항구로 향했다. 귀항 때 두 선단은 다시 합류하였는데, 통상 왕복 항해에는 최소한 12개월이 걸렸다.

이들 공화국 선단은, 사적으로 개인이 이용하도록 할 경우 매우 독특한 방식으로 운임을 결정하였다. 즉 공공 경매를 통해 화물 공간을 팔았던 것이다. 사적 경쟁이 결코 금지된 것은 아니었지만, 만약 그 때문에 나라 소유의 배가 충분한 화물을 확보하지 못했을 경우에는 개인 소유의 배에 화물을 선적한 상인은 모두 운임의 4분의 1, 많게는 그 절반까지 벌금으로 물어야 했다.

해마다 수백 척의 영국 배들이 지브롤터 해협을 통과하고 있는 오늘날에는 이러한 넓고 깊은 돛배인 플랑드르 갤리선과 제노바 캐럭선들이 지난 수세기에 걸쳐 북유럽과 지중해 사이를 이어주는 유일한 끈이었다는 사실은 좀 이상하게 보일지도 모른다. 그러나 이 당시에도 북유럽의 조선업자·선주·상인·정치가들 중에 이탈리아인들로부터 배운 해양 토목건축·해상기업·무역조직에 관한 지식을 습득하여 이익을 얻는 사람들도 있었다. 이제 이들에게 관심을 돌려야 할 차례다. 다음 장에서는 인도 항로가 개척되고 서방에서 미지의 대륙이 발견되어 해군력과 무역활동의 중심이 지중해에서 대서양으로 옮겨지기까지 북유럽에서 해운업이 어떻게 발전하였는지 추적해 볼 것이다.

▋▋ 참고문헌

David Hannay, *The Sea Trader*, London, 1912.
Alethea Weil, *The Navy of Venice*, London, 1910.
The Rhodian Sea Law, Oxford, 1909.
J. M. Pardesssus, *Collection des Lois Maritimes*, 6 vols., Paris, 1828-1845.
Travers Twiss ed., *The Black Book of the Admiralty*, Roll Series, 4 vols, 1871-1876.

제3장 왕 청어와 황금 양털

북유럽 초창기 해운업

고기를 낚는 것은 사도의 직업이다.
Sidney Smith(1771~1845)

잉글랜드는 풍부한 양모 덕분에
세계에서 가장 발전한 나라로 성장할 수 있었다.
J. A. Williamson, Maritime Enterprise

베네치아와, 이와 경쟁하는 이탈리아 도시국가들이 영위한 무역은 다양하고 거대하였지만, 그들 부의 실질적 원천은 레반트와의 무역을 장악한 데 있었다. 이들 도시국가는 동양산 비단·보석·향료를 전 유럽으로 배급하는 역할을 했다. 베네치아의 갈레아스 상선과 제노바의 캐랙선은 유럽 국가들이 보유한 천연자원을 통해 얻을 수 있는 것보다 훨씬 호화스러운 생활을 요구하는 당시 사람들의 일반적인 욕구에 부응함으로써 발전하였다. 그러나 북유럽에서 해운의 성장에 가장 큰 영향을 준 요인들은 지중해와는 크게 달랐는데, 보다 더 단조로웠지만 훨씬 더 중요했다.

인도와의 무역이 지중해를 통해 이루어지고, 지중해 국가들이 지중해 제해권을 장악할 수 있을 정도로 충분히 강력한 힘을 갖고 있는 한, 북유럽 국가들은 교통에서 직접 자기 몫을 챙기는 데 어려움을 겪을 수밖에 없었다. 이들 국가는 동양산 사치품을 베네치아와 제노바를 통해 이탈리아 배를 이용하거나 육로를 통해 공급받았다. 물론 그들이 장악하고 있던 무역로도 있었다. 이 무역로를 통해 러시아와 발트해산 가죽·밀랍·목재들이, 대상을 통해 중앙아시아 사막을 가로질러 노브고로드(Novgorod)의 큰 시장으로 운송되는 페르시아와 중국산 비단과 함께, 서유럽으로 유입되었다.

동양산 향료와 비단, 그리고 모스크바 지방의 가죽과 밀랍이 서유럽의 제조품과 교환되었다. 제조품 중에서는 모직 의류가 가장 중요했다. 의류 제조업은 베네치아와 다른 이탈리아 도시국가에서 이루어졌지만, 그 중심지는 라인강 하구의 삼각주에 자리잡은 플랑드르 지방이었다. 이탈리아인들과 플랑드르인들은 원재료의 대부분을 잉글랜드로부터 수입하였다.

따라서 잉글랜드 양모는 선박 수요가 가장 많은 물품 가운데 하나였다. 잉글랜드 양모는 그 일부가 갈레아스 상선과 캐럭선에 실려 귀항화물로 이탈리아로 운송되기도 했지만, 칼레(Calais)를 경유하는 육로로도 운송되었다. 잉글랜드에서 칼레까지의 운송은 이탈리아인들이 장악하지 못하고 있었다. 그런데 이보다 더 중요했던 것은 양털이나 반제품 모직물을 플랑드르의 제조업 중심지로 수출하는 것이었다. 그 운송을 전적으로 담당한 것이 북유럽 배들이었다. 잉글랜드 양모 수송업이 상인들과 선주들에게 '황금 양털' 우화를 상기시킬 만큼 수지 맞는 장사이기는 했지만, 북유럽 바다에 득실거리는 고기―그 대표적인 어종이 '왕 청어'(King Herring)―의 수송과 직·간접적으로 관련되어 있던 선박의 양만큼 많았을지는 의문이다.

어업이 중세인들에게 얼마나 중요한 것이었는지 알기 위해서는 상당한 상상력을 요한다. 우리들은 대부분 고기라고 하면 여러 가지 먹거리 중 하나로 생각한다. 아침식사로 나오는 훈제 연어는 달걀과 베이컨으로 이루어지는 흔한 식단에 즐거운 변화를 주고, 추가된 생선 요리는 식단을 그럴싸하게 만들어준다. 육류 요리 전에 나오는 생선은 저녁식사를 정찬으로 바꾸어 주어, 수많은 중산계급들로 하여금 이 같은 만찬을 즐기면서 자신들이 번영을 누리고 있으며 사회적 지위가 상승하고 있음을 느끼도록 해주었을 것이다. 생선이 더 이상 잡히지 않는다면, 생선을 먹을 수 없게 된 데 대해 아쉬움을 느낄 것이다. 그러나 생선을 생활필수품으로 생각하는 사람은 극소수고, 어선단 역시 오늘날의 엄청난 무역량을 운송하는 상선대와 비교할 때 아주 소규모에 불과하다.

중세시대에 생선이 갖는 의미를 이해하기 위해서는 중세 유럽이 모두 가톨릭이나 그리스 정교를 믿고 있었다는 사실을 먼저 염두에 두어야 한다. 가톨릭 교회에서는 단식일이 많았을 뿐만 아니라 전반적으로 엄격하게 준수되었다. 특히 고기를 먹지 못하는 사순절(Lent) 같은 주기에는 육류를 대체할 수 있는 생선이 없었다면 추운 날씨를 견뎌내지 못했을 것이다. 게다가 육류 자체는 상대적으로 부족하고 비쌌기 때문에 빈민계급은 호시절에도 고기맛을 보기 매우 어려웠다. 특히 겨울철에는 건초가 부족하여 가축들이 비쩍 말랐기 때문에 고기 공급량이 줄어들었다. 햄이나 소금에 절인 돼지고기를 별도로 치면, 저장용 고기는 향료에 절인 쇠고기처럼 값비싼 고급품으로 한정되어 있었다.

이러한 상황 하에서 대량의 말린 생선이나 소금에 절인 생선은, 단식주간에 각 지역의 부족한 어획량의 보충원으로서, 그리고 일반 주민들을 위한 겨울철 식량과, 포위공격을 견뎌야 하는 도시와 전쟁터의 군대를 위한 식량으로서 불가결한 것이었다. 그러다 보니 전쟁터에 출전한 사람들 사이에서 그 싸움을 '청어 전쟁'(Battle of the Herrings)이라고 재미있게 이름붙인 사람이 나타났다고 해도 이상할 것이 없다. 그러나 사실 이는 그저 유머로만 그친 것이 아니었다. 오를레앙 포위공격 때 파스톨프(Sir John Fastolf : 1378?~1459)의 지휘를 받는 함대가 호송하는 염장 생선의 안전한 운송은 그야말로 절대적으로 중요한 문제였기 때문이다.

이와 같은 상황은 세 가지 측면에서 영향을 미쳤다. 우선 당시에는 오늘날에 비해 전체 인구에서 어업 종사자가 차지하는 비중이 훨씬 컸다. 둘째는 어민들이 잡은 생선을 들여오는 곳은 생선을 보존하기 위한 소금을 대량으로 수입해야 했고, 이 일에 종사하는 사람들을 위한 식량과 필수품들을 수입해야 했기 때문에 대시장으로 바뀌게 되었다. 마지막으로 북해와 발트해의 청어잡이에 종사하는 선주들은 북유럽과 서유럽 전역에서 수요가 막대한 상품을 자신들이 장악하고 있다는 사실을 깨달았다는 점이다. 그들은 자신들이 필요한 것이면 무엇이든 청어와 바꿀 수 있었기 때문에 어획물을 처분하기 위해 원거리 항해가 가능한 큰 배를 만들었다.

물론 연안 어업은 선사시대부터 전 유럽에서 행해졌지만, 잉글랜드인·프랑스인·플랑드르인들이 영불 해협과 북해에서 활발한 어업활동을 전개했다는 것을 보여주는 기록은 16세기 이후부터 나타난다. 그러나 세계 무역의 발전사에서 '왕 청어'(King Herring)가 중요한 의미를 갖고 처음 등장한 것은 12·13세기 발트해 입구에서 스코네 어업이 발흥하면서부터였다. 스웨덴 남서쪽에 조그마한 스카노르(Scanor)와 팔스테로(Falstero) 마을이 자리한 스코네 반도는 1년 중 열 달을 조용하게 보낸다. 그러다가 7월 25일부터 9월 29일까지 두 달 동안은 유럽에서 가장 바쁜 시장으로 바뀐다. 어부들이 북쪽 바다에서 잡은 풍성한 어획물을 놓고 각자 자기 몫을 챙겨가기 위해 여기저기서 수천 명이 몰려들었다. 수천 명의 일꾼들이 고기의 배를 가르고 소금을 뿌린 뒤 상자에 담았고, 수백 명의 상인들이 몰려와 청어를 거래하고 어부들과 막일꾼들에게 필요한 물건을 팔았다. 나무와 천막으로 만든 오두막과 노점, 가판대가 하나의 거대한 마을을 이루었다. 사람들은 그 곳에서 북유럽과 서유럽의 여러 나라 말로 흥정하고 노래하고 다투었다. 이 사업에서 처음부터 두각을 나타낸 것은 한자 도시의 상인들이었다. 한자 상인들이 자신의 경쟁자들을 서서히 밀어내고, 그들에게 제한된 범위 내에서만 무역할 수 있도록 허용해 주는 우월권을 확보하기까지는 그리 오래 걸리지 않았다.

적어도 3세기 동안 북유럽 바닷길을 장악한 한자 동맹은 게르만 상업도시의 연합체로서, 각 도시들은 황제에게 충성 서약을 했지만, 상업과 대내 문제에서는 전적으로 자치권을 행사하였다. 한자 동맹은 점진적이고 비공개적으로 형성되었기 때문에 그 기원이 불분명하다. 하지만 13세기 중엽에 이르면 동맹은 이미 잘 조직되어 있었다. 1370년 한자 동맹이 덴마크와의 전쟁에서 승리하고 맺은 슈트랄준트 조약(Treaty of Stralsund)은 한자 동맹이 유럽 강대국의 하나가 되었음을 보여 주고 있다.

뤼벡, 브레멘, 함부르크, 그 밖의 한자 도시들은 오랫동안 중요한 무역 중심지였다. 그러나 한자의 위대성은 상당 정도 스코네 어업과 발트해의 뤼겐(Rügen) 섬 연안에서 이루어지는 청어잡이를 장악한 데 근거하고 있었다. 게르만인들은 직접 어업에 참여하지는 않았다. 왜냐 하면 스코네 지방은 데인족의 영토였고, 어부들도 대부분 데인족과 스웨덴족이었기 때문이다. 게다가 제조업보다는 무역에 더 관심이 있었던 한자 도시들은 힘만 들고 수지타산이 적은 사업은 다른 나라 사람들에게 기꺼이 내맡겼다. 그들은 어획물의 상당량을 사들이고, 소금으로 절이고, 포장하고, 분배하는 과정에서 더 큰 이익을 얻을 수 있다는 사실을 알아차렸다. 그리고 이러한 작업을 하는 과정에서 필요한 소금과 저장용기, 그리고 반도에 일시 거주하는 일꾼들에게 식료품과 맥주(어류 가공작업은 몹시 목 마르게 하는 일이다)를 공급하는 쪽을 택했다. 이 일에 종사하는 인구는 엄청나서 1463년 데인인과 게르만인 사이에 일어난 자유어획투쟁에는 약 2만여 명이 관계했던 것으로 알려지고 있다. 따라서 이들 일꾼에게 필수품을 공급하는 사업만도 이익이 남는 부업이었다. 그러나 진짜로 황금알을 낳는 거위는 어획물 분배사업이었다. 독일 본토와 러시아·폴란드·발트해 제국諸國·플랑드르·프랑스·스페인·포르투갈에서 스코네 산 청어를 사려는 사람이 줄을 서 있었고, 한자 상인들은 막대한 이익을 챙겼다.

물론 청어를 처분하기 위해서는 커다란 원양항해용 배를 투입하여 장거리 항해를 감수해야 했다. 청어 판매대금은 각 지역의 특산품을 구매하는 데 쓰였다. 이들 귀항 화물은 본국뿐 아니라 그 상품이 나지 않은 모든 나라에서 처분되었다. 이것이 청어 무역에서 벌어들일 수 있는 순이익이었다. 한자 도시들은 풍부한 재원과 배를 보유하고 있었기 때문에 끊임없이 그들의 활동범위를 확장하고자 했고, 마침내 곧 전 북유럽에서 대무역 중개상이자 운송업자가 되었다.

한자 도시들은 무역을 하는 곳이면 어느 곳이나 콘토르(Kontors) 또는 상관商館을 설치했다. 상인들은 보통 이 곳 상관에서 머물렀는데, 머무르기로 약정한 동안 홀로 지내며, 상관장(Alderman)과 자치회(Council)의 명령을 준수할 것임을 서약해야 했다. 그리고 그들은 무역을 하는 곳이면 어느 곳에서든 평화적인 방법과 외교적 수단을 동원하여 거침없이 지속적으로 일했다. 상관이 설치된 나라의 외부무역을 독점할 필요가 있을 때는 전쟁도 마다하지 않았다. 이미 제조업과 국제무역의 중심지로 성장한 브뤼지(Bruges) 같은 도시에서는 해상무역으로 인한 수입의 일정비율을 보장받을 수 있는 권리를 확보하기도 했다. 한자 상인들은 상업조직이 발전하지 않은 도시와 통치조직이 미약한 도시에서는 절대적인 독점권을 확보하기도 하였다. 특히 한자 상인들은 스코네 어업을 완전히 장악한 뒤 발트해와 스칸디나비아 무역을 거의 장악하기에 이르렀고, 노브고로드에 정착하여 러시아와의 무역도 독점하였다.

이렇게 해서 한자 도시들은 강력한 지위를 차지하기에 이르렀다. 러시아는 끊임없이 생가죽·가죽·수지 외에 모피를 공급해 주었다. 서유럽의 귀족들과 부유한 부르주아지들은 모피를 구입하는 데 돈을 아끼지 않았다. 러시아는 또한 꿀과 밀랍을 대량으로 공급했다. 중세에 꿀은 설탕 대용으로 널리 쓰였고, 밀랍은 양초의 원료로서 해마다 신앙심 깊은 수많은 순례객과 성직자들이 양초를 대량으로 소비했기 때문에 전 유럽에서 수요가 막대했다. 그리고 노브고로드를 통해 페르시아와 카타이산 비단이 한자 상인의 손을 거쳐 서유럽 시장으로 유입되었다. 발트해와 스칸디나비아 무역은 훨씬 더 중요했다. 철·구리·건축 자재용 석재가 스칸디나비아에서 유입되었다. 게르만인들은 덴마크 왕과 협약을 맺어 노르웨이와 아이슬랜드 대구 어획물의 분배에서 상당한 몫을 차지하고 있었다. 곡물도 폴란드와 러시아로부터 네덜란드와 플랑드르로 수입되었고, 브리튼에서 흉작이 들면 잉글랜드로 대량 유입되었다. 무엇보다 발트해와 스칸디나비아 여러 나라들은 외판용 목재·돛대용 전나무·선박의 외판 사이의 틈을 메우는 데 사용되는 타르와 역청·돛과 밧줄을 만드는 데 사용되는 아마와 대마 같은 조선용 자재들을 공급하는 주된 원천이었다. 한자 도시에게 자체 해군력보다 훨씬 더 중요했던 것은 이러한 조선용재의 공급독점이었다. 따라서 해군을 건설하고 해양팽창을 도모하는 나라들은 한자도시의 선의에 기대지 않을 수 없었다.

물론 한자 상인들이 지중해 밖의 운송무역 전체를 독점하였다고 생각해서는 안 된다. 한자 동맹도 중량이 많이 나가는 잉글랜드산 양모를 플랑드르 항구로 운송하고, 브뤼지와 강(Ghent)의 수공업자들과 장인들이 만든 제품을 잉글랜드와 다른 지역으로 분배하는 플랑드르 상선을 질투와 관심을 동시에 갖고 지켜보았다. 서유럽 해역에서조차 한자 동맹이 운송하지 못하는 해상 수송량도 상당히 많았는데, 이는 주로 잉글랜드·프랑스·스페인 배들이 운송하였다. 이를테면 로쉘(Rochelle)과 다른 비스케이(Biscay) 만의 항구에서 수출되는 소금이 그 예다. 한자 도시들은 때로는 이 소금을 샀지만, 청어 처리에 사용할 소금은 뤼네베르크(Lüneberg)산이 더 쌌기 때문에 이를 선호했다. 한편 잉글랜드는 17세기에 자체 보유한 암염이 개발될 때까지는 주로 천일염(Bay Salt)에 의존했다. 이 천일염은 스페인과 포르투갈에서도 수요가 꽤 있었다.

그렇지만 비스케이만 무역 가운데 예로부터 가장 유명했던 것은 보르도산 포도주 수출무역이었다. 잉글랜드 해운업의 성장이라는 측면에서 볼 때, 게르만인들이 주로 맥주를 선호하였던 것은 다행스러운 일이었다. 게르만인들은 포도주가 필요하면 라인란트(Rhineland)의 포도밭에서 생산되는 포도주를 자체 조달하였다. 따라서 포도주 무역은 잉글랜드인들과 프랑스인들에게 넘어갔다. 여기서 한 가지 기억해 두어야 할 것은 15세기 중엽까지 보르도 항구 자체를 포함하여 가스코뉴(Gascogne)와 기앙느(Guienne)의 포도밭은 프랑스 영내에 있는 잉글랜드 영토였다는 사실이다.

올레롱 해법은 이러한 포도주 무역의 규제를 주 목적으로 하여 만들어진 것이었다. 해운사에서 널리 알려진 이 해법은 프랑스 해안에서 약간 떨어진 올레롱 섬에서 그 이름이 유래하였는데, 올레롱 섬에서 해사 법정이 열렸다고 한다. 다소 의심스러운 전언에 따르면, 올레롱 해법 원본이나 최소한 영어판 해법의 편집을 명령한 사람은 사자심왕

리처드 1세(Richard Coeur de Lion : 1189~1199)였다고 한다. 리처드 1세는 제3차 십자군전쟁에서 얻은 경험을 통해 해운에 큰 관심을 갖게 되었던 것으로 전해지고 있다. 실제로 올레롱 해법은 오랜 관습과 각 지역 재판정이 까다로운 소송사건을 다루면서 내린 판례에 기초한 것으로, 해법과 해사관습에 대한 일련의 판례집이다. 올레롱 해법은 상당 정도 지중해의 사례를 따랐으며, 비스비 해법(Sea Laws of Wisby), 뤼벡·암스테르담·네덜란드·플랑드르·그 밖의 다른 독일계 해법들이 이 올레롱 해법을 모방하거나 차용하였다. 해운산업이 국제산업이라는 점은 아무리 강조해도 지나침이 없다. 따라서 만약 해운과 관련한 법과 관습이 세계의 모든 항구에서 거의 동일하게 적용되지 않을 경우, 선주와 상인들은 당연히 사업을 영위하기가 매우 불편해질 것이다. 로마제국 치세기에 법이 통일될 수 있었던 것은 아우구스투스 황제 치하에서 무역이 크게 발전한 데 힘입은 바 컸다. 로마제국이 사라진 이 당시에는 이를 대체할 뭔가를 찾아야만 했다. 국제연맹(League of Nations)이나 헤이그 국제중재재판소(International Court of Arbitration)와 같은 국제기구가 없었던 중세에는 상인들과 선주들이 자신들의 권익을 보호하기 위해 스스로 그러한 일을 하지 않으면 안 되었다. 실제로 선주들이 세계선주회의(International Shipowners' Conference)와 국제해사위원회(International Maritime Committee)와 같은 기구를 통해 자신들의 권익을 옹호하기 시작한 것은 그리 오래된 일이 아니다. 이러한 노력 끝에 당시 행해지고 있던 해사관습법이 광범위하게 수집되어 대법전으로 완성되었고, 이는 각 지역의 사정에 따라 약간씩 수정되어 적용되었다.

올레롱 해법의 일반 규정을 살펴보면, 중세 초기에 지중해 지역의 관행을 반영하고 있음을 알 수 있다. 선장(master)과 선원이 한 가족처럼 함께 식사를 하고 지위 면에서도 거의 동등했다. 선장(captain)은 투하를 하거나 선내 장비의 확보를 위해 돈을 빌릴 필요가 있을 때에는 선원들의 의견을 들어야 했다. 선원들은 임금 외에, 배에 실을 수 있는 전체 화물량에 대해 일정 비율만큼 화물을 공짜로 실을 수 있었다. 선원들은 배가 좌초할 경우에는 구난작업에 나서야 했지만, 그에 대한 보답으로 구난보상금과 모국으로 돌아갈 여비를 받았다. 만약 선장의 수중에 이러한 비용을 지불할 현금이 없다면, 구조된 화물을 담보로 하여 필요한 돈을 모을 수 있었다.

다른 규정들은 지역에 따라 천차만별이었다. 브레타뉴 선원들은 출항시와 귀항시 모두 포도주를 실을 수 있었기 때문에 하루에 한 끼만 제공받았다. 이에 반해 포도주가 생산되지 않은 노르망디 선원들은 출항시에 물만 실을 수 있었기 때문에 하루에 두 끼가 제공되었다. 다만, 포도주를 구할 수 있는 지방에 기항했을 때에는 포도주를 싣도록 요구할 수 있었다.

만약 용선계약서에 용선자가 예선 비용과 연안 수로안내비용을 지불한다고 규정되어 있을 때, 배 측이 지불한 도선료를 용선자로부터 회수할 수 있는 경우는 브레타뉴 해안에서 떨어져 있는 밧츠(Batz) 섬을 통과할 때와, 건지(Guernsey)·칼레·야아머스(Yarmouth)를 통과할 때 행해진 수로안내로 제한되었다.

수로안내인의 대우와 관련하여 올레롱 해법은 다시 한 번 중세의 야만성을 보여주고 있다. 배를 항구까지 안전하게 안내할 것을 '목숨을 걸고' 맹세한 어느 지역의 수로안내인이 배를 침몰시키거나 위험에 빠뜨렸다고 가정했을 때, 어떤 결과가 빚어질지 생각해 보자.

선장이나 선원 중 한 명, 또는 상인 중 한 명이 수로안내인의 목을

쳤다 하더라도, 그들은 어떠한 처벌도 받지 않는다. 그러나 수로안내인을 죽이기 전에 그가 배상할 만한 재산을 소유하고 있는지 잘 살펴야만 한다. 이것이 올레롱 해법에 따른 판결이다.

"손해를 보상할 능력이 있는 사람을 죽이지 말라"는 것은 아주 훌륭한 사업가적인 판결이다.

올레롱 해법의 여러 조항들은 특히 포도주 무역과 관련되어 있다. 이를테면 포도주 통을 부주의하게 싣는다거나, 짐을 부릴 때 장력이 부족한 로프나 권양기(windlass)를 사용하여 입은 손해에 대해서는 선장과 선원이 책임을 져야 한다는 규정이 그런 예였다. 후대에 추가된 조항들도 있고, 어떤 조항들은 영국 해사법원의 올레롱 해법 수고본手稿本에서만 찾아볼 수 있는 것도 있었다. 이에 따르면, 배가 입항하고 21일 이내에 수화주가 화물을 인수해 가지 않을 경우, 선장은 일단 그 짐을 부두에 내려놓은 뒤, 운임이 지불될 때까지 인수해 가지 못하도록 대리인을 지정하여 감시할 수 있었다.

이처럼 '정박 기간'(laydays)에 대해 일정한 조건을 정하는 것은, 중세 시대에는 일반적인 관행이었다. 이를테면 네덜란드 해법에 따르면, 함부르크와 인근 항구에서 입항한 배는 입항 후 8일 이내에 짐을 부리고 운임 지불이 완료되어야 하며, 이보다 먼 항구에서 입항한 배는 14일 이내에 짐을 부려야 한다. 또한 곡물·널빤지·각재·회灰·청어·송진·타르·아마·범포·포도주를 포함하는 각종 화물은 각각 다른 하역료를 배에 지불해야 했다. 이 가운데 아마·범포·포도주는 부피에 비해 무게가 많이 나가는 이른바 '중량화물'로 분류되었는데, 본선 돛대에 도르래를 고정시켜 부릴 수 있을 경우 더 높은 하역료를 지불해야 했다.

올레롱 해법을 보면, 12세기 선원들의 인간미 넘치는 면을 보여주는 조항들이 있다. 포도주 무역선에 탄 선원들은 용선자가 축일祝日을 준다거나 매 기항지마다 포도주 두세 통을 지급해줄 것이라고 기대하였는데, 사실 선원들에게 그러한 권리가 보장되었던 것은 아니다. 만약 상인이 선원들의 이 같은 요구를 들어주기로 동의한다면, 그것은 전적으로 선의에 따른 것이었다.

이처럼 지방적인 조항이나 특정한 규정들은 중세 상선에서 선원들의 생활이 어떠했는지를 생생하게 보여준다. 하지만, 현실의 역사적 중요성이라는 측면에서 보면, 이러한 규정들은 다양하게 적용된 점에서 중세 초기 동안 비스케이만에서 발트해에 이르는 무역을 규제한 보다 일반적인 규정들의 중요성에는 미치지 못한다. 그러나 한자 도시의 무역이 발전해 감에 따라 지중해의 베네치아와 그 경쟁자들과 마찬가지로 초기의 해법을 보충할 필요를 통감하였다. 이에 15세기에 한자 무역은 주로 동맹참사회(Council of League)가 공포한 특정 포고령의 규제를 받았다.

물론 동맹참사회의 주된 목적 중 하나는 해상운송 무역에서 지배권을 유지하는 데 있었다. 한자 도시의 번영은 물건을 사고파는 상인들의 사업보다는 해상운송 무역에 더 크게 의존하였다. 동맹참사회가 공포한 수많은 포고령들이 목표로 한 것은, 한자 도시의 안마당이나 다름없는 북해 수역을 가능한 한 오래 유지하는 것이었다. 1412년에 반포된 포고령은 "동맹에 속하지 않는 수많은 외국인들이 상품을 선적하고, 항해하고, 무역을 하는 등의 행위로 한자 상인들에게 심각한 손해를 끼치고 있다"고 기술한 뒤, 외국인에게 선박 또는 선박지분을 양도하는 행위를 금지하였다. 1434년 동맹참사회는 다시 롬바르드인·잉글랜드인·프랑스인·네덜란드인과 기타 다른 외국인들에게 배를 건조해주거나, 지은 지 만 1년이 되지 않은 선박을 파는 행위를 금지하였다. 그러나 이에 만족하지 않고 1441년에는 다시 외국인에 대한 선박매매 행위를 전면적으로 금지시켰을 뿐 아니라 외국인들이 한자 동맹의 배를 용선하는 행위도 금지시켰다. 또한 한자 동맹의 관할 지역 안에서 외국인이 배를 짓거나 소유하는 행위를 금지하고, 한자 동맹 선적의 배의 선장으로 승선하는 것도 금지하였다. 다시 6년 뒤에는 모든 한자 상인들에게 외국인 소유의 배에 짐을 싣는 것을 전면 금지하였다.

이 포고령들을 통해 알 수 있는 것은, 한자 동맹의 배들은 대부분 조합이 소유하였고, 배의 선장은 대개 조합원이었다는 사실이다. 선장은 배의 지분을 갖고 있는지 그 여부와 상관없이 전체로서 지분소유자들에 대해 책임을 져야 했다. 선장은 또한 지분소유자들에게 항해 관련 회계서를 제출해야 했고, 소유자들의 요청을 거스르거나 그들에게 알리지 않고 화물을 실을 수 없었다. 또한 선장은 배나 화물을 담보로 하여 돈을 빌릴 권한이 없었다.

배에는 선주들의 화물을 일부 실었을 것이다. 그러나 한자 동맹은 연안 도시뿐 아니라 내륙 도시들도 아우르고 있었고, 항구 도시에 거주하는 상인이라 해도 그 모두가 선주였던 것은 아니다. 그러므로 근대적인 견지에서 배나 배의 공간을 빌리는 것이 대대적으로 이루어지고 있었고, 선장은 초기 해법에서보다 훨씬 더 선주와 용선자의 단순한 고용인에 가까워지게 되었다. 용선자에 대한 선장의 책임은 중세 해법에 규정된 일반적인 조항들뿐 아니라 동맹참사회의 특정 포고령에 의해 정해져 있었다. 이 조항들 중 어떤 것은 극도로 엄하였다. 이를테면 1447년 해법에는 선장이 원래 목적한 곳이 아닌 다른 곳에 배를 입항시킨다든가, 용선자의 동의를 받지 않고 용선자가 소유한 화물을 팔거나 할 때는 사형에 처한다고 규정되어 있었다.

상업 세계에서 으레 그러하듯이, 바다에서 화물을 안전하게 운송하는 데 최대한 주의를 기울였다. 배는 한자 도시가 지명한 전문가의 감독 아래 지어야 했다. 1412년 법률에 따르면, 청어 100 last(1400 barrel) 이상의 선적 능력을 가진 선박이나, 만재흘수가 6 Lubeck ells[1])를 초과하는 배를 지을 수 없었다. 그리고 건조감독관은 배를 진수하기 전에 배가 법규에 맞게 건조되었음을 증명하기 위해 도시의 문장紋章을 배에 새겨야 했다.[2)

1412년 법에 따라 도시의 참사회와 재외 상관장들에게는 배에 과적하는 행위를 감시할 의무가 부여되었다. 만약 과적 행위가 발생할 경우, 선장은 그에 따른 어떠한 손해에 대해서도 책임을 져야 했다. 설사 배가 안전하게 도착했다고 하더라도 초과선적한 화물의 운임에 상당하는 벌금을 물어야 했다. 1447년 법에서는 갑판에 화물을 선적하거나 선실에 화물을 싣는 것이 엄격히 금지되었다.

배에 밀을 실을 경우, 선장은 필요에 따라 몇 차례건 화물을 이동시킬 의무를 지고 있었다. 만약 이 작업을 선원들에게 시킬 경우, 선장은 일정한 금액을 보너스로 지급할 수 있었다.

겨울철 항해는 엄격하게 제한되었다. 성 마르치아노 축일(Martinmas, 11월 11일)과 성촉절聖燭節(Candlemas, 2월 2일)[3) 사이에는 청어·대구·맥주를 실은 배를 제외하고 어떤 배도 출항할 수 없었다. 위의 화물들은

---

1) **역주** | 1 ell은 약 45 inch(114.3cm)이므로 6 Lubeck ells = 685.8cm.
2) 이 제한 규정은 조선술이 발달한 후대에 가서 크게 완화되었다.
3) **역주** | 중세 후기에 촛불을 들고 행렬한다고 해서 한때 성촉절이라고 불렸으나, 오늘날에는 주님봉헌축일이라고 한다.

겨울철 시장에 내다팔아야만 이익을 얻을 수 있는 것이기 때문에 나중에 허용되었던 것이다.

일반적으로 선원들에게 임금을 지불하는 방식은 왕복항해당 총액제였던 것으로 보인다. 선원들은 출항할 때 계약한 임금총액의 1/3을, 하륙항에서 1/3을, 그리고 나머지 1/3은 모항으로 귀항하여 받았다. 선원들은 임금 외에도 배에 바닥짐을 싣거나, 곡물 화물의 이적작업移積作業(shifting)을 했을 때 별도의 수당을 받았다. 또한 선원들은 선장처럼 자기 비용으로 일정한 양의 화물을 운임을 내지 않고 운송할 수 있었다.

선원의 급식에 관한 가장 오래된 규정은 1530년 것이지만, 아마 이 규정은 오래 전부터 내려오던 관례를 구체화한 것이었을 것이다. 1530년 규정에는 고기를 먹는 날에는 쇠고기 또는 베이컨에 완두콩과 '따뜻한 음식' 한 가지를, 그 외의 날에는 소금에 절인 생선·오트밀죽(gruel)·콩·완두콩을 제공하도록 명시하고 있었지만, 그 양에 대해서는 상술하지 않았다. 한자 도시들은 엄격한 시아버지 같아서 선원들의 급식이 그렇게 넉넉하지는 않았던 것 같다.

어쨌든 선내 규율은 14세기까지 매우 엄격하였고, 한자 동맹선의 선원들은 화물창의 선적 공간에 자기가 집화한 화물을 실을 권한을 갖고 있었던 점을 제외하면, 항해와는 어떤 이해관계도 없는 단순 고용인에 불과했다. 1380년의 법에 따르면, 선원이 임금을 선불로 받은 후 도망치면 사형에 처해졌다. 나중에 이 처벌조항은 이미 받은 임금을 보상하고, 3개월 구금형(빵과 물만 제공)을 받는 것으로 완화되었다. 선장은 자신의 정당한 명령에 복종하지 않는 선원에게는 임금 전액을 몰수하고, 첫 기항지에서 강제 하선시키고 다른 한자 동맹선에 고용될 수 없다고 선고하였다.

이러한 가혹한 법규는 그렇게 효과적으로 집행된 것으로는 보이지 않는다. 1441년 한자 동맹 참사회는 이렇게 불평을 늘어놓았다 ;

> 매일 선장에게 복종하지 않는 선원들이 생겨나고 있다. 앞으로 모종의 조치를 취하지 않는다면, 상인들의 화물에 큰 손해를 미치게 될 것이며, 장차 그들의 명성에 타격을 가하게 될지 모른다.

그에 따라 참사회는 선장이 선원들에게 어떤 불만을 표시할 경우에는 엄격하게 조사할 것을 결정하였다. 만약 선장이 정당했던 것으로 드러나면 잘못이 있는 사람은 "다른 선원들에 대한 본보기로 삼기 위해 상황이 허용하는 한도 내에서 처벌"을 받아야만 했다. 그러나 이 구절에는 불길한 조짐이 내포되어 있었다. 15세기 독일 법정에서 선고되는 처벌이란 주로 고문·형차刑車[4]·채찍질이었기 때문이다.

판결이 가혹하기는 했지만, 올레롱 해법에 비해 선내 규율을 엄격히 하고 책임 한계를 명확히 하는 법 조항을 규정한 것은, 한자 도시가 북유럽 상권의 태반을 장악하게 만든 '가차없는 상업적 효율성'의 원인이자 결과였다. 발트해 이외의 지역에서 한자 상인들이 견고하게 자리를 잡고 있던 곳은 잉글랜드였다. 한자 상인들은 다른 외국의 무역상들처럼 주로 '황금 양모'에 매혹되어 잉글랜드로 들어갔다. 당시 잉글랜드는 해외로 수출할 물품이 그렇게 많지 않았는데, 주로 양털·주석·날가죽 등이 주된 수출품목이었다. 그러나 주석은 다른 지역에서는 나지 않아 매우 고가품이었고, 잉글랜드산 양모는 이탈리아와 플랑드르 모직업의 원재료였다. 양모에 부과되는 수출세는 왕실 수입의 상당

---

4) **역주**ㅣ죄인을 찢어 죽이는 데 사용한다.

부분을 차지하였다. 밀수를 방지하기 위해 위의 세 물품은 이탈리아 배를 통해 바로 이탈리아로 수출하는 예를 제외하고는 단일한 경로로만 한정되어 있었다. 세 가지 물품은 해외의 '주요 도시'(Staple town)로만 운송되었고, 그 곳에서 아주 엄격한 감독 아래 부릴 수 있었다. 처음에는 플랑드르로 한정되었지만, 1347년 칼레를 함락시키고 난 뒤에는 잉글랜드령이 된 칼레로 운송되었다. 칼레는 플랑드르인·독일인·프랑스인들 모두에게 모두 개방되어 편리하게 이용할 수 있는 도시였으며, 이탈리아로 가는 대륙 횡단로의 출발점이 되었다. 잉글랜드 무역은 초기에는 외국인, 주로 이탈리아인들이 장악하였고, 잉글랜드인들은 이 무역에의 참가가 금지되어 있었다. 그러나 1362년 잉글랜드인들도 무역에 참가할 수 있게 되었고, '머천트 어브 스테이플'(Merchants of the Staple)은 점차 잉글랜드 무역상의 폐쇄적 단체가 되어 갔다.

어쨌든 한자 도시들은 잉글랜드가 주요 도시를 설정한 이후에는 원모 수출에서 이렇다 할 재미를 보지 못했다. 그러나 이즈음이 되면 이미 잉글랜드인들이 직접 조잡한 모직물을 만들기 시작하였고, 그 중 상당량을 주로 플랑드르로 수출하였다. 플랑드르인들은 잉글랜드로부터 싸게 들여온 조잡한 모직물을 마무리 가공하여 염색한 뒤 비싼 값에 팔 수 있었다. 반제품 모직물을 플랑드르로 수출하는 이 무역은 급성장하였고, 잉글랜드와 플랑드르 상인이 모두 참가하였다. 그러나 런던과 브뤼지에 이미 확고한 거점을 확보하고 있던 한자 상인들이 초창기에는 모직물 수출을 장악하였다. 잉글랜드가 직물을 유럽으로 직수출하기 시작할 무렵, 모직물 수출무역의 알짜배기를 차지한 것은 한자 상인들이었다.

잉글랜드는 모직물 수출을 통해 유럽의 상업체계에서 없어서는 안 될 존재로 부각되었는데, 잉글랜드의 주산물 수출을 외국인들이 장악하도록 허용했다는 것이 기이하게 여겨질지 모른다. 그렇지만, 중세 잉글랜드는 가난하고, 물질 문명에서도 유럽 대륙에 비해 뒤떨어져 있었다는 점을 상기할 필요가 있다. 이후 잉글랜드인들은 사회·정치적 제도들을 발전시켰고, 군사적인 면에서도 긴 활(long-bow)을 도입하여 크게 성장하였다. 그러나 여전히 자본축적·산업과 기술·윤택한 삶과 생활 예절이라는 측면에서 이탈리아·독일·플랑드르의 대상업도시의 부르주아에 비해 크게 뒤져 있었다.

전체적으로 말해, 13세기부터 15세기까지 잉글랜드 왕들은 두 가지 목적 아래 무역정책을 추진하였다. 하나는, 관세를 징수할 수 있는 수출입 무역을 촉진시켜 왕실 세입을 증가시키고, 둘째는 상품을 저렴하고 풍부하게 공급하여 삶과 문명의 수준을 끌어올리는 것이었다. 이러한 목적 아래 잉글랜드 왕들은 새로운 산업을 브리튼 섬으로 이전시킬 수 있는 외국인들의 잉글랜드 정착을 매우 신중하게 장려하였다. 또한 한자 상인과 롬바르드 상인 등 외국 상인들에게 상업특권을 부여함으로써 대륙의 대상업도시들과 밀접하게 교류할 수 있도록 하였다.

이러한 정책은 수공업자 조합과 상인 조합, 특히 런던 시민들과 충돌하여 잦은 분쟁을 일으켰다. 그러나 정책은 귀족이나 지주 등 외국상품의 주된 소비자의 이해관계를 대변하고 있던 의회의 전폭적인 지지를 받고 있었다. 실제로 외국상인들에 대해 지나치리만큼 불공정한 혜택이 주어졌지만(특히 왕이 프랑스전쟁의 전비를 마련하기 위해 외국상인들에게 자금을 빌린 경우 더욱 그러했다), 이는 다른 어떤 보호정책보다도 잉글랜드의 부와 기업정신의 성장에 크게 기여하였다. 그러나 이 외국

상인 우대정책은 잉글랜드 해운업의 성장에는 불리하게 작용하였다. 왜냐하면 잉글랜드 무역을 확고하게 장악하고 있던 독일과 이탈리아 상인들이 자기 소유의 배나 자기 모국의 상선으로 상품을 운송하였기 때문이다.

잉글랜드 배들은 주로 어업·연안 무역·프랑스 내 잉글랜드령과의 무역에 주로 취항하고 있었다. 당시에는 해상 운송비가 육상 운송비의 1/6에 불과했으므로 연안 무역이 상당히 많았다. 프랑스와의 무역도 칼레 점령으로 크게 늘어났다. 칼레는 브뤼지를 대신하여 대륙의 '주요 도시'가 되었다. 그러나 해운업의 측면에서 보아 가장 중요했던 것은 보르도로부터의 포도주 수입이었다. 보르도산 포도주 수입무역은 잉글랜드 선원들이 원양 항해술을 익히는 훈련장이자, 선주들에게는 대형상선의 건조를 고취시키는 주된 유인력의 하나가 되었다. 포도주 수입무역이 상업적으로 중요한 의미를 가졌다는 것은 배의 크기를 정할 때 배가 실을 수 있는 보르도산 포도주 '통'(tun)의 수를 기준으로 했다는 사실로도 알 수 있다.

일찍이 1190년에 제3차 십자군이 잉글랜드 배를 타고 지중해로 이동한 적이 있었고, 지중해와의 교류를 통해 잉글랜드의 선박건조술도 어느 정도 영향을 받았다. 하지만 잉글랜드인들이 상업적 목적 아래 지중해로 항해하게 된 것은 15세기 이후였다. 지중해는 베네치아인들과 제노바인들이 철옹성같이 장악하고 있었으므로 잉글랜드인들이 끼어들 여지가 없었던 것이다. 그렇지만 잉글랜드인들은 올리브 기름과 포도주를 수입하기 위해 스페인으로 항해하였고, 12세기 동안 스페인 북부의 콤포스텔라(Compostella)의 성 제임스 사원(shrine of St. James)으로 가는 순례객이 늘어나면서 점차 여객수송도 늘어갔다. 많은 잉글랜드 배들이 어업에 종사하거나 건어물 무역을 위해 아이슬랜드로 갔다. 한자 도시의 질시와 강대한 세력 때문에 비록 제한적이기는 했지만, 스칸디나비아와 발트해 지역과도 약간의 교류를 하였다. 모들레인(Maudelayne) 호라는 배를 소유한 선장으로서 별과 조류, 항로에 대한 모든 지식을 체득한 '선장'(Shipman)[5]은 스웨덴의 고틀란트(Gothland)에서부터 피니스테르(Finisterre)까지 모든 항구에 다 기항해 본 적이 있었고, 스페인과 브레타뉴에 있는 모든 만들도 낱낱이 알고 있었다.

『캔터베리 이야기』에 나오는 이 선장은 어느 정도 건달끼도 있었다. "그는 양심이란 것은 조금도 없었고," 보르도 무역에 종사하고 있을 때는 상인이 잠든 사이에 짐으로 실은 포도주를 마셔버리기도 했다. 이 선장이 무자비한 사람이었음을 보여주는 문장이 있다.

> 그는 싸워서 이겼을 때는
> 상대방을 눈을 가린 채 뱃전으로 내민 널빤지 위로
> 걸어가도록 했다.

이 선장이 즉결처분으로 포로들을 바다에 빠트려 죽였을 당시 왕에게 복무하고 있었던 것으로 보인다. 그러나 그는 왕에게 복무하고 있지 않을 때도 마찬가지였다. 잉글랜드 뱃사람들은 천상 어쩔 수 없는 해적이었기 때문이다. 그는 국가라든가, 베네치아인이나 한자 상인(이들의 손이라 해서 깨끗한 것은 아니었지만)과 같은 무역왕들의 지배

---

5) **역주** | 영국의 시인 초서(Geoffrey Chaucer : 1340?~1400)가 1390년경에 저술한 『캔터베리 이야기』(*Canterbury Tales*)에 나오는 '선장'을 뜻한다.

하에 있지 않았다. 영불전쟁은 그를 해적질로 전락시키기 쉬운 약탈과 '강탈'을 위한 많은 기회를 제공하였다. 당시 영국의 해운 상황을 보면, 해적질보다 더 확실하고 유리한 무역은 없었으며, 이는 잉글랜드 선원들의 해적행위를 충동질하였다. 그는 전시와 평시를 가리지 않고 프랑스 해안을 습격하였고, 화물을 만재한 플랑드르 짐배들을 자주 약탈하였으며, 아이슬랜드인들을 붙잡아 노예로 팔아치웠다. 세상이 잠잠해지면 그는 언제나 무역이나 어업상의 권익과 관련된 이러저러한 사적인 분쟁사건6)에 뛰어들어 시간을 보냈다. 이 사건들은 매우 흥미진진하였고, 이를 통해 대담하고 용감한 선원들이 육성되었다. 이렇게 육성된 선원들은 후에 그 정력을 쏟아부을 보다 광범하고 보다 합법적인 출구를 찾아내게 되었다. 그러나 이러한 해적행위는 질서정연하고 번영된 해운업의 성장에는 전혀 공헌하지 못했다.

선원들이 무역보다 해적질을 더 선호하는 이 같은 경향은 무역선과 전투선의 구별이 없었다는 사실 때문에 더 두드러졌다. 사실 해적질 자체는 무역의 건전한 성장에 심각한 장해요인이었다. 지중해의 대해군국들과는 달리, 잉글랜드는 이렇다 할 상비 해군을 보유하고 있지 못했다. 중세의 잉글랜드인들과 지중해에 접하지 않는 프랑스인들은 갤리선을 거의 이용하지 않았다. 비록 노르만인들이 북방 해역에서도 '노를 젓는 긴 배'의 항해가 가능하다는 사실을 보여주기는 했지만, 거친 북해에서는 갤리선이 적절하지 않았기 때문이다. 아마도 보다 근본적인 이유는, 북방의 왕들이 순전히 해전을 목적으로 건조한 전용

---

6) **역주**ㅣ이를테면 야어머스의 배에 대해 '다섯(Cinque) 항구'의 배들이 특정 해역의 상업권이나 어업권을 갖고 있는가 하는 문제. 원문에는 본문에 나와 있지만, 독자들의 이해를 위해 각주로 처리하였다. Cinque ports는 잉글랜드 동남해안의 Dover, Hastings, Hythe, Romney, Sandwich의 5개 항구를 가리킨다.

전투선을 갖춘 대해군을 유지할 정도로 부유하지 못했기 때문일 것이다. 플랜타지넷(Plantagenet) 왕가는 순찰용 갤리선을 몇 척 보유하고 있었다. 그러나 잉글랜드인들이 전투선을 필요로 할 때는 주로 흘수가 깊고, 둔중한 범선의 이물과 고물에 궁수와 군인들이 싸우는 데 필요한 발판(platform)을 세우고, 적선에 나란히 붙인 뒤 뛰어들면 그만이었다. 국왕도 배 몇 척을 갖고 있었지만, 이 배들도 평화시에는 상인들에게 대선되는 것이 보통이었다. '다섯 항구'들은 특혜를 누리는 대가로 15일 동안 자비로 배 57척을 의장해야 했고, 15일을 경과하면 용선료를 받았다. 그러나 선단의 대부분은 언제든 국왕이 대권大權(prerogative)을 발하여 징발할 수 있는 일반 상선으로 이루어져 있었다.

이는 무역 면에는 심한 악영향을 미쳤다. 수많은 상선 선원들이 싸움과 약탈에 흥미를 느끼고 있었지만, 이렇게 끌어모은 무장 상선대는 전시에 적선에 대항하고, 평시에 해적을 방지하여 무역을 보호하는 데는 전혀 효과가 없었기 때문이다. 게다가 이러한 상황에서 전쟁이 발발하거나 조금이라도 전쟁이 발발할 조짐이 보이면 이용 가능한 선박량의 상당수는 상업활동에서 퇴각하기 일쑤였다.

선주 자신들이 관계되는 한, 단기적인 견지에서 보면 이는 그렇게 나쁜 것만도 아니었다. 국왕은 무상으로 배를 징발하고 선원을 징모할 수 있는 권리를 보유하고 있었으나, 이는 보상하는 쪽으로 수정되었다. 선장과 선원들은 임금을 받았고, 선주들은 징발 기간과 배의 크기에 따라 선박 사용료를 받았다. 14·15세기에 "유사 이래 정당하고 충실하게 지급된" 통상적인 선박 사용료는 '온 1 톤당'(per tun tyght) 3 실링 4 펜스였다. 약탈금과 전리품 분배금을 기대할 수 있다는 점을 염두에 두면, 이 '청서요율'(Blue Book[7] Rates)이 "정당하고 충실하게" 지불되기만 한다면, 전쟁기에 배를 국가에 빌려주는 것도 최소한 평화시의 해상무역만큼이나 이익을 거둘 수 있었다. 그러나 유감스럽게도 이것은 그렇게 믿을 만한 것이 아니었고, 왕실 재원이 오랜 영불전쟁으로 점점 고갈되어 감에 따라 징발된 선박의 사용료 지불이 늦어져 선주들 사이에 불평불만이 자주 터져나왔다. 게다가 배는 원래 예정된 기간보다 더 오래 징발되기 일쑤였고, 용선 개시일은 실제 해상활동에 투입된 시점부터 계산되었기 때문에 몇 주 심지어 몇 달 동안 정박한 경비는 모두 선주 자신이 부담해야만 했다. 슬뤼이스(Sluys) 해전8)에서 대승리를 거둔 1340년에 징발을 피하기 위해 배를 외국인에게 매각하는 행위를 금지할 필요성이 제기되었다(이는 1차대전 때와 매우 유사한 상황이었다). 에드워드 3세(1327~1377)가 사망하고 해전이 잉글랜드에 불리한 양상으로 전개되자 전쟁으로 인한 상실·징발·외국과의 경쟁이라는 3 요소의 복합적인 영향으로 잉글랜드 해운업은 쇠락의 길을 걷기 시작하였다.

이 무렵 무역업자들과 상인계층은 왕실에 효과적으로 압력을 행사할 수 있을 정도로 부유해져 있었고, 1381년 리처드 2세(1377~1399)가 소집한 의회를 설득하여 "현재 크게 축소되어 있는 잉글랜드 Navy를 증강"시킬 목적으로 잉글랜드 최초의 항해법을 통과시켰다. 이 당시와 이후 2세기 이후에도 "잉글랜드의 Navy"라는 표현은 단순히 왕립 해군만을 의미하는 것이 아니라, 잉글랜드의 모든 배를 의미했음을 상기할 필요가 있다. 이 법에 따라 잉글랜드 국왕의 모든 신민은 '국왕에게 신종臣從

---

7) **역주** I 잉글랜드 의회에 제출된 보고서와 문서를 청색 표지로 만들었던 데서 유래한 명칭.

8) **역주** I 1340년 에드워드 3세가 네덜란드 남서부의 질랜드 지방 입구의 슬뤼이스 강에서 네덜란드 함대를 격파하였다.

을 선언'한 선박을 제외하고는 그 어떤 선박도 잉글랜드 안팎으로 화물을 수출입할 수 없었다. 이 법에서는 이탈리아인과 독일 상인들에게 자신들 소유의 선박을 이용할 수 있게 하였지만, 잉글랜드의 해운이 잉글랜드 무역업자들의 필요조차 충족시키지 못한다는 사실은 분명하였다. 그 이듬해에 일찌감치 영국 배가 부족해서 이를 쉽게 이용할 수 없을 경우에는 외국배를 용선해도 좋다는 법률이 나왔기 때문이다. 8년 뒤에 또 다른 법률이 제정되었다. 이 법에 따르면, 선주가 "해당 상품에 대한 운임으로서 부당한 이득을 요구하지 않는" 한 잉글랜드 상인들은 모두 잉글랜드 배로 화물을 수출해야 했다. 잉글랜드 의회는 아주 교묘하게도 '부당한 이익'이 어느 정도인지를 정의하지 않았다.

이 법이 실제로 얼마나 효과적으로 실시되었는지는 상당히 의문이다. 이 법은 적의 해군과 해적들에 의한 지속적인 침해를 방지하지도 못했고, 징발된 선박의 사용료 지불이 지지부진한 것을 막지도 못했다. 헨리 4세(1399~1413) 앞으로 제출된 한 청원서에는, 많은 선주들이 이익을 얻고자 배를 운항할 의욕을 완전히 상실하고 배를 정박시켜 놓고 있다고 신랄하게 불평을 털어놓고 있다. 해운업이 당시까지 유례가 없을 정도로 사상 초유의 호황을 누렸던 헨리 5세(1413~1422) 치세기에는 이 법을 유명무실화시킨 것으로 보이는데, 이는 분명 주목할 만하다. 활력 넘치는 이 통치자가 해운업에 선사했던 것은 그보다 훨씬 더 중요한 것 즉, 강력한 상선대의 보호였다.

군사적 천재성을 지녔던 헨리 5세는 통상적으로 해오던 방식대로 구식 함대(mediaeval fleet)를 끌어모아 편성하는 해군의 본질적인 약점을 간파하고, 평시에는 해상 정찰업무를 수행하고, 전시에는 해전에서 주력군으로 활동할 수 있는 해군을 꾸준히 육성하였다. 그의 통치기의

『해군함선목록』(*Navy List*)에는 모두 38척이 등재되어 있는데, 이 가운데 12척은 프랑스로부터 나포하여 왕실 소유가 된 전리품이었다. 프랑스로부터 나포한 배는 대부분 프랑스인들이 승선하고 있던 제노바와 스페인의 대형 캐랙선이었다. 잉글랜드 조선업자들은 이 캐랙선을 모델로 삼아 지금까지 건조되었던 어떤 선박보다 더 큰 선박을 만들어 냈다. 전쟁이 없을 때 국왕 소유의 배들은 상인들에게 대선되어 돈을 벌어들였다. 이 배들은 장거리 항해에도 적합했을 뿐 아니라, 화물도 많이 실을 수 있었기 때문에 잉글랜드인들의 사업욕을 고취시키는 역할도 하였다.

왕실의 장려·해군의 적절한 보호·모직업의 발달·헨리 5세의 짧은 치세기 동안의 국풍國風(national spirit)의 전반적인 부흥 덕분에 15세기 초엽에는 해운 산업계의 활동이 눈에 띄게 성장하였다. 아이슬랜드와의 염장 청어 무역이 특히 중요해졌고, 포르투갈과 모로코와의 항해도 시작되었다. 헨리 5세가 사망한 해에 잉글랜드 상인들은 처음으로 지중해로 진출하였다.

헨리 5세의 죽음과 함께 그의 해군도 사라졌다. 이 시기까지 근대적 의미에서의 왕립 해군이란 것은 존재한 적이 없었다. 국왕이 소유한 배는 군주 개인의 사적 재산이었다. 헨리 6세(1422~1461)가 왕위를 계승한 뒤 섭정위원회는 헨리 5세의 채무자들에게 빚을 갚기 위해 배를 모두 경매 처분하고 말았다. 이로써 잉글랜드 배들은 다시 계약에 의한 무장상선들의 보호 외에는 어떤 보호도 받지 못하는 상태로 전락했다. 다른 한편 잉글랜드는 고난의 시기를 보내고 있었다. 장기간 계속된 소수파의 통치에 이어 나약하고 무능력한 국왕의 통치기가 뒤를 이었다. 파괴적인 전쟁으로 잉글랜드가 칼레를 제외한 나머지 프랑스 내

영토를 상실한 뒤에 다시 장미전쟁(1455~1485)이라는 내란이 계속되었다. 헨리 5세의 통치기 동안 무역과 항해에 주어졌던 유인책들은 여전히 지속되는 것처럼 보였다. 프랑스 내의 영토를 상실한 것은 겉으로는 불운처럼 보였으나 실제로는 하나의 은총이었다. 왜냐하면 프랑스 내의 잉글랜드 영토는 국가적 자산이라기보다는 국부의 유출구였기 때문이다. 귀족과 그의 가신들 사이에 벌어진 장미전쟁은 모직물 산업의 성장을 저해하지 않았고, (1407년 앤트워프 상관의 개설과 함께 조직 내지 재조직된) 모험상인들은 최소한 모직물 수출을 잉글랜드인이 장악할 수 있을 정도의 충분한 재력과 충분한 기업심을 보유하고 있었다.

해운업의 성장은 운송을 목적으로 징발된 상선목록을 보면 알 수 있다. 14세기 말에 이르기까지 잉글랜드 배 가운데 100 톤이 넘는 배는 매우 드물었고, 100 톤급 선박조차도 그리 많지 않았다. 그러나 1439년 아퀴테느(Aquitaine)로 군대를 운송하기 위해 징발된 배목록을 보면, 200 톤에서 360 톤 사이의 배가 11 척이나 되었고, 1451년도 징발 상선목록에도 200~400 톤급 배가 23 척이나 포함되어 있었다. 브리스틀의 캐닝지(William Canynges) 같은 대 선주들은 이보다 더 큰 배도 갖고 있었던 것으로 알려지고 있다.

이 대형선들은 대부분 주로 보르도 포도주 무역과 성 제임스 사원 (Saint James of Compostella)으로 가는 순례객 운송에 취항하고 있었던 것으로 보인다. 이들 순례객의 항해에 대해 묘사하고 있는 당대의 발라드9)에는 당시 해로여행의 이미지가 생생하게 그려져 있을 뿐만 아니라, 이 항로에 취항하고 있던 15세기 뱃사람들의 독특한 모습이 잘 나타나 있다. 이 발라드는 항해에 직접 참여한 사람의 관점에서

---

9) **역주** | 헨리 6세 시대에 쓰여진 작자 불명의 *The Pilgrim's Sea Voyage*를 말한다.

쓰여진 것이다. 이 순례객은 오늘날의 연안선보다 크지 않고 승객들로 붐비는 배에 승선하여 폭풍우를 만나 심하게 고생한 적도 있었지만, 그럭저럭 항해에 익숙해져 선원들의 분위기에 젖어서 풋내기 선원이 공포감을 느끼고 고생하는 것에 대해 비웃기까지 했다.

그는 "성 제임스 사원으로 항해를 떠나는 사람들은 모든 오락을 단념해야 한다"고 말하고 있다. 참배객들은 브리스틀, 샌드위치, 윈첼시(Winchealsea)에서 승선하였다(샌드위치와 윈첼시 항에서는 아직 정원이 차지 않았다).10) 그러나 "갑갑해서 그들의 심장이 터지기 시작하기 전까지" 배는 출항하지 않았다.

그렇지만 곧 순례객의 관심을 끌기 위해 한바탕 야단법석이 일었다. '마스터'(Mastyr)가 선원들을 돛대 주위로 모이게 한 다음 돛을 올리라고 명령한다.

그러면 선원들이 "영치기! 영차"(howe! hissa!)라는 구령소리와 함께 뱃노래를 부르며 장단에 맞추어 돛을 올리는 것은 후대의 일이다. 중세에는 선원 한두 사람이 활대 위로 올라가 커다란 가로돛을 폈다.

"휘이익! 꼭 붙잡아!"11)
나머지 선원들이 소리를 지르며,
온힘을 다해 밧줄을 잡아당긴다.

---

10) **역주** | 브리튼 섬 동쪽에서부터 서쪽으로 샌드위치, 윈첼시, 브리스틀 순으로 회항하면서 순례객들을 태웠는데, 샌드위치와 윈첼시에서는 아직 배가 만원이 되지 않았다. 샌드위치는 다섯 항구 가운데 하나였고, 윈첼시는 나중에 다섯 항구와 같은 특권을 누렸다.

11) **역주** | Y howe! taylia!에서 howe는 밧줄을 팽팽하게 당길 때 나는 소리를 표현한 것이고, taylia는 tally on의 고어 형태로 '당겨라'는 의미다.

일부 선원들이 출범 준비를 하고 있는 동안 다른 선원들은 여객의
상태를 살폈다.

"갑판장, 빨리 보트를 제자리에 붙들어 매.
우리 배의 순례객들은 갑판 위에서 노닐고 있다.
왜냐하면 누군가가 한밤중까지
콜록거리며 쿵쿵대고 있었기 때문에"

"이물 쪽 줄을 잡아당겨라! 이제, 출범이다!"
조리장, 점심식사를 준비하도록 해.
순례객들은 입맛이 떨어졌다.
나는 그들이 편안히 쉴 수 있게 해 달라고 기도를 올렸다."
"키를 잡아라! 뭐라고! 바람이 한 점도 없다고?
급사(steward), 이 빌어먹을 놈아! 맥주나 한 사발 가져와!"
"옛, 선장님! 편안히 의자에 앉아 계십시오
당장에 세상에서 가장 맛좋은 맥주를 대령하겠습니다"

"휘이익! 줄을 당겨라! 돛을 올려라!
더 힘껏 당겨라! 좋아, 잘되고 있어!
오! 우리 배가 얼마나 멋지게 항해하고 있는지를 보라!"
그리고 선원들은 웅성대며 말한다.
"예인줄을 잡아당겨라!"
"급사! 꾸물거리지 말고
당장, 식탁을 치우고,

빵과 소금을 차려 놔"

이렇게 기분 좋은 대접에도 불구하고 순례객들은 여전히 "입맛을 잃어버린 상태였다." 어쩔 수 없이 '욥의 위안자들'[12]이 된 선원들이 폭풍우가 임박했다고 하면서 순례객들에게 음식을 권하지만, 대부분의 순례객들은 이미 배멀미를 하고 있었다.

어떤 순례객들은 구운 고기나 다른 음식은 먹을 수 없었기 때문에
소금 뿌린 구운 빵을 먹고 싶어했다.
어떤 사람은 하루이틀 동안
자기 돈으로 먹을 것을 사먹기도 했다.
그리고 어떤 사람들은 무릎 위에 책을 펼쳐 놓고
글자가 보이지 않을 때까지 책을 읽기도 했다.
"아아! 내 머리가 세 조각으로 쪼개지는 듯하구나!"
어떤 승객은 이렇게 탄식한다.

그렇지만 윌리엄 캐닝지 같은 대 상인 선주들은 자신이 직접 배에 승선하여 항해를 하고, 선장의 업무를 일부 맡아 처리하기도 했다. 승객들의 편의를 돌보고, 그들에게 제공할 임시객실이나 선실을 만드는 것을 살펴보는 것도 그의 몫이었다. 오늘날 호화여객선에서 이루어지는 그런 관습을 미리 예견이라도 한 것처럼 그는 순례객들의 기분을

---

12) **역주** | 구약성서 욥기에 나오는 이야기로, 욥이 신의 시련을 받아 인간 최대의 불행에 빠졌을 때 그의 친구들이 그를 위로하러 왔으나 오히려 고통만 증대시켰다는 내용이다.

북돋워 주려고 노력했다.

> 그 때 군주와도 같은 우리 선주가 다가와서
> 궁중어투로 이런저런 얘기를 했다.
> 그리고 나서 배 위에서 가장 높은 곳으로 올라가
> 모든 것이 제대로 되어 있는지 확인했다.
> 선주는 배대목을 부른 뒤
> 연장을 가져다가
> 여러 선실을 손보라고 지시했다.

밀짚 포대나 다른 잠자리를 마련해 온 승객들은 행복한 편이었다. 왜냐하면 당시에는 침상이나 그물침대 같은 것이 없어서 잠자리를 마련해 오지 않은 승객들은 갑판의 맨 바닥에서 잠을 자야 했기 때문이다. 그러나 잠자리가 불편한 것이 최악의 문제는 아니었다. 이 발라드는 항해에서 가장 쓰라린 기억을 다음과 같이 전하면서 끝을 맺고 있다.

> 우리들이 잠을 청하려 했을 때
> 머리 바로 위에 펌프(pump)가 놓여 있었다.
> 그 곳에서 나는 악취 때문에
> 그 곁에서 자는 사람은 거의 죽을 지경이었다.

이러한 불편에도 불구하고, 발라드의 작자는 선상에서 벌어지는 새로운 일들을 목격하는 것을 즐기고, 또 열린 눈으로 바라보았던 것 같다. 그는 선원들이 밧줄을 잡아당길 때 "영치기 영차!" 하고 구령을 붙이면서 서로 힘을 북돋워 주고, 자기가 탄 배에 대해 자부심을 갖고 있으며, 배멀미 하는 승객들을 놀리며 즐거워하는 쾌활하고, 명랑한 집단으로 뱃사람들을 묘사하고 있다. 그의 발라드 덕분에 우리들은 선상 내부의 경제·관리—선주·선장·(배의 보트를 담당하고 있는 배에서는 없어서는 안 될 부서장인)갑판장·배대목·조리장·급사에 대해 알 수 있었다.

발라드의 지은이는 선원들이 급료를 얼마나 받았는지에 대해서는 언급하고 있지 않다. 그러나 비록 부족하기는 하지만 현재 남아 있는 자료들을 통해, 당시에 선원으로 배를 타는 것이 그렇게 나쁜 직업은 아니었다는 사실을 추론할 수 있다. '퀸버러 심판소'(Inquisition of Queenborrow)13)에는 1375년 당시 통상적인 항해에 대해 선원들이 얼마를 받았는지를 보여주는 기록이 보존되어 있다. 이 재판기록을 보면, 선원들의 급료는 왕복항해를 기준으로 총액임금으로 지불되었다. 여기에 나타난 급료를 오늘날의 화폐단위로 환산하면 그 액수에 최소한 15배를 곱하면 될 것이다.

'포도수확기'에 보르도 항로에 취항한 선원은 8 실링의 급료와 포도주 큰 통(tun, 252 gallon = 약 954 litre)의 운임을 받았다. 그 밖의 철에는 급료 7 실링과 포도주 중간 크기 통(pipe, 105 gallon = 약 397.5 litre)의 운임을 받는 것으로 만족해야 했다. 브레타뉴 소금 무역에 종사하는 선원은 급료 5 실링을 받는 것 외에, 산지 가격으로 소금 3 quarter(약 38 kg)를 살 수 있는 권리를 가졌다. 아일랜드 남해안에 연해 있는 항구로 왕복항해를 한 경우에는 선원은 급료 10 실링과 가죽 30장의 운임을 받았다. 그러나 항해가 아일랜드 남해안의 '올드 헤드 어브

---

13) **역주** | 잉글랜드 켄트 주의 Sheppy 섬(템즈 강의 하구)의 퀸버러에 있던 심판소.

킨세일'(Old Head of Kinsale)의 서쪽이나 아일랜드 동남단의 암초인 투스카(Tuskar) 북쪽으로 연장된 경우에는 2 실링을 더 받았다. 뉴캐슬 석탄무역의 왕복항해에 종사하는 선원은 4 실링의 급료를 받고, 석탄 2 qr(약 25.4 kg)를 선적할 권한을 가졌다. 스코틀랜드의 스콘(Scone)까지 항해할 경우에는 현금 8 실링과 선원 3명당 청어 1 라스트의 운임을 받았다. 런던－칼레 간 항로의 급료는 5 실링, 플랑드르 항로는 6 실링이었지만, 이 항로에 종사하는 선원은 운임을 내지 않고 자기 화물을 선적할 권한이 없었다.

선원에게 지급되는 급료와 기타 수입의 총액은 항해의 길이, 선원 개인이 행하는 사무역의 이익 여부, 선원 자신이 운임을 내지 않고 선적할 수 있는 공간을 사용하지 않는 대신 받는 운임의 다과에 따라 달라졌다. '퀸버러 재판소'의 기록에 따르면, 선원들이 바욘느(Bayonnes) 항로에서 톤당 운임으로 10 실링, 리스본 항로에서는 20 실링을 생각하고 있었던 것으로 보인다.

아마 선원들의 실질적인 경제적 지위를 확인해 보려면, 왕실이 운항하는 배에 승선하고 있을 때 받은 급료와 비교해 보는 것이 가장 좋은 방법이 될 것이다. 왕실이 운항하는 배에 승선할 경우 선원들은 전리금을 받을 기회를 가진다는 점을 제외하면 아무런 특권도 누릴 수 없었기 때문이다. 13~14세기 내내 왕실 운항선의 급료는 일당 3 펜스에 기타 사례금이나 상여금으로 주당 6 펜스를 더하여 한달 28일 기준으로 9 실링이었다.[14] 이 금액은 그렇게 많아 보이지는 않지만, 육상노동자와 비교해 볼 필요가 있다. 1351년 직공 가운데 가장

---

14) 역주 | 1s = 12d, £ 1 = 20s. 일당 28일×3d = 84d, 주당 상여금 4주×6d = 24d, 월급
    84d＋24d = 108d = 9s.

많은 임금을 받은 석공이 음식 제공 없이 하루에 3 펜스 정도밖에 받지 못했고, 우두머리 석공인 경우 4 펜스를 받았다. 대목은 3 펜스, 일반 목수는 2 펜스, 노동자는 1.5 펜스를 받는 데 그쳤다. 14세기 4-4 분기에는 임금이 상승하여 석공은 음식을 제공받는 경우 하루에 3 펜스, 음식을 자비로 해결할 경우 5 펜스를 받았다. 그러나 대체적으로 보아, 선원들의 급료가 육상노동자에 비해 더 많았다.

1440년 선원들의 급료는 주당 1 실링 6 펜스로 하락하였고, 비슷한 금액이 급식비로 배당되었다. 그러나 1445년에 다시 예년 수준으로 상승하여 주당 1 실링 9 펜스의 급료와 6 펜스의 상여금을 받았다. 소년 선원은 주당 1 실링 1.5 펜스, 선장은 하루에 6 펜스 또는 한 달에 14 실링을 받았다. 이즈음에는 육상의 임금이 훨씬 더 많이 상승해 있었지만, 급식을 제공받았다는 점을 감안하면 선원들은 최소한 육상의 숙련직인과 비슷하거나, 일반 노동자보다 훨씬 많은 임금을 받았다고 할 수 있다.

강력한 통치자였던 에드워드 4세(1442~1483) 치세기에 무역과 해운업은 빠르게 성장하였다. 에드워드 4세는 왕이 되는 과정에서 상인계층으로부터 많은 후원을 받았다. 그 보답으로 그는 상업에 대한 강력한 보호정책을 채택하고, 외국상인들에게 부여된 여러 특권을 철회하였다. 그는 선주들을 만족시키기 위해 새 항해법을 반포하였는데, 이에 따르면 잉글랜드 배를 '타당한 운임'으로 이용할 수 있는 한 잉글랜드인은 수출입을 막론하고 외국 배를 용선할 수 없었다. 그러나 3년 후에는 이 법은 효력을 상실하였고, 잉글랜드 해운업에 이익을 준 바도 적었다. 이에 비해, 오히려 호혜주의에 입각하여 부르고뉴·브레타뉴·카스틸랴·질랜드·덴마크와 체결한 통상의 자유를 인정하는 일련의 통상조약

쪽이 더 많은 공헌을 하였다.

그러나 잉글랜드 상인들과 선주들의 가장 큰 불만거리는 여전히 그대로 남아 있었다. 1470년 랭카스터 가문의 봉기로 국외로 망명한 에드워드가 튜크스베리(Tewksbury)15) 전투에서 승리하고 귀국하는 데 필요한 인력과 자금을 지원해 준 것은 한자 도시의 자본가들이었다. 한자 상인들은 유트레흐트 조약으로 그 보상을 받았다. 유트레흐트 조약에 따라 한자 상인들은 잉글랜드에서 그 권리를 확보하고 확대하였으며, 잉글랜드산 모직물의 대륙 수출에서는 잉글랜드 상인들보다 더 나은 조건에서 경쟁할 수 있었다. 이러다 보니 잉글랜드 상인들과 선주들은 한자 동맹의 런던 상관인 스틸야드(Steelyard)를 지날 때마다 투덜거리고 욕을 퍼부었을 것이다. 하지만, 왕실의 강력한 후원을 받고 있던 독일 상인들은 잉글랜드인들의 이러한 질시에 대해서도 경멸적으로 대처할 수 있었다.

사실, 잉글랜드는 아직 한자 동맹 도시들과 경쟁을 벌일 만큼 강하지 않았다. 한자 동맹 도시들은 조선용 자재·밀랍·꿀·질 좋은 스웨덴산 철, 그리고 잉글랜드의 긴 활을 만드는 데 필요한 원료로서 단찌히(Danzig, 현 폴란드의 그디니아)를 통해 운송되는 카르파티아(Carpathian)산 주목 판재朱木板材(yew staves) 등, 잉글랜드의 경제생활에 없어서는 안 될 필수품의 공급을 대부분 장악하고 있었다. 한자 상인들은 분쟁이 발발할 경우 북유럽의 모든 항구에서 잉글랜드 배와 상인들을 배제할 수 있는 (잉글랜드로서는 아직 도전할 만한 함대를 보유하지 못한) 해군력과 정치적 영향력을 갖고 있었다. 잉글랜드인들은 이러한 특권에 대해

---

15) **역주** | 잉글랜드 서부 Avon 강에 연해 있는 도시로 랭카스터 가가 1471년 장미전쟁의 최후 결전에서 패했던 곳이다.

불만을 갖고 있었지만, 아직은 한자 도시에 도전할 만한 힘이 없었다.

오늘날의 견지에서 보면, 잉글랜드인들이 자국의 상품을 수출하는 데 외국인의 보조역할에 그치고, 잉글랜드 배들이 유럽 해역에서 위험을 감수하고 한자 상인들의 동정에 의지하여 무역을 했다는 사실이 이상하게 보일 것이다. 우리는 엘리자베스 시대의 잉글랜드 모험상인들이 그렇게 생각한 것처럼 한자 상인들을 이기적이고 약탈적인 외국의 독점자본가로 생각하는 경향이 있다. 따라서 가능한 모든 수단방법을 동원하여 그들에게 대항하는 것이 애국적인 잉글랜드인들의 의무라고도 생각할 수 있다. 물론 이 같은 생각에는 일정하게 진실된 요소도 있을 것이다. 중세의 무역업자들과 마찬가지로 한자 상인들은 독점적이었고, 거래하는 국가가 발전하여 독점이 불가능해진 상황에서도 독점을 유지하려 한 것은 그들의 우행遇行이자 불운이었다. 그러나 이것은 진실의 한쪽 측면일 뿐이다. 중세 유럽의 혼란스러운 상황 속에서 대규모 무역이 가능했던 것은 필요할 경우 무력까지 동원하였던 한자 동맹의 교묘한 외교술의 지원을 받은 부유하고 강력한 상인들이 연합하였기 때문이다. 한자 상인들에게는 이기적이고 파렴치한 측면도 있었지만, 생활수준을 전반적으로 향상시키는 데 필요한 상품의 교환을 촉진시키고, 상업에 필요한 조직을 만드는 방법을 후대에 제시해 줌으로써 유럽과 잉글랜드에 막대한 이익을 가져다주었다. 그들은 물질문명의 발달에 중요한 역할을 담당함으로써 세계사에 이름을 남겼다. 세계 해운사에서도 한자 상인들은 한 국가의 번영과 위대한 정치력은 운송무역을 행하는 진취성과 능력에 기반하고 있다는 사실을 보여준 북유럽 최초의 민족으로서, 지금까지 높이 평가되고 있다.

▐▐▐ 참고문헌

T. W. Fulton, *The Sovereignty of the Seas*, London, 1911

Helen Zimmern, *The Hansa Towns, in Story of the Nations series*, London, 1904.

E. G. Nash, *The Hansa*, London, 1929.

The Black Book of the Admiralty, Rolls edition.

M. Oppenheim, *A History of the Administration of the Royal Navy and of Merchant Shipping in relation to the Navy*, London, 1896.

Thorold Rogers, *A History of Agriculture and Prices*.

Barnard, *Companion to English History*, ed. by H.W.C. Davies, London, 1924.

F. J. Furnival ed., *The Stacions of Rome*, E. E. T. S., 1867.

John Masefield ed., *A Sailor's Garland*, London, 1908.

제4장 인디즈의 부

대양항로의 개척

향료가 자라는 동양으로 가는 길이 알려지기 전에 그 곳으로 가는
항로를 발견한다는 것은 인간의 업적이라기보다는 신의 위업이었다.
Richard Hakluyt(1553~1616)*가 인용한 편지

스페인인들은 콜럼버스의 1차 항해 이후 서인도에서
과일·약재·진주·보화·금은 수만 냥을 가져왔음을 기억해야 한다.
Richard Willes(?~1573), The History of Travayle(1577)의 헌사

---

* **역주 l** 잉글랜드 해양탐험지리학자. *The Principal Voyages Traffiques &*
Discoveries, 1589~1599이라는 해양탐험 사료집을 편찬하였다.

15세기 말과 16세기 초에 세계 운송무역사상 최대의 혁명이라고 할 수 있는 대양항로가 개척되었다. 그런데 당시 가장 선도적인 선주들이었던 이탈리아인과 한자 상인, 궁극적으로 이 새로운 발견에서 가장 많은 이익을 얻은 잉글랜드인과 네덜란드인들이 그러한 대양항로 개척에 이렇다 할 역할을 하지 못했다는 것은 역사의 흥밋거리 가운데 하나다. 세계 해상무역의 주된 흐름을 대대적으로 바꾸어 놓은 대탐험은 그 이전은 말할 것도 없고 그 이후에도 상업국가나 해상민족으로서 한 번도 선두자리를 차지하지 못했던 나라의 통치자에 의해 시작되었다. 이 대탐험을 선도한 사람은 고지식하고, 실질적인 베네치아나 뤼벡의 상인들로부터 이론가이자 몽상가라고 경멸당했던 학구적인 젊은 왕자였다.

포르투갈의 주앙 1세(1385~1433)와 곤트의 존(John of Gaunt : 1340~1399)의 딸인 필리파(Philippa) 왕비의 다섯째 아이로 태어난 엔리케 왕자가 군인으로서의 화려한 삶에서 벗어나 세인트 빈센트 곶(Cape St. Vincent) 근처의 사그레스(Sagres)에 은거하면서 원양항해 문제를 숙고하기 시작한 것은 1418년이었다. 이후 그의 전 생애는 세 가지 야심을 성취하는 데 집중되었다. 엔리케 왕자는 모든 기독교 국가들의 공적共敵인 무어인들의 측면을 공격하고자 했다. 또한 아프리카 연안의 미지의 땅에 거주하는 이교도들과 모슬렘들에게 참된 신앙(가톨릭)을 전파하기를 갈망했다. 그의 마음 깊은 곳에는 이보다 더한 야심에 찬 목적이 잠재되어 있었다. 네코(Necho) 왕의 배가 아프리카를 일주한 것은 너무나 오래 전의 일이라 이미 전설이 되어 버렸고, "해로로 인도로 가기 위해" 1291년 남쪽을 향해 출항한 제노바의 갤리선 2 척은 돌아오지 못했다. 설사 대서양과 인도양이 연결되어 있다 하더라도 타오르는 해의 열기 때문에 열대지역으로 항해한다는 것은 불가능하다고 생각되고 있었다. 그러나 엔리케 왕자는 인도로 가는 바닷길을 찾을 수 있으며, 그 항로를 찾는 나라는 유럽 시장에 비싼 가격으로 흘러 들어오는 동양산 사치품 운송업자나 중개자로서 막대한 이익을 얻고 있던 베네치아와 제노바인들에게서 상업적 패권을 빼앗아 올 수 있다고 생각했다.

공상가의 신념과도 같은 착상에서 나온 것이긴 하지만, 엔리케 왕자는 과학자나 정치가처럼 자신의 꿈을 실현시키는 일에 착수하였다. 원양을 항해하기 위해서는 더 안전한 배와 더 과학적인 항해술이 필요했다. 그는 자신이 이 두 가지를 제공하기로 했다. 엔리케 왕자는 사그레스에 조선소, 천문 관측소, 항해·지도제작 훈련소를 세웠다. 그리고 유능한 이탈리아 수로안내인을 초빙하여 항해가 겸 교사로 삼았다.

중세 초기의 세숫대야 모양의 외대박이 둥근 배는 이미 복잡한 의장을 갖춘 조종 성능이 좋은 배에 자리를 내어주고 있었다. 15세기에는 두 가지 형태의 배가 특별히 명성을 얻고 있었다. 하나는 캐럭선이다. 캐럭선은 일반적인 대형 상선을 포괄적으로 지칭하는 용어였으나, 점차 적재 용량이 크고, 너비가 넓고, 흘수가 깊은 배를 의미하게 되었다. 다른 하나는 카라벨선(caravel)으로 스페인인들과 포르투갈인들이 대서양 연안 무역용으로 개발한 선형이었다. 카라벨선은 캐럭선보다 더 작고, 조종하기 쉽고 빨랐으며, 외 갑판(single-decked), 이물 쪽의 바닷물을 가르고 나가는 데 유리한 네모꼴 높은 선수루, 높은 건현, 높고 뾰족한 선미루를 갖춘 배였다. 초창기 포르투갈의 카라벨선은 세로돛을 달았다. 후에 점차 의장이 개량되면서 전형적인 카라벨선은 돛대를 3개 내지 4개를 설치하고, 이 가운데 앞돛대에는 가로돛을 달고, 나머지 돛대에는 세로돛을 달았다. 카라벨선은 그렇게 큰 짐배는 아니었지만, 캐랙선보다는 훨씬 조종하기 편리했다. 카라벨선은 또한 거친 대서양에서 항해하는 데도 캐랙선보다 더 적합했다. 엔리케 왕자는 카라벨선을 개발하고 개량하기로 마음먹었다.

항해술에서도 다소의 진보가 이루어졌다. 비록 단테의 가정교사였던 라티니(Brunetto Latini)가 13세기 말에 "선장은 자신이 마법을 사용한다는 소리를 들을까 염려하여 감히 나침반을 사용하지 못했다"고 밝히고 있지만, 나침반은 이미 12세기에 이탈리아에서 항해에 이용되었다. 나침반을 관습적으로 이용하게 되면서 그것이 마술과 아무런 관련이 없다는 사실이 입증되고, 나침반이 개량되면서 항해용으로서 신뢰할 수 있는 기구가 되었다. 엔리케 왕자 시대에는 천문학자들이 사용하던 원측의圓測儀(astrolabe)가, 비록 그렇게 정확한 것은 아니었지만, 위도 측정에 이용되고 있었다. 이 시기에는 아직 경도를 측정한다는 것은 순전히 추측이나 추정의 문제였다. 해도 또한 널리 이용되었고, 항해용 기구와 해도 제작술을 발전시키는 것 역시 사그레스 거류지의 주된 목적 가운데 하나였다.

대양 탐험을 위한 체제를 확고하게 구축한 엔리케는 아프리카 연안을 따라 탐사대를 계속 파견하였다. 각 탐사대가 이룩한 발견은 세심하게 기록되고 해도에 추가되었다. 1460년 엔리케 왕자가 사망할 때까지 포르투갈인들은 이미 시에라 리온(Sierra Leone)까지 이르렀고, 케이프 베르데 섬(Cape Verde Islands)을 발견하였으며, 금과 노예의 공급원인 세네감비아(Senegambia) 지방의 주민들과 정기무역을 개설하기에 이르렀다.

이 때까지 인도까지의 직항로를 찾는 것이 가장 중요한 문제가 되어 있었다. 1453년 콘스탄티노플이 오토만 투르크 제국의 공격을 받아 함락되었다. 오토만 투르크 제국은 무역에 대해 이렇다 할 관심도 없었을 뿐만 아니라 기독교도들을 무자비할 정도로 증오하였다. 15세기 말에 시리아 항구를 경유하거나 노브고로드와 흑해의 항구를 경유하는 장거리 육로를 통해 동양으로 가는 우회로가 차단되었고, 이집트를 경유하는 길도 이미 위협받고 있었다. 포르투갈 왕들은 애국심·십자군적 열정·이기심에서 항해자 엔리케의 업적을 계승하고자 했고, 1498년 그토록 오랫동안 찾고 있던 목적지에 마침내 도달하였다. 이 해에 바스코 다 가마가 유럽 배로서는 처음으로 인도 항구에서 짐을 싣기 위해 캘리컷에 도달했던 것이다.

그 동안 다른 나라의 항해가들도 다른 항로를 통해 동양으로 가는 길을 찾고 있었다. 15세기가 경과하는 동안 배는 점점 더 대규모화해 갔고 의장도 개선되었다. 지리학과 항해술도 조선업의 진보와 보조를 맞추어 발전하였다. 특히 1480년에 베하임(Martin Behaim : 1459?~1507)이 원측의를 항해에 활용한 이후 점차 바다에서 널리 이용되기에 이르렀다. 이제 용감한 뱃사람이라면 어느 정도 확신을 갖고 난바다로의 모험을 감행할 수 있게 되었다. 지구가 둥글다는 사실이 일반적으로 받아들여지게 되면서, 뱃사람 가운데는 유럽에서 곧장 서쪽으로 항해해 가면 황금의 땅으로 알려진 전설의 카타이(Cathay : 중국)와 지팡구(Zipangu : 일본)에 갈 수 있을 것이라고 주장하는 사람도 나타나기 시작했다. 다른 사람들은 제쳐놓고라도 스페인의 페르난도 5세(Fernando V : 1452~1516)로부터 청문회에서 의견을 제시할 수 있는 기회를 얻은 제노바 출신의 뱃사람 크리스토퍼 콜럼버스는 그렇게 주장했다.

그 누구도 유럽과 아시아 사이에 알려지지 않은 대륙이 있을 것이라고는 꿈에도 생각지 못했다. 그린랜드는 이미 알려져 있었다. 이 곳은 이미 981년 아이슬랜드에 정착한 바이킹 붉은 수염 에릭(Eirik the Red)이 발견하여 1~2년 후에 직접 식민촌을 건설한 바 있었고, 15세기 중반에 이르기까지 노르웨이·아이슬랜드 간 정기적인 교류가 행해지고 있었다. 이 교역에서는, 정착민들이 날가죽·모피·해마 엄니·해마 가죽으로 만든 로프를 철·건축용재·곡물·기타의 필수품과 교환하였는데, 이것이야말로 뱃사람으로서의 노르만인들의 대담성을 보여주는 놀라운 증거다. 노르만인들은 그린랜드 보다 더 멀리 항해하기도 했다. 1000~1010년경 에릭손(Lief Eiriksson)과 카르세프니(Thorfinn Karsefni), 그 밖의 여러 노르만인들이 래브라도(Labrador)에서부터 남으로는 아마도 메인(Maine)에 이르기까지 아메리카 본토 해안을 탐험하였다.[1] 그렇지만 이러한 시도들은 그린랜드 주민들이 '포도의 땅'(Wine-land the Good)에 이주하려던 계획이 실패함으로써 아무 성과도 없이 끝나 버렸다. 15세기가 경과하는 동안 그린랜드 정착촌마저 없어지고 말았다. 콜럼버스가 아이슬랜드와 교역을 행하던 잉글랜드 선원들로부터 노르만인들이 '포도의 땅'으로 항해했다는 얘기를 들었을지라도, 그는 그것을 대서양 반대편에 아시아 대륙이 있다고 생각하는 자신의 믿음을 확신시켜 주는 이야기쯤으로 간주했을 것이다. 그는 다 가마가 캘리컷에 도착하기 6년 전인 1492년[2]에 서인도제도에 도착했을 때에도 자신의 믿음이 옳다고 확신하였다. 서인도제도라는 지명은 바로 서인도 지역을 인도로 확신했던 콜럼버스의 착각에서 비롯된 것이다.

---

1) W. Hovgaard, *The Voyages of the Norsemen to America* 참조.
2) **역주** | 원서에는 1592년으로 되어 있으나 오타고, 일역서에는 1492년으로 수정되어 있다.

콜럼버스의 뒤를 따랐던 항해가들은 곧 그의 생각이 잘못되었다는 사실을 깨달았다. 하지만, 그들은 이내 서인도제도가 인도가 아니라는 실망감을 완전히 보상해 줄 또 다른 것을 발견했다. 그들은 이제 지도에 추가된 '신세계'(New World)에 귀금속이 풍부하게 매장되어 있다는 사실을 확인했다. 귀금속이 얼마나 중요한 것이었는지를 알기 위해서는, 비록 이탈리아인들에 의해 금융기법이 발전하고는 있었지만, 당시에는 신용체제라는 것이 거의 존재하지 않았다는 사실을 염두에 두어야 한다. 모든 상업거래와 정부의 모든 채무상환은 결국 경화로 이루어졌다. 무역이 성장하고, 유럽 각국의 군사비와 행정비용은 계속 점증하고 있었지만, 금은의 공급량은 턱없이 부족했다. 유럽 내 광산에서 나는 산출량은 얼마 되지 않았고, 고전고대로부터 축적되어 온 재고량은 수세기 동안 지속된 아시아와의 무역과 예술에 막대하게 지출함으로써 고갈되었다. 그러므로 새로운 금원金源을 발견한다는 것은, 그 행운의 소유자에게 무한한 부와 권력을 약속하는 것이었다.

포르투갈인들로서도 전망이 그렇게 어두운 것은 아니었다. 바스코 다 가마가 항해 경비의 60배에 달하는 화물을 싣고 귀환했다. 설사 투르크인들이 적절히 기독교 상인들을 용인해 준다고 하더라도 아시아로 가는 옛 무역로가 새로 개척된 해로와 경쟁이 되지 않는다는 것은 명백했다. 우선, 육로로 운송할 필요가 없었으므로 운송할 수 있는 화물의 양을 늘릴 수 있었고, 두 번째는 운송경비를 줄일 수 있었다. 마지막으로 무역으로 인한 모든 이익이 한 사람에게 집중되었다. 인도나 홍해, 페르시아 만 사이에서 무역을 행하는 아시아 상인, 시리아나 이집트 상인, 아랍 선주들, 항세와 통과세를 부과하는 지역의 토후들과 통치자들은 모두 아시아의 상품이 제노바와 베네치아인들에게 전해지기 전에 여러 가지 명목의 세금을 부과했다. 그러나 포르투갈인들은 아시아에서 현지 가격으로 상품을 살 수 있었고, 운임과 관세는 모두 그들 자신의 수입으로 챙길 수 있었다.

이교도를 개종시키려는 십자군적 열정—때로는 이 열정이 지나쳐 끔찍한 잔학행위로 이어지기도 하였다—뿐만 아니라, 위와 같은 욕망으로 고취된 스페인인들과 포르투갈인들은, 유럽인들이 주로 연안을 따라 항구 사이를 오가던 당시대에 경탄할만한 에너지를 갖고 콜럼버스와 바스코 다 가마가 이룩한 발견들을 뒤따랐다. 여러 분야에서 진보가 이루어지기는 했지만, 배는 여전히 조잡하고 감항 능력도 형편없었다. 항해술도 아직은 초보상태여서 경도 추측에 600마일씩 오차가 생기는 일도 그리 드문 일이 아니었다. 콜럼버스가 귀로에 아조레스에 다가가고 있을 무렵 수로안내인은 마데이라 부근에 있다고 착각을 했을 정도였다. 1497~1612년 사이에 포르투갈에서 인디즈(Indies)3)로 출항한 배 가운데 12% 정도가 상실되었다.4) 위생 지식은 그야말로 형편없어서, 열대 해역을 거쳐 장거리 항해를 하는 동안 북적거리는 좁은 배에 거주하던 선원들은 열병과 괴혈병으로 파리떼처럼 죽어갔다. 그 결과 많은 배들은 생존한 선원들만으로는 입항을 하기에도 어려운 지경이 되어 돌아왔다. 1535년 즈음까지 스페인인들은 서인도제도와 멕시코와 페루를 장악하였고, 포르투갈인들은 페르시아만에서 몰루카제도에 이르기까지 요새화된 해군기지와 상관을 건설하여 인도양의 해상무역을 완전히 장악하였다.

---

3) **역주** | 이 당시 인디즈는 인도만이 아니라 카타이·시팡고·인도 등을 포괄하는 아시아 전체를 의미했다.
4) 총 806척이 출항하여 285척은 아시아에 남았고, 425척은 귀환했으며 96척이 상실되었다.

당 시대의 관점에서 보면, 스페인인들과 포르투갈인들이 자신들이 발견한 항로를 독점하려 하고, 국제적으로 최고 권위를 지닌 교황으로부터 아직 채 알려지지도 않은 전 세계를 두 나라가 양분하는 것을 승인한 일련의 칙서(Bulls)를 받아내어 자신들의 지위를 정당화시키려 한 것은 어쩌면 당연한 일이었다. 이러한 조치들은 상당히 오랫동안 유럽의 다른 경쟁국들에게 경고의 메시지를 보내는 데 충분한 효과를 발휘했다. 실제로 잉글랜드가 해양탐험의 역사에 등장하게 된 것은 헨리 7세의 궁정에 복무하고 있던 이탈리아인인 존 캐봇과 세바스천 캐봇이 1497년과 1498년 브리스틀을 출항하여 뉴펀들랜드와 북아메리카의 본토를 발견한 그 짧은 한때뿐이었다. 그러나 캐봇 부자의 발견을 잇는 사람이 없었다. 그 이유 중 하나는 헨리 7세가 스페인의 질투를 촉발하게 될 것을 염려하였기 때문이다. 또 다른 이유는 '새로 발견된 땅'(new found land)이 귀금속이 풍부한 곳도 아니었고, 카타이와 향료제도로 가는 지름길이 아니라는 사실이 명백해지면서 사람들의 관심을 끌 수 없었기 때문이다.

엄청난 해양의 발견에 힘입어 발아되기 시작한 효소를 몇몇 국가가 영원히 독점할 수는 없었다. 유럽의 정치·상업적 균형은 일시에 무너졌으며, 무역과 해군력의 중심지도 지중해에서 대서양으로 옮아갔다. 이제 세계에서 가장 돈벌이가 좋은 무역은 대양 항해와 겨울철 항해의 위험을 감수할 만한 장비와 의장을 갖춘 배와 뱃사람들에 의해서만 이루어지게 되었다. 지중해식 갤리선은 지중해의 무역을 보호할 수 있는 어떤 일도 할 수 없었다.

이 같은 변화로 인한 결과는 한 세기 이상이 지나서야 확실하게 나타났다. 그러나 일차적으로 새로운 발견은 지리학·과학적 지도제작

법·조선업·항해술에 대한 연구에 유례없는 자극제가 되었다. 스페인인들과 포르투갈인들은 새 항로에 대한 비밀을 지키려고 안간힘을 썼지만, 비밀이 새나가는 것을 막을 수는 없었다. 이베리아 반도에는 외국상인들이 많이 머물고 있었고, 인도 항로와 아메리카 항로에도 많은 외국인들이 뱃사람과 수로안내인으로 일하고 있었기 때문이다. 심지어는 자국의 수로안내인들에게도 언제나 청렴결백을 기대할 수는 없었다. 아무리 엄중하게 단속하여도 사람들이 대서양 항해와 관련하여 기록해둔 수고본을 읽고 베끼는 것을 막을 수는 없었다. 잉글랜드·프랑스·독일·플랑드르 과학자들이 자신들이 살고 있는 세계에 대한 새로운 지식을 짜맞추기 시작했고, 새로 개발된 인쇄술 덕분에 그러한 연구성과들, 특히 브뤼지와 앤트워프의 플랑드르 인쇄업자들이 제작한 지도들이 널리 퍼져나갔다. 대양 항해술 문제를 해결하기 위해 나침반의 편차에 관해 연구하고, 항해기구를 개량하는 데 나선 사람들도 있었다.

조선업에서 이루어진 가장 주요한 발전은 갈레온선(galleon)의 개발이었다. 갈레온선은 카라벨선보다 화물 적재능력이 더 크고, 캐랙선이나 일반 둥근꼴 배보다 더 길고, 빠르며 조종이 쉬웠을 뿐만 아니라, 캐랙선에 비해 상부가 가벼워 훨씬 안정적이었다. 갈레온선은 이탈리아에서 유래된 선형으로, 프랑스 해적들이 이를 완전한 선형으로 완성시킨 것으로 보이며, 16세기 후반에는 대양용 전함으로 널리 채용되었다. 하지만 갈레온선이 대형 상선의 설계에 크게 영향을 미친 것은 잉글랜드였을 것이다.

이러한 모든 발전에 대해, 과거 바다를 지배했던 국가들은 모두 이렇다 할 역할을 하지 못했다. 오랜 기간 동안 투르크와의 전쟁에 시달리고, 해상지배권을 상실할까 싶어 애를 태우던 베네치아는 이미 무기력하게 쇠퇴하고 있었다. 화물의 적재라는 한 가지 목적만을 위해 만들어진 엉성한 한자 도시의 배들은 난바다 항해에는 적합하지 않았다. 한자 상인들은 자신들이 갖고 있던 독점을 유지하는 데만 급급했기 때문에 운송무역의 장래가 대양 항로에 있다는 사실을 알아채지 못했다. 포르투갈인들이 앤트워프를 동방상품을 유통시키기 위한 중심지로 선택하자, 베네치아와 한자 동맹의 지위는 결정적으로 타격을 입었다. 다른 한편 포르투갈인들이 앤트워프를 유통중심지로 선택한 것은 잉글랜드 상인들에게 유리하게 작용하였다. 잉글랜드 상인들은 앤트워프와 오래 전부터 관계를 맺고 있었고, 두 지역 간의 무역도 급속히 증대하였기 때문이다.

이러한 해양으로의 팽창에 대해 가장 큰 반향을 보인 것은 영국이었다. 그러나 잉글랜드인들에게 대서양으로 진출하는 길을 제시해 준 이들은 라 로쉘(La Rochelle)과 다른 위그노(Huguenot)파 신교도의 근거지가 된 항구의 프랑스 해적들이었다. 그들은 16세기 중엽에 스페인 식민지 무역에 끼어들기 시작하여 탐욕과 열광으로 고취된 에너지로 보물선을 약탈하였다. 잉글랜드인들은 얼마 동안 그들과 손을 잡았다. 잉글랜드인들은 프랑스인과 스페인인들과 마찬가지로 뉴펀들랜드 해역에 출어出漁하고, 북아메리카에 식민지를 건설하는 문제를 진지하게 검토하기도 하였다. 또한 스페인인이나 포르투갈인과 직접 마찰을 일으키지 않고 아시아로 가는 항로를 찾기 위해 아메리카 북단(북서항로 | 역자)이나 유럽 북단(북동항로 | 역자)에서 항로를 찾아보려고 시도하였다. 그러나 대서양 항로에서도 끼어들 여지가 많았으므로 결국 프랑스인의 전철을 따르지 않을 수 없었다. 심지어 그들은 새로 발견된

땅과 무역을 할 권리가 있다고 더 강하게 주장하기조차 하였다. 이 문제는 다른 장에서 다루게 될 것이다. 잉글랜드의 원양무역이 어떻게 시작되었는지를 살펴보기에 앞서, 새 항로를 통해 이루어진 무역과 해운업의 양상을 돌바람이 북쪽에서부터 휘몰아쳤을 그 당시에 존재했던 그대로 그려볼 필요가 있다.

포르투갈인들의 인디즈 무역과 관련하여 주목해야 할 기본적인 사항은, 이 무역이 포르투갈 국민들의 강력한 상업적 본능에 의해서라기보다는 궁정의 열정과 인내심에 기인하여 인위적으로 성장하였다는 점이다. 그렇다면 스페인은 어떠하였을까? 스페인은 궁정이든 국민이든 그 어느 쪽도 멕시코와 페루의 금은광에서 쏟아져 나오는 거저 얻어지는 부에 쏟은 관심에 비하면, 정상적인 무역에 대해서는 거의 관심이 없었다.

대체로 스페인과 포르투갈은 수출할 만한 것도 별로 없고, 강력한 상인계층도 없는 농업국가였다. 두 나라는 일부 유능한 선원들을 배출하였는데, 비스케이 지방과 포르투갈 남부의 어업에 종사하는 어민들은 최고의 자질을 갖춘 선원이었다. 그러나 포르투갈의 캐럭선과 스페인의 보물선은 외국 선원으로 보충해야 했다. 또한 두 나라 국민들은 선주로서 유럽에서 선두에 서 본 적도 없었다. 새 항로가 열린 지 80여 년이 흐른 1586년에도, 100 톤 이상의 배는 스페인에 겨우 104 척, 포르투갈에 92 척뿐이었다. 이에 비해 1582년 당시 잉글랜드 각 항구에는 177 척이 등록되어 있었다. 외국배를 빌려 쓰는 것을 법으로 금지했음에도 불구하고, 플랑드르·독일·프랑스·이탈리아 배들이 부족한 선박량을 보충하기 위해 자주 용선되었다.

포르투갈의 아시아 무역은 처음부터 국왕이 무역의 위험도 감수하고 이익도 차지하는 방식으로 이루어졌다. 아시아 무역을 위해 대형무역회사를 설립하려 한 시도는 상인계층의 지지 부족으로 완전히 실패하였다. 발견 사업을 장려한 왕가도 해상교통을 장악하는 일에 골몰하였다. 향료 수입은 전적으로 국왕의 독점사업이었지만, 일반 무역, 특히 아시아 항구 간에 이루어지는 수지맞는 지역무역을 수행하는 개인이나 조합에게는 무역허가장이 자주 발부되기도 했다. 운임은 선장의 부수입에 지나지 않았던 것 같다. 선장에게는 자기의 개인적인 이익을 위해 일정량의 화물을 운송할 권한이 주어져 있었다. 그런데 이 같은 사무역은 효과적으로 통제하기 어려웠을 뿐만 아니라, 크게 남용되는 문제를 낳았다. 선장들은 국왕 몫 대신 개인 화물을 실어 이익을 챙겼고, 선장과 관리들의 풍기가 문란해져 결국 사무역 자체도 끝장나고 말았다. 1530년 말라바르에서 벵갈까지 항해한 포르투갈 상선의 예는 사무역이 어떤 결과를 초래하는지 그 전형을 보여준다. 이 항해에서 선장이 차지한 이익금은 2450 파운드였던 데 대해 국왕은 겨우 78 파운드밖에 챙기지 못했다.

16세기에 포르투갈에서 실제로 인도까지 항해한 배는 연평균 7 척 정도였다. 항로가 열린 초기에는 20여 척 정도 되었던 것으로 알려지고 있지만, 시간이 흐름에 따라 사관의 수를 줄이고, 좌초나 나포의 위험을 최소화하기 위해 초기부터 사용하던 카라벨선을 그보다 훨씬 큰 대형선으로 교체하면서 항해 수가 크게 줄어들었다.

16세기 말에 이르기까지 100 톤이나 150 톤 정도면 어떤 항해도 능히 감당할 수 있을 만큼 충분히 큰 배로 간주되었다. 1588년 당시 잉글랜드에서 가장 큰 상선이 400 톤을 넘지 않았고, 스페인 무적함대에서 최대의 함대로 구성된 레반트 전대(Levantine squadron)5) 역시 잉글랜드 측정법으로 평균 600 톤을 넘지는 않았던 것으로 보인다. 그런데 동인도 무역에 종사한 포르투갈의 캐럭선 중에는 1500~2000 톤에 이르는 것도 있었다고 한다. 포르투갈의 캐럭선은 너비가 넓고, 깊이가 깊으며, 이물과 고물이 튀어 나와 있고, 상부구조가 무거워서 맞바람에 맞서 항해하기가 매우 어려운 배였다. 1592년 잉글랜드인들에게 나포된 마드레 데 디오스(Madre de Dios) 호가 전형적인 캐럭선이었다. 배의 바닥판은 100 ft(약 30m)에 불과했던 이 배는 길이 165 ft(약 49.5m), 최대 너비 46 ft 10 in.(약 14.05m), 최대 흘수 31 ft(약 9.3m)였다. 마드레 데 디오스 호는 4층 갑판선으로 선수루와 선미, 그리고 선미루가 일반 배에 비해 높았으며, 주돛대의 높이는 121 ft(약 36.3m)였고, 주 활대의 길이는 106 ft(약 31.8m)였다. 이렇게 엉성하고, 위가 무거운 배가 선단을 이루어 함께 항해한다는 것은 매우 어려운 일이었다. 따라서 1579년에서 1591년까지 13년 동안 22 척이 난파되었다는 사실은 전혀 놀라운 일이 아니다.

그럼에도 불구하고, 이런 배들이 복항시에 값비싼 사치품을 만재하게 되면 엄청난 금액의 화물을 운송할 수 있었다. 1587년 드레이크가 나포한 산 펠리페(San Felipe) 호에 실린 화물의 가치는 10만 8000 파운드에 달하였고, 그 밖에 3900 파운드에 상당하는 금덩이와 보석을 싣고 있었다. 마드레 데 디오스 호에는 후추 8500 quintals(약 400톤), 정향 900 quintals, 육계피 700 quintals, 코치닐 염료(cochineal)[6] 500 quintals,

---

5) **역주** | 무적함대는 전위부대(힙스코아 전대, 레반트 전대), 본대(중앙 전대, 카스틸랴 전대, 포르투갈 전대, 수송선단), 후위부대(안달루시아 전대, 비스케이 전대)로 구성되었는데, 레반트 전대는 나폴리 전대로도 불리며 주로 이탈리아에서 징발된 배들로 이루어졌다.

6) **역주** | 연지벌레를 건조시켜 만든 염료.

도자기·비단·우단과 같은 일반 화물 450 quintals, 호박琥珀, 사향麝香(musk), 귀금속이 실려 있었는데, 그 총 가치는 (나포 당시 개인들이 약탈한 것을 제외하고도) 14만 파운드, 오늘날(1930년대)의 화폐가치로 약 100만 파운드 이상에 달하였다.

이런 배는 심지어 인도 무역에서조차도 그다지 필요하지 않았다. 왜냐하면 외항 시에 배들이 주로 플랑드르나 이탈리아에서 대부분 은을 주고 사들인 제조품을 실어 나르기는 했지만, 외항 시나 귀항 시에 해상 물동량이 그렇게 많은 것은 아니었기 때문이다. 평균적으로 약 5 척 정도가 해마다 리스본에서 출항하여 운이 좋으면 그 이듬해에 되돌아왔다. 출항 시 배들은 무리를 지어 항해하였고, 돌아올 때는 대개 개별적으로 세인트 헬레나(St. Helena)까지 항해하여 그 곳에서 합류하였다. 외항 시와 귀항 시 모두 인도 무역선들은 모잠비크에 기항하여 물과 식료품을 수급하고, 선원들이 휴식을 취할 수 있도록 했다. 만약 시기를 놓쳐 귀항하지 못하게 된 복항선은 이따금 이 곳에서 겨울을 나기도 했다.

스페인의 신세계 무역은 포르투갈의 인도 무역처럼 국왕이 독점하지는 않았다. 국왕은 아메리카 광산에서 채굴되는 양의 일정한 비율(보통 1/5)과 그 밖의 무역에 관세를 부과하여 거둬들이는 것으로 만족했다. 이 세금은 매우 고율이었다. 관세는 1566년 귀항 시에 $17\frac{1}{2}$이고 외항 시에는 $7\frac{1}{2}$이었는데, 여기에 식민지에서 통과세가 부과되었다. 게다가 국왕이 (거의 언제나 그랬던 것처럼) 재정적으로 어려움을 겪을 때마다 강제공채 형식으로 개인들이 수입하는 보물을 가압류하기도 했고, 지급할지 어떨지 그 여부도 알 수 없는 연금을 준다는 조건으로 개인에게 돈을 빌리기도 하였다.

　이렇게 해서 국왕의 무역에 대한 이해관계가 두드러지게 컸기 때문에 해상교통 전체는 거의 질식할 정도의 규제망에 잡혀 있었다. 국왕의 몫을 확실하게 챙기고, 관세 징수를 용이하게 하기 위해 모든 해상무역은 세빌랴의 한 항구로 제한되었다. 하지만 이 범위는 후에 카디스와 산 루카르(San Lucar)로까지 확대되었다. 세빌랴에는 상무원商務院(Casa de la Contratacion)이 자리잡고 있었다. 상무원은 반은 민간회사이고 반은 정부기구와 같은 성격을 띤 조직이었는데, 무역 전체에 대한 통제권을 부여받고 있었다. 무역에 종사하는 상인과 배는 모두 이 상무원의 허가장을 받아야 했고, 모든 수입화물과 수입화물의 명세서, 적화목록도 상무원에 제출해야 했으며, 상무원의 검사를 받지 않은 화물은 어떤 것도 싣거나 부릴 수 없었다. 상무원은 또한 수로국(Hydrographical Bureau)과 항해학교를 운영하고, 해도를 발행하고, 기구를 제작하여 보급하고, 수로지(pilots)를 검사하고 인증하였고, 항해 가능한 날과 항로를 정하고, 무역을 보호하는 제도를 조직하였다.

　16세기 후반이 되면, 해마다 두 차례에 걸쳐 함대가 조직되어 항해하였다. 뉴 스페인 선단(flota)은 봄이나 이른 여름에 멕시코 항구인 상 후앙 데 울루아(San Juan d'Ullua, 후에 Vera Cruz)에서 출항하여 항해하다가 일부 배는 선단에서 떨어져서 대 안틸레스 제도로 향하였다. 티에라 피르메(Tierra Firme) 또는 스페니쉬 메인(Spanish Main : 중남미 대서양 연안) 선단은 8월 내지 그보다 늦게 콜롬비아의 카르타헤나(Cartagena)와 파나마 지협으로 출항하였다. 이 선단은 페루의 보물을 수송한다는 점에서 매우 중요하였다. 왜냐하면 스페인인들은 케이프 혼을 돌아가거나 마젤란 해협을 관통하는 악천후 항로로 항해하는 것을 꺼려했고, 오히려 중간에서 화물을 환적하는 쪽을 선호하였다. 칠레산 금은 발디비아

(Valdivia)에서 선적되었고, 그 매장량이 무궁무진한 것으로 알려진 포토시(Potosi) 은의 출화항은 카야오(Callao)였다. 에쿠아도르에서는 과야키(Guayaqui)와 그 밖의 남아메리카의 여러 항구에서 선적된 보물을 파나마로 운송한 뒤, 이 곳에서부터 노새의 등에 옮겨 실어 대서양 해안의 농브레 데 디오스(Nombre de Dios)까지 이송하였다.

두 선단은 통상적으로 아메리카에서 겨울을 난 뒤 귀항 길에 아바나에서 합류하여 선단을 이룬 뒤 3월 중순 즈음 아바나를 출항하였다. 하지만 이 같은 항해 일정은 바뀌기 일쑤였다. 외항하는 선단은 사나포선이나 해적선들의 약탈행위로부터 보호받기 위해 함께 출항할 때가 많았다. 티에라 피르메 선단은 보통 1월에 출항하여 같은 해 7월이나 8월, 또는 9월에 귀항하였다. 잉글랜드의 사나포 행위가 공공연한 전쟁으로까지 치달은 1585년 이후, 외항과 귀항 항해는 모두 비정규화되어 버렸고, 어떤 해에는 1년에 한 차례에 그친 때도 있었다.

무역에 종사하는 모든 배들은 해적에 대항하기 위해 대포를 장착하기도 했으나, 이러한 무장으로는 프랑스의 코르세어에도 대항할 수 없었다. 이에 각 선단 모두, 기함(flagship)과 부기함(vice-flagship)은 금은이 아닌 일반화물은 탑재하지 않고 중장비를 갖추고 강력한 군사를 배치하였다. 나아가 서인도 경비 갈레온 선단(Galleons of the Indian Guard)이라고 하는 정규 전투함으로 구성되는 한 선단을 만들고, 귀항하는 선단을 아조레스 제도까지 나가 맞이한 뒤 세빌랴까지 호송하게 하였다. 나중에는 프랑스의 사나포선만이 아니라 잉글랜드의 사나포선들도 스페인 배를 공격하기 시작했기 때문에, 서인도 경비 갈레온 선단은 티에라 피르메 선단과 동행하거나 뒤에서 방위하며 따라가게 되었고, 아바나에서 귀환하는 선단을 본국까지 호위하였다. 거기에 다른 호위전투함대는 아조레스 제도와 세인트 빈센트 곶 근방을 순항하며 해적선을 물리치고 복항선단의 귀항을 도왔다. 또한 돛과 노를 함께 사용하여 아바나에서 스페인까지 28일에 항해할 수 있었던 대서양 횡단 쾌속 우편선이 조직되어, 카리브해의 지역 우편선과 연락을 취하고 적선의 동정을 신속하게 포착하고, 자국 선대의 항해로를 신속하게 전달할 수 있게 되었다.

이 같은 보호조처에 필요한 비용은 전적으로는 아니지만, 주로 상무원이 무역에 종사하는 모든 선박과 화물의 가액價額에 부과하는 '아베리아'(averia)라는 특별세로 충당하였다.[7] 1596년 잉글랜드와의 전쟁이 한창일 때는 아베리아가 7%에 이르기도 했다.

마지막으로 왕의 몫을 포함하여 보물은 대부분 아바나에서 부려진 뒤 특수 구조를 갖추고, 무장이 잘된 빠른 200 톤 내외의 '프레가타스'(fregatas)라는 돛배로 옮겨 싣는 것이 관례화되었다. 이 배들은 맞서 싸우기에 버거운 상대인 사나포선이나 해적선으로부터 달아날 수 있을 정도로 빨랐기 때문에 호송전단 없이 단독으로 항해하기도 하였다.

무역에 종사한 일반적인 상선들은 대개 200 톤급에서 500 톤급 사이였던 것으로 보인다. 물론 이보다 작거나 큰 배도 있었을 것이다. 해상교통량이 상당했기 때문에 상선들의 수도 꽤 많았을 것이다. 귀항 '플로타'(flotas : 선단 l 역자)들은 정금과 카리브해의 진주조개 외에도 짐승 가죽·연료 채취용 나무·설탕·면화·그 밖의 식민지 산물을 운송하였다. 이 당시 스페인의 대중국 무역 중심지였던 마닐라와 멕시코만의 태평양 연안의 아카풀코(Acapulco) 항 사이에는 정규 교통로가 개설되어

---

7) **역주 l** 영어의 average(해원海損)라는 낱말은 바로 이 스페인어 averia에서 유래한 것으로 원래는 '분담금'이라는 뜻이었다.

있었기 때문에 멕시코 배들은 중국산 비단과 도자기도 실어 날랐을 것이다. 그렇지만 아시아를 대상으로 한 이 교통은 나중에 은의 아시아 유출을 막기 위해 연간 한 척으로 제한되고, 화물도 대부분 식민지 이주민들에게 매점되었던 듯하다.

스페인에서는 식민지로 수출되는 화물의 양이 더 많았다. 식민지 이주민들은 부유하고 사치를 좋아했기 때문에 이들의 욕망을 채워주기 위해 유럽과 동양의 온갖 상품들이 세빌랴에 집결되었다. 그들은 또한 노예도 필요했는데, 그들이 필요로 하는 노예의 수는 해마다 끊임없이 증가하였다. 노예는 보통 포르투갈과 기타 외국의 청부업자들이 특허장에 따라 공급하였다. 16세기 후반 외항하는 전형적인 '플로타'는 30 내지 45 척으로 구성되었다. 만약 어느 해의 항해가 중지되었다면, 다음 해의 플로타는 두 배가 될 수 있었다. 어쨌든 귀향 플로타는 우선적으로는 출화 화물과 수입 화물의 양에 차이가 있었기 때문에 그만큼 출항할 때보다 적었다. 많은 선주들은 이 무역로에 낡은 배들을 취항시켰다가 이를 신대륙에서 매각하거나 해체시켜 버렸다.

이것은 수지가 맞는 장사였다. 스페인은 광적으로 이를 통제하려 했지만, 기묘하게도 단 하나의 예외로서 운임이 전혀 통제받지 않은 채 방치되었기 때문이다. 따라서 때로는 편도 항해만으로도 배값을 전부 회수할 수 있을 만큼 비싼 운임수입을 올릴 수 있었다. 그렇지만 이 같은 관행은 항해의 안전에 도움이 되지 않았다. 그 밖에도 안정성을 위협하는 사정이 있었다. 즉 운임이 높았기 때문에 선주들은 상부구조를 만들어 배에 짐을 많이 싣도록 하려는 경향이 있었던 것이다. 따라서 스페인 배는 위가 너무 무거운 배가 되었다. 1557년에 이러한 관행을 막기 위한 법규가 반포되었지만, 그것으로 선박의 안정성이 개선될

리는 없어서 스페인 상선대는 전반적으로 그 질이 언제나 조악하였다. 스페인 조선업은 선박 설계와 재료 두 측면에서 보잘 것이 없었다. 거기에다 자국의 선박이 부족했기 때문에 스페인인들은 대양 항해에는 적당하지 않는 독일과 플랑드르 배를 사거나 용선하지 않을 수 없었다. 높은 운임과 관세를 회피하기 위한 불법 화물의 밀수가 만연하여 배의 적재용적을 초과하여 싣는 관행이 지속되었다. 선원들 또한 여러 나라의 사람들로 이루어진 경우가 많았다. 관리와 병사들은 뱃사람들을 깔보게 되었고, '씨맨쉽'(seamanship)8)의 수준 또한 매우 낮았다. 따라서 당시 자주 난파사고가 일어났다는 것은 그리 놀라운 일이 못되었고, 해난 사고는 거의 해마다 일어났다. 1590년에는 베라 크루즈(Vera Cruz) 항내에서 된바람(북풍)으로 15 척이 난파하였고, 1591년에는 아조레스 제도에서 폭풍으로 뉴 스페인 플로타 소속 17 척이 침몰하거나 좌초하였다.

선주들 가운데는 이따금 상업을 겸하는 경우도 있었다. 그러나 아메리카 무역으로 늘어난 선박 수요가 해운업을 자극하였기 때문에, 배의 소유와 운항에만 전업하는 사람들이 많았다. 흔히 선박 소유권의 일부를 소유하고 있었던 '마스터'(master)들은 잉글랜드의 '항해-선장'(sailing-master)이라기보다는 중세의 '파트로누스'(patronus)나 '관리 선주'(managing owner)에 가까웠다. 항해에 관한 모든 사항은 '파일럿'(pilot)이 도맡았고, 그는 '콘트라마에스트레'(contramaestre)나 항해사(mate)들을 통해 자신의 명령을 선원들에게 전달하였다. 그렇지만 한 사람이 마스터와 파일럿 역할을 겸하는 경우도 있었다. '캡틴'(captain)이라는 말은 호송선의 군사지휘관이나 보수를 받지 않고 자신의 배에 동승한 선주를 부르는

---

8) **역주** | 선원으로서 당연히 갖추어야 할 항해 능력과 자질, 그리고 모랄.

호칭이었다.

아메리카와의 무역이 시작되던 초기에는 선원들도 간혹 배의 지분을 받고 고용되기도 했다. 사관과 보통 선원들은 일정액을 공제한 뒤 순 운임수입의 1/3을 나눠가졌다. 뱃사람들이 고정된 임금을 받게 된 것은 나중의 일이다. 1550년 즈음 숙련선원은 한 달에 $2\frac{1}{2}$ 두캇(ducat)을 받았다.9) 항해사(mate)·포수(gunner)·배대목(carpenter)과 같은 초급사관(petty officers)들은 한 달에 4~5 두캇을 받은 반면 파일럿은 배의 크기에 따라 항해당 110~180 두캇을 받았다. 이와는 대조적으로 호송선을 지휘하는 '제독'(General)은 한 해에 1875 두캇 정도를 받았다.

선주와 상인들의 배후에는 금융업자들이 버티고 있었다. 선주는 예상되는 운임의 일부를 미리 지불하고, 선박을 저당잡힌 뒤 항해에 필요한 경비를 빌렸다. '바다 고유의 위험'과 나포의 위험성이 상존해 있었기 때문에 아무리 대담한 모험사업가라 할지라도 돈을 선뜻 투자하기는 어려웠을 것이다. 따라서 그 같은 위험들은 보험으로 분산시켜야 했다. 1585년 드레이크의 서인도 약탈로 스페인 측의 보험업자들이 돌이킬 수 없는 손해를 입었기 때문에, 한동안 스페인과 아메리카 사이의 해상교통이 마비된 적도 있었다. 그러나 이미 살펴본 바와 같이 스페인에는 상인계급과 은행계급이 그렇게 많지 않았다. 플로타의 외항 화물을 제공했던 안달루시아(Andalusia) 상인들도 실제로는 상품을 제공하는 외국인들의 단순한 대리인 역할을 하는 경우가 흔했다. 이러한 상황이었기 때문에 스페인의 무역은 주로 독일과 이탈리아인들의 재정적 후원과 보험 인수에 의존해야 했다. 게다가 칼 5세(Karles V : 1516~1556)의 만족할 줄 모르는 야망과 펠리페 2세(Felipe Ⅱ : 1556

---

9) 엘리자베스 시대 스페인의 ducat은 약 5s. 6d에 해당한다.

~1598)10)의 완고한 종교정책으로 인한 군사경비는 아메리카 광산에서 나는 금은으로도 충분하지 않았다. 플로타가 운송해 온 보물과 1580년 스페인과 포르투갈이 합병된 뒤에 포르투갈 캐랙선들이 수송해 오는 값비싼 화물들은, 독일 푸거 가문(Fuggers)과 제노바의 그리말디(Grimaldi) 같은 유럽의 대 재정가들에게서 빌린 돈에 대한 담보물로 잡혀 있는 경우가 많았다.

이와 같이 스페인 왕실이 외국 상인과 재정가들에게 의존함으로써 아메리카산 금은 보화의 수출을 막은 모든 법률은 무효화되어 버렸다. 외국상품 구입 비용·보험료·빌린 돈에 대한 상환과 이자 지불·저지국가(Low Countries)에 주둔한 스페인군의 경비 등으로 멕시코와 페루의 광산에서 유입되는 금은의 대부분이 계속 다른 나라로 빠져나갔다. 그 결과 모처럼 신대륙에서 들어온 수입도 스페인보다는 오히려 외국 상인들에 의해 보다 유리하게 이용되게 되었다. 이렇게 해서 이베리아 반도 밖으로 유출된 거액의 자금 외에, 대서양 무역로와 스페인의 해외식민지를 가차없이 유린한 프랑스·잉글랜드·네덜란드 사나포선들이 약탈한 액수 또한 적지 않았다.

이 같은 금은 보화의 유입으로 화폐가치가 급격히 상승하였고, 이는 임금보다 물가를 더욱 급격히 상승시켜 대규모적인 경제불황을 불러일으켰다. 그러나 한편으로 이는 자본축적의 자극제가 되어 기업활동은 유례없는 활기를 띠게 되었다. 유럽의 16세기 후반기는 고난의 시기였지만, 동시에 선견지명이 있는 사람들에게 막대한 부를 가져다준 시대였다. 그리고 이 막대한 부가 통상의 발전을 위한 자금으로 사용되었기 때문에 궁극적으로는 한때 궁핍에 시달리고 있던 계층조차 그 이익을

---

10) **역주** | 원문에는 Pelipe I로 되어 있으나 오기다.

향유할 수 있게 되었다.

이 모든 변화에서 스페인인과 포르투갈인들은 이렇다 할 역할을 하지 못했다. 물론 그들은 처음으로 운송무역을 연안항로에서 대양항로로 확장시킨 사람들로서 앞으로도 계속 해운사에서 명예로운 자리를 차지하게 될 것이다. 그러나 그들은 개척자로서는 대단했지만, 그들이 들인 노동의 가치를 완전히 인정받게 된 것은 다른 나라 사람들이 그들의 노동의 열매를 따먹기 시작한 이후의 일이었다.

17세기 포르투갈의 한 역사가는 시사성 넘치는 글을 하나 썼는데, 여기에서 그는 자기 조상들이 이룩한 위대한 탐험과 발견의 업적을 효과적으로 계승하지 못하고 머뭇거리게 만든 자신들의 약점 몇 가지를 들고 있다. 그는 인도 항해를 고찰하면서 수년에 걸친 포르투갈의 탐험활동에 대해 "그들(포르투갈인)이 무역과 관련하여 행한 일은 빛나는 포르투갈 역사에 다소 어울리지 않는 것이었다"고 변명하고 있다. 자국의 무역을 서술하면서 이러한 변명이 필요한 나라에서는, 건전한 해상통상활동은 절대 발전할 수 없었다.

포르투갈인들은 십자군 정신에 충만되어 인도로 갔고, 압제자이자 약탈자로서 그 곳에 머물렀다. 인도에서의 방어비용이 무역에서 나오는 이익을 갉아먹어 버리자 무역 그 자체도 점차 정체되어 버렸다. 스페인인들은 신세계의 식민지를 상품시장이나 원재료 공급원이 아닌 착취의 대상으로 보았다. 스페인이 대해운국가로 성장하는 것을 방해한 것은 적의 공격이 아니라, 모든 통상적인 상업적 이익의 가치를 멕시코와 페루의 보물을 채굴하고 수송하는 일보다 아래에 두었던 그들의 정책이었다.

공정하게 말하면, 포르투갈과 스페인을 대신한 나라들은 일차적으로 그들보다 더 넓은 시야를 갖고 있었다고 할 수 있을 것이다. 처음에 프랑스·잉글랜드·네덜란드의 반도叛徒(rebels)들이 스페인에 대항하면서 대서양 항로에 끼어든 것은 스페인의 보물선에 대한 환상 때문이었다. 이베리아 반도의 나라들과, 이들 나라 사이에 차이를 만들어 낸 것은 강력한 상업계급이었다. 이 상업계급은 프랑스에서는 아직 형성되지 않고 있었지만, 잉글랜드와 네덜란드에는 스페인인과 포르투갈인들이 이룩한 발견으로 열린 기회를 이용할 수 있을 정도로 진취적이고, 부유하고, 경험이 많으며, 순전히 상업적 모험에 필요한 정부의 지원을 얻어낼 수 있을 만큼 강력한 집단이었다.

▮▮▮ 참고문헌

Sir Julian Corbett, *Drake and the Tudor Navy*, London, 1899.

Sir Julian Corbett, *The Successors of Drake*, London, 1900.

David Hannay, *The Sea Trader*, London, 1912.

C. H. Haring, *Trade and Navigation between Spain and the Indies*, Harvard Economic Studies, Cambridge, 1918.

Sir William Hunter, *History of British India*, London, 1899.

James A. Williamson, *Maritime Enterprise, 1485-1558*, Oxford, 1913.

James A. Williamson, *Life of Sir John Hawkins*, Oxford, 1927.

제5장 모험 상인
잉글랜드의 대두

이와 같이 '상품의 잔치'를 벌이는 것도 관세수입 면에서
국왕에게 크게 이익이 될 것이라고 저는 확신하는 바입니다.
William Hawkins(?~1554?)가 Thomas Cromwell에게 보낸 편지

스페인인과 포르투갈인들이 신세계를 발견하고 인도까지의 해로를 개척하는 동안, 잉글랜드 상인들과 선주들은 잉글랜드 모직물을 대륙 시장에 판매하기 위한 투쟁에 전력을 기울이고 있었다. 콜럼버스와 바스코 다 가마의 항해 이후 반세기 이상 흐른 뒤에도 이 탐험의 뒤를 잇는 잉글랜드인들은 없었고, 잉글랜드 무역은 대부분 중세의 옛 방식을 답습하고 있었다. 그러나 1485년 헨리 7세의 즉위는 잉글랜드 해운사에서 첫 번째 전환점이 되었다. 특유의 오만불손함에도 불구하고, 잉글랜드 봉건제가 붕괴된 후 양성된 국민적 통합과 국가적 운명에 대한 새로운 인식을 제대로 이해하고, 여기에 공감하고, 나아가 이를 가장 성과를 많이 낼 수 있는 방향으로 이끈 것은, 완고하고 냉정한 튜더가 왕들이 거둔 가장 눈부신 업적이었다.

해운과 무역에 대한 튜더 왕들의 태도는, 플랜태지넷 왕들의 그것과는 완전히 상반되었다. 과거 한자 상인과 롬바르디아 상인과 같은 외국상인들은 영국을 위해 크게 일한 바 있었고, 그 공로를 인정받아 여러 가지 특전들을 당연한 것으로서 부여받기도 하였다. 그러나 잉글랜드인들이 이제는 스스로 일어설 수 있다고 느끼기 시작했고, 더 이상 외국의 베틀을 위한 원재료(양모)를 제공하고, 외국 배를 위한 화물을 제공하는 것에 만족하지 않게 되었다. 튜더 왕들은 왕위의 안전을 무역업자·제조업자·투기적인 중산계급과 같은 신세대 부유층의 지원에 크게 의존하고 있었다. 이들 신세대 부유층은 구 토지 귀족의 권한을 끊임없이 침식하여 잉글랜드에서 주된 권력층으로 성장해 갔다. 더군다나 오랜 기간 약체 정부와 내란을 경험한 후 잉글랜드는 다시 유럽의 문제들에 개입하고자 시도하였다. 이를 위해 잉글랜드의 왕들은 국민에게 저렴하고 풍부하게 일상필수품을 공급하기보다는,

어떻게 해서든 잉글랜드의 부와 힘을 이웃나라에 필적할 수 있을 정도로까지 증강시키는 데 부심하였다. 이 같은 조건 하에 튜더 왕조의 정책은 보호주의적인 색채를 강하게 띠게 되었고, 국부와 국력을 확보하기 위한 원천인 해운업은 특히 튜더 왕들의 배려의 대상이 되었다.

처음에는, 튜더 왕들의 행보는 조심스러울 수밖에 없었다. 비록 헨리 7세가 베네치아인과 같은 열의와 기민성을 갖고 차별세·보복관세·외교적 협상 같은 수단을 즐겨 사용하기도 했다. 하지만 매우 신중했던 그는 잉글랜드가 미처 준비되지 못한 사태에 대해 모험적으로 싸우려 들지는 않았다. 헨리 7세는 스페인을 자극할 것을 염려하여 해양탐험을 장려할 수 없었고, 한자 상인들을 염려하여 외국 무역상들에게 적용되는 대부분의 제한 조항들을 독일 상인들에게 면제해 주었다. 능수능란한 통치자였던 헨리 8세조차 정책의 완급을 지속적으로 조절해야만 했다. 그는 1539년 프랑스와 신성로마제국의 동맹에 대항하기 위한 지지를 구하면서, 내국인과 동일한 조건으로 7년 동안 외국인들에게 잉글랜드의 모든 무역을 거의 완전히 개방하였다. 또한 그의 말년에 이르기까지 한자 상인들은 그 특권적 지위를 전혀 손상받지 않은 채 유지할 수 있었다.

이처럼 대외정책과 관련하여 몇 가지 제약을 안고 있기는 했지만 헨리 7세와 헨리 8세는 잉글랜드의 해운업을 진흥시키기 위해 자신들이 할 수 있는 모든 노력을 다했다. 당시 제정된 여러 항해법의 전문前文으로 알 수 있듯이 그러한 진흥책은 반드시 필요한 것이었다. 이를테면 1531년 항해법은 다음과 같이 비통한 어조로 기술하고 있다.

전시에는 중요한 방위 수단과 안전보장 수단이 되고, 평시에는 이

왕국의 수출입 상품을 수송하고 호송하여 왕국의 모든 신민들에게 불가결한 수단이었던 선박의 수가 현재에 이르러 크게 줄어들었다.… (따라서) 몇 년이 지난 후에는 해상 경험을 가진 잉글랜드인이 사라지게 될지 모른다.

1540년에는 다시 전년에 반포된 자유무역선언(Free Trade Proclamation)이 외국상인으로 하여금 자국 배로 화물을 운송할 수 있도록 허용한 우선조항 때문에 잉글랜드 선박에 대한 수요를 크게 감소시켜 "바다에 면한 도시와 마을, 그리고 그 주민들을 쇠퇴시키고 황폐화시켰다"는 주장이 나오기도 했다.

　이러한 한탄을 너무 심각하게 받아들일 필요는 없다. 튜더 시대에 정부의 도움을 원했던 사람들은 누구나 자신들이 파산 직전에 놓여 있다고 아우성댔기 때문이다. 그러나 잉글랜드 해운업이 내란의 혼란기 동안 정체되고 있었고, 당시까지 잉글랜드인들이 일정하게 장악하고 있던 보르도 무역에서조차 외국과의 경쟁이 시작되고 있음을 보여 주는 약간의 증거들이 있다. 특히 후자는 중시해야 할 문제였다. 왜냐하면 원양 항해술의 훈련소이자 대형선 건조의 중요 자극원이었던 보르도 무역은, 과거 제노바 캐랙선으로 수입되던 염료용 대청大靑(woad)이 바야흐로 툴루스에서 주로 반입되게 되면서 그 중요성이 훨씬 커졌기 때문이다. 이 위험은 일단 단호한 조처를 통해 제거할 수 있었다. 이는 우선 한자 상인이 이 무역에 관여하지 않았고, 두 번째로는 프랑스의 무역과 해운이 충분한 보복을 가할 수 있을 정도로 발전하지 못한 상태였기 때문에 가능하였다. 따라서 헨리 7세가 즉위한 해에 가스고뉴와 귀엔느(Guienne)산 포도주는 "잉글랜드·아일랜드·웨일즈 배로 운송해야 하고, 상기한 배의 선원들은 대부분 잉글랜드·아일랜드·웨일즈인이어야 한다"는 법률이 통과되었다. 이 법률은 3년 동안 한시적으로 시행되었지만, 잉글랜드 배를 우선시한다는 이 제한은 1489년에 항구적인 규정으로 바뀌게 되고, 나아가 툴루스산 대청 수입에까지 확대 적용되었다. 동시에 예전의 몇 가지 법률도 부활시켜, 잉글랜드 거주 외국상인을 제외하고는 누구든 잉글랜드 배를 이용할 수 있는 한 어떤 상품도 외국배로 수출입할 수 없게 하였다.

이 법률은, 이 법의 적용을 면제해주는 허가장을 판매함으로써 일정 정도 효과가 상쇄되었지만, 보르도 무역에 관한 한 이 법률은 상당히 지속적으로 시행되고 성과도 있었던 것 같다. 예컨대 이 법률 덕분에 이 수송에 많은 상선을 참가시키고 있었던 브리스틀 무역에서 나타난 현저한 부흥 역시 이 법에 힘입은 바가 컸다.

1531년에 다시 부활한 1489년 법률의 일반적인 규정들은, 잉글랜드 거주 외국상인들에게 유리한 면제조항 때문에 사문화되었다. 그러나 1540년에는 선주들의 호소에 응하여, 전 해에 외국인에게 부여한 관세 특권을 그들의 화물을 잉글랜드 배로 운송한다는 조건 하에서만 허용한다는 법률을 시행하였다. 하지만 이 법률에서도 한자 상인만은 영국 배를 이용할 수 없는 경우에는 벌금에 상당한 관세를 무는 일 없이 자기 소유의 배로 화물을 운송할 수 있었다.[1)]

1540년 법에는 두 가지 새로운 조항이 포함되어 있었다. 외국 상인들이 행하는 대부분의 무역은 런던을 경유하고 있었는데, 이용가능한 선박에 관한 정보를 얻지 못하는 불상사를 막기 위해 런던에서 출항하

---

1) 관세는 수입뿐만 아니라 수출할 때에도 지불해야만 했다는 사실을 기억해야 한다.

는 배의 선주는 모두 자기 배의 항해정보를 롬바르드 거리(Lombard Street)에 게시하도록 했다. 이것이 세계 최초의 해사신문인『로이즈 로딩 리스트』(Lloyd's Loading List : 오늘날의 Lloyd's List)의 선구라고 할 수 있다. 게다가 선주들이 폭리를 취하는 것을 막기 위해 런던에서 들고 나는 정규적인 항로에 의해 운송되는 모든 주요 화물에 대해서는 최고운임을 설정하였다.

최고 운임표는 1540년 당시 잉글랜드 무역의 범위가 매우 제한적이었음을 보여준다는 점에서 아주 흥미롭다. 최고 운임표에 포함된 항로는 플랑드르·덴마크·보르도·스페인·포르투갈과 잉글랜드 간의 무역이었다. 적시할 필요가 있을 만한 것으로 생각되는 유일한 수출품은, 주석과 납은 주로 브리튼 섬의 서해안에서 수출되었기 때문에, 모직물과 토끼가죽뿐이었다. 물론 수입품은 이보다 훨씬 다양하여, 우단(velvet)·비단·기타 제조품·설탕·대추야자 열매·말린 자두·아몬드·말린 포도·후추 등이 플랑드르에서, 곡물·송진·타르·아마·캔버스·철·밀랍·뱀장어·철갑상어 등이 덴마크에서, 포도주와 대청이 보르도에서 들어왔다.

운임은 대부분 옷감의 다발이나 묶음, 건화물인 경우 maunde(무게단위)나, basket, dryefatte나 barrel과 같이 관습적인 방식으로 매겨졌다. 이러한 단위들을 오늘날의 척도법으로 환산하기란 매우 어려운 일이다. 그렇지만 16세기에 해상 운송비에 대한 이해를 일정하게 돕기 위해 몇 가지 전형적인 운임 사례를 들어보기로 하겠다. 물론 여기에 제시된 운임을 오늘날의 가치로 환산하기 위해서는 적어도 8 내지 9 배를 곱해야 한다는 사실을 염두에 두어야 한다.

운임 이외에도 '로드메니지'(Lodemenage : 도선료 | 역자)와 '프리미지'

표 1. 16세기 해상 운임

항로와 화물	s.	d.
플랑드르-런던		
비단(너비 6ft짜리 1 bale)	5	0
설탕(chest)	2	0
대추야자 열매와 말린 자두(hogshead)	1	8
모직물용 큰 통(한 개)	2	0
런던-덴마크		
모직물(넓은 모직물 한 폭)	0	8
덴마크-런던		
밀과 호밀(12 quarter짜리 1 last)	26	8
아마와 캔바스(packe)	30	0
송진과 타르(14 barrel짜리 1 last*)	12	0
최고품 鐵棒인 osmund(14 barrel짜리 1 last)	8	0
무쇠(last)	4	0
가죽(cwt)	1	6
밀랍(16cwt짜리 1 straw)	14	0
船首用 木板(24 bundle)	26	8
보르도-런던		
포도주(tun**) : 첫 선적기	18	0
나중 선적기	16	0
대청(ton)	20	0
런던-포르투갈 ; 스페인 남부		
너비가 넓은 모직물(15개 한 묶음)***	10	0
비스케이-런던 : 모든 화물(ton)	13	4
에이몬트-런던 : 모든 화물(ton)	20	0
세빌랴-런던 : 모든 화물(ton)	23	0
말라가-런던 : 모든 화물(ton)	25	0

   * 무게 단위 last는 4000 lbs(약 1814 kg)에 상당함.

   ** 252 갤런짜리 tun은 약 60 입방피트(1.69입방미터)임.

   *** 상인들은 5톤을 실을 때마다 한 묶음을 공짜로 실을 수 있었다.

(Primage)2)로 일정 금액이 추가되었다. 덴마크에서는 프리미지가 last당

---

2) **역주 |** 선원들이 화물을 선적하고 관리하는 데 대한 대가로 선박에 지급하는
　　수당.

4 펜스였고, 로드메니지는 6 펜스였으며, 스페인의 모든 항구에서는 톤당 6 펜스만 내면 두 가지를 한꺼번에 해결할 수 있었다. 그 밖의 소소한 비용들은 "관행에 따라 평균 비용으로 한다"는 조항에 따라 처리되었다. 세빌랴와 말라가 발發 운임은 "(과도하게 배의 공간을 차지하는) 골칫거리 물품(pesterable ware)에만 적용 제외"하는 단서조항의 적용을 받았다.

1539년의 자유무역선언은, 유효기한의 만기인 1546년에 갱신되지 못했기 때문에, 위의 1540년 법안도 효력을 상실하였다. 하지만, 그이전의 법률들은 적어도 명목상으로는 엘리자베스 통치기까지 유지되었다. 이 법률들은 1551년 에드워드 6세 때 제정된 법에서 단 한 차례 수정되었을 뿐이다. 이 수정 법안에 따르면, 포도주 출하철의 첫 화물을 제외하고 보르도 포도주를 외국인도 운송할 수 있게 되었다.

이 법안 전문에서는 이러한 조치의 실시에 대해, 지금까지 이 무역에 가해진 여러 가지 제한조치 때문에 포도주와 대청이 "왕국 내에서 역사상 가장 비싸게" 팔리고 있다고 변명하고 있다. 윌리엄슨(J. A. Williamson) 박사는 이 개정안이 추밀원(Council) 의원들을 매수함으로써 통과되었다고 보고 있다. 두 설명 모두 일리가 있는 듯하다.

보르도 무역에 관한 최초의 법률을 제외한다면, 이 법안들이 잉글랜드의 해운을 진흥시키는 데 기여했는지는 다소 의문이다. 왜냐하면 외국 열강의 불평을 받아들여 법안 자체가 끊임없이 수정되었기 때문이다. 엘리자베스 1세가 즉위한 해에 통과된 법안―외국인의 참여 제한 규정 전체가 삭제되었다―의 전문前文에서는 항해법 정책의 실제적인 약점을 아주 간단명료하게 다음과 같이 밝히고 있다.

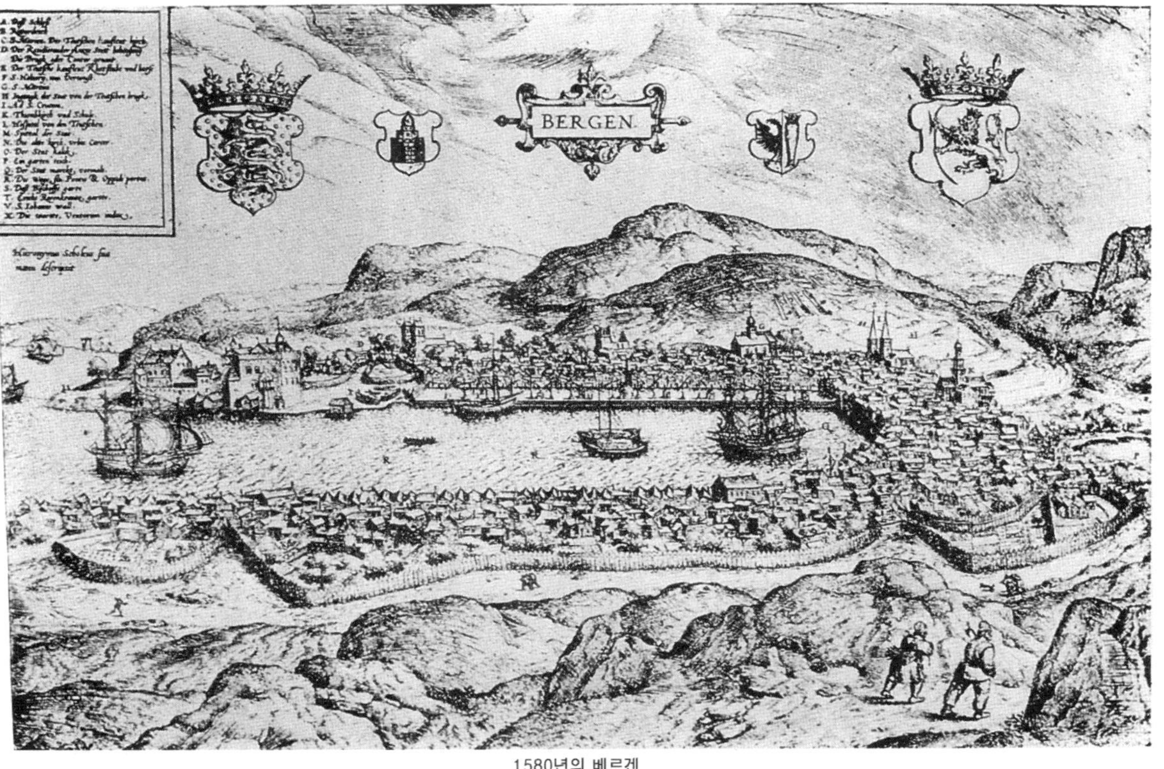

1580년의 베르겐

외국 군주들은 상기의 법률이 자국과 자국 해군에 피해와 손해를 입힌다고 생각하여 상기 법안에 대한 보복수단을 찾아 자국 영토와 그 속령에 소속된 배가 아니면 자국에서 화물을 운송할 수 없도록 규정하는 법률을 제정하려 하고 있다. 이 같은 이유로 외국의 군주들과 우리 왕국의 국왕 사이에는 점차 불화가 형성되어 가고 있을 뿐만 아니라, 우리 상인들도 심각한 고통과 피해를 입고 있다.

이와 같이 외국의 군주들이 잉글랜드와 똑같은 방식으로 보복을 가하고자 하는 끈질긴 움직임은 국민적 해운업을 육성시키려는 잉글랜드의 계획을 무산시켜 버렸다.

그렇지만 튜더 왕조는 해운 발전을 조성하기 위해 다른 그리고 보다 더 효과적인 방법을 시도하였다. 이를테면 헨리 7세는

친애하는 브리스틀의 상인 니콜라스 브라운(Nicholas Brown)이 우리에게 큰 기쁨이 되고, 또한 필요할 경우에는 국가에 복무하는 데 활용할 브리스틀 선적의 140 톤급 마이클 브라운(Michael Brown) 호를 신조하기 위해 막대한 비용을 투자하였다.

는 소식을 전해들었을 때, 그 같은 사업의 진행을 반기며 다음과 같은 지시를 내렸다. "선박 건조를 장려하기 위해 모든 상인에게 자그마한 위안을 주고, 또한 상기한 니콜라스라는 상인이 부담한 비용의 일부나마 보조할 수 있도록" 마이클 브라운 호가 처음으로 선적하는 화물에 부과되는 관세에서 26 파운드 13 실링 4 펜스의 금액을 선주에게 지급하도록 하였다.[3]

헨리 7세가 시작한 이러한 선박건조 장려금 체계는 그의 아들 헨리 8세에 의해 더 활발하게 시행되었다. 그러나 헨리 8세가 잉글랜드 해운업에 기여한 가장 큰 공헌은 사상 최초로 항구적인 전용 전함을 건조하여 상선을 보호하였다는 것이다.

바다에서 무거운 대포를 배에 적재하고 다닐 수 있도록 만든 현구 舷口(port-hole)[4]의 창안은 상선과 전함을 차별화시켰다. 강력한 군사적 욕망을 갖고 있었던 헨리 8세는 유럽의 통치자들 가운데 현구 발명의 가능성을 인식한 최초의 통치자였다. 그는 부친인 헨리 7세로부터 배 6 척을 인계받았으나, 그의 후계자들에게는 전적으로 해전을 위해 설계·건조된 전함으로 구성된 유럽 최강의 범선 해군과 항구적인 해군 행정조직, 그리고 해군 조선소를 물려주었다.

이는 세계 강국으로서 잉글랜드 역사뿐 아니라 잉글랜드 해운사에서도 획기적인 이정표였다. 일차적으로는 선주들의 경우, 상선의 징발 부담이 크게 줄어들었다. 모든 상선이 여전히 무장을 갖추고 있었고, 왕립 해군 역시 많은 선박이 필요하게 되면 상선으로 보충하기는 했지만, 왕의 배만 갖고도 점차 증가일로에 있던 일반적인 해양 정찰활동과 통상적인 해전을 수행할 수 있게 되었기 때문이다. 이보다 더 중요한 것은, 해군 행정조직과 국왕 소유선박의 핵심을 항구적으로 유지하였다는 점인데, 이로써 해적과 적에 대항하여 더 정규적이고 효율적으로 잉글랜드 상선을 보호할 수 있었다. 무엇보다도 가장 중요했던 것은, 잉글랜드 무역업자들이 외국과의 무역에서 문제가 발생할

---

3) Commander J. W. Damer Powell, Appendix A, in *Bristol Privateers and Ships of War*, Bristol, 1930.
4) **역주** | 대포의 포구를 내밀 수 있도록 배의 외판에 구멍을 뚫은 것.

경우보다 효과적으로 외교적 지원을 받을 수 있다고 확신하게 되었다는 사실이다. 엘리자베스 1세는 헨리 7세보다 더 강력하게 스페인과 한자 동맹에 대항할 수 있었다. 그녀는 잉글랜드 해군력의 선봉대로 활약할 수 있는 빠르고 뛰어난 조종성능을 갖추고 중무장한 진짜 전함 함대를 보유하고 있었고 이를 자기 마음대로 운용할 수 있었기 때문이다.

그렇기는 하지만 상선의 활동은 여전히 제2의 해군 방어망으로서 그 중요성이 막대하였다. 상선은 무장한 보조함이자 수송선, 보급선으로 활약했고, 아직 해군 장병들을 양성하는 항구적인 기구가 없었던 상황에서 왕실 선박에 선원의 공급처 역할을 하고 있었다. 물론 상업적인 이유 외에 군사적인 이유 때문에 상선업에 대한 진흥책을 잉글랜드 정책에서 가장 중요한 목표 가운데 하나로 삼았다.

선원의 공급을 확보하기 위해, 어업활동을 원조하는 여러 조치들이 취해졌다. 종교개혁으로 이제 더 이상 광범위하게 지켜지지 않고 있던 단식일을 강제로 지키게 하는 것 따위가 그 두드러진 예다. 항해법규의 일반 조항은 1559년 폐지된 뒤 부활되지 않아, 외국 배들도 외국인세(Aliens' duty)만 지불하면 잉글랜드 상품을 자유롭게 운송할 수 있었다. 그러나 1563년에 보르도산 포도주와 대청 수입을 잉글랜드 선박으로만 제한하는 법안이 다시 도입되었다. 1563년 법은 이후 형식상으로는 정식으로 폐지된 적은 없지만 일정한 시기가 경과한 후에는 저절로 그 효력을 상실한 것으로 보인다. 왜냐하면, 다른 지방에서 나는 포도주들이 대중에게 사랑받기 시작하여 가스고뉴와 귀엔느산 포도주가 이를 대체하게 되고, 염색법도 변하여 대청을 이용하지 않아도 괜찮게 되었고, 나아가 보르도 무역보다도 다른 무역들이 잉글랜드 해운에

보다 더 큰 활동기회를 제공하게 되었기 때문이다. 그 당시에조차도 이 법안은 조선장려금보다 그 중요성이 훨씬 덜한 것으로 간주되었던 듯하다. 즉 100 톤 이상의 모든 신조선은 톤당 5 펜스의 조선장려금을 받았고, 이 장려금을 받은 선주들은 해당 선박을 외국인에게 팔지 않는다는 취지의 공약을 해야만 했다.

이 조선장려금제도는 때로 선박의 과잉건조를 초래할 가능성도 있었을 것이다. 1579년 사우스워크(Southwark)의 구리세공업자 올리페버(Olyffe Burre)와 같은 투기적인 선주는 2년 동안 790 톤에 달하는 선박의 보조금을 받았는데, 그는 해운 시황이 좋지 않자 스페인 회사(Spanish Company)가 자기 배를 용선하도록 명령해 줄 것을 추밀원에 청원하고 있기 때문이다. 그러나 일반적으로 말하면 당시 통상무역이 크게 발전하고 있었기 때문에 그만큼 새로 건조되는 선박들을 충분히 소화할 능력을 갖고 있었다.

우리는 이미 헨리 8세 치세기 동안의 잉글랜드 해운업의 주된 통상로인 플랑드르 항로·발트해 항로·보르도 포도주 항로·스페인과 포르투갈 항로 등을 살펴보았다. 플랑드르와 발트해 항로는 주로 런던을 중심으로 하고, 홀(Hull)·입스위치(Ipswich)·뉴캐슬·보스톤 같은 다른 브리튼의 동해안 항구들이 이를 일부 분담하고 있었다. 그러나 원모 수출이 감소하는 반면, 모직물 제조품 수출이 꾸준히 증가하면서 이들 소규모 항구들의 상대적 중요성도 줄어들었다. 엑스터(Exeter)·다트머스(Dartmouth)·플리머스·포위(Fowey)와 같은 서해안 항구들은 보르도 무역항로, 로쉘과 다른 비스케이 만의 항구로부터의 어류와 소금 수입, 스페인과 포르투갈과의 올리브 기름·비누·철·포도주·설탕·후추·향료 무역에서 상당한 역할을 했다. 잉글랜드는 이 물품들을 수입하는 대신 모직물·주석·납을 수출하였다. 잉글랜드에서 목양업이 크게 발전하면서 부족해진 식량 공급원을 확보하기 위한 방책을 마련할 필요가 생기기 전까지는, 이들 서해안 항구들은 막대한 양의 곡물을 스페인으로 수출하였다.

그 밖에 연안어업과 1528년 당시 149 척이 취역하고 있던 아이슬랜드 어업, 같은 해에 69 척이 취항하고 있던 스코틀랜드 무역항로에 더하여 연안 수송항로가 있었다. 상대적으로 소형선들이 취항하고 있던 아이슬랜드 어업과 스코틀랜드 무역은 클레이(Cley : 이제는 내륙으로 변했다)와 야아머스(Yarmouth)·크로머(Cromer)·린(Lynn)과 같은 동해안의 항구를 중심으로 이루어졌다.

이들 무역로는 이미 잘 확립된 오랜 항로였는데, 바야흐로 잉글랜드인들은 더 멀리 항로를 찾기 시작하여, 16세기 전반기 동안 새로운 통상로가 많이 개척되었다. 이미 앞에서 서술한 바와 같이, 15세기 동안에도 잉글랜드의 배 몇 척이 지중해까지 항해하기도 했다. 그러나 베네치아와 제노바가 전성기를 누리고 있는 동안에는 지중해 무역에 끼어들 여지가 거의 없었다. 하지만 이제 베네치아와 제노바는 모두 쇠퇴의 길로 접어들고 있었다. 이 두 도시국가는 계속된 전쟁으로 국력이 쇠진한 상태였고, 레반트 지역에서는 마치 인도항로의 발견과 유사하게 투르크 제국이 세력을 확장해 가면서 베네치아와 제노바가 누리고 있던 번영의 기초에 타격을 가하였다. 다른 한편에서는 잉글랜드 국력은 상승하고 있었고, 잉글랜드 상인들의 부와 사업심도 커져가고 있었다. 이러한 회사들의 회계장부를 검토한 바 있던 해클류트(Hakluyt)는, 일찍이 1511년에 플랑드르 갤리선단이 전쟁으로 출항하지 못하고 있는 동안 "사우샘프턴(Southampton)과 브리스틀 선적의 다른 배들과 함께 런던 선적의 여러 배들이 시칠리아, 칸디아(Candia : 크레타), 치오스(Chios), 때로는 키프러스, 나아가 트리폴리(Tripoli)와 시리아의 베이루트까지 정상적이고 일반적인 무역활동을 전개하였다"는 사실을 전해주고 있다.

일단 쇠퇴의 길로 접어든 이탈리아 도시국가들의 몰락은 급속도로 진전되었다. 1532년 5월 22일 베네치아의 마지막 연차 선단이 사우샘프턴에서 귀항하였다. 비록 이후 반세기 동안 개인 소유의 베네치아 상선들이 지중해 산품을 싣고 런던으로 운송하였지만, 플랑드르 갤리선단은 이제 옛 이야기가 되어 버렸다.

사우샘프턴은 플랑드르의 갤리선단과 제노바의 캐랙선의 몰락으로 심대한 타격을 받았다. 1504~1509년 5년 동안 연평균 1만 341 파운드에 달하였던 사우샘프턴 항의 관세수입은 1533~1538년에 3332 파운드로 급락하였다. 비록 사우샘프턴이 얼마간 왕국 내 제2위의 항구라는 지위를 유지하기는 했지만, 과거의 번영은 결코 회복하지 못했다. 하지만 이 같은 손실은 어디까지나 곁가지에 불과했고, 잉글랜드의 상인계급은 전체적으로 보아 하나의 계급으로서 자신들에게 주어진 기회를 충분히 즐기고 있었다. 향료무역은 대부분 희망봉 항로로 전환되어 있었지만, 수익성이 가장 높은 항로는 여전히 레반트 무역이었다. 배들은 선주 자신의 비용이나, 이탈리아 상인의 런던 대리인의 비용으로 양모·모직물·가죽·주석·납 따위를 싣고 출항했다. 이 배들은 연중 대부분의 시간을 귀항 항해에 소모한 뒤 북유럽 시장에서 높은 가격에 거래되고 있던 비단·투르크산 카펫·아마포·포도주·말린 포도·대황(rhubarb)·향료 따위를 싣고 돌아왔다.

그 뒤 1551년에 바르바리 해안의 모로코·알제리아·튜니스와 직접 교역을 하기 시작했다. 이 항로의 수출품 가운데 한 가지 특이한 것이 포함되어 있었는데, 그것은 모로코의 유태인을 위한 헤브류어판 성경이었다. 또한 다량의 무기와 군사용품도 수출되었는데, 이는 무기탄약의 밀수라고 하는 바람직하지 못한 사례의 효시로 여겨진다. 이 항로의 수입품으로는 고무·설탕·당밀이 포함되어 있었다.

이것들은 그 어느 것도 스페인과 포르투갈이 독점한 상품을 침해한 경우는 없었다. 헨리 8세 치세 초기에 일찌감치 시작된 카나리아 제도와 아조레스 제도와의 무역도 역시 두 나라의 노여움을 사지는 않았다. 스페인과 포르투갈 식민지 가운데 이 대서양의 섬들만은 모든 외국인들에게 개방되어 있었기 때문이다. 카나리아산 포도주는, 순식간에 유망한 무역품이 되었고 잉글랜드 서해안의 선주들은 약 3개월 만에 왕복항해가 가능한 작고 빠른 배를 다수 이 항로에 취항시켰다.

하지만 이내 잉글랜드인들은 더 먼 지역으로 진출하기 시작했다. 그들은 이베리아 반도와 대서양 여러 섬들과의 무역을 통해 대서양 신항로의 비밀을 알아낼 기회를 포착하였다. 또한 돈만 충분히 쥐어주면 손쉽게 고용주를 기꺼이 배반할 수 있는 스페인과 포르투갈 수로안내인을 찾아내기도 어려운 일이 아니었다. 일찍이 브라질 항로를 발견한 로쉘과 루앙(Rouen) 출신의 프랑스 해적들도 또 하나의 정보원이었다.

잉글랜드인 가운데 신세계로 처음으로 무역항해를 한 사람은 1530년 플리머스의 부유한 상인-선주였던 윌리엄 호킨스(William Hawkins)였다. 그는 세 차례 항해를 하였는데, 자신이 해상에서 은퇴하였을 때에도 선장을 고용하여 자기 배를 계속 신세계로 보냈다. 다른 사람들, 주로 사우샘프턴과 서해안의 선주들이 재빨리 그의 예를 따르기 시작했다. 그러나 호킨스는 그의 경쟁자들보다 더 기민하였고 정보에도 더 정통하였다. 그는 브라질로 향하는 자기 배를 먼저 아프리카 서해안을 경유케 하여 기네아 해안에서 상아와 같은 고가품을 싣도록 했다. 이는 이익이 많은 무역이었다. 1540년 2월 그의 배 폴(Paul) 호가 아프리카와 남아메리카 미개인들이 좋아할 만한 여러 잡화를 싣고 플리머스에서 출항하였다. 그가 실은 잡화는 손도끼 940개, 빗 940개, 나뭇가지 치기용 갈고리 또는 칼 375개, 수면용 모자 228개, 구리 15 cwt., 납 15 cwt.(구리와 납의 1/3은 각각 팔 고리용이었다), 염색하지 않은 모직 옷 3벌이었다. 모직 옷을 제외한 모든 화물의 총 가격은 세관이 산정한 가격으로 23 파운드 15 실링이었다. 1540년 10월 폴 호는 상아 1 cwt.(50.8kg)와 염료채취용 나무 92 톤을 싣고 브라질에서 귀환하였는데, 화물의 총 가치는 600 파운드에 이르렀다. 출항할 때 싣고 간 화물의 관세를 호킨스와 친분이 있는 세관원 이 실제 가격보다 낮게 산정하였을 것이라는 점을 감안한다고 하더라도, 호킨스는 자신이 벌인 "상품 잔치"에 대해 자랑스럽게 떠벌일 만한 이유가 있었던 것이다.

기네아 해안에서 선적할 수 있었던 것은 상아 외에도 금이 있었다. 1553년 최초로 서아프리카 해안 탐사대가 출항하였는데, 당시의 의학 수준으로는 아직 풍토병에 적절히 대처할 수 없었기 때문에 수많은 사람들이 목숨을 잃었다. 이 항해는 수많은 비보를 전해왔고, 포르투갈과의 격렬한 싸움을 초래했지만, 모험사업가들에게는 막대한 이익을 가져다주었다. 이 시점에서 잉글랜드 해운업은 얼마 동안 답보 상태에 빠졌다. 당시 잉글랜드는 아직 서인도 제도나 카리브해 연안지방과 직접무역을 시도하여 스페인 세력에게 싸움을 걸 정도의 실력을 갖추고 있지 못했다. 또한 동인도로 가는 희망봉 항로도 모험을 무릅쓰고 감수하기에는 알려진 지식이 너무 적었고 해당 항로를 장악한 포르투갈 세력도 너무 강대하였기 때문이다.

따라서 무역업자들은 희망봉을 장악한 포르투갈인들이나, 마젤란 해협이나 파나마 지협을 근거지로 삼고 있는 스페인인들과 충돌하지 않고 극동까지 갈 수 있는 새로운 항로를 찾아야만 했다. 그 항로는 아메리카 대륙 북단의 빙하를 뚫고 관통하는 북서항로와, 러시아와 시베리아의 북쪽 해안을 따라 항해하는 북동항로였다. 오늘날 우리들은 이러한 시도가 무의미하다는 것을 알지만, 당시에는 대담한 항해술뿐만 아니라, 상업적 성과라는 면에서도 일정한 성과를 거두었다. 왜냐하면 북동항로 탐색으로 백해를 통한 러시아와의 직접 교역로가 열렸기 때문이다.

물론 엘리자베스 여왕의 즉위로 잉글랜드인들은 옛 중세 무역로 외에도 레반트 지방과 바르바리 해안, 카나리아 제도와 아조레스 제도, 러시아와 무역로를 개설하였다. 또한 부정기적으로나마 브라질과 아프리카 서해안으로도 항해하였다. 보수적인 상인들은 이 정도의 진전에도 만족스러워했던 것 같다. 그들의 주된 관심은 유럽 대륙과의 무역에 있었다. 그들은 북해지역에서 상인으로서뿐 아니라 선주로서도 잘 풀리고 있었다. 한자 상인들의 특권이 에드워드 6세와 메리 여왕 치세기에 결정적으로 위축되고, 모험상인들이 날마다 터를 다져 가고 있었기 때문이다. 스페인 자체와의 무역은 광범위했고, 수익성도 있었다. 많은 기성 상인들은 스페인 정부와 분쟁을 일으킬 수 있는 모험은 좋아하지 않았다. 그렇지만, 브리튼 서해안 항구의 상인들 가운데는 좀 더 대담한 정책을 시도해 보려는 상인들도 많았다. 당시의 시대정신을 체득한 사람들이 바로 이런 사람들이었다. 산업의 발전과 함께 새로운 시장이 필요하게 되었다. 물가상승과 목양지를 만들기 위한 토지의 인클로우저로 야기된 경제불황으로 사람들은 바다에서 살 길을 찾지 않으면 안 되었다. 잉글랜드 정치가들이 스페인에 대해 갖고 있던 두려움도 이전보다는 줄어들어, 스페인의 힘과 오만에 대해 뭔가 제약을 가하려는 생각을 갖게 되었다. 가톨릭 국가의 지도국가에 대한 증오심은 스페인에서 자행된 종교재판으로 많은 잉글랜드인들이 고통을 받으면서 더욱 커져 갔다. 모든 경제적·정치적·종교적 동기의 배후에는 새로운 모험정신과 기업정신이라는 강한 기상이 있었고, 이러한 정신이야말로 잉글랜드인들로 하여금 세계 개척의 일익을 담당하게 만든 원동력이었다.

이러한 모험에 대한 충동은 두 가지 배출구를 통해 해소되었다. (항상 해적이라는 악명을 얻고 있던) 서유럽 뱃사람들 사이에서 공유되는 격렬하고 탐욕스러운 기질이, 무력을 사용해서라도 신대륙에서 아말레카이트(Amalekites)5)들을 몰아내려는 생각을 낳았다. 윌리엄 호킨스의 아들로서 자칭 "나는 늘 규율을 중시하는 사람이라는 명성을 누려왔고, 어리석음을 증오한다"고 한 존 호킨스(John Hawkins : 1532~1595)처럼 책임감이 강한 상인들조차 필요하다면 기꺼이 무력을 동원해서라도 신세계와 무역할 권리가 있다고 주장하기로 마음 먹었다. 그들은 독점체제가 스페인 식민지 정착민에게도 심한 타격을 가하고 있다는 사실을 잘 알고 있었다. 특히 서인도의 설탕농장에서 일할 노예의 공급은 수요에 훨씬 미치지 못했다. 그들은 사람(흑인)을 상품으로 운송하는 것에 대해 어떠한 도덕적 가책도 느끼지 않았다. 존 호킨스는 손쉽게 아프리카와 서인도로 몇 차례 노예무역을 하는 데 필요한 강력한

---

5) **역주**ㅣ시리아의 약탈적 유목민족인 Amalekit인을 의미하는데, 여기에서는 신대륙에서 마야, 잉카, 아즈텍 문명을 약탈한 스페인인들을 비유하여 쓴 말이다.

재정적·정치적 후원을 얻어낼 수 있었다. 이에 대해 만약 스페인의 펠리페 2세가 양보를 하지 않는 한 양국 간의 전쟁은 피할 수 없게 되었다. 그런데 양보를 하느니 차라리 죽음을 택하겠다는 것이 펠리페의 생각이었기 때문에 사태는 이 때부터 중대한 국면에 봉착하였다.

여기에서 우리가 관심을 갖는 것은 전쟁이 아니라, 이 같은 사태가 전쟁에 미친 영향이다. 하지만 잉글랜드가 결정적으로 해양팽창정책을 취하게 되는 단서를 제공하고, 해상세력이 남유럽에서 북유럽으로 확실하게 이행한 것을 보여주는 것으로서, 이 전쟁을 무시하고는 이야기를 진척시킬 수가 없다. 1587년 카디스 항에 날아든 드레이크 함대의 포격 소리는, 갤리 선단의 최후를 알리는 조종弔鐘이었고, 곧이어 잉글랜드의 상선조차 일세를 풍미한 이 전투함대(갤리선)의 형식을 경시하기 시작하였다. 다음 해에 스페인 무적함대를 격파시키고 잉글랜드는 확고하게 유럽 최고의 해양국가로 우뚝 설 수 있었다. 사나포선들의 활동으로 잉글랜드인들은 아메리카와 인도로 가는 길을 알게 되었고, 이는 잉글랜드인에게 최초의 해외식민활동의 길을 열어주었다.

이렇게 되자 보다 큰 선박이 더 많이 필요하게 되었다. 당시에는 아직 선박등록부가 없었기 때문에 이 시기의 선박량은 주로 조선장려금 지불장부인 「재무성 증서」(Exchequer Warrant)와, 징발 가능한 선박의 수를 알 수 있도록 추밀원에 제출된 일련의 통계자료에 나오는 정보를 통해 어림잡아 볼 수 있을 뿐이다. 물론 그 어느 자료도 완전히 만족할 만한 것은 못 된다. 우리는 조선장려금이 요청이 있을 때마다 언제나 지불되었는지의 여부를 정확하게 알지 못하며, 더군다나 조선장려금이 지불될 때마다 모두 정확하게 기록되었는지도 확신할 수 없다. 우리가 현재 이용할 수 있는 선박통계 역시 몇몇 항구를 누락시킨 경우가 보통이기 때문에 불완전하기는 마찬가지다. 원거리 항해에 취항하고 있어 선적항에 없는 배들은 아마 누락되었을 가능성이 크다. 그러나 이러한 불완전한 자료에도 불구하고, 선박량이 꾸준히 증가하고 있었던 것은 분명하다. 아래에 제시한 3개 년의 선박량 통계를 살펴보도록 하자.

1582년도 통계자료에는 지중해와 기타 지역과 무역을 하는 300톤 이상의 런던 선적 상선 몇 척이 누락되어 있다.

유감스럽게도 엘리자베스 여왕의 통치 후반기 동안의 선박량을 확인할 만한 자료는 하나도 없다. 그러나 이 기간에 지급된 조선장려금을 보면 잉글랜드 선박량의 증가 속도가 전함의 증가로 더욱 가속화되었음을 알 수 있다. 1592년에서 1595년까지 4년 동안 48척에 대해 조선장려금이 지불되었고, 1596년 9월에서 1597년 9월 사이에 300톤 또는 400톤급 8척과 200톤에서 300톤 사이의 32척을 포함하여 적어도 57척에게 조선장려금이 지불되었다.

표 2. 잉글랜드의 선박량, 1560~1582

연도별 선적항	100~200 톤	200~300 톤	300 톤 이상	합계(척)
1560년				
런던	16	3	2	21
기타 항	52	4	-	56
합계	68	7	2	77
1577년				
런던	35	7	2	44
기타 항	86	3	2	91
합계	121	10	4	135
1582년				
런던	57	5	3	65
기타 항	101	11	-	112
합계	158	16	3	177

조선장려금을 받은 배들이 모두 어떤 과학적인 기준에 따라 보조금을 받았는지의 여부는 의문이다. 당시 선박의 톤수는 대략적인 추산치에 지나지 않았다. 선박의 톤수로는 두 가지가 이용되었다. '하나는 화물 적재량'(burden)으로 재는 것이고, 다른 하나는 '중량톤'(deadweight of ton)으로 재는 것이었다. 보르도산 포도주 통을 계산하는 데는 보통 '화물 적재량'이 사용되었고, 중량화물에 대해서는 '중량톤'을 사용하는 것이 더 정확했는데, 중량톤은 대략 적재량에 1/3을 더하면 되었다. 당대의 일급 조선기사 중 한 사람이었던 베이커(Mathew Baker)는 경험에 따라 화물 용적을 재는 것보다 더 좋은 적재량 측정법을 제시하였는데, 먼저 선박의 톤수를 계산한 뒤 관습적으로 사용하는 톤수와 비교하는 것이었다. 그가 제시한 선박 톤수 측정법 계산식은 다음과 같다.

$$(용골의 \ 길이 \times 너비 \times 깊이) \div 97$$

그러나 용골의 길이를 측정할 때 부주副柱(false-post)를 포함할 것인가 제외할 것인가 ; 너비를 잴 때 외판 판재의 안쪽을 잴 것인가 바깥쪽을 잴 것인가; 깊이는 화물창 내의 깊이인가 아니면 흘수선까지의 깊이인가가 불확실했고, 이에 대해 의견이 분분했다. 찰스 1세 치세기인 1626년에야 일급 조선 전문가들이 세 가지 다른 방식의 선박톤수를 인정했다. 이에 따라 입스위치 선적의 어드벤처(Adventure) 호의 톤수는 224·277·294 톤으로 각각 측정되었고, 그 밖에 네 번째의 '다소 충격적인' 측정법으로는 321 톤이나 나왔다. 이러한 상황에서 여왕 소유선조차 포획상금을 분배받을 때 톤수가 크게 달라졌다는 사실은 전혀 놀라운 일이 아니다.[6] 조선보조금이나 용선료를 요청하는 선주들은 배의 톤수를 제멋대로 계산하였을 것임에 틀림없다.

헨리 8세와 엘리자베스 통치기에 배를 용선하거나 징발하는 비용은 1580년 즈음까지 한 달에 톤당 1 실링이었다가, 이후 2 실링으로 인상되었다. 1588년 스페인 무적함대가 쳐들어왔을 때 배를 징발당한 선주들이 극히 만족할 만한 이득을 올린 것은 분명하다. 기념비적인 해라 할 1588년 한 해 동안 왕실에 복무한 164 척 가운데 상당수는 런던, 5 항(Cinque Port), 그리고 기타 해안을 낀 도시와 지방에 자기 비용으로 장비와 식료품을 갖춘다는 국왕의 요청에 따라 제공된 것이기는 하였지만, 실제로 배의 선주들은 각 도시의 분담액 가운데 일부로서 관례에 따라 톤당 2 실링을 받았다.[7] 물론 여왕의 배도 이 해전에 참가하였는데, 1588년의 경험에 기초하여 이후 전투에서는 주로 왕실해군이 이 임무를 담당하였다. 그러나 대규모 해외원정 때는 언제나 병사수송선과 보급선은 민간선박을 필요로 하였다. 예컨대 1596년 카디스 원정 때는 80 척 이상의 상선이 징발되었는데, 그 가운데 12 척만이 전투에 투입되었다.

징발된 경우이건 공개시장에서 용선되건 상관없이 왕실용으로 투입된 선박에 대해서는 용선료가 상당히 정확히 지불되었던 듯하다. 이 같은 배에 대한 왕실의 수요는 선박량의 증대에 상당한 기여를 했다고

---

6) 이를테면 Foresight 호는 300 톤급이었지만, 몇몇 사나포선과 공동으로 대형 캐럭선 한 척을 나포하였을 때 엘리자베스 여왕은 450 톤으로 계산하여 포획분 배금을 받았다.

7) 런던과 해안 도시들이 제공한 배들은 선주들에게 아무런 보상금도 지불하지 않고 징발되었지만, 10 척에 보급품을 공급하는 것과 관련하여 런던 시는 시 예산으로 톤당 2 실링을 선주에게 지불하였던 것으로 보이는데, 아마 이것이 일반적인 관례였다고 보는 것이 맞을 것 같다. Laughton, *Papers relating to the Defeat of the Spanish Armada*(Navy Records Society), I.251.

볼 수 있다. 그러나 왕실용으로서의 매력은 순수한 의미에서의 사나포선이 주는 매력과 비교하면 그리 대단한 것이 아니었다. 드레이크의 세계일주 항해를 지원한 조합은 투자액 1 파운드당 47 파운드의 순수익을 올렸다고 전해진다. 2년간의 항해로 47배의 이익을 올렸다는 것은 대담한 투기가들을 이러한 수지맞는 애국적 활동에 나서게 만들기에 충분하였다. 이 당시에는 공적 사업과 사적 사업을 구분한다는 것은 매우 어려운 일이었다. 1587년 스페인 해안에서 혁혁한 공을 세운 드레이크의 해상작전도, 엘리자베스 여왕이 대주주로 참여한 공동지주회사의 원리에 기초하여 자금을 조달하였다. 1598년 컴버랜드(Cumberland)의 포르토 리코(Porto Rico) 원정에는 비록 여왕의 배가 한 척도 참여하지 않았지만, 실질적으로 전략적 목적을 갖는 전쟁의 정규작전이었다. 드레이크·호킨스·컴버랜드와 같은 사람들과 런던의 대상인들은 드레이크가 "하늘에서 내리는 이슬 한 방울"(약탈품 | 역자)이라고 표현한 것과 국가적 이익도 염두에 두었겠지만, 스페인의 보물선이나 동양의 비단과 향료를 잔뜩 실은 포르투갈 캐럭선을 가로챌 기회가 있다는 점이 훨씬 더 매력적이었을 것이다. 왕립 해군의 중형급 전함과 맞먹는 500 톤급 대형 갈레온선인 컴버랜드의 '맬리스-스커지'(Malice-Scourge : 악의의 저주) 호와 같은 일부 배들은, 비록 식민지 개척에 나서기도 하고 동인도 항해와 같은 고상한 모험에도 참여할 준비가 되어 있었지만, 통상적인 무역활동을 경멸하는 사람들의 주문에 따라 전적으로 사나포 활동만을 목적으로 하여 건조되었다. 이와 동시에 엘리자베스 시기의 일반 상선들도 1 문 내지 2 문 정도의 대포를 장비하고 다녔기 때문에 막대한 전리품을 획득할 수 있었다. 한두 번 정도 이러한 놀이에 발을 들여놓지 않은 선주는 거의 없었을 것이다. 이러한 사람들

가운데는 약탈에 의해 부를 이룬 사람도 있었다. 그러나 애국심의 발로에서 대규모적인 사나포 활동에 전력한 사람들은 그 많은 수가 얻는 것보다는 오히려 잃는 쪽이 많았다. 또한 소규모 모험기업에 손을 댄 사람들은 대부분 빈손으로 귀항했다. 전체적으로 보면, 사나포 활동이 선박 수요를 증가시키는 직접적인 요인이었지만, 해운업에는 오히려 해를 끼쳤다. 사나포 활동은 많은 인명과 재산, 선박을 낭비하고, 정력과 야심을 결코 생산적이라 할 수 없는 부분으로 낭비해 버렸던 것이다.

전문 사나포업자들을 별도로 치면, 엘리자베스 시기의 선주들은 대개 상인이었다. 그러나 그들이 전적으로 자기 화물만 실었던 것은 아니다. 장거리 항해에서 대형선에 선적되어 운송되는 화물은 대개 개인 상인 혼자서 그 위험을 떠맡기에는 너무 양이 많았다. 이와는 달리 스스로 배를 소유하지는 않고, 자기 화물을 운송하기 위해서 배나 배의 공간을 빌리는 선주들도 많이 있었다. 당시에는 일반적으로 몇 명의 상인들이 함께 배 한 척을 용선하고, 자신들의 이익을 대표하여 항해 업무를 관리해 줄 한 명의 '캡틴'(captain : 반드시 직업적인 뱃사람일 필요는 없었다)을 임명하는 것이 보통이었다. 세세한 항해업무는 수로안내인과 항해 선장의 몫이었지만, 상인들이 보내온 항해지시서에 따라 기항지와 항해일을 결정하는 것은 용선자측 대리인인 캡틴이었다. 화물매매를 관리하고 귀항화물을 수배하는 것도 캡틴의 업무였다.

이렇게 하여 대형 선주들은 두 가지의 뚜렷한 수입원을 갖고 있었다. 상인으로서 자기 배나 다른 사람의 배로 싣고 다니는 화물을 판매하여 얻는 이익금과, 선주로서 벌어들이는 운임, 왕실 임대료, 전리금 등이 그것이었다. 사나포 활동을 별도로 치더라도, 이러한 이득은 상당히 커서, 이 때문에 40여 년의 생계를 "주로 해운과 항해로" 꾸렸다고

한 우리의 선배 올리페 버(Olyffe Burre) 같은 사람들은, 근대적인 의미에서의 선박소유를 가장 중요한 업으로 삼을 정도였다.

상인 선주들 가운데 어떤 사람들은 상당량의 선박을 보유하고 있었다. 존 호킨스와 그의 동생인 작은 윌리엄(little William)은 아마 지분소유 형태였던 것으로 보이지만, 1570년 당시 100~150 톤급 선박 9 척과 60 내지 70 톤급 4 척 등 모두 13 척을 소유하고 있었다. 하지만 이 목록도 완전하지 않아서, 연안이나 근해, 카나리아 제도 무역에 종사하는 20~50 톤 사이의 작은 배들과, 당시 원양 항해중인 대형선 몇 척도 누락되어 있다.

상인 선주들 뒤에는 직접 무역에는 관여하지 않는 대자본가인 재정가들이 버티고 있었다. 새로운 시장과 무역할 권한을 얻기 위해 무역과 탐험의 성격을 반반씩 지닌 원정사업을 전개하려면 무장을 더욱 강화하고 더 튼튼한 배와 더 많은 선원, 그리고 신중하게 선택한 장비들을 갖추어야 했다. 이러한 일은 막대한 경비가 들게 마련이고, 이것보다 더 중요시되고 있던 사나포 원정과 마찬가지로, 유력 조합의 사업으로서 운영되는 것이 보통이었다. 소요자금은 원칙적으로 6명 내외의 자본가들이 분담하는데, 이들 투자자들은 모험사업에 투자한 자기 지분의 일부를 벗이나 동업조합 내 다른 투자자들에게 양도하는 경우도 있었다. 최초 출자자들은 일종의 이사회와 같은 기능을 갖고 해당 모험사업을 전체적으로 관리했지만, 스스로 지분의 일부를 양도한 사람들에게 취득한 이익을 배분하는 의무도 지고 있었다. 특히 그들은 원정대의 지휘관을 임명할 권한을 갖고 있었는데, 이 지휘관은 대개 동업조합의 일원인 경우가 많았다. 이를테면 존 호킨스는 기네아와 서인도 항해사업을 재정적으로 지원한 동업조합의 발기인이었을 뿐만 아니라, 동업조합 내 최대 주주이기도 했다.

때로는 왕실 자체가 동업조합의 주주로 참여하기도 했다. 이와 같은 모험항해에는 한두 척의 무장함대를 포함시키는 것이 필수조건이었고, 이 무장함대는 때로 왕실해군에서 제공하였다. 헨리 7세와 헨리 8세는 지중해 항로와 같은 장거리 무역항해에 종사하는 상인들에게 왕실 소유선을 빌려주는 중세적 관습을 지속하였다. 엘리자베스 여왕 치세 초기 동안 왕실 소유선들이 이따금 스페인령과 포르투갈령으로 선구적인 탐사항해에 종사한 적도 있었다. 이를테면 1564년 미논(H. M. S. Minon) 호는 정식으로 용선계약을 체결하고 기네아 항해를 계획한 동업조합에 대선되었다. 이 용선계약에 따라 엘리자베스 여왕은 배 밑판에 동판을 대는 작업을 제외하고 지정된 날까지 배를 사용할 수 있는 상태로 준비시키고, 배에 필요한 모든 장비를 갖추는 데 필요한 비용을 부담하며, 배에 닥칠지도 모를 모든 위험을 감수한다는 데 동의하였다. 이에 대해 용선자들은 선원의 배승과 임금지급을 맡고, 선원들의 급식비와 수리비를 포함하여 모든 운항경비를 부담하며, 5000 파운드 이상의 화물을 선적해야 했다. 항해가 끝난 후에는 배를 양호한 상태로 왕실에 반환하고 왕립 해군의 재정관에게 해당 부서의 경비로 항해 순익의 1/6을 납부해야 했다.

그 후 정규적인 원거리 무역이 개설되자, 개별 항해를 위해 설립되었던 동업조합들은 특허회사에 자리를 내어주게 되었다. 신속하고 정규적인 통신도 불가능하고, 잘 조직된 외교와 영사 업무도 받을 수 없었으며, 원거리 수역에서 이루어지는 무역을 보호해 줄 해군도 없는 상황에서 원거리 무역을 유지하는 데는 막대한 비용이 소요되었다. 따라서 원거리 무역은 서로 도와줄 수 있도록 선단을 이루어 항해하는 잘 무장된 대형선으로 이루어졌다. 출화 화물을 보관하고 처분하고, 배가 도착할 때까지 귀항 화물을 보관할 수 있도록 해외에는 상관을 설치하였다. 이들 상관은 때로는 견고하게 요새화하고, 수비병력도 상주시킬 필요가 있었다. 교통의 자유·항만 특혜·무거운 세금 부담의 감면 등을 얻어내기 위해서 투르크·아시아, 그리고 아프리카의 통치자들과 협상을 벌여야 했다. 이러한 협상을 벌이는 당사자들은 통치자들에게 자신이 부유하고 권세가 있음을 인상적으로 과시할 필요가 있었고, 뇌물을 좋아하는 지역 토후의 환심을 사기 위해서는 돈을 넉넉하게 갖고 있어야 했다.

이러한 일들을 처리하는 데는 오늘날의 상인이나 선주들이 자국 정부에 자신들에게 유리한 정책을 펴주도록 할 때만큼이나 많은 비용이 필요하였고, 이를 뒷받침해 줄 강력하고 항구적인 조직이 필요했다. 그렇지만 아무리 부유하다고 하더라도 상인 개인이 이만한 자금을 동원하는 데에는 한계가 있을 수밖에 없었고, 특정한 항해를 위해 구성된 동업조합은 안정성을 결여하고 있었다. 이렇게 되자 무역 종사자들은 이제 그러한 목적을 달성하기 위해 회사를 설립할 필요가 있다는 것이 분명해졌다. 회사의 설립비용을 대는 사람들은 그 대가로 해당 항로의 독점 보장을 기대했다. '독점'이란 말은 오늘날 어감이 썩 좋지 않지만, 무역업자들을 위해 초기의 특허회사가 행한 일들을 보면, 독점 혜택을 누린 사람들이 이 조직의 유지비를 제공하는 것은 당연하였다.

물론 초기 특허회사는 특정 항로의 무역을 개척하기 위하여 구성된 상인들의 연합체에 불과했다. 국왕은 이들 연합체에 몇 년 내지 영구적으로 해당 항로의 독점권을 부여하였고, 이후에는 자체 내규를 제정할 수 있는 권한도 인정하였다. 오늘날의 로이즈(Corporation of Lloyd's)에서 처럼 각 구성원은 소요비용과 사업상의 위험을 스스로 부담하고 무역을 행하였지만, 관리기관이 정한 규칙에 따라야 했다. 회원 가입비와 무역 허가료는 특허장이나 (오늘날의 표현대로 한다면) 회사 내규에 정해져 있었다. 국내외 직원들의 임금과 상관 유지비용, 그리고 기타 경비는 이사회가 지불하였다.

특허회사의 실제 조직은 천차만별이었다. '머천트 어드벤처러'(Merchant Adventurers) 같은 일부 특허회사에는 회원 가입비를 내거나 정해진 기간의 견습을 거치는 데 동의하면 누구나 회원으로 가입할 수 있었다. 이와는 달리 회원가입을 엄격히 제한하고 신규가입을 애써 억제하고자 하는 회사도 있었다. 기존 회원의 이익을 보호하기 위해, 자진해서 해당 회사의 규약을 준수하고 간접경비의 공정한 분담액을 내고자 하는 사람들을 해당 루트에서 배제시키고자 하여 여론의 불평과 불만을 산 것은 주로 후자쪽 회사들이었다.

이미 앞에서 중세에 설립된 '머천트 어브 스테이플'(Merchant of the Staple)과 '머천트 어드벤처러' 2개 특허회사를 살펴본 바 있다. '머천트 어브 스테이플'의 중요성은 잉글랜드의 주된 수출품이 원모에서 모직물 완제품으로 바뀌어 가면서 크게 줄어들었고, 한자 동맹의 최대 경쟁자인 '머천트 어드벤처러'는 그레셤(Sir Thomas Gresham : 1519~1579)과 같은 유능한 경영자를 맞이하여 엘리자베스 여왕의 치세기에 크게 번영을 누렸다. 머천트 어드벤처러의 세찬 압력을 이겨내지 못한 한자 동맹은 1598년 잉글랜드에서 최종적으로 철수하였다. 스페인과 무역을 하는 상인들의 느슨한 연합체였던 '스페니쉬 컴퍼니'(Spanish Company)는 1530년에 설립되었으나 스페인 전쟁 동안 소멸하였다.

이들 회사들은 튜더 왕조가 설립된 때로부터 오랫동안 유지되어 온 기존 항로에서 무역을 하던 회사들이었다. 1579년 발트해 무역을 위해 설립된 '이스트랜드 컴퍼니'(Eastland Company)는 한자 동맹이 붕괴한 틈새에서 성장하였다. 튜더 왕조기에 새 항로 개척을 위해 설립된 최초의 특허회사는 원명이 '미지의 땅, 영토, 섬, 영토, 영지를 발견하기 위한 설립된 잉글랜드 모험상인조합'8)이었던 '러시아 컴퍼니'(Russia Company) 또는 '머스코비 컴퍼니'(Muscovy Company)였다. 머스코비 컴퍼니는 북동항로의 발견을 위한 항해를 재정적으로 지원하기 위해 한 주당 25 파운드로 이루어진 총 6000 파운드의 자본금을 가진 신디케이트로 1553년에 설립되었다. 이 회사는 북동항로 탐사대가 러시아 항로를 개척하자 러시아 무역의 독점권을 획득하여 1583년에 재조직되었다. 이어 1581년에 '터키 컴퍼니'(Turkish Company)가, 1583년에는 '베니스 컴퍼니'(Venice Company)가 각각 설립되었다가 1592년에 두 회사는 '레반트 컴퍼니'(Levant Company)로 통합되었다. 그리고 1588년에 10년 유효기간의 특허장을 받아 1차 '기네아 컴퍼니'(Guineas Company)가 설립되었고, 동인도회사는 1599년에 설립되었다.

통상적으로 특허회사는 자기 선박을 대량으로 소유하지는 않았고, 선박을 소유하고 있는 주주들이 동료 주주의 화물을 운송해 주고 다른 경우와 마찬가지로 운임을 받았는데, 이사회와 평의회(Governors)가 이따금 운임률을 정하기도 하였다. 일반 회사들과 마찬가지로 특허회사들은 대형선에 대한 시장 수요를 자극하는 역할을 했다. 1600년 레반트 컴퍼니의 주주들은 지중해 항로에 취항하는 선박 14 척, 총

---

8) 역주 | *Merchants Adventurers of England for the discovery of Lands, territories, isles, dominions, and seigniories unknown.*

2790 톤을 소유하고 있었고, 그 밖에 15 척, 2500여 톤을 용선하여 운항하고 있었다. 이 레반트 상선들은 튼튼하게 건조되어 스페인의 갤리선과 대양 경비선(Ocean Guard)인 갈레온선을 물리칠 수 있었다. 레반트 상선들은 또한 선주들에게도 돈벌이를 잘하는 배였음에 틀림없다. 1624년 당시 레반트에서 들여온 고급 화물 운임률은 톤당 7 파운드를 오랫동안 유지한 것으로 보인다.

동인도 무역에도 대형선이 취항하고 있었다. 인도에 도달한 최초의 잉글랜드 배인 250 톤급 '에드워드 보나벤투라'(Edward Bonaventura) 호는 동인도회사가 설립되기 이전에는 원래 지중해 무역선이었다. 동인도회사가 처음으로 파견한 선단에는 600 톤급 드라곤(Dragon) 호9)와 130~300 톤 사이의 소형선 4 척이 포함되어 있었다.

그 찬란한 역사의 문을 막 열기 시작한 단계의 동인도회사는 과거의 '제한'회사보다 다소 개선된 모습을 보였다. 각각의 항해를 위해 개별 신디케이트가 형성되었고, 귀항 화물이 처분되자마자 소요경비를 산정한 뒤 바로 이익금을 분배하였다. 그러나 동인도회사 자체는 경영의 계속성을 보장하는 이사회와 평의회를 갖춘 상설 조직이었다. 동인도회사에서 처음으로 형성된 신디케이트는 선박 매입비와 의장비로 4만 5000 파운드, 수출 화물 구입가격으로 2만 7000 파운드를 투자하여 자기 선박을 구입했다는 점에서 중요한 혁신을 이루었다. 이를 환산해 보면 선단에 투자한 총경비는 무장비용과 선내 비품 구입비용을 포함하여 톤당 31 파운드가 넘었다.

---

9) 이 배는 원래 Cumberland가 소유했던 *Malice Scourge* 호였는데, 동인도회사가 매입한 것이다. 드라곤 호는 *Malice Scourge* 호를 약 100 톤 가량 크게 만든 것이라는 사실을 알 수 있다.

엘리자베스 여왕 시기의 선내 급식은 비스킷·소금에 절인 쇠고기와 생선·맥주가 전부였고, 일반 승객에게는 고급품 몇 가지가 추가되었던 듯하다. 1564년 호킨스가 2차 노예무역항해를 떠날 때는 그보다 종류가 다소 많았다. 호킨스는 뱃사람들의 복지에 대해 세심하게 주의를 기울이고, 음식의 질까지 꼬치꼬치 간섭하는 등 이 방면에서는 선구자였다. '신사모험가'(gentlemen adventurers)들을 포함하여 그의 항해에 동승한 선원들은 모두 170명이었고, 항해는 열한 달 동안 계속되었다. 호킨스는 아프리카 해안과 서인도에서도 신선한 식료품을 수급하려고 했던 것 같다. 잉글랜드를 출항할 당시에 호킨스가 실은 식료품은 다음과 같다.

비스킷 25 thousandweight(약 1만 2700kg)

곡물가루(meal) 120 barrel

콩류 20 quarter

쇠고기 40 hogshead

베이컨 80 flitch(쪽)

말린 생선 6 last

대구(ling) 12 cwt.

맥주 40 tun

사과쥬스 35 tun

맘지(malmsey)산 백포도주(신사모험가용으로 추정) 40 butt

올리브 기름 한 통

식초 한 통

꿀 한 통

아니스(anis) 열매 1 quarter 등 기타 부식거리

선원도 많이 승선했다. 삭구들이 개량되어 가고 있었지만, 아직은 선박의 각종 비품과 삭구를 다룰 선원들이 많이 필요했다. 적정한 선원 수는 항해뿐 아니라 전투시를 대비하여 계산해야 했고, 여기다가 장거리 항해 도중에 손실되는 인원까지 감안해야 했다. 레반트 회사 소유선의 선원명부를 보면, 지중해 무역에서는 100 톤당 선원이 20~24명 정도였음을 알 수 있다. 그러나 이보다 더 원거리 항해시에는 특히 싸움이 벌어질지도 모를 때에는 이보다 훨씬 많은 선원들을 태워야 했다. 동인도회사의 드라곤 호(600 톤)에는 300여 명이 승선하기도 하였다.

과밀한 선원, 염장음식의 장기간 섭취, 적절한 선내 위생설비의 부재 등으로 특히 열대지역을 항해할 때에는 발병하는 선원이 급속도로 늘어났다. 1553년 윈드햄(Thomas Wyndham : 1510?~1553)의 기네아 항해 때는 출항 당시 승선한 140명 가운데 100명이 죽었다. 이러한 사망비율은 그리 진귀한 예가 아니었고, 당시 사람들은 이를 실제로 일어날 수 있는 일로 받아들였다. 일반적으로 말하면 (100 톤당 보통 50명이 승선한) 왕실 선대와, 상륙요원을 승선시켜야 했기 때문에 배승 인원이 다소 증가한 대형 사나포 원정대에서는 괴혈병과 열병 때문에 사망률이 아주 높았다. 호킨스는 선원의 과다한 승선을 엄격히 제한하고, 가능한 한 신선한 육류와 과일을 보급하여 괴혈병을 막고자 하였다. 그의 경험에서 입증되었듯이, 이 시기 선원들의 건강상태는, 원거리 무역항해에서조차도, 후대와 비교하면 비교적 양호하였던 것으로 보인다. 이를테면 호킨스가 1564년 항해 때 대동한 170명 가운데 병으로

죽은 것은 단 13명이었다.

금전적 측면에서 보면 뱃사람들은 중세시대보다 훨씬 더 궁핍해졌다.[10] 비록 귀금속의 유입으로 물가와 육상노동자의 임금이 지속적으로 올라가기는 했지만, 1546년 즈음 왕실에 복무한 선원들의 임금은 28일 기준으로 한 달에 6 실링 8 펜스에 지나지 않았다. 이는 100년 전보다 2 실링 4 펜스가 적은 것이었다. 1585년에는 호킨스가 주도한 모험항해의 성공 덕분으로 한 달에 10 실링으로 올랐다. 그러나 설사 그만큼을 받았다 하더라도 선원직은 이제 더 이상 급료를 많이 받는 직업이 아니었다.[11] 그럼에도 불구하고, 뱃사람을 구하는 데는 큰 어려움이 없었던 것으로 보인다. 선원이 육상노동자들에 비해 유리했던 것은 배에서는 승진 기회가 있었다는 점이다. 사관들은 보통선원이나 오늘날의 견습선원과 비슷한 지위에 있었던 사환(page)이나 시동(ship's boy)으로, 배를 탄 사람들이 대부분이었다. 러시아 컴퍼니의 1차 항해 때 에드워드 보나벤투라 호에는 캡틴과 항해-선장 외에도 항해사(master's mate) 1명, 포장砲長(master gunner) 1명과 그의 보조원, 포수砲手(gunner) 2명, 선목船牧(chaplain) 1명, 선의船醫 1명, 갑판장 1명과 그의 보조원, 조타수 4명, 조리장 1명과 보조원, 조리수 1명, 통장 1명, 배대목 1명, 기타 선원 21명이 승선하였다. 여기에서 캡틴·선목·선

---

10) **역주** | Fayle의 원문에는 "seamen was decidedly worse off then he had been in the Middle Ages"로 되어 있는데, 여기에서의 then은 than의 오기로 보인다.

11) 엘리자베스 여왕 통치 말년에 일반 노동자도 식사를 제공받지 않고 하루에 10 펜스를 벌 수 있었다. [**역주** | 이를 한 달 28일로 환산하면, 28일×10d.=280d., 280d.÷12=23.3s≒£1 3s. 3d.에 해당하여 육상노동자가 선원들에 비해 두 배 이상을 벌 수 있었다. 그러나 육상노동자의 경우 28일 내내 일자리를 찾는 것이 어렵고 식사도 자비로 해결해야 했기 때문에 엘리자베스 여왕 시대에는 선원과 육상 노동자가 거의 비슷한 임금을 받았다고 생각할 수 있다]

의를 제외하면, 모든 사관과 초급사관들은 보통선원에서 승진한 사람들이었다.

또한 상선에 탄 선원들은 적으나마 개인무역을 할 기회가 있었다. 만약 적선과 조우하거나, 배가 사나포 활동에 종사할 경우에는 전리품과 전리분배금을 받을 기회도 있었다. 그 밖에 원양항해에서는 미지의 바다를 항해하고, 유럽인들이 아직 발을 들여놓은 적이 없던 땅에 상륙하고, 이민족들을 만날 수 있는 재미와 자극을 기대할 수도 있었다. 교육을 받고, 지식을 갖춘 수많은 사람들이 배라는 좁은 공간에서 생활하는 것을 기꺼이 감수했던 것은 다른 어떤 것보다 바로 모험항해에서만 얻을 수 있는 위와 같은 요소들 때문이었을 것이다. 물론 본국의 경제가 침체해 있었다는 점도 중요한 요인이었을 것이다. 해클류트와 퍼처스(Purchas)[12]의 전집에 포함되어 있는 수많은 견문록에는 잉글랜드가 해양강국으로 대두하기까지의 이야기들이 생생하게 기록되어 있다.

▌▌▌▌ 참고문헌

J. A. Williamson, *Maritime Enterprise, 1485-1558*, Oxford, 1913.

J. A. Williamson, *Life of Sir John Hawkins*, Oxford, 1927.

G. Causton & A.H. Keene, *The Early Chartered Companies*, London, 1896.

M. Epstein, *The Early History of the Levant Company*, London, 1908.

M. Oppenheim, *A History of the Administration of the Royal Navy and of Merchant Shipping in relation to the Navy*, London, 1896.

Julain Corbett, *Drake and the Tudor Navy*, London, 1899.

Julian Corbett, *The Successors of Drake*, London, 1900.

Hakluyt, *Principal Navigations, Voyages and Discoveries of the English Nation*.

---

12) **역주** | Samuel Purchas(1575?~1626) : *Purchas his Pilgrimage*(1625)의 저자.

제6장 네덜란드의 경이적인 성장

일반 운송인으로서의 네덜란드인

네덜란드가 국내외의 무역·국부·선박량에서 놀라울 만큼
성장한 사실은 각국의 부러움을 사고 있으며,
아마 다음 세대에게는 경탄의 대상이 될지도 모른다.
Sir Joshiah Child(1630~1699), A New Discourse of Trade

이번 장의 맨 앞에 인용한 문구는 17세기의 대상인 조슈아 차일드(동인도회사 총재)가 한 말로 오늘날에는 다소 이상하게 들릴지 모른다. 영제국을 세계 최대의 선박소유국으로 생각해 왔기 때문에 잉글랜드인들이 대양항로를 개척하기 시작할 때부터 세계 운송무역사를 서술할 때는 으레 브리티시 해운사부터 살펴보게 될 것이라고 기대할 것이기 때문이다. 그러나 잉글랜드 배가 처음으로 인도에 도착한 이후 100여 년이 지나는 동안 잉글랜드인들은 선박소유국 가운데 간신히 2위를 유지하고 있었다.

당시의 어떤 평론가는 이 같은 부진을 잉글랜드 초기의 식민활동의 실패로 귀결시키고 있는데, 이것을 "우리 국민의 실로 구제할 수 없는 태만" 때문이라고 볼 필요는 없을 것이다. 물론 잉글랜드의 모든 계급들 가운데는 '식민활동에 참여'하는 것을 꺼리는 분위기가 있었던 것은 사실이다. 잉글랜드가 갑자기 강국으로 부상하자 잉글랜드 국민들의 사고는 다소 달라지고 있었다. 엘리자베스 치세기의 사나포 활동 같은 것도, 일확천금을 노리는 다른 모든 투기열과 마찬가지로 소위 세속의 퇴폐를 가리키는 말이 되었다. 게다가 엘리자베스 여왕이 죽고 난 뒤 거의 반세기 가까이 제임스 1세와 찰스 1세에 의해 계속된 악정은 사태를 더욱 악화시켰다. 이 때문에 국가의 모든 에너지는 시민의 자유를 확보하기 위한 투쟁으로 전환되고 그 때까지 쌓인 통상확대의 기운은 완전히 사라져 버렸다. 스튜어트 왕조의 악정으로 가장 피해를 입은 집단 중 하나가 선주들이었다. 해군도 완전히 무력화되어, 무어인 해적선과 덩케르크 코르세어들로부터 영국해협과 브리튼 동해안의 무역도 지켜내지 못했다. 왕실에 상선을 대선하는 것도, 왕실이 징발된 배의 용선료를 제때 지불하지 못하게 되면서 매력을 잃었다. 따라서 선주들은 징발을 피하기 위해 병력-수송용으로 사용하기에 부적절한 배를 건조하는 데 온갖 묘안을 짜내고 있었다.

전체적으로 보았을 때 모든 상황이 무역업에 불리하게 돌아가고 있었다. 이러한 우연적인 불리한 상황의 밑바탕에는 보다 근본적인 두 가지 결함이 자리하고 있었다. 첫째는, 잉글랜드의 산업이 다양한 외항화물을 제공할 수 있을 만큼 아직 충분히 발전하지 못했다는 것이고, 둘째는, 자본이 상대적으로 부족하고 이율이 비쌌다는 점이다. 이 같은 약점에도 불구하고, 잉글랜드의 무역과 해운업은 꾸준히 성장하였다. 특히 잉글랜드 동인도회사는 몇 차례의 항해에서 성공을 거두기도 하였다. 하지만 잉글랜드는 아직 대양 팽창을 주도할 준비가 되어 있지 않았다.

다른 열강 가운데 포르투갈은 국력이 소진되고 있었고, 스페인의 모든 에너지는 보물선에만 집중되어 있었다. 프랑스는 해마다 군사력과 해군력을 증강시키고 있었지만, 해운산업의 육성에 필요한 기초를 제공할 수 있는 대량의 수출품과 대자본, 그리고 상업계급이 없었다. 단지 네덜란드만이 세계 운송무역업에서 열리기 시작한 새로운 시대를 완전히 이용할 역량을 갖추고 있었다.

네덜란드는 잉글랜드의 도움을 받아 스페인의 지배에서 벗어났지만, 사실 스페인 제국과의 오랜 투쟁 속에서 그 자신들이 용감한 전사이자 대담한 사나포 선원임을 입증하였다. 그러나 암스테르담과 로테르담의 부르주아 가운데는 무역업을 존중할 만하고 명예로운 직업으로 생각하는 사람들이 많았다. 일단 자유를 쟁취한 네덜란드 국민들은 돈벌이에 전심전력을 쏟아 부었고, 그 대가를 얻는 데 실패한 적이 없었다.

　네덜란드인들은 자신들이 최고로 좋은 패를 갖고 있다는 사실을 깨달았다. 우선 청어잡이 어업의 중심지가 1420~30년대부터 발트해에서 북해로 이동하기 시작했다. 물론 아직도 스코네 연안 해안이 이따금 최대의 청어 어장을 형성할 때도 있었지만, 북해 어장이 보다 더 안정적이었던 것으로 보인다. 또한 생선을 가공하는 새로운 방법을 개발한 네덜란드인들은 발트해 지역보다 더 유리한 위치를 점하게 되었다. 그들은 이러한 기회를 재빠르게 붙잡았다. 동시대의 잉글랜드 팸플릿 저자의 주장처럼, 네덜란드 어부들은 잉글랜드 어부보다 더 근면하고 부지런하고, 사업에 대한 소질도 더 많이 물려받고 더 많은 자본을 보유하고 있었기 때문에, 그들은 북해 어장의 상당 부분을 수중에 장악하였으며 심지어는 잉글랜드와 스코틀랜드 연안으로까지 진출하였다. 16세기에 이르러 네덜란드인들은 프랑스, 플랑드르, 잉글랜드에 염장 생선을 공급하고 있던 한자 상인들을 몰아냈고, 17세기 초부터는 독일과 발트해 시장까지 장악하기 시작했다. 그들은 또한 도거 뱅크(Dogger Bank)와 아이슬랜드 연안에서 대구와 수염대구를 잡아 북유럽은 물론 스페인·포르투갈·지중해 지역으로까지 수출하였다.

　1620년에 네덜란드의 어선 선박량은 2000여 척이 넘었던 것으로 전해지는데, 이 가운데 70~100 톤 사이의 청어용 부스선(buss)이 다수를 차지하고 있었다. 어선에는 평균 약 15명의 선원이 승선하였기 때문에 이것으로 추산해 보면 네덜란드 총 인구 가운데 약 3만 명이 어업에 종사하고 있었다고 할 수 있다. 1669년에 청어 어업과 무역업은 생선 가공·통 제작·어망 제조·부스선 건조와 같은 사업이 서로 긴밀하게 연계되어 이 분야에 직·간접적으로 고용된 사람은 약 45만 명에 이르렀다.

17세기의 통계수치는 그렇게 믿을 만하지는 않지만, 적어도 어업이 네덜란드, 특히 선박업의 발달에 중요한 역할을 하였다는 것은 의심할 여지가 없다. 네덜란드인들도, 한자 동맹처럼, 염장 생선의 공급권을 독점함으로써 수요가 다양한 수출품을 대량으로 확보할 수 있었다. 네덜란드인들은 염장 생선을 다양하게 가공하여 수많은 배에 외항 화물을 제공하였다. 또한 이 화물을 해외에 수출한 대금으로 국내 소비용과 재수출용 귀항 화물을 사고, 삼각무역에 종사하는 네덜란드 선박을 위한 화물을 확보할 수 있었다. 이 당시 네덜란드의 풍자시는 이러한 상황을 다음과 같이 잘 묘사하고 있다. "청어가 네덜란드 무역을 움직이고, 네덜란드 무역이 전 세계를 떠받친다네."

하지만 암스테르담과 로테르담이, 과거의 함부르크·브레멘·뤼벡처럼 중유럽 산물의 천연의 물류중심지라는 지위를 점하지 못했더라면 제 아무리 왕청어라 해도 네덜란드를 한때 한자 동맹이 차지하고 있던 그러한 지위로 끌어올리지는 못했을 것이다. 이제 한자 도시들은 쇠퇴하기 시작했다. 한자 무역은 30년전쟁(1618~1648)으로 독일 전역이 황폐화됨으로써 완전히 몰락하였고, 앤트워프의 경제활동은 스페인의 말발굽에 짓밟혔다. 이제 바야흐로 네덜란드 항구들은 유럽 대륙에서 대부분의 무역을 위한 주요 출구가 되었다. 게다가 이 무역의 태반은 수로에 의지하였기 때문에 네덜란드 항구들은 점차 그 중요성을 더해 갔다. 17세기 주요 정치경제학자들의 견해에 따르면, 수로 운송비는 육상 운송비의 1/15 내지 1/20에 지나지 않았기 때문이다. 17세기 당시의 도로 사정과 관련된 기록들을 보건대, 이러한 운송비 비교가 전혀 과장은 아니었을 것이다.

때문에 천연자원의 혜택을 보지 못했음에도 불구하고, 네덜란드 배들은 외항화물을 집화하는 데 결코 어려움을 겪지 않았다. 위에서 언급한 바 있는 윌리엄 페티(Sir William Petty : 1623~1687)는 이를 다음과 같이 서술하고 있다.

> 농업보다는 제조업이, 제조업보다는 상업이 훨씬 더 많은 이익을 얻을 수 있다. 그러나 네덜란드와 질랜드(Zealand)는 3대 강, 특히 부요한 나라들을 관통하는 강의 하구에 자리잡고 있으면서도, 이들 강의 양안에 거주하는 전 주민을 모두 농업에 종사시키고 있다.

말하자면 네덜란드인들은 중개상과 운송인으로서 이익을 취함으로써 무역에서 가장 핵심적인 부분을 장악하였다.

그러나 그들은 여기에 만족하지 않았다. 유럽 무역이 아무리 이익이 높다 하더라도 원양항로에서 벌어들일 수 있는 이익에 비할 바는 못 되었다. 네덜란드인들은 유럽 무역에서 벌어들인 수익으로 원양항로의 개척에 필요한 선박·선원·자본을 마련하였다. 그들은 대서양에서 스페인 무역을 무자비하게 침탈하였고, 동시에 스페인 식민지 정착민과 밀무역을 활발하게 전개하였다. 네덜란드인들은 스페인 식민지에 코코아와 유럽 상품을 제공하고, 코코아·담배·은·사금·진주 따위를 받았다. 그들은 서인도 제도와 북 아메리카에 자신의 식민지를 건설하기도 하였다. 네덜란드인들은 1624년 뉴 암스테르담(현재의 뉴욕)을 개척하고 난 뒤 대서양의 반대편(태평양 쪽)에서 성장하고 있던 잉글랜드 식민지 무역에 끼어들려고 하였다.

그러나 여전히 사람들의 생각을 사로잡고 있었던 것은 아시아 무역이었다. 잉글랜드인들과 마찬가지로, 네덜란드인들도 북동항로나 북서항로 탐사를 후원하기 위해 동업조합을 계속 조직하였다. 그런데 잉글랜드인들과 마찬가지로, 네덜란드인들도 북서·북동 항로의 발견에 실패함으로써 오히려 견실한 이익을 차지하였다. 왜냐하면 이 항로를 탐사하는 과정에서 그린랜드와 스피츠베르겐의 고래·바다표범·해마 어장을 발견했기 때문이다. 그들은 그린랜드와 스피츠베르겐에서 다른 경쟁자들보다 훨씬 앞서 나갔다. 가스나 전기, 석유가 발견되기 전에는 고래기름이 매우 비싸고 필요한 일용품이었다. 그러나 더 많은 이익을 올릴 수 있는 통상로가 1595년에 개척되었다. 이 해에 동양에서 포르투갈인들과 함께 일하던 하알렘(Haarlem : 네덜란드 북부 도시) 출신의 린쇼텐(John Huygen van Linschoten)이 인도항해 안내서 한 권을 출판하였다.

1599년에 잉글랜드 동인도회사가 설립된 데는 린쇼텐의 이『인도항해 안내서』(Itinerario) 영역판이 1598년에 출판된 것이 한몫 했다. 그러나 그 사이에 네덜란드인들은 벌써 한 발 앞서 가고 있었다. 1595년에서 1601년 사이에 15차례 이상 네덜란드 탐사대가 희망봉이나 마젤란 해협을 경유하여 인도와 말레이 군도로 항해하였다. 인도무역을 위한 조합이 네덜란드에서 다수 설립되었지만, 네덜란드인들은 대규모 사업에 대한 혜안을 갖고 있었다. 그들은 곧 이들 조합 간의 치열한 경쟁에 의해 유럽에서 동유럽산 산품의 가격이 급락할 것임을 알아차렸다. 다른 한편, 회사들은 규모가 너무 작고 약해서 그 주주들이 현지 통치자와 협상을 벌일 때 필요한 지원을 해주거나, 무역로에서 지배적인 지위를 차지하고 있었던 포르투갈인들을 축출할 수 있는 선대를 강력하게 의장하도록 지원해 줄 수가 없었다. 호상豪商들로 구성된 네덜란드 정부가 앞장서서 그 대비책을 마련하였다. 1602년 소규모의 여러 조합들을 합쳐 당시의 화폐기준으로 650만 gulden, 또는 54만 파운드에서 65만 파운드 사이의 막대한 자본금을 갖춘 연합동인도회사(United East India Company)로 통합하였다. 처음부터 이 회사는 정부의 강력한 후원을 받았다. 연합동인도회사는 전쟁과 강화의 선포, 식민지 건설, 요새 구축, 화폐 주조권을 갖고 있었다. 이 회사의 이사들(Directors)은 정부와 긴밀한 관계를 맺고, 회사업무의 운영에서는 자유재량권을 부여받았으며, 불법 침입자나 외국의 경쟁 회사들에 대항하기 위해 네덜란드 공화국으로부터 유력한 지원을 기대할 수 있었다.

포르투갈의 상관과 기지들을 차례차례 정복하고, 토후국도 복속시켜 나갔다. 17세기 중엽 동양에서 네덜란드의 점령지와 세력권은 페르시아에서부터 말레이 군도까지 뻗었고, 일본과의 무역로도 개설하였으며,1) 희망봉, 모리셔스, 말라카에 식민지를 건설하여 교통로를 확보하였다. 네덜란드 상관들은 페르시아·시암(현 태국)·인도 대륙에서는 잉글랜드 동인도회사와 치열한 경쟁을 벌여야 했지만, 세일론의 진주채취업과 육계피 무역을 완전히 장악하고, 말레이 군도에서도 급속하게 그들을 압도해 나갔다.

이는 인도 무역 그 자체는 아니지만, 네덜란드인들이 노린 주목적이었다. 동양무역은 모두 수익성이 있었지만, 암보이나(Amboina)와 테르나테(Ternate) 섬의 정향, 반다(Banda) 섬의 육두구와 육두구의 말린 껍질 같은 향료제도의 산물들이 최고의 귀항 화물이었다. 1609년 보스(Peter Both)가 네덜란드 동인도회사의 초대 총독(Governor-General)으로

---

1) 역주ㅣ1600년 네덜란드선 리프데 호가 처음 일본에 입항하였고, 1609년에 히라도平戸에서 네덜란드 무역이 공식적으로 시작되었다.

부임했을 때, 그는 "몰루카(Moluccas), 암보이나, 반다 섬과의 무역은 모두 회사에 속해야 하며, 세계의 어느 나라도 여기에 끼어들지 못하도록 해야 한다"는 명료한 사업지시서를 지참하고 있었다. 이는 다른 나라는 물론이고 일찍이 네덜란드의 맹방이기도 했던 잉글랜드에도 해당되었다. 잉글랜드인들은 외교교섭과 전투, 심하게는 고문, 학살행위 등 때문에 향료 제도에서 쫓겨났고, 17세기 말에는 후추무역의 중심지인 자바에서도 쫓겨났다.

네덜란드인들은 한자 상인들이 차지하고 있던 북유럽의 운송무역과 청어어업의 지배자의 지위를 계승하였을 뿐만 아니라, 베네치아인들과 포르투갈인들이 동양산품을 유럽 시장에 공급하던 역할까지 대신하였다. 양과 다양성이라는 두 측면에서 네덜란드의 무역은 세계 역사상 유례가 없는 것이었다. 네덜란드 배들은 목재·조선용 재료造船用 材料·철·밀랍·스칸디나비아와 발트해산 곡물을 서유럽으로 운송하고, 중유럽 산품과 제조품들을 배급하기도 했다. 암스테르담과 로테르담의 창고에는 스페인산 양모·세일론산 육계피·진주·인도산 면화·옥양목·설탕·초석·아편·중국과 일본에서 수입된 비단·도자기·구리·차·칠기·시암산 가죽·염료 채취용 목재·아연 등으로 넘쳐났다.

당대의 동시대인들이 시기에 차서 인정하지 않을 수 없었던 바와 같이, 네덜란드인들은 자신들이 이렇게 압도적인 우위를 차지할 수 있었던 원인을 지리적인 이점과 현명한 상술, 그리고 교묘한 금융기법에서 찾았다. 차일드는 네덜란드의 성공에는 그들의 '부채증서의 양도'(Transference of Bills of Debt)에 관한 법이 큰 역할을 했다고 지적하였다. 부채증서의 양도란 오늘날의 어음중개인(bill-broker)이 하는 역할과 기능이 비슷했다. 이 법을 활용하여 네덜란드 상인들은 자본을 빨리 회전시킬 수 있었다. 이에 반해 잉글랜드 상인들은 결제 받는 데 6개월, 9개월, 심지어 12개월을 기다려야만 했다. 네덜란드인의 상업적 성공에는 1609년에 설립된 암스테르담 은행도 한몫 했다. 윌리엄 페티가 잉글랜드에서 "돈을 모금하거나 무역을 통해 나오는 소액을 큰 자본으로 만들기 위해" 은행이 어떤 역할을 하는지에 대해 잉글랜드 상인들에게 설명할 필요성이 있다고 느끼고 있을 당시에 암스테르담 은행은 벌써 70여 년 동안 제 구실을 해오고 있었다.

이 모든 조건이 저렴하고 풍부한 자금 공급을 가능케 해주었다. 네덜란드 상인들과 선주들이 그들의 경쟁자보다 가격과 운임을 싸게 제공할 수 있었던 것은 임금이 낮았기 때문이 아니다. "전 세계적으로 임금이 전반적으로 높다는 것은 그 나라의 부강함을 보여주는 명백한 증거다"라는 견해를 강력히 표명한 바 있는 차일드는 네덜란드의 일반적인 임금 수준이 잉글랜드보다 2 펜스 정도 높았다고 추정하고, 잉글랜드의 많은 선원들이 보다 높은 보수에 이끌려 네덜란드 상선에 승선하였다고 지적하고 있다. 그러나 잉글랜드의 이자율이 10%였을 때 네덜란드에서는 6%에 지나지 않았고, 잉글랜드의 이자율이 8%로 떨어지고 다시 6%로 떨어졌을 때에도 네덜란드 상인들과 선주들은 평시에는 3~3.5%로, 전시 때조차 4%에 돈을 빌릴 수 있었다. 바로 이 점이 네덜란드와 잉글랜드 간의 격차를 낳은 결정적인 요인이었다. 이 때문에 네덜란드인들은 대단히 유리한 입장에 놓여 있었다. 추측컨대 위험은 크고 이익은 낮은 고래잡이 어업과 같은 무역에서까지, 그들이 경쟁국들보다 더 낮은 이익률로도 견뎌낼 수 있었기 때문이다. 네덜란드인들은 일반 상업에서보다 해운업 쪽에서 훨씬 더 유리하였다. 네덜란드인들은 해적과 적국의 사나포 활동에 대항하기 위해 주로 호송선단에 의지했기 때문에 속력과 선체 강도를 잉글랜드 조선업자들보다 약하게 배를 지었고, 배가 건조된 뒤에는 잉글랜드 선주보다 더 적은 선원으로 배를 운항할 수 있었다. 싼 건조비와 낮은 운항비, 그리고 차입금에 대한 낮은 이자율 덕분에 네덜란드의 선박소유업은 잉글랜드보다 훨씬 더 이익이 많이 나는 사업이었다.

차일드의 원고를 포함하여 한데 엮어서 펴낸 『반(反)고리대 소론』(*Small Treaties against Usury*)이라는 책자에서, 옛날 어떤 논자는 잉글랜드 일류 상인들의 입을 빌어 다음과 같이 기술하고 있다. "잉글랜드에서 배를 지어 다른 사람에게 대선할 경우" 여러 경비와 감가상각비를 공제하면 10% 또는 12% 이상의 수익을 기대할 수 없는데, 이 정도를 갖고는, 차입금의 금리로서 8%를 지불해야 한다는 사정을 염두에 두면 잉글랜드 선박소유업은 오늘날의 견지에서 보면 '이익이 남지 않는 사업'이라고 해도 될 것이다. 그러나 '저지대국가'(Low-Countries)에서는 이자율이 6%에 지나지 않았기 때문에 선박 건조와 용선업은 수지맞는 사업이었다.

하나가 잘되면 만사가 다 잘된다. 일단 네덜란드인들이 무역업자이자 운송업자로서 타의 추종을 불허하게 되자, 그들의 사업은 눈부신 발전을 보여 하나가 둘을 낳고 둘이 셋을 낳는 식으로 그 이익이 급속도로 증대하였다. 무역잡지라든가 통상통계의 간행물이 존재하지 않았던 그 당시에는, 오늘날 우리가 『무역연감』(*Annual Statement of Trade*)이나 해외무역성(Overseas Trade Department)의 각종 보고서와 같은 정보원을 통해 파악할 수 있는 판매시장과 공급시장의 정보도 눈과 손을 이용하여 직접 관찰하는 방식으로 입수해야 했다. 페티는 다음과 같이 밝히고 있다.

　　항해와 어업에 탁월한 국민은 세계 여러 곳을 방문할 기회가 다른 나라 국민들보다도 많다. 또한 세계 여러 곳에서 부족한 것이 무엇인지, 남아도는 것이 무엇인지, 각 국민이 무엇을 할 수 있고, 그들이 원하는 것이 무엇인지를 알 기회를 갖게 된다. 그 때문에 그들은 세계무역에서 중개인·운송인이 될 수 있었다.

그는 나아가 네덜란드인들이 각종 통상 분야에 특히 적합한 선박을 건조할 수 있다는 점에서, 그들의 광범위한 운송무역이 그들에게 가져다준 이점에 대해서도 강력히 역설하였다.

　　해운업을 장악한 국민은 돛대·전나무·판재·각재와 같은 목재를 운송하기에 적합한 가늘고 긴 배와, 납·철·석재 따위를 운송하는 데 적합한 짧은 배를 구분하여 건조할 수 있다. 좌초의 염려가 전혀 없는 항구로 무역하러 가는 배와 12시간마다 두 차례씩 사주沙洲를 올라가야 하는 항구로 가는 배를 구별하여 건조한다. 나아가 평상시 값싸고 조악한 화물을 운송하는 데는 어떠어떠한 배와 어떠어떠한 선원 배승配乘 방법을 채용하고, 전시에 복무할 배 또는 고가의 물품을 운송하는 데는 이와 구별되는 배와 배승방법을 고안해 낸다.… 시장에 처음 공급되는 물품을 급송하는 배와 도달시각이 다소 늦어져도 크게 문제가 되지 않는 물자를 운송하는 배는 선형과 의장을 구분한다.… 바로 이러한 특징들이야말로 네덜란드인들이 주변국의 국민들보다 저렴한 운임으로 (배를) 운항할 수 있는 주된 이유라고 할 수 있다. 즉 이는, 네덜란드인들이 각각의 특정 항로에 적합한 특수한 배를 충당할 수 있는 이유일 것이다.

특히 페티는 네덜란드인들이 이렇게 해운업에서 강력했던 것은 "판매 시기가 계절에 구애받지 않는 값이 싼 대량 화물"의 운송에 투입된 '돛대 낮은 배' 때문이라고 믿고 있었다. 그의 주장에 따르면, 4~5일 항해에 3주일 이상 항구에 정박해야 하는 항로에서는 (그는 발트해 항로를 염두에 두었던 것 같다) 항해 소요일수에서 하루를 번다든가 하는 것은, 항해구역이 확대되고 그 때문에 선원의 배승 규모가 증대하는 데 따른 비용의 증가에 견주어 보면 사소한 것이었다.

당시 네덜란드인들의 우위를 수학적으로 정확하게 계산해 낸다는 것은 불가능하다. 선박등록제도가 시행되지 않았던 당시에는 통계자료가 남아 있다 하더라도 그것이 추정보다 나을 바가 없을 것이기 때문이다. 하지만 페티의 추산에 따르면, 당시의 상황이 어느 정도였는지 가늠해 볼 수 있다. 그는 유럽 전체의 선박량을 약 200만 톤으로 추산하였는데, 그 가운데 90만 톤이 네덜란드에 속했고, 50만 톤은 잉글랜드, 10만 톤은 프랑스, 25만 톤이 독일과 스칸디나비아 제국, 25만 톤이 남유럽 국가에 각각 속했다고 보았다.

어쨌든 그의 추산치는 실제와 크게 다르지 않을 것이다. 왜냐하면 네덜란드 어선선대는 다른 어떤 나라보다 규모가 컸고, 네덜란드 상선들은 생선·소금·곡물·목재와 같은 유럽의 대량 화물을 제일 많이 운송하였기 때문이다. 그들은 또한 고래잡이 어업과 원거리 동양 항로에서도 압도적인 우위를 차지하였다. 네덜란드 동인도회사의 선대는 분명히 규모가 클 수밖에 없었다. 네덜란드와 바타비아 또는 세일론 사이를 항해한 선박 외에, 다수의 선박(대부분은 대형선이었다)이 끊임없이 향료제도의 산물을 집화하고, 바타비아를 중심으로 인도·페르시아·시암·중국·일본의 항구들 사이에서 영위되는 대단히 이익이 많은 지역

무역에 종사하고 있었기 때문이다. 대서양 무역을 목적으로 하여 1621년에 설립된 네덜란드 서인도회사도 거대 선주였다.

사업이라는 관점에서 보면, 네덜란드인들은 세계 역사상 가장 성공한 선주들이었다. 과거 어떤 나라도 세계 무역에서 그렇게 많은 부분을 운송하거나, 운송무역으로부터 그렇게 많은 이익을 얻은 적이 없었다. 하지만 당시 무역이 이루어지는 조건들에 초점을 맞추어 보면 두드러진 어떤 진전도 보이지 않았다. 어쨌든 장거리 무역에서는 네덜란드 상선에서의 생활은 놀라울 정도로 '열악하고, 야만적이고, 불결한' 경향이 있었다.

비록 콜럼버스와 바스코 다 가마 시대 이래로 조선술과 항해술이 장족의 발전을 이룩하기는 했지만, 바다의 위험은 오늘날 우리들이 상상할 수 없을 정도로 여전히 높았다. 오늘날의 기준에서 보면, 당시의 배들은 여전히 조종하기 까다롭고, 위쪽이 무거워 선체의 좌우요동이 아주 심했다. 또한 이물과 고물에 세로돛이 없어서 맞바람 방향으로 항해하는 능력이 제한되어 있었다. 항해도구의 개량으로 위도는 꽤 정확하게 계산할 수 있게 되었지만, 경도 문제는 여전히 해결되지 않고 있었다. 따라서 추측항법은 아주 불완전하였다. 게다가 아직 많은 바다들은 해도조차 작성되어 있지 않았고, 어떤 항해안내서도 원거리 수역의 바람·조류·암초·사주에 대해 대강의 묘사 이상은 제공하지 못하였다.

따라서 모든 항해는 위험으로 가득 차 있었지만, 네덜란드인은 사업에 대한 과도한 본능 때문에 다른 나라 선박보다 자기 나라 선박의 안전을 더 꾀하려 하지는 않았다. 보통 탐욕은 종종 사람들을 근시안적으로 만들기 때문이다. 네덜란드인들은, 그 전후의 수많은 다른 선주들

1616년 당시의 로테르담 항

과 마찬가지로 눈앞의 이익을 얻기 위해 커다란 (보험으로 피해보상을 받을 수 있는) 위험을 기꺼이 감수하려 들었다. 네덜란드인들은 속력이나 조종 성능 따위에는 아랑곳하지 않고 화물을 최대한 실을 수 있도록 배를 건조하고, 동인도 무역에서는 자주 화물을 지나치게 많이 실었다. 그들에 앞섰던 포르투갈인들이 그랬던 것처럼, 네덜란드인들이 정상적인 화물 이외에 선원들이 개인화물을 실을 수 있도록 공식적으로 허용한 관례도 귀항항해의 위험을 증가시켰다.

연합동인도회사 선대의 인력이나 물품이 언제나 최고였던 것은 아니다. 건조비를 아끼기 위해 '낡고 물이 새는' 배들을 운항하고 있었다는 것을 보여주는 명백한 증거들이 있고, 사관 중에는 배만큼이나 '나이먹은' 사람들도 있었던 것 같다. 1680년에서 1685년까지 이 회사에 복무한 바 있는 독일 출신의 외과의사 프릭(Christopher Frick)은 자바로 갈 때 탔던 배의 선장은 80세가 넘어 보였고, 귀국할 때 탄 배의 선장은 '거의 90세에 가까운 할아버지'였다고 썼다. 이런 사람들이 현직에 남아 있을 수 있었던 것은 그들의 임금이 낮았거나, 아니면 선박소유권의 일부를 갖고 있었기 때문이다. 물론 순수 네덜란드 선원들은 우수했다. 하지만 고용한 선원들 가운데에는 외국인도 섞여 있었고, 이들 외국인 선원들은 기율이나 운항기술도 제대로 갖추지 못했다.

이렇게 볼 때, 전반적으로 해양사고가 잦았다는 것은 전혀 놀랄 일이 아니다. 아주 주의 깊은 관찰자이자 바다를 좋아하는 모험적인 젊은이였던 프릭은 자바에서 시암까지의 항해에 대해 다음과 같이 언급하고 있다. "두세 척의 배가 그런 엄청난 항해를 아무 사고나 불행을 겪지 않고 해낸다는 것은 거의 불가능한 일이다." 자신의 체험에 기초한 난파선, 좌초선, 화재선, 표류선과, 이러한 여러 재해에서 겨우 살아난 선박에 대한 이야기는, 그가 받은 느낌을 충분히 설명해 준다. 그리고 이를 뒷받침해 줄 만한 다른 증거들도 많다. 실제로 프릭은 다음과 같이 전하고 있다.

> 계약기간이 만료되었을 때 다시 배를 타고 고향으로 돌아가는 위험을 감수하기보다는 낯선 땅에서 새 삶을 개척하기 위해 하선하는 사람들이 수백 명에 이르렀다.… 배들이 표류하고, 선대의 절반 또는 어떤 때는 선대 전체가 침몰하였다는 소식이 전해질 때마다 선원들의 두려움은 더욱 커져 갔다.

이러한 말들을 거짓으로 치부할 이유는 전혀 없다. 왜냐하면 18세기 전반기조차 귀향하는 동인도선에서의 해양사고율은 매우 높았기 때문이다.

게다가 선원들이 항해에 대해 갖고 있는 두려움은 난파만은 아니었다. 의료기술이나 위생 상태 또한 16세기 이래 전혀 개선되지 않은 채였고, 어떤 나라—적어도 북유럽 국가—도 아직 장거리 동양 항로에 알맞게 선내의 식량공급법을 아직 발견하지 못하고 있었다.

이는 결국 항해의 질을 저하시켜 항해일수를 쓸데없이 증대시켰기 때문에 점점 더 중대한 문제가 되었다. 동인도선은 속력을 다투는 배가 아니었기 때문에 네덜란드 동인도선의 항해기록을 후대의 중국·호주 클리퍼선들이 세운 기록과 비교한다는 것은 부당하다. 동인도선은 귀항 항해 때는 최소한 호송선단을 이루어 항해했고, 속력이 빠른 배는 선대에서 뒤쳐진 배들을 기다려야 했다. 하지만 독자들은 푸조우福州로부터의 귀항 항해기록을 깨뜨린 써 랜슬럿(Sir Lancelot) 호가 순다

(Sunda) 해협의 앙제르(Anjer)에서부터 본국까지 68일 만에 항해하였고, 19세기에는 유럽과 앙제르 간 항해에 100일 넘는 경우는 아주 저조한 기록으로 간주되었음을 염두에 둘 필요가 있다. 프릭은 유로파(Europa) 호를 타고 텍셀 강(Texel)을 출항하여 희망봉에서 머문 며칠까지 포함하여 184일 만에 바타비아에 도착하였다. 독일인인 슈바이처(Schweitzer)는 운이 좋아서 텍셀 강에서부터 162일 만에 바타비아에 도착하였다. 그는 희망봉에서 일주일간 휴식을 취하고 출항하여 55일 만에 바타비아에 도착하였다. 하지만 귀항 항해 때에는 콜롬보에서 출항하여 231일이나 걸렸다. 즉 세일론에서 희망봉까지 108일이 걸리고, 희망봉에서 7일간 휴식을 취하고, 희망봉에서 텍셀 강까지 116일이 걸렸던 것이다. 이를 오늘날과 비교해 보면, 1900년 전후 한 작가는 당시 전성기를 한참 지난 토렌스(Torrens) 호를 타고 더번에서 2주일간 짐을 부리고, 세인트 헬레나에서 10일간 정박한 것을 포함하여 호주에서부터 125일 만에 본국에 도착하였다.

프릭과 슈바이처의 항해는 그렇게 예외적인 것이 아니었고, 이보다 훨씬 더 오래 걸린 경우도 있었다. 이와 같은 장기 항해에서 불량하고 부적당한 음식과 불결함, 그리고 과밀함은 선원이나 승객 모두가 감내해야 하는 또 하나의 힘겨운 부담이었다. 이런 상황이 네덜란드 선으로만 한정된 것은 아니었다. 실제로 선내 음식에 관한 한, 국왕 소유선이건 일반 상선이건 잉글랜드 배들이 가장 나쁜 편에 속했다. 물론 음식 문제가 전적으로 해군본부나 선주들의 잘못이 아니었음은 감안해야 한다. 해군의 전문가들은 주로 비스킷과, 소금에 절인 고기와 생선으로 이루어진 선내 급식이 괴혈병을 일으킬 우려가 다분하다는 것을 잘 알고 있었다. 그들은 "쌀죽·귀리죽·비스케이크(biscake)·무화과 열매·

올리브 기름 등을 주식으로 하는" 스페인인과 이탈리아인들을 본뜨고 싶었을 것이나 그 같은 급식을 선원들에게 강요할 수는 없었다.

　　우리 보통 선원들은 일상적인 음식을 단념하기보다는 오히려 열사병이나 괴혈병에 걸리는 쪽이 낫다고 생각할 정도로 쇠고기와 돼지고기에 집착하고 있다.

　네덜란드 동인도회사에서는 소금에 절인 고기를 일주일에 3일간 $2\frac{1}{4}$ lbs만 제공하였던 데 반하여, 잉글랜드의 해군에서는 6 lbs를 공급했다. 네덜란드 동인도선에서는 그 모자라는 부분을 생선·버터·완두콩·끓인 보리죽과 귀리죽으로 보충하였다. 또한 동인도선에서는 동양에서 여러 항구에 기항할 때마다 염장 생선의 급식을 중단하고, 완두콩과 쌀에 약간의 고기를 곁들여 식단을 짰다.

　네덜란드의 선내 급식조차 장거리 항해에 그렇게 적절한 것은 아니었다. 더군다나 양과 질 양면에서도 크게 부족하였다. 사실 17세기 선원들은 선내 급식 면에서 모든 정부와 모든 선주들로부터 끔찍할 정도로 푸대접을 받았다. 잉글랜드 해군에서조차 맥주는 썩었고, 비스킷에는 벌레가 득실거렸으며, 쇠고기는 소 고창증鼓脹症(ox-hoove)에 걸린 것이기 일쑤였다. 이에 대해서는 해군본부가 보통 선식업자들에게 지불할 돈이 크게 모자랐다는 점에서 최소한 변명의 여지가 있다. 그러나 상선이라고 해서 상황이 나은 것은 아니었다. 이제는 중세시대처럼 선원 가운데 공동선주나 상인이 포함된 경우가 없었고, 원양항로에서는 모험사업의 1차 영광도 빛을 바래기 시작했다. 또한 보통 선원들 가운데 옛날처럼 교육을 받은 사람이나 상류층 출신은 거의 없었다.

선원들은 그저 '일손'(hands)에 지나지 않았다. 비록 페티가 선원들은 숙박과 급식을 제공받고, 일주일에 12 실링의 임금을 받는 것으로 추산하기는 했지만—이것은 농업노동자 급료의 3배에 해당한다—그들의 사회적 지위는 육상에서 임금을 많이 받는 직업과 비교하면 하락하고 있었다. 그들은 경제불황기에 품팔이 일꾼들이 당했던 것처럼 선주들로부터 푸대접을 받았다. 페피스(Pepys)는 "잉글랜드 동인도회사만이" 제대로 급식을 제공했다고 말하고 있다. 암스테르담에 자리 잡고 있는 잉글랜드 동인도회사의 경쟁자인 부유한 네덜란드 동인도회사도 선원들에게 좋은 급식을 제공했다고는 결코 말할 수 없다. 여기에서 다시 크리스토퍼 프릭의 얘기를 들어보기로 하자.

그는 "소금에 5~6년씩 절여져 있어" 염분이 너무 많은 쇠고기와 돼지고기는, 요리를 하면 본래 무게의 1/3가량이 줄어들어 버렸다고 말하고 있다. "맥주는 썩지 않는 한 보통 품질이지만," 그가 탄 배가 세인트 폴 록(St. Paul's rocks)2)에 도착하기 전에 맥주·브랜디·담배·치즈는 거의 다 떨어져, 선원들은 "소금물처럼 짠 베이컨·반쯤 익힌 완두콩·죽·썩은 물"로 겨우 목숨을 연명해야 했고, 이조차도 넉넉하지 않았다. 이러한 열악한 급식에다 과밀(Ternate 호에는 300~400명이 승선하였다), 불결, 환기 불량 등이 더해졌다. 상황이 이렇다 보니 "수종水腫(dropsy)·적리赤痢(bloodyflux)·괴혈병"이 "계속 발병하여 배가 환자병동으로 바뀌었다"는 사실은 조금도 놀라운 일이 아니다. 세인트 폴 록과 희망봉 사이에서 천연두가 발생했고, 승객 중 나이 많은 사람들은 거의 괴혈병으로 사망하였다. 네덜란드 동인도회사에 복무한 바 있는 또 다른 독일인 슈바이처는 이보다 더 비참한 경험을 했다. 적도 무풍대에서

---

2) **역주 |** 브라질 북동쪽 대서양상 북위 1도, 서경 29도 15분 지점의 화산암 군.

갇혀 있는 9일 동안 그의 배에서는 62명이 수장되었다.

물론 슈바이처가 경험한 것은 아주 예외적인 경우였다. 그러나 괴혈병으로 인한 사망률이 아주 높았던 것은 분명하다. 만약 희망봉에 네덜란드 식민지가 없었다면 사망률은 훨씬 높았을 것이다. 모든 배들은 희망봉에 들러 식량과 식수를 보충하고, 그 값을 매길 수 없을 만큼 귀중한 "샐러드·야채·순무우·오이·온갖 종류의 푸성귀"를 얻을 수 있었다.

해운과 통상 분야에서 네덜란드가 일군 경이적인 성장은 사람들이 온갖 고난을 겪고 목숨까지 바치는 값비싼 대가를 치르고 얻은 것이었다. 그러나 연합동인도회사가 소유한 선박의 선상 여건이 당시 평균보다 좀 나빴다 하더라도, 17세기의 어떤 선박 소유국에 돌멩이를 던질 수는 없다. 그것이 당시의 상황이었고, 바다를 좋아하거나 경제적 필요성 때문에 대양에서 일거리를 찾아야 했던 사람들의 일반적인 운명이었다.

▚▚ 참고문헌

C. H. Hull, *The Economic Writings of Sir William Petty*, Cambridge, 1899.

Sir Josiah Child, *New Discourse of Trade*, 1698.

Fulton, *Sovereignty of the Seas*, London, 1927.

Jenkins, *The Herrings and the Herring Fisheries*, London, 1927.

Sir William Hunter, *History of British India*, London, 1904.

Clive Day, *The Dutch in Java*, London, 1904.

C. E. Fayle ed., *Voyages to the East Indies by Christopher Fryke and Christopher Schweitzer*, London, 1929.

제7장 배·식민지·통상

항해법의 시대

이익(profit)과 국력(power)은 동시에 고려해야만 한다.
Sir Josiah Child, A New Discourse of Trade

어떤 것은 돈으로 사야만 하고,
어떤 것은 무역을 통해 얻어야 하며,
어떤 것은 창과 함포를 동원하여 확보해야 한다.
Kipling, The Merchantmen

로이즈의 신사들이 조지 3세(1760~1820) 즉위 50주년(1810)을 기념하기 위해 준비한 몇 가지 볼거리 중 단연 최고를 장식한 것은 완전한 의장을 갖춘 배들이 열을 지어 항해하며 일제히 쏘아올린 함포였다. 이 때 전함의 한쪽 뱃전에는 충성을 다짐하는 "국왕 폐하 만세"라는 낱말이, 그리고 다른 뱃전에는 "배·식민지·통상"이라는 낱말이 불꽃처럼 타올랐다. 17세기부터 18세기 말까지 서유럽 각국의 정책이 목표로 삼은 목적을 간단명료하게 요약한 것으로서 1809년 보험업자들이 사용한 이 슬로건보다 더 적절한 것은 없을 것이다.

스페인인들과 포르투갈인들은 대양항로를 개척하고 해양팽창에의 길을 보여줌으로써 국민적 왕조적 경쟁에 새로운 방향을 제시하였다. 앞서 살펴본 바와 같이, 네덜란드인들은 식민지 개척과 원양무역에서 국부와 국력을 신장시킬 수 있는 잠재적 가능성을 최대로 활용한 최초의 사람들이었다. 그러나 크롬웰 치하의 잉글랜드와 루이 14세 치하의 프랑스가 국내의 어려움을 극복하고 나자 바다에서 네덜란드인들이 장악하고 있던 해상패권은, 이전에 스페인과 포르투갈의 독점 체제가 그러했던 것처럼, 강력한 도전에 직면하였다. 한 세기 반에 걸쳐 계속된 쟁투와 상업적 경쟁은 목적과 수단 면에서 전쟁과 다를 바 없었다. 유럽의 주요 강국들은 항해왕자 엔리케의 유산을 차지하기 위해 오랫동안 투쟁을 계속하였다. 이 시기의 해운사를 이해하기 위해서는 먼저 배·식민지·통상에 대해 정치가들이 어떤 태도를 보였는지 연구하지 않으면 안 된다.

이 치열한 국가적 경쟁에 참여한 정치가들에게 통상은 그 자체가 궁극적인 목적이 아니라 목적을 달성하기 위한 수단이었다. 재부財富는 주로 그것이 가져다줄 수 있는 군사력과 그 군사력에 의한 정치적 영향력을 확보하기 위해 추구되었다. 진보란 것도 어떤 나라가 현실에서 갖는 부가 해마다 증대하는 것에 의해서라기보다는, 어떤 나라의 부가 다른 나라의 부를 능가하는 정도 여하에 따라 측정되었다. 경쟁국의 번영을 방해하고 훼손시키는 것은 자국의 번영을 증대시키는 것과 마찬가지로 중대한 국책으로 여겨졌다.

국부 자체는 주로 금과 은을 얼마나 많이 보유하고 있느냐로 평가되었다. 페티는 금과 은은 "다른 물품처럼 없어지지도, 변하지도 않으며, 시대와 장소를 가리지 않고 부 자체로 간주된다"고 썼다. 금과 은은 또한 전쟁비용을 치르는 맞돈(현금)의 필수 재원이기도 했다. 그러므로 상업정책의 목표는 수입보다 수출을 더 많이 하여 다른 나라가 경화로 결제할 수밖에 없도록 자국에게 유리한 무역차액을 만들어내는 것이었다.

이것이야말로 운송무역의 장려에 특별하게 주의를 기울였던 중요한 이유였다. 페티는

> 뱃사람들의 노동(임금 | 역자)과 배의 짐(운임 | 역자)은 언제나 수출 상품이라는 특성을 띠는데, 그것이 수입을 초과할 경우 자국에 부를 가져다주기 때문이다.

라고 지적하였는데, 해운업을 육성하고자 하였던 데는 이보다 더 중요한 이유가 있었다. 배는 '무역 차액'에 유리한 운임을 벌어올 뿐만 아니라, 그 자체가 국력의 일부였다. 잉글랜드 공화정기의 대군인—제독 치하에서는 전함과 상선 간의 차이가 더욱 더 뚜렷해졌고, 상선을 전투에 투입하는 관례는 점차 사라졌다. 그러나 사나포선은 여전히

전시에 중요한 역할을 했고, 일반 상선도 여전히 병력수송과 보급선의 역할을 수행해야 했다. 특히 전투함대에 승선하는 인원은 평소부터 대규모적인 상선대를 유지하고 선원을 양성해 두어야 비로소 확보할 수 있었다. 당시는 아직 해군 장병을 육성하기 위한 어떤 정규적인 체제가 갖추어져 있지 않았기 때문이다.

차일드는 이에 대해 다음과 같이 명확하게 지적하고 있다.

> 무역은, 비록 운송되는 상품이 그 자체로는 액수가 작은 것일지라도 많은 선박을 운항할 때처럼 그 개발과 유지와 완수를 위해 애를 써야 한다. 왜냐하면 우선 무역은 가장 수익이 많이 나는 사업이기 때문이다. 게다가 상품에 의해 얻을 수 있는 이익 외에 이러한 무역로에서는 흔히 상품가를 상회하는 운임 이득이 있고 이는 모두 자국민의 이익으로 돌아가기 때문이다. 나아가 거기에 수반되는 힘(인력과 화폐)에 접근할 수 있게 해준다. 수많은 배와 선원은, 바로 영국의 힘과 안전(저자의 강조)을 증대시켜 주게 되기 때문이다.

당대의 정치가들은 무역차액이론과 해군력의 중요성을 감안하여 해외식민지나 해외 상관과의 무역에 특별한 호감을 갖고 주시하였다. 우선 이들 해외 영지와의 모든 통상활동은 모국의 이익만을 염두에 두고 통제되었고, 모국의 상인은 그것에 의해 자기 상품에 대한 판매시장을 보증받고, 그 상품을 수입하면 다른 유럽 제국에 재수출할 수 있는 진기품과 희소품을 해외산지에서 들여오는 독점권을 획득하였다. 둘째로 이러한 장거리 식민지 무역을 위해서는 선박이 많이 필요했는데, 이로 인한 이익은 자국 소유의 선박으로 한정되었다.

표면적인 이유가 무엇이든 간에 17세기 말과 18세기에 유럽에서 일어난 몇 차례의 대규모적인 전쟁은 식민지와 세력권을 확보하려는 서구 열강들간의 각축전으로 비화되는 경향이 있었다. 잠시 동안의 평화기에도 유럽 열강의 상업정책은 그들을 전쟁으로 내몰았던 것과 똑같은 동기에 의해 고취되었다. 실제로 이러한 분위기가 어떻게 작용했는가는 크롬웰과 찰스 2세의 대 항해법에 따라 구축된 잉글랜드의 식민지체제를 살펴보면 잘 파악할 수 있다.

잉글랜드인들이 네덜란드가 해상패권국으로 약진하는 것을 지켜보면서 느꼈던 부러움과 두려움은, 네덜란드 총독들이 향료제도에서 잉글랜드와의 경쟁을 부서뜨리기 위해 가차없이 짓밟아 버림으로써 격렬한 적대감으로 돌변하였다. 잉글랜드가 자국의 이익을 보호할 수 있을 만큼 충분히 강력한 정부를 갖게 되자마자 상인들은 원한에 사무친 경쟁자를 효과적으로 억압할 수 있도록 지원해 줄 것을 요청하기 시작했다. 잉글랜드가 따라잡기에는 네덜란드는 이미 너무 멀리 달아나 있었다. 잉글랜드는 향료제도의 무역을 완전히 상실하였고, 세계의 일반 운송무역에서 네덜란드가 차지하고 있는 지위는 확고부동한 것처럼 보였다. 잉글랜드 해운업에 남은 마지막 희망은 식민지 해상교통에 있는 것처럼 보였지만, 이마저도 네덜란드인들이 끼어들기 시작하고 있었다.

엘리자베스 치세 하에 행해진 잉글랜드 최초의 식민지 개척사업은 실패하였다. 1603년 스페인과 맺은 평화협정으로 상대국에 대한 사나포 활동을 중단하기로 하였을 때, 기업심과 모험심을 분출시킬 수 있는 새로운 출구를 찾아야 했다. 대규모 사나포 원정을 재정적으로 지원하였던 동업조합들도 이제 식민지 개척에 관심을 쏟기 시작했다.

안전한 해외 도피처를 찾아야 했던 가톨릭·청교도·왕당파로 이어지는 해외 피난민의 물결이 식민지의 개척에 커다란 자극제가 되었다. 17세기 중엽까지 뉴 잉글랜드·버지니아·메릴랜드·캐롤라이나와 서인도제도가 적어도 부분적으로 식민화되었다. 자메이카는 1655년에 스페인으로부터 빼앗는 데 성공하였다. 아시아와 아프리카에서 동인도·기네아 회사(East India and Guinea Companies)는 무역을 발전시키기 위한 무역거점으로서 해외상관과 기지를 구축하였다. 물론 플랜테이션 무역으로 불리는 식민지 해상교통은 이미 상당 규모에 이르렀고, 식민지의 인구와 생산이 증가함에 따라 점차 팽창하기 시작하였다. 설탕과 담배 플랜테이션에서 필요로 하는 노예노동력의 수요만으로도 대규모적이고 계속 증대되어 가는 선박 수요를 창출하기에 충분했다.

이러한 상황에서 잉글랜드 해운업을 보호하기 위해 잉글랜드 상인들과 선주들에게 식민지 상품을 취급하고 운송할 수 있는 독점권을 인정해 주고 동시에 네덜란드의 무역거점과 운송무역에 타격을 가하기 위한 일련의 법안이 성안된 것은 자연스러운 일이었다.

이 전체 체계의 기반이 된 것은 1651년 크롬웰의 항해법이었지만, 이 법은 1660년 법으로 대체되었다. 1660년 항해법은 1651년 조항을 수정 보완한 것으로, 여기에서 각 조항을 상세히 살펴보고자 한다. 잉글랜드의 「해운 대헌장」이 된 1660년 항해법에는 7개 주요 조항이 포함되어 있다.[1]

    1) 아시아·아프리카·아메리카의 잉글랜드 속령으로부터 수입되거

---

1) 1660년 항해법의 각 조항에는 번호가 매겨져 있지 않으며, 이 책에서 제시한 순서와는 다르게 배열되어 있다.

나 그 곳으로 수출되는 어떠한 상품이나 물품도 잉글랜드 배가
아니고서는 운송될 수 없다.

2) 아시아·아프리카·아메리카의 어떠한 지역에서 재배·생산·제조
된 상품이나 물품은 잉글랜드 배가 아니고서는 잉글랜드·웨일즈
·아일랜드로 수입될 수 없다.

3) 외국 배는 잉글랜드의 연안무역에 참여할 수 없다.

이들 조항의 취지에 기초하여 잉글랜드 배는 다음과 같이 정의되었다.
"진실로 거짓없이" 잉글랜드·웨일즈·아일랜드·플랜테이션 또는 식민
지가 소유하고 있으며, 그 배의 선장과 선원의 최소한 3/4이 잉글랜드
속민인 배. 이 세 조항이 의도하는 바는 잉글랜드 배들이 오늘날의
용어로 '제국 간'(Inter-Imperial) 무역과, 잉글랜드 해외 속령의 모든 외국
무역, 그리고 유럽 이외의 세계 각국으로부터의 수입무역을 독점할
수 있도록 하는 것이었다.

이 조항만으로도 상당히 광범하고 철저한 것이었지만, 항해법을
제정한 사람들의 눈에는 아직 충분하지 않았다. 세계의 중개인이자
일반 운송인인 네덜란드 무역에도 타격을 주어야 했다. 이는 두 가지
방식으로 이루어졌다.

4) 외국에서 재배·생산·제조된 것은 어떠한 상품이든, 원산지나
그 상품이 운송을 위해 최초로 선적 가능한 유일한 항구 혹은
현재 그러한 상품의 최초의 선적항이 되어 왔던 항구에서 직접
수입한 경우가 아니면 잉글랜드 배라 하더라도 수입될 수 없다.

5) 러시아 상품·투르크 제국의 건포도나 기타 다른 생산품·돛대용

목재·목재·판재·소금·송진·타르·마·대마·아마·건포도·무화
과 열매·말린 자두·올리브 기름·밀·곡류·설탕·'가성 칼륨'·포도
주·식초·브랜디는 잉글랜드 배나, 원산지에 속한 배, 또는 최초로
선적된 항구에 소속된 배가 아니고서는 수입될 수 없다.

두 조항 가운데 첫 번째 조항은 네덜란드의 중개무역을 겨냥한
것이었다. 중유럽 산물들은 "만약 운송을 위해 처음으로 선적된 항구"
가 네덜란드 항구라면, 그 곳으로부터 잉글랜드로 들여오는 것은 가능
하였다. 그러나 발트해산 조선용 자재나 스페인산 포도주와 올리브
기름은 암스테르담과 로테르담의 창고에서 런던으로 재수출될 수
없었다. 만약 어떤 나라가 해안을 끼고 있다면, 그 나라는 잉글랜드와
직접 교역을 해야만 했다.

이에 따라 네덜란드인들은 전혀 이익을 얻을 수 없게 되었지만,
이 법은 하나의 커다란 예외규정을 두지 않을 수 없었다. 스페인과
포르투갈의 식민지들은 외국과 직접 교역을 할 수 없었다. 따라서
이들 지역의 생산품은 스페인·포르투갈·아조레스 제도·마데이라 제
도·카나리아 제도의 어느 항구에서부터 잉글랜드 배에 선적되어야만
수입될 수 있었다. 또한 동인도·레반트·북아프리카의 대집산항大集散港
으로부터는 "해당 물품이 설사 해당 지역의 순수산물이 아니더라도"
잉글랜드 배에 선적하여 잉글랜드로 운송할 수 있었다.

두 번째 조항은 명확히 네덜란드 운송 무역을 공격하기 위한 것이었
다. 이를테면, 스웨덴 상인이 잉글랜드로 목재를 운송하려고 하는데
스웨덴 배를 구할 수가 없을 경우에는 네덜란드 배나 뤼벡 배가 아닌
잉글랜드 배를 용선해야 했다. 크롬웰 항해법에서는 이 규정이 어떤

상품이든 모든 유럽 상품에 대해 적용되었는데, 1660년 법에서는 실질
적으로 보다 효과적이었다. 예컨대 법으로 지정된 물품은 해상운임시
장에 출하되기 쉬운 통상무역품 가운데 모든 대량화물을 망라하고
있었기 때문이다.

그러나 왕정복고기의 잉글랜드 정치가들은 네덜란드 무역에 타격을
주고 잉글랜드 무역을 확립하는 데 주력하였다. 그들은 런던을 암스테
르담과 로테르담에 필적하는 대집산항으로 만들고자 했고, 이 같은
의도 하에 출현한 것이 다음 조항이었다.

> 6) 플랜테이션에서 생산되는 설탕·담배·면화·생강·쪽빛 염료·퍼
> 스틱 재(fustick 材)·염료용 목재(즉 식민지 산품 가운데 고가품)는
> 잉글랜드와 웨일즈, 아일랜드, 기타 다른 브리티시 속령이 아닌
> 곳으로는 운송될 수 없다.

만약 독일 상인이 버지니아로부터 담배를 수입하고 싶다면, 그는
런던이나 브리스틀의 거래처에서 담배를 구입해야 한다. 그런 다음
매매중개인의 이윤·창고보관료·화물취급료를 더하고, 버지니아에서
부터 런던까지, 다시 런던에서 함부르크까지의 이중운송비를 지급하
고 난 후에야 수입할 수 있었다. 이 과정에서 발생하는 이윤은 모두
잉글랜드인들의 손으로 넘어갔다.

마지막으로 자기 화물을 자기 배에 실어 잉글랜드로 수출하고자
하는 외국인은 그 특권을 얻기 위해 관세를 지불해야 했다.

> 7) 이 법에 적시된 상품과 (원산지나 최초로 선적된 항구에 속한) 외국배

로 수입될 수 있는 모든 상품은, 만약 외국배로 운송할 경우에는 외국인 수입세를 지불해야 한다. 건어물·생선 기름·고래 뼈를 외국배로 수입할 경우에는 2배의 외국인 수입세를 지불해야 한다.

3년 후인 1663년 법에서는, 유럽산 상품은 잉글랜드와 웨일즈로부터, 이 나라에서 건조되고, 이 나라 국민이 소유한 배를 이용하지 않으면 플랜테이션으로 수출될 수 없다는 것으로 조항이 한층 더 강화되었다. 그 뒤에 플랜테이션 물품은 아일랜드로 직접 수출할 수 없고, 모두 잉글랜드의 중개항을 경유해야 한다는 규정이 추가되었다.

　이보다 더 철저한 보호제도와 국기차별제도는 찾아볼 수 없었다. 그럼에도 이 당시에는 보복 당할 위험이 크지 않았다. 네덜란드·스페인·포르투갈·프랑스의 식민지 무역은 잉글랜드와 마찬가지로 매우 엄격한 독점체제로 운영되고 있었기 때문에 식민지 무역과 관련하여 잉글랜드가 잃을 것은 아무것도 없었다. 중유럽 산물의 해상수송을 포함하여 네덜란드가 잉글랜드를 대상으로 하는 직교역은 너무나 중요하였기 때문에 상업적 보복조처를 통해 위험을 자초할 수는 없었다. 그 밖에 유럽의 다른 열강들은 아직 일반 운송무역에 별로 관심을 보이지 않고 있었다. 보통 영국과 네덜란드 간의 전쟁은 이러한 항해법의 직접적인 결과라고 자주 얘기되고 있다. 근래의 연구에 따르면, 항해법의 제정을 자극한 전반적인 상업적 경쟁심이 전쟁의 부분적 원인을 이루었지만 그 본질적인 원인은 아니었다는 쪽으로 기울고 있다. 어쨌든 세 차례에 걸친 격렬한 전쟁[2]을 겪으면서 항해법은 전면적으로

---

2) **역주 |** 제1차 영란전쟁(1652~1654), 제2차 영란전쟁(1664~1667), 네덜란드전쟁

시행되었고, 18세기 마지막 4반세기에 이르기까지 잉글랜드의 독점체제는 크게 훼손되지 않고 유지되었다.

항해법이 그 목적을 얼마나 달성했는지를 얘기한다는 것은 쉬운 일이 아니다. 일단 네덜란드에 대항하는 공격 무기로서의 항해법은 실패했다고 말할 수밖에 없다. 제2차 네덜란드전쟁기에 북아메리카의 네덜란드인들의 상업중심지였던 뉴욕을 쟁취한 것을 제외하면, 식민지에서 항해법을 엄격하게 시행하기란 거의 불가능하다는 사실이 입증되었다. 그럼에도 불구하고 네덜란드인들이 플랜테이션에서 완전히 축출된 것은 사실이다. 하지만 그것은 네덜란드의 상업활동을 실질적으로 위축시켰다기보다 그 성장을 견제하려는 데 지나지 않았다. 왜냐하면 항해법의 실시와 함께, 특별히 잉글랜드인들이 확보하지 못한 모든 항로에서 네덜란드와의 경쟁이 더욱 치열해졌기 때문이다. 따라서 자유무역을 주창한 아담 스미스조차 1776년까지도 네덜란드의 운송무역이 다른 어느 나라의 그것보다 월등히 앞서고 있다는 사실을 인정하고, 방어수단으로 항해법을 용인했던 것이다. 번영을 구가하던 네덜란드가 쇠퇴하게 된 주된 원인은 장기간에 걸친 소모전의 누적된 피로 때문이었다. 전쟁이 계속되는 동안 네덜란드인들은 취약한 국경선을 방어하기 위해 모든 군사적 노력을 쏟아부었지만 그들의 무역은 심대한 타격을 입었다.

항해법의 제정으로 더욱 치열해진 것은 네덜란드와의 경쟁만은 아니었다. 이 법에 의해 플랜테이션 무역에서 외국배를 배제하였지만, 이 때문에 잉글랜드 배에 대한 수요를 증가시켰고, 이는 선박 건조가격을 상승시켰다. 잉글랜드 배의 용선료는 언제나 비싼 편이었다. 잉글랜

(1672~1678).

드는 선주들에게 보조금과 법규를 통해 강력한 무장을 갖출 수 있도록 견고하게 건조된 '튼튼한 배'를 짓도록 장려하였기 때문에 영국의 배는 항상 비쌌다. 선박 건조비가 올라가자 이에 따라 운임이 올라가고 따라서 국가의 보호를 받지 못하는 항로는 심각한 어려움을 겪을 수밖에 없었다. 잉글랜드 해운업은 법적인 독점이나 자연적 이점을 누리지 못하는 분야에서는 토대가 무너지기 시작했다. 이를테면, (당시 덴마크의 통치를 받고 있던) 노르웨이로부터의 목재 수입은 거의 덴마크인 들의 손으로 넘어갔다. 한 항차당 5 내지 6 파운드인 외국인 관세조차, 차일드가 불평을 털어놓았던 것처럼, 300 톤급 '플라이보트'(flyboat) 한 척을 1300~1400 파운드에 건조할 수 있는 사람들을 견제할 수는 없었다. 잉글랜드에서는 300 톤급 선박을 건조하는 데 2200~2400 파운 드가 소요되었다.

그렇다고 이것이 항해법이 처음부터 보호적 수단으로서의 구실을 하지 못했다는 것을 의미하지는 않는다. 17세기 후반기에 식민지와의 해상교통이 증가함에 따라 잉글랜드 선주들이 새로 건조하고 운항하는 배와, 다른 항로에서 전배轉配된 배들은 시장에 흡수되었다. 이 기간 동안 잉글랜드의 선박량이 급속하게 증가한 것은 틀림없다. 아마 세 배 정도 증가한 듯한데, 이렇게 급증하게 된 주된 원인은 플랜테이션 무역의 팽창이었다.[3]

항해법을 옹호하는 사람들조차 항해법이 수입원가를 상승시키는 결과를 초래했다는 사실을 인정하고 있다. 그러나 차일드가 주장한

---

3) 잉글랜드의 여러 항구에서 출항한 선박량은 1663~1669년까지 연평균 9만 3000 톤이었고, 1700~1702년까지는 연평균 27만 4000 톤이었다. 전체 출항선 박 가운데 브리티시 선박이 차지하는 비중은 이 기간 동안 65%에서 86%로 증가하였다.

것처럼 "이익과 국력은 동시에 고려해야 하고", 잉글랜드 선박의 증가가 "대중의 눈앞의 이익"보다 훨씬 더 중요한 문제라고 생각하는 사람들에게는 이것이 아무런 문제가 되지 않았다. 항해법 체제는 또한 식민지 정착민들에게도 압력을 가하였다. 식민지인들은 식민지 산물을 가장 유리한 시장에 팔거나, 가장 편리한 배로 운송할 수 있는 기회를 상실하기 일쑤였다. 그러나 이 역시 식민지를 모국의 이익을 위해 경작된 영지쯤으로 간주하는 정치가들에게는 전혀 문제가 되지 않았다.

항해법의 입법 정신은 좋건 나쁘건 18세기 내내 브리티시 상업 정책을 지배하였다.[4] 이는 비단 영제국에만 국한되었던 것은 아니었다. 스웨덴은 외국배로 수입하는 것을 차별하는 엄격한 조처를 취하였다. 잉글랜드 배는 잉글랜드 상품을 실었을 때조차도 스웨덴 항구에서는 스웨덴 배만 입항할 수 있었기 때문에 발트해 항구에서 스웨덴 배로 화물을 옮겨 실어야 했다. 스페인도 식민지와의 직교역을 금지하였다. 그에 따라 스페인의 식민지들은 필수품을 적절하게 공급받을 수 없었고, 그 결과 밀수가 광범위하고 조직적으로 성행하였다. 이로 인해 이해 당사국 간에 계속 마찰이 일어났고 이는 이따금 전쟁으로까지 비화되었다. 네덜란드 또한 네덜란드 동인도와의 무역에서 외국인들을 완전히 배제시켰다. 프랑스는 캐나다와 서인도 식민지에서 이와 동일한 정책을 추구하였다. 프랑스의 수상들은 보조금·보호관세·항해법·특권회사의 설립과 같은 방법을 총동원하여 상선대를 확충하고,

---

4) 이제는 잉글랜드라는 명칭보다 브리티시라는 명칭을 사용할 수 있다. 왜냐하면 1707년의 통일법으로 잉글랜드와 스코틀랜드가 정치적으로 통합되어 그 동안 스코틀랜드에 유보되었던 무역과 항로가 글래스고와 그리녹(Greenock)의 선주들에게도 개방되었기 때문이다. [역주] 본래는 본문 안에 괄호로 처리되었지만, 다음 문장과의 자연스러운 연결을 고려하여 주로 처리하였다]

외국무역을 진흥시키는 데 전력을 다하였다. 프랑스 동인도회사와 잉글랜드 동인도회사는 양국 사이에 평화가 조성되었을 때조차도 인도에서의 무역 이권을 차지하기 위해 다툼을 벌이곤 했다. 계속되는 전쟁의 배후에 상업적 경쟁심이 자리하고 있었고, 전후 맺어진 모든 평화협정에서 식민지는 승자의 전리품으로서 이 나라에서 저 나라로 그 소유권이 넘어가기도 했다.

실로 바보스러운 게임이었지만, 모든 나라가 그 게임에 참가하고 있는 한은 가장 게임을 잘하는 나라가 제일 잘나가기 마련이었다. 전쟁이 일어날 때마다 네덜란드는 잉글랜드의 적국이든 아니든 조금씩 쇠퇴해 갔다. 또한 프랑스는 전쟁이 일어날 때마다 통상활동에 제약을 가했다. 단 한 나라 브리티시만이 종전 후에 평화조약이 체결될 때마다 자국 무역업자들에게 보다 많은 시장을 개방하고, 브리티시 배에게 보다 많은 항구를 열어 주었다. 캐나다와 뉴펀들랜드는 브리티시령이 되었다. 브리티시 동인도회사는 말레이 반도에서 쫓겨난 것을 충분히 메우고도 남을 정도로 인도에서 점령지와 세력권을 급속히 팽창시켜 나갔다. 17세기 마지막 40년 동안 세 배 가까이 팽창한 브리티시 선박량 은 18세기 70여 년 동안 다시 거의 세 배 정도 증가하였다.[5]

성공적인 전쟁 수행은 해운업 성장의 원인이자 결과였다. 영제국을 점진적으로 최고 강대국으로 끌어올린 해군력과 재정력은 팽창하고 있던 브리티시 무역에서 유래한 것이었다. 브리티시의 해군력은 섬나 라라는 지리적 이점과 결합되어, 경쟁국들과 거의 유사하게 전쟁에

---

5) 잉글랜드 항구에서 출항한 브리티시 선박량은 1700~1702년에 연평균 27만 4000 톤(전체 출항 선박의 86%)에서 1774년에는 연평균 79만 8000 톤(전체 출항 선박의 92%)으로 증가하였다.

의해 초래된 무역 중단 때문에 고통 받고 있던 브리티시의 통상과 산업을 지켜주었다. 전쟁에서 거둔 승전으로 선주들과 상인들은 새로운 활동영역을 확보할 수 있었다. 하지만 전쟁에서의 승전은 그 같은 기회를 완전히 활용할 수 있도록 해준 평화적인 사회·경제적 발전이 없었다면 아무 소용이 없었을 것이다. 18세기 초에 영제국은 정치적인 성장통을 이겨내고, 점차 자국의 경제적 자원을 개발하는 작업에 착수하였다. 수많은 황무지가 경지로 바뀌었다. 16·17세기에 플랑드르인들과 위그노 교도 피난민들을 대거 받아들인 결과 브리티시의 수공업이 급속히 발전하였다. 아직 생산 규모는 크지 않았지만, 제조품의 종류가 점차 다양해져 갔다. 앤 여왕 통치기에는 모직물이 전체 수출무역의 2/5를 차지하였지만, 이제는 더 이상 모직물이 잉글랜드의 유일한 통상품목이 아니었다. 두 가지 측면에서 잉글랜드의 제조업자들은 다른 경쟁자들보다 유리한 위치에 있었다. 왕립 해군은 거듭된 침입으로 유럽의 거의 모든 나라가 겪은 황폐화를 막아주었으며, 잉글랜드 정치가들의 현명한 감각 덕분에 브리튼은 유럽에서 가장 큰 자유무역 시장을 갖게 되었다. 1706년 베네치아의 사절단 중 한 사람은 주로 국내 상업에 대해 세금을 부과하지 않은 덕분에 "잉글랜드 산업이 세계의 다른 어떤 나라의 산업보다 훨씬 더 발전해 있다"[6]고 보고하였다.

산업의 발전에 발맞추어 금융업도 진보를 거듭하였다. 1694년에 잉글랜드 은행의 설립·국채의 발행·보험업의 급성장·상업 어음 이용의 증대와 같은 것들이 모두 이자율을 낮추고, 자본의 축적과 투자를 수월하게 만드는 편의 시설과 제도를 제공하는 경향이 있었다. 잉글랜드인들은 돈을 버는 법을 알게 되었고, 상업계와 실업계에 축적된

---

6) G. M. Trevelyan, *Blenheim*, p.13에서 인용.

자금의 상당량은 외국 무역과 외국 무역을 실행하는 해운업에 투자되었다.

이리하여 한편으로 전쟁은 브리티시 상품을 위한 새로운 시장과 브리티시 선박을 위한 새로운 항구를 열어주기는 했지만, 그 결과 브리티시 해운업이 성장할 수 있었던 것은, 브리턴이 계속해서 증가하고 있는 수출상품을 보유하고 있었다는 사실과 축적된 자본을 투자할 출구를 끊임없이 찾고 있던 급성장한 부유한 상인단체들의 활동에 굳게 기반을 두고 있었던 데서 온 자연스러운 현상이었다. 이것은 브리티시 선대가 영제국이 배와 식민지, 그리고 통상을 장악하기 위한 경쟁에서 프랑스를 압도적으로 이겼기 때문이 아니라, 브리티시의 무역과 해운이 경제적 발전단계를 자연스럽게 따랐기 때문이다. 이에 반해 프랑스의 산업과 통상은 상당 정도 인위적인 측면이 강했다. 프랑스는 왕의 칙령·보조금·특혜 따위의 방법으로 산업활동을 진작시키기도 했고, 동시에 중세적인 규제와 관세 등으로 구속하기도 했다.

적어도 18세기 중반 이후에는 항해법이 잉글랜드 해운업에 도움이 되었는지는 의문이다. 항해법의 각 조항들은, 전쟁을 치르는 동안 위험한 항로에서의 안전을 보장하거나, 브리티시 선박을 수송용과 사나포선으로 활동하도록 하기 위해 중립국 선박의 용선을 허용하고, 강제 징집되거나 장려금을 받고 해군에 자원 입대하여 바닥이 난 브리티시 선원들을 대신하여 외국 선원들을 고용할 수 있도록 지속적으로 완화되었다.[7] 게다가 플랜테이션 무역에 관한 항해법의 제한 규정이 참을 수 없을 정도로 심해지면서 서인도 제도 식민자들의

---

7) 7년전쟁 중이던 1760년 영제국(GB)의 각 항구에서 출항한 총 선박량 가운데 외국선박이 차지하는 비중은 평화기에 7~8%였던 것이 20%로 상승하였다.

불평불만이 고조되자 항해법은 보다 항구적으로 개정되어야 했다. 이를 별도로 치더라도 항해법의 모든 원칙은 시대에 뒤떨어지게 되었다. 브리티시 해외무역은 바야흐로 강건하고 활발해지고 있어서, 이제 인위적인 지원책 같은 것은 필요 없게 되었다. 그리고 독점항로에서는 모두 높은 이윤을 창출할 수 있었지만, 브리티시의 상업적 에너지의 거대한 부분을 단 하나의 통로로 집중시킴으로써 브리티시 통상무역의 일반적 확대에는 좋지 못한 영향을 끼쳤다. 그 중에서도 특히 중대한 문제를 제기한 것은, 당시 한창 성장하고 있던 북아메리카 식민지였는데, 이들은 이제 더 이상 모국의 이익을 위한 단순한 '플랜테이션'이라는 지위에 만족하지 않게 되었다.

브리티시 정치가들은 벽에 나붙은 흉문을 읽는 것을 게을리하였다. 이 때문에 아메리카 식민지에서는 반란(미국독립전쟁 | 역자)이 발발하였으며, 유럽에서는 한층 더 위험한 전쟁(프랑스혁명전쟁 | 역자)이 야기되었다. 브리티시 선주들은, 1782년 아메리카의 독립을 최종적으로 로 승인한 사실에 다소의 위안을 찾았다. 이미 강력한 경쟁자로 성장하고 있던 뉴 잉글랜드가 독점항로에서 제외되었기 때문이다. 그러나 많은 사람들의 눈에, 브리튼의 상업적 번영은 이미 끝나가고 있는 것처럼 보였다.

그러나 이것으로 비관론자들의 생각이 완전히 맞아떨어진 것은 아니었다. 식민지 체제가 아메리카 독립의 충격으로 여전히 휘청거리고 있었다고는 하나, 브리티시 해운업을 누구도 도전하지 못할 패권적 지위로 올려놓고자 하는 노력은 계속되고 있었다. 18세기 후반 영제국은 네 분야에서 두드러진 발전을 이룩하였다. 첫째, 농업에서 개량된 농법의 도입으로 크게 증가한 인구를 부양할 수 있었다. 둘째, 운하의 건설로 국내 수송량이 크게 증가하였다. 셋째, (당시까지 주로 가정용 연료로 사용되고 있던) 석탄을 산업용 연료로 사용하게 되었다. 넷째, 섬유공업에 기계를 도입하였다. 생산과 유통을 자극하는 이와 같은 진보 덕분에 제철업·요업·면직업이 서서히 발흥하기 시작했고, 18세기 말에는 인류 역사상 유래가 없던 엄청난 양의 잉여 생산물을 수출할 수 있었다. 그 결과 해운에 대한 수요가 증가하여 아메리카 독립전쟁 직전에 연평균 약 90만 톤 정도였던 영국(GB)의 출항 선박량은 프랑스혁명전쟁이 재발하기 직전 5년 동안 170만 톤 이상으로 증가하였는데, 이 가운데 90% 이상이 브리티시 선적이었다.

산업혁명은 이미 영국(GB)에서 진행 중이었지만, 거의 20년 이상 유럽 대륙에서는 프랑스혁명전쟁과 나폴레옹전쟁으로 모든 발전이 중단되어 이 산업화의 물결이 다른 나라로 파급되지 못하였다. 거의 모든 상업중심지에서 생산과 기업 활동은 연이은 침략과 징집으로 인한 노동력 손실, 그리고 침략자들의 가혹한 세금징수로 질식할 지경에 이르렀다. 나폴레옹 체제에 편입되었던 프랑스와 네덜란드, 그리고 유럽의 모든 나라의 배들은 나포되어 전리품으로 영국 내 항구로 끌려 들어오거나, 영국 함대의 봉쇄작전에 몰려 자국 항구에서 빠져나오지 못했다. 그 사이 영국의 제조품과 식민지 산물은 영국 배나 영국 정부의 허가증을 보유한 중립국 선박에 실려 전 세계로 유통되었다. 프랑스의 점령 하에 있던 나라에서조차, 중립국 항구를 중개지로 하는 대규모적인 밀무역 방식으로 영국에서 면직물·모직물·철물·설탕을 들여오고 있었다.

아메리카인과 스웨덴인과 같은 중립국 선주들로서는 이 같은 국면 하에서 얻는 바가 꽤 많았다. 많은 항로가 위험이 컸고 게다가 영국 배의 대다수는 통상활동을 접고 병력과 군수품 운송선으로 동원되었기 때문이다. 그럼에도 불구하고, 무역, 특히 외항무역에서 가장 큰 몫은 영국 선박이 차지하였다. 영국의 통상활동에 대한 공세가 최고조에 달했던 1802~1811년 사이에는, 영국(GB)에서 출항한 선박의 68.4%만이 영국적 선박이었지만, 화물을 선적하고 출항한 선박은 77.8%가 영국적 선박이었다.[8] 전쟁이 영국의 해운업에 어떤 영향을 미쳤는지는 다음의 두 수치를 통해 알 수 있다. 대투쟁이 발발하기 직전인 1792년 영국에 등록한 선박량은 126만 9000톤이었고, 나폴레옹전쟁이 종결된 다음 해인 1816년에는 241만 7000톤이었다.[9] 1816~1820년의 5년 동안 영국에서 출항한 영국적 선박은 1787~1792년 5년 동안 출항한 영국적 선박보다 거의 42%나 더 많았다.[10] 제1차 네덜란드전쟁과 항해법의 반포와 더불어 시작된 1세기반 동안의 투쟁을 통해 영제국(GB)은 배와 식민지, 통상과 관련하여 17세기에 네덜란드조차 누려보지 못한 패권적 지위를 차지하게 되었다.

---

8) 입항선 중 67.9%가 영국적 선박이었고, 화물을 싣고 입항한 선박의 경우는 62.5%가 영국적 선박이었다.
9) 영제국(British Empire) 전체의 선박량은 다음과 같다.
   1792년 : 154만 0000 톤   1816년 : 278만 4000톤
10) 영국(GB)에서 출항한 선박의 수치는 다음과 같다.

	1788~1792 연평균	1816~1820 연평균
영국적 선박	157만 2000 톤	223만 2000 톤
외국적 선박	15만 0000 톤	43만 6000 톤
합계	172만 2000 톤	266만 8000 톤
영국의 점유율	88.2%	83.7%

▮▮▮▮ 참고문헌

Statutes of the Realm.
C. H. Firth and R. S. Rait, *Acts and Ordinances of the Interregnum*, London, 1911.
Anon., *A Short Review of the History of the Navigation Laws of England*, London, 1849.
Cunningham, *Growth of English Industry and Commerce*, 3rd ed., Cambridge, 1903.
G. M. Trevelyan, *History of England*, London, 1926.

제8장 해운업의 이익

18세기 운송 무역

모든 종류의 상선의 매입·매각·용선·대선貸船을 전문적으로 취급하는
Brigg 씨의 사무실은 런던의 Royal Exchange에 있습니다.
The City Mercury or Advertisements concerning Trade,
1675/6년, 2월14일/3월2일

1650~1815년 사이에 영국의 통상과 해운업이 이룩한 두드러진 발전에서 눈을 돌려, 해외 무역업무의 운영방법 쪽을 살펴보면 국력·식민지화·자본주의의 괄목할 만한 성장이 이루어졌다는 사실을 알 수 있다. 영국의 통상은 18세기 후반까지 많든 적든 거의 일정한 궤도에 오르게 되었다. 통상은 거의 대부분 일정하게 질서정연한 단체에 의해 운영되었고, 통상을 중시하는 적극적인 외교정책의 지원과 원거리 수역에서까지 영국의 무역업자들의 권리를 보호해주는 강력한 함대의 보호를 받고 있었다. 한 척의 배나 단일 화물에 대해 대규모 자금을 투자할 수 있는 부유한 무역상인의 수는 16·17세기보다 몇 배나 더 늘어났다. 외국무역의 위험은, 그 자체가 크게 줄어들기도 했지만, 바야흐로 합리적인 보험요율로 운영되는 보험제도에 의해 보상이 가능해지게 되었다.

이러한 상황에서는 자본의 조달을 위해서든 혹은 무역협정의 체결이나 방위체제의 정비를 위해서든 대형 특허회사의 필요성은 그만큼 줄어들게 되었다. 일단 특허회사에 대한 필요성이 없어지자 특허회사들을 위해 제정된 각종 규제가 통상활동의 팽창을 방해하는 장애물로 간주되기 시작했다. 대부분의 특허회사들은 권리법(Bill of Rights)에 의해 1689년에 독점적 지위를 상실하였다. 비록 터키·러시아회사 같은 일부 특허회사들이 18세기 말까지 남아 있기는 했지만, 과거와 같은 번영을 누릴 수는 없었다.

단 하나 예외가 있었다면, 1657년 영구적인 주식회사로 재조직된 동인도회사였다. 인도무역에서 특허회사체제가 유지되었던 것은 결정적으로 인도가 유럽에서 멀리 떨어져 있고, 세인트 제임스 궁정(Court of St. James : 영국 왕실)에 대해 아무것도 모르는 토후들과 현장에서 직접 협상을 벌이고 그 지역에서 자체 방어를 해야 할 필요성 때문이었다. 여러 번의 변천을 거치고 무면허상인들과 오랜 투쟁을 거듭한 끝에 '영예로운 동인도회사'(The Honourable the East India Company)는 1708년 마지막으로 재편되었고, 이 형태는 19세기 말까지 계속되었다.[1)]

선박의 소유자 내지 운항자로서 동인도회사는 특이한 역사를 걸었다. 동인도회사는 1599년 출범 당시 중고선을 구입하였다가 나중에 직접 배를 건조하기 위해 조선소를 사들였고, 그 뒤 다시 선주들로 구성된 임원들의 이익을 위해 개인 소유선을 용선하기도 하였다. 1708년 동인도회사가 용선하는 선박에 임원들이 관여하지 못하도록 사규를 제정함으로써 개인 소유선의 용선과 관련된 부정행위를 종식시켰다. 18세기 내내 동인도회사는 회사 검사원들의 감독 하에 특히 회사운항용으로 건조된 선박을 종신용선(life-charter)하는 제도를 통해 선박을 확보했다. 각 선박에 대한 용선계약은 선장 내정자와 해당 선박의 선주(선박 건조자이기도 했다) 2명과 체결했다. 선주는 의장을 다 갖춘 선박을 제공했고, 동인도회사는 인도와 중국 항로에 해당 선박의 유효사용기간 동안 운항할 수 있는 항해 수를 정하고 일정한 운임률로 이 선박을 용선했다.[2)]

이 제도는 첫째, 동인도회사가 인도와 중국 무역을 독점하고 있어서 선박을 지속적으로 사용할 수 있었고, 둘째 그 무역의 성격상 다른 항로에서는 도저히 이익을 남기기 어려운 크고 비싼 선박을 필요로 하였다는 사실에 의해 정당화되었다. 그러나 반면 이 제도에는 다음과

---

1) 인도 항로는 1814년에 완전히 개방되었다. 중국무역의 독점도 동인도회사가 자사선을 모두 팔고 무역활동을 중단한 1833년에야 폐지되었다.
2) 1773년 사규를 통해 동인도회사의 배는 4차례 이상 왕복항해에 종사할 수 없었다. 이 수치는 1790년에 6차례로, 이어 1803년에는 다시 8차례로 증가하였다. 이어 1810년에는 그 이상의 항해도 인정되었다.

같은 결함이 수반되었다. 즉 각 용선계약은 법규상으로는 자유경쟁을 통해 합법적으로 체결되었지만, 실제로는 용선된 선박이 노후화되어 사용이 어려워진 경우 그 배의 선장과 선주들은 도의상 적어도 그 선박을 대신할 배를 건조하여 회사에 용선해 주도록 요구할 권리를 갖고 있는 것으로 여겨졌던 것이다. 그렇게 되자 선박의 공급 권리는 '해상 이해집단'(Marine Interest)으로 알려진 극소수의 세습집단이 장악하게 되었다. 이러한 독점에 의해 경쟁이 결여되었기 때문에 운임은 매우 높았다. 1783년 당시 동인도회사는 왕복항해에 톤당 33파운드나 되는 높은 운임을 지불해야 했다. 1785년에는 중국 직항로인 경우 26파운드, 인도 말라바르 해안과 중국 항로는 27파운드, 봄베이는 28파운드, 말라바르 해안과 벵갈만 항로는 29파운드였다. 전쟁시에는 여기에 선주들이 부담해야 하는 보험료와 기타 비용까지 보전해 주어야 했기 때문에 추가 운임을 지불해야 했다. 1796년 '세습 선박' 체제가 최종적으로 폐지되었을 때는, 기존의 기득권 상실에 대한 보상으로서 선장들에게 34만 8000파운드 이상을 지불해야 했다.[3]

동인도 무역과, 허드슨 회사가 독점하고 있던 캐나다 모피 무역처럼 특수한 성격을 띤 한두 가지 무역을 제외하면, 외국무역은 이제 점차 개인 상인과 개인 동업조합의 수중으로 넘어가고 있었다. 18세기 초에는 특정한 항해마다 하나의 조합을 결성하는 모험조합제도가 여전히 성행하고 있었지만, 시일이 경과하면서 점점 고정적이고 영속적인 성격의 상회의 설립으로 나가기 시작했다. 이들 상회는 많은 경우 서인도

---

3) Peter Auber, *An Analysis of the Constitution of the East India Company*, London, 1826, pp.648~663. Lindsay는 *History of Merchant Shipping*, Vol. II, pp.448~452에 서 이보다 더 높은 운임을 제시하고 있다.

나 발트해, 또는 지중해 등과 같은 특정 항로별로 각각 설립되었다.

이러한 발전에 발맞추어 상인의 이해와 선주의 이해가 점차 분리되는 경향이 나타났다. 18세기 초까지도, 상인뿐만 아니라, 현역이나 퇴직 선장, 선박관리인이나 또는 각 항구의 대리자나 몇 명으로 구성되는 조합이 투기의 대상으로서 선박을 건조하는 경우가 많았다. 그러한 조합들은 종종 자기 배를 위해 화물을 사기도 하고, 상품을 매매함으로써 이익을 얻기도 했다. 그러나 이들 조합은 물건의 매매가 유리하지 않을 때는 운임만 받고 자기 배에 다른 사람들의 화물을 싣기도 하여 공공 운송인(common carriers)으로서의 이익을 추구하기도 했다. 해상무역량이 증가하면서 이 같은 방식으로 배를 운항하는 편이 더 많은 이익을 내게 되었다. 그에 따라 선주들이 주도하는 상업적 투기는 예외적인 것이 되어 갔고, 운송무역은 상업활동에서 분리되어 전문영역으로 자리를 잡아갔다. 어떤 상사의 구성원이 개인 자격으로 자신이 소속된 상회의 화물을 운송하기 위해 용선된 선박의 지분 소유자가 되는 경우도 있었다. 그러나 이러한 경우라 해도 화물의 소유와 선박의 소유란 각각 개별적인 성격을 갖는 것이고, 이해관계 역시 개별적이었다. 이들은 단지 용선계약서나 선하증권이라는 계약관계에 의해서만 관련되어 있었을 뿐이다.

상인이 배에 이해관계를 갖고 있건 그렇지 않건 상인이 화물을 갖고 직접 여행하면서 시장을 찾고 매매하는 관습은 이제 사라졌다. 실제로 상사들이 행하는 거래의 양이나 범위가 그러한 영업방식을 더 이상 불가능하게 만들기도 했다. 그럼에도 불구하고 현지에 있는 누군가에게 외항 화물의 매각과 귀항 화물의 매입과 관련하여 매우 광범위한 재량권을 부여할 필요성은 여전히 남아 있었다. 비록 정기 우편선이 해외의 주요 항구에 취항하고는 있었지만, 당시의 통신이란 전보와 전신에 익숙한 세대들의 눈으로 보면 믿을 수 없을 정도로 느렸기 때문이다. 예를 들어 배가 양륙항에 도착하기 전에 전쟁의 발발·흉작·가격 상승과 같은 소식들을 접할 수 있다거나 제때에 선주로부터 그러한 소식을 전해 듣기란 거의 불가능하였다. 이러한 곤란에 대처하기 위해 화주는, 그가 선박의 선주이건 혹은 지분의 소유자건 또는 단순 용선자이건 상관없이 화물의 매매와 관련한 모든 업무를 맡아 처리할 '화물 감독'(super-cargo)을 배에 동승시키는 것이 관례였다. 화물 감독은 화주의 대리인으로서 용선계약서에 따라 배를 다음 양륙항으로 항해하도록 지시하거나, 공선 상태로 귀항 화물을 선적할 수 있는 항구로 항해하도록 요구할 권리를 갖고 있었다.

그러나 모든 배들이 이러한 선박관리인을 동승시킨 것은 아니었다. 많은 선장들이 외국 항과의 무역 과정에서 해외의 시장 사정과 상관습에 대해 익숙했기 때문이다. 또한 선장들은 화물 수취인이나 각 항구의 선주 대리인에게 화물을 인도하는 일을 감독했을 뿐만 아니라 선주들이 보내준 항해지시서에 명시된 재량권 범위 내에서 공개 시장에서 화물을 판매하고, 적절한 귀항 화물을 구입하는 데에도 뛰어난 능력을 지니고 있었다. 그러므로 선장이, 특히 배의 지분을 소유하고 있거나 화물에 투자를 했다거나, 특정 항로에 경험이 많을 경우에는, 화물 감독의 역할을 맡는 경우가 더 일반적이었다.

해운업의 이 같은 발전 양상은 18세기 초와 18세기 말에 해상 생활에 대한 생생한 항해기를 남긴 2명의 선장의 경험담에 잘 나타나 있다. 먼저 1682년 즈음 잉글랜드 노포크(Norfolk) 주에서 태어난 너새니엘 우링(Nathaniel Uring) 선장이 있다. 그는 "몇 척의 배에 지분을 갖고 있고, 해외와 무역을 하는” 런던의 친척 집에서 자랐다. 다채롭고 변화무쌍한 그의 삶은, 그가 살아간 시대를 상징적으로 보여준다. 우링은 당대 항해실무의 교육장이었던 뉴캐슬 석탄무역에서 선원 생활을 시작하였다. 그는 한 번은 자원입대하였고, 또 한 번은 징집되어 두 번이나 해군에 복무하였고, 팔머스(Falmouth)―인도 간의 우편선을 지휘하였으나 격전 끝에 프랑스 사나포선에 나포되었다. 나중에 우링 은 서인도 목재무역과 스페인 식민지와의 밀무역에 종사하였다. 그러 나 여기에서 우리의 흥미를 끄는 것은 그의 원양 무역항해나 위에서 기술한 바 있는 무역 사정을 밝혀줄 수 있는 것에 관한 것들이다.

1698년 우링은 아일랜드에서 바베이도스로 보내는 식량을 실은 배에 타고 있었다. 화물감독은 이 항해에서 얻은 수익금으로 럼주·설탕 ·당밀을 구입하여 뉴펀들랜드 어부들에게 팔고, 그들로부터 포르투갈 에서 팔 생선을 살 계획이었다. 그렇지만 뉴펀들랜드 시장은 식민지 산물로 넘쳐나고 있었고, 생선도 너무 비쌌기 때문에 바로 버지니아로 방향을 틀어 그 곳에서 화물을 조금씩 처분한 뒤 담배를 샀다.

우링은 10여 년 동안 무역·참전·노예생활 등 갖은 고초를 겪은 뒤(우링 선장의 고생담은 그의 항해기를 참조하라) 1709년 그의 친구들이 만든 조합에서 구입한 150 톤급 배의 선장으로 임명되었다. 머리 회전 이 빠르고, 신중하고, 장사꾼 기질이 있었던 우링은 스스로 배의 항해를 지휘했을 뿐만 아니라, 사업도 직접 관장하여 화물감독을 동승시키지 않았던 것으로 보인다. 그의 경력에서 가장 흥미로운 이야기는 1712년 에 시작된다. 그는 이 해에 캄피치(Campeachy : 멕시코 유카탄 반도 서해안의 항구)에서 지중해로 향할 목재(염료용 목재)를 선적할 예정인 300 톤급 프리깃선 해밀턴(Hamilton) 호를 지휘하게 되었는데, 선주로부터 “이익을 가장 많이 올릴 수 있는 곳에서 화물을 처분할” 수 있는 재량권도 위임받았다. 그는 먼저 리스본에 들러 목재 50 톤을 팔고, “운임만 받고” 리보르노로 가는 설탕을 실었다. 우링은 리보르노에서 목재의 판매시장으로서 리보르노와 베네치아 중 어느 곳이 더 유리할지 잉글랜드 영사에게 상의한 뒤, 그에 기초하여 리보르노에서 목재를 모두 팔고, 그 곳에서 튜니스에서 제노바로 보내는 올리브 기름 100 톤을 “배의 남은 공간에 다른 화주의 화물을 운임만 받고 싣거나 선주가 산 화물을 싣는다는 조건”으로 운송한다는 용선계약서를 체결하였다. 튜니스에서는 현지 지방관으로부터 연안 항해로 타바르카(Tabarca)[4]에서 목재를 실어오라는 명령을 받고 그에 대한 보상을 충분히 받았다. 그런 다음 그는 올리브 기름을 실었으나, 그 밖에 거래할 만한 것을 찾지 못해 제노바로 가는 “운임을 받을 수 있는 다른 화물”로 화물창을 채웠다.

우링은 제노바에서 “운임을 받고 밀을 선적하여 먼저 카디스로 가서 구매자를 찾아보고, 만약 구매자가 없을 경우 리스본으로 항해한다”는 용선계약을 맺었다. 송화주의 대리인이 그의 배에 동승했는지의 여부는 불분명하다. 하지만 우링 자신이 카디스로 들어가는 데 바람이 좋지 못하자 바로 리스본으로 항해하여 그 곳에서 화물을 부려 송화인 측의 대리인에게 인도한 것으로 미루어, 그가 광범위한 재량권을 갖고 있었음에 틀림없다. 그는 “배의 선령이 너무 오래되어 낡았기 때문에” 배를 포르투갈의 선박 해체업자에게 팔아버렸다. 우링은 “그렇게 할 수 있는 권한을 부여받았다”고 적고 있다.

상당한 돈을 모은 우링은 1715년 자신이 직접 조합원으로서 “리스본

---

5) **역주** | 북아프리카 튜니스 북서부 지방의 도시.

과 런던 두 항구에서 신속하게 양륙이 이루어져 선박의 가동률을 높일 수 있을 것으로 기대되는” 포르투갈 무역에 투입할 배 한 척을 매입하기 위해 조합을 결성하였다. 그는 그 조합이 외항 화물을 소유하고 있었는지에 대해서는 언급하지 않고 있다. 그러나 리스본에서 화물을 양륙한 뒤 “마데이라로 갈 포도주를 운임을 받고 실은 다음 뉴잉글랜드의 보스턴으로 가서 이를 부리고, 파얄(Fayal : 아조레스 군도 가운데 한 섬)로 가서 리스본으로 가는 브랜디를 싣고” 아조레스 군도에서 여객 10명을 태웠다. 리스본에서 런던으로 가는 포도주와 밀을 실은 뒤 1717년 1월 18개월 동안의 항해를 마치고 런던에 귀항하였다. 항해가 행해진 대부분의 기간 동안 그의 배는 최소한 일반 운송인으로서 용선계약에 따라 운항되었다.

분명히 상인이었던 것으로 보이는 그 배의 ‘대주주’가 배에 실을 짐을 찾는 데 미적거리자 우링은 그의 지분을 다른 선장에게 팔고, 다른 배의 지분을 매입하여 잉글랜드로 보내는 옥양목·모슬린·아마포를 사서 실었다. 이번에는 우링이나 그의 조합이 배와 화물을 모두 소유하였던 것 같다. 방고르 갤리(Bangor Galley) 호에 승선하는 동안 그는 화물을 팔고, 그 이익금으로 새로운 화물을 선적하는 일을 반복하였다. 그러나 언제든 “운임만 받고 다른 화주의 화물”을 실어주는 일도 했다. 그의 다음 문장은 특히 흥미롭다. “운임을 받고 실은 포도주(freight wines)를 인도하고, 우리 화물(our cargo)을 팔았다.” 우링은 cargo와 freight를 명백히 구분하여 사용하였는데, 즉 cargo란 선주가 자기 비용으로 실은 화물이고, freight는 단순히 운임만 받고 운송해주는 화물이었다.

우링 선장에 대해서는 이 정도로 그치고, 이제 18세기 말 선장의 생활에 대해 아주 흥미로운 항해기를 남긴 사무엘 켈리(Samuel Kelly)에 대해 알아보자. 여기에서는 켈리의 경력을 상세하게 살펴볼 필요까지는 없을 것이다. 우리는 그가 탄 배들이 우링 시대의 배보다 훨씬 더 정규적인 항로를 따라 운항하였고, 훨씬 더 안정된 무역 조건 하에서 활동하였다는 점에 흥미가 있기 때문이다. 켈리 선장은 개인적으로는 배나 화물에 어떤 이해관계도 갖고 있지 않았다. 그는 단지 선주로부터 임금을 받는 피고용인에 불과했다. 그를 고용한 선주들은 엄밀한 의미에서의 선박소유자로서, 선박의 운행을 통해 운임을 얻는 것을 목적으로 하고, 선박을 활용한 무역거래는 목적으로 삼지 않았다. 우링 선장과 마찬가지로 켈리 선장도 스스로 화물감독 역할을 했던 것으로 보이는데, 단지 상업상의 거래에만 관여하였다. 이를테면, 그가 필라델피아에서 밀과 밀가루를 싣고 출항하여 바르셀로나에 도착하였을 때, 우편선을 통해 "지중해의 최적의 항구에서 바다 소금을 싣고, 최대한 빨리 필라델피아로 항해하라"는 항해지시서를 받았다. 이 지시서에 따라 켈리 선장은 "송금할 수 있는 만큼의 금액을 환어음으로 바꾸어 런던의 선주에게 송금"하고, 남은 운임으로 이비카(Yvica)5)에서 소금을 구입하였다. 그러나 그는 그 소금을 매각할 필요는 없었다. 그의 책임은 뉴 잉글랜드의 선주측 대리인에게 그 소금을 인도하는 것으로 끝이 났다.

위와 같은 내용은 그에게는 유일하게 예외적인 거래였지만, 그가 일반적으로 처리해야 할 업무 중에는 오늘날의 눈으로 보면 선장의 업무가 아닌 부분도 많이 포함되어 있었다. 운송 대리점이 아직 존재하지 않았기 때문에 선주의 지시서가 해외 항구에 제때에 도달하는

---

6) **역주** | 스페인령 지중해 서부의 Balearic Islands 중 한 섬.

경우는 드물었다. 따라서 선장은 용선계약의 체결에서 자신의 재량권을 발휘해야 했고, 심지어 외항 항해를 위하여 화물을 집화하는 일을 거들기도 했다.

이를테면 1789년 켈리 선장은 "리버풀향 화물을 선적하기 위해 정박해 있는" 연안 브릭선의 선장으로 브리스틀 항에 머무르고 있었다. 그러나 화물 시장이 여의치 않자 그는 "화물을 찾아 시내를 돌아다니지" 않을 수 없었다. 이 사무실 저 사무실을 기웃거리는 동안 켈리 선장은 마차를 타고 리버풀로 가서 "줄곧 필라델피아 항로에만 배선되어 왔던" 존(John) 호를 지휘하라는 지시를 받았다. 리버풀로 가는 도중에 그는 "존 호에 실을 화물을 집화하기 위하여 아메리카로 화물을 보내는 일이 잦았던 제조업자들을 만나기 위해" 버밍햄에서 멈췄다. 그러나 외항 화물을 찾는 것은 귀항 화물을 찾는 것보다 훨씬 수월했다. 뉴잉글랜드로의 수출량이 그 곳으로부터의 수입량을 늘 초과하고 있었고, 심지어 정기 무역선들조차 선적항으로 되돌아올 필요가 없을 정도였기 때문이다. 따라서 켈리 선장은 "선주로부터 최적의 항으로 가는 어떠한 화물이라도 실을 수 있는 재량권"을 부여받았다. 앞에서 인용한 바 있는 바르셀로나로 입항하는 용선계약을 체결한 것도 이러한 재량권을 행사한 것이었다.

켈리 시대에 이르면 해운업자와 무역업자 간의 구별은 이미 꽤 명확해져 있었다. 상선의 상당수는 소매상인들이 자기 상품을 배달하는 데 사용하는 짐차(van)와는 구별되어, 다른 사람의 화물을 운송하여 생계를 잇는 운송도급인의 화물 자동차(lorry)에 상당하였다. 19세기 초에는 이러한 구분이 더욱 뚜렷해져 영국선주협회(General Ship-owners' Society)가 회원 모집광고를 낼 때, 회원 자격을 선박을 운항하고, 그

외의 사업에는 일체 관여하지 않는 사람으로 한정한다는 사실을 강조할 정도가 되었다.

상업활동에서 분리된 개별 분야로서의 해운업의 점차적인 대두는, 운송업의 발전을 촉진하는 선박 중개인·해상 보험업자·보험 중개인과 같은 해운 전문인들의 등장과 보조를 맞추었다. 선주와 마찬가지로 이들 해운 전문인도 영국의 사회생활에 나타난 두 가지 중요한 발전, 즉 17세기 중반부터 나타나기 시작한 신문과 커피 하우스의 등장에 큰 영향을 받았다.

해운과 해외무역에 관심을 가진 사람들에게는 신속하고 정확한 정보가 무엇보다 중요하였다. 17세기 말과 18세기 초 수많은 신문들은 부족한 지면을 할애하여 상선이나 호송선단의 안전한 도착과 같은 사항들을 보도하였다. 거기에 이들 초창기 신문사의 소유주들은 신문의 지면을 광고용으로 팔 수 있다는 사실을 재빨리 간파했다. 실제로 초창기 광고 가운데는 해운과 관련된 것들이 많았다. 스미스 프로테스탄트 인텔리전스(Smith's Protestant Intelligence)나 임파셜 프로테스탄트 머큐리(The Impartial Protestant Mercury)와 같이 다소 기이한 이름의 신문들에는 사우스 캐롤라이나로 가는 화물이나 여객은 자메이카 커피 하우스에서 예약을 받는다거나 케치(ketch : 두 대박이 돛배) 선이나 핑크(pink) 선을 사고자 하는 사람은 자메이카 커피 하우스에 제안서를 남겨놓으라는 광고들이 실려 있었다. 1680년 7월 22~26일자 가제트(Gazette)지는 "세인트 마리 힐(St. Marie Hill)의 비 하이브(Bee Hive) 상점을 운영하는" 하이브라는 사람이 "뉴캐슬과 선더랜드행 화물을 선적하고자 하는 모든 사람들에게 어느 배에 화물을 실을 것인지와 어느 배에 자신이 탈 것인지를 자신에게 수정하여 통보해 줄 것"을 공지하였다. 1675/6년 2월 24/3월

2일자 시티 머큐리(City Mercury)지에는 공증인인 브릭스(Briggs)라는 사람이 "선박 매각·선박 매입·용선·화물 집화·모든 종류의 선박 운항"과 관련한 업무를 취급하는 사무실을 로얄 익스체인지(Royal Exchange)에 개설했다는 광고를 게재하였다. 시티 머큐리는 '거래소와 상가'(Exchange and Mart)에 입주한 사무실들이 운영하는 일종의 광고전단지였다. 1680년 1월 20일 시티 머큐리에는 다음과 같은 광고가 게재되었다.

우리 사무실에서는 상인이나 선장님들에게 선박이나 선박에 실린 화물을 담보로 하여 자금을 빌려드리며, 보험증권·용선계약서·기타 다른 문서들도 작성해 드립니다.

하지만 해운업과 관련한 광고 가운데 가장 많은 비중을 차지한 것은 언제나 커피 하우스에서 열린 선박매매와 관련된 경매였다. 17세기 말과 18세기에 커피 하우스가 크게 유행했다는 것은 영국 사회사에서 널리 알려진 사실이지만, 이 커피 하우스가 특히 런던에서 사업방식을 얼마나 혁명적으로 바꾸었는지에 대해서는 제대로 인식되지 못하고 있다. 커피 하우스가 출현하기 전에는 로얄 익스체인지가 무역업과 해운업에 관여하는 사람들이 만날 수 있는 실질적으로 거의 유일한 장소였다. 전화와 전신이 등장하기 전에는 개인적 접촉이 사업을 하는 데 오늘날보다 훨씬 더 중요했다는 사실을 기억해야 한다. 사업이 팽창하자 로얄 익스체인지는 자연히 사람들로 북적이게 되었고, 주간에만 개장하였다. 또한 비록 특종 업종별로 각각 별도의 구역(walks)을 두기는 했지만, 로얄 익스체인지가 워낙 일반을 대상으로 하는 장소였기 때문에 모든 목적에 부응하기에는 실제로 매우 불편하였다. 바로

1714년 런던 세관

이러한 필요를 충족시켜 준 것이 커피 하우스였다. 런던 시티(City)에 개장한 대부분의 커피 하우스는 특정 업종의 고객이 필요로 하는 것들을 갖추고 있었다. 그리고 그 곳을 정규적으로 출입하는 고객들은 그 곳에 가면 서로 공동의 사업적 이해관계를 가진 사람들을 만나 조용하고 정돈된 분위기에서 사업얘기를 나눌 수 있다는 사실을 잘 알고 있었다. 게다가 이들 커피 하우스는 이름 있는 신문들을 모두 갖추어 두고 있었고, 광고를 게시하거나 경매를 열기에도 편리한 장소였다.

이런 식으로 자메이카 커피 하우스는 서인도 무역에 종사하는 상인과 선장들을 위한 공통의 휴식처가 되었고, 조나단(Jonathan) 커피 하우스는 오늘날의 주식거래소와 비슷한 역할을 하였다. 다른 한편, 에드워드 로이드(Edward Lloyd)가 운영하는 커피 하우스는 정확한 해운 관련 정보를 수집하고 게시하여 해운 관계자들의 본거지 같은 구실을 했다. 로이드는 1713년에 사망하였지만, 로이즈 커피 하우스(Lloyd's Coffee House)는 그의 후계자들의 손에 의해 꾸준히 번창하였다. 18세기 동안 거의 모든 선박의 매각이 로이즈 커피 하우스에서 이루어졌고, 그 결과 앞의 신문광고에서 보이듯이 로이즈는 선박 중개인의 주된 집합 장소가 되었다. 하지만 일부 선박 중개인들 중에는 로이즈와 함께 '세관 옆에 있는 샘즈 커피 하우스(Sam's Coffee House)'를 출입하는 경우가 있었고, 이후 샘즈 커피 하우스는 운임적 화물(freight)과 여객과 관련하여 선장들과 업무를 처리하는 장소가 되었다. 이는 1786년의 광고에서 발견되는바, 주목할 만한 점이다.

18세기 처음 1-4분기 동안 로이즈 커피 하우스는 특히 해상보험업자들의 본거지로 이름을 알리기 시작하였지만, 1734년 당시 로이즈 커피 하우스의 경영자였던 토마스 젬슨(Thomas Jemson)이 보험업자의 편의를 도모하여 영국의 주요 항만에서 외국무역에 종사하는 배들의 입출항 소식을 전해주는 로이즈 리스트(Lloyd's List)라는 주간지를 발행하기 시작하였다. 로이즈 커피 하우스 역사상 두 번째의 획기적인 발전이 1760년에 시도되었다. 이 해에 로이즈에 출입하던 보험업자들이 자신들이 인수하거나 자기들에게 부보付保 신청을 한 선박 명부를 선주·선령·선박의 제원·선체와 의장품의 상태와 같은 명세를 적어 제공할 목적으로 조직을 결성하였다. 이어 1771년에는 주도적인 해상보험업자들이 이 조직의 통제권을 장악하기 위하여 협회를 구성하고, 1774년에는 로얄 익스체인지로 이주하여 1928년까지 그 곳에 자리를 잡았다. 로얄 익스체인지로 이주한 지 불과 몇 년이 지나지 않아 로이즈 회원들이 해상보험과 관련한 모든 문제를 관할하면서 영국 내에서 세력을 얻기 시작했고, 선박의 보호와 관련된 모든 문제에 대해 해군본부6)에 자문을 해주었다.

이 같은 발전은 해운업에 대단히 중요한 의미를 갖는 것이었다.

---

7) **역주** | 1832년까지 영국의 해군 조직은 Board of Admiralty와 Navy Board로 이원화되어 있었다. Board of Admiralty는 해군장관(Lord Admiral)을 장으로 하는 기관으로, 주로 함정의 군사적 행동이나 사관의 인사를 관할하고, Navy Board는 함정의 관리, 하사관과 수병의 인사, 군수품 조달 등을 담당하였다. 18세기 초엽에 Admiralty는 해군장관이 없어지고 위원회제도로 바뀌면서 함대사령부의 기능이 약화되어 육상 관청의 성격이 강해졌다. 1806년 Sir Charles Middleton(1726~1813)이 사임한 이후 정치가가 Board of Admiralty의 수석위원(First Lord)으로 임명되었고, 1832년에 해군국(Navy Board)을 폐지하는 조직개편을 통해 Board of Admiralty는 해군을 관할하는 유일한 기구가 되고, 수석위원은 해군을 대표하여 내각의 일원으로 의회에 대해 책임을 지게 되었다. 따라서 Admiralty는 1832년을 기점으로 하여 그 이전에는 해군본부로, 그리고 그 이후에는 해군성으로 번역할 수 있다.

저렴하고, 신속하며, 안전한 해상보험을 위한 충분한 편의시설(facilities)들과 해상보험업자의 업무에 대한 엄격한 규칙이 없었다면, 영제국의 막대한 통상도, 특히 전쟁 중에는 선주와 화주 모두에게 극도로 불리한 주사위 놀이 같은 단순 도박으로 전락했을 것이다. 로이즈 커피 하우스의 경영자와 고객들, 그리고 그 후계자들인 로이즈의 회원들이 해운업에 끼친 공헌은 이것만이 아니었다. 매우 유치한 단계에서 시작하여 서서히 발전해 온 해운 정보매체가 제공한 서비스는 선주들과 상인들에게 직접적으로 유용했으며, 특히 전시에 상선을 보호하기 위해 해군본부를 후원하는 문제에서는 이루 헤아릴 수 없을 정도로 중요한 역할을 했다. 게다가 처음에는 아주 조잡하게 시작되었지만 선박의 등급을 매겨 발간하는 선명록(Register Book)과, 보험 사기가 발생할 경우 로이즈 위원회(Committee of Lloyd's)가 행한 고발(prosecution)이, (중세 이탈리아 도시국가보다 덜 계몽된) 영국정 부가 선박 검사와 만재흘수선과 같은 문제에 대해 이렇다 할 관심도 보이지 않았을 이 당시, 비양심적인 선주들과 화주들을 견제하는 유일한 장치였다.

항해 과학과 수로측량 문제에 대해 영국정부는 비교적 훌륭한 기록을 남겨 놓았다. 주로 "항해술의 충분한 발달에 극히 중요한 경도를 발견하고자" 하는 희망에 기초하여 1675년에 그리니치 천문대(Greenwich Observatory)가 설립되었다. 1714년에는 어떤 조건에서든 선박의 경도를 30마일 이내로 '믿을 만하고 실질적인 방법'으로 계산할 수 있는 방법을 고안한 사람에게는 2만 파운드라는 막대한 상금을 준다는 법이 제정되기도 하였다. 이에 고무되어 해리슨(John Harrison : 1693~1776)이라는 목수가 1759년에 처음으로 정밀시계(chronometer)를 제작하기 시작하였다. 그는 마침내 1772년에 법이 요구하는 모든 조건을 충족시키는 정밀시계를 제작하여 경도위원회(Board of Longitude) 위원들을 만족시켰다.

그 사이 프랑스에서는 르 르와(Le Roy)와 베르톨드(Berthould)가 같은 문제를 해결하기 위해 씨름하고 있었다. 18세기 마지막 20년 동안 아놀드(John Arnold : 1736?~1799)와 언쇼(Thomas Earnshaw : 1749~1829) 같은 사람들도 영리를 목적으로 하는 몇 개의 정밀시계를 제작하는 데 성공하였다. 그렇지만 그 시계의 값이 너무나 비쌌을 뿐만 아니라, 이것들은, 나폴레옹 전쟁기에 프랑스 관리를 향해 대서양 횡단항로에서는 "보통의 항해지식"을 가진 선원들에게는 해도와 육분의(sextant)조차 전적으로 무용한 것이라고 증언한 아메리카의 소선장(skipper)들처럼 완고하고 노련한 뱃사람들은 정밀시계를 그저 새롭고 신기한 것쯤으로 치부하였다. 그러나 정밀시계는 해도가 작성되지 않은 해역으로 항해해야 하는 포경선 선원들과 탐험가들에게 필수 불가결한 것이 되었다. 하지만 이번 장에서 다루는 시기에는 이런 정밀시계를 갖춘 상선은 극소수에 지나지 않았다. 그럼에도 불구하고 항해는 점점 더 추측항법에서 벗어나고 있었다. 달 관측법이라는 새로운 경도 측정법이 개발되어 1767년 즈음부터는 왕립 천문학자 마스컬린(Nevil Maskelyne : 1732~1811)에 의해 일반화되었기 때문이다. 달 측정법은 정밀시계에 의한 측정보다는 못했지만, 1802년 『신미국실용항해술』(*New American Practical Navigator*)이라는 항해입문서를 발간한 아메리카의 바우디치(Nathaniel Bowditch : 1773~1838)가 이를 개선시킴으로써 추측항법이 크게 보완되었다.

수로측량 분야에서도 커다란 진보가 있었다. 영국, 프랑스, 네덜란드 정부는 모두 탐험을 적극적으로 후원하였다. 타스만(Tasman : 1602?~1659), 댐피어(Dampier : 1652~1715), 쿡(Cook : 1728~79), 밴쿠버(Vancouver

: 1755?~1798), 라 페루즈(La Peyrouse : 1741~1788?) 같은 사람들의 항해에 의해 오스트레일리아와 뉴질랜드의 지도가 완성되었을 뿐만 아니라, 항해의 확실성도 크게 제고되었다. 결과적으로 이들의 탐사항해로 이 해역은 항해 안전수역이 되어 뱃사람들과 상인들에게 보다 익숙한 무역로가 되었다. 영제국과 프랑스의 해군과, 영예로운 동인도회사의 사관들은 미지의 해역을 탐사하고 해도를 제작하는 데 귀중한 공헌을 하였다. 물론 수많은 상선의 선장들도 앞서 언급한 우링 선장이 무능한 그 지역 수로안내인과 엉망으로 그려진 해도 때문에 온두라스 만에 좌주하여 어쩔 수 없이 쉬게 된 시간을 활용하여 그 해안의 정확한 해도를 작성하였던 것과 같은 전례를 따랐을 것이다.

이 같은 과정을 거쳐 해안·암초·바람·모래톱·조류와 같은 것에 대한 지식들이 조금씩 축적되었다. 이러한 지식이 없었다면 더 먼 해역에서의 통상은 불규칙적이고 불확실한 모험으로 그쳤을 것이다. 만약 상선 계통 사관들의 자질을 향상시키기 위한 교육기관이라든가 면허제도 같은 것이 있었더라면 상황은 훨씬 더 좋아졌을 것이다. 그러나 이 시기에는 그런 것이 없었다. 동인도회사에 복무하는 경우를 빼놓고, 선장과 항해사들은 거의 모두 하급선원에서 승진한 사람들이었다. 그들 가운데 선원으로서의 자질이 뛰어난 사람도 이따금 있었지만, 점차 사라져 가는 추세에 있었던 선주-선장을 제외하고는, 교육받은 사람이 매우 드물었던 것이 현실이었다. 물론 예외는 많았다. 퇴역한 육군장교의 아들인 켈리 선장과 명망 있는 무역상인의 아들인 우링 선장은 유능하였을 뿐만 아니라 일정한 지식도 갖추고 있었다. 또한 이 시기 상선에는 출신 가문이 좋은 선원과 선주의 보호를 받는 사람들이 다수 승선하고 있었는데, 이들은 처음부터 승진이 빨랐다. 그러나 당시의 해운업은 아직 그 성격에서나 보수라는 점에서나 교육 받은 사람들을 많이 끌어들이기에는 불충분하였다.

당시 뱃사람들은 중노동에 시달렸고 선내 기율은 종종 가혹할 정도로 엄했다. 선상의 노동조건은, 식사 및 설비와 관련해서 보면 17세기에 비해 크게 개선된 것이 없었다. 물론 일반 상선의 경우, 점차 자기무장이 필요 없어지게 되면서 선내의 과밀 현상은 덜해지게 되었다. 그러나 괴혈병과 황열병으로 죽는 선원들이 아직도 많았다.[7] 아프리카와 서인도를 잇는 삼각항해에 종사하는 노예무역선들은 특히 선내가 불결하여 때로 왕복항해 동안 총 정원의 1/4에서 1/3이 사망하기도 했다. 노예무역은 거기에 종사하는 수천 명의 사람들을 도덕적으로 타락시키는 결과를 가져왔고, 노예무역선에서 저질러지는 잔인하고 무모하기까지 한 그릇된 전통들이 일반 무역선으로까지 퍼져나갔다. 대개 기율이 느슨하고 쉽게 탕진하는 전리분배금을 노리는 사나포 활동 또한 전반적으로 악영향을 끼쳤다. 전시에는 선원들은 강제징집의 공포에 떨어야 했다. 해군 복무는 저임금(그나마 체불되기 일쑤였다)과 장기복무(상륙할 기회마저 거의 없었다)를 의미했다.

일반 상선에 근무한다 해도 해도, 평시에는 선원들의 임금은 낮았다. 전시였던 1712년 서인도에서 출항한 우링 선장은 선원들에게 한 달에 4파운드를 지불해야 했지만, 리스본에 도착하여 휴전이 선포된 사실을 알고 나서는 임금을 지불하고 선원들을 해고시킨 뒤, 한 달에 35실링(1파운드 15실링)으로 다른 선원들을 고용하였다. 이들 선원 중 대다수

---

7) 괴혈병을 막기 위해 라임 즙(lime juice)을 선원들에게 정기적으로 섭취시키도록 한 것은 해군에서는 1795년에 채택되었지만, 상선에서는 1865년에 가서야 강제화되었다는 사실은 놀라운 일이다.

는 다시 한 달 내지 두 달 뒤에 리보르노에서 해고되었고, 그 곳에서 "더 싼 임금으로" 다른 선원들이 승선하였다.

켈리 선장이 활동하던 1782~1789년 사이에 해군과 우편선에서는 한 달에 22 실링 6 펜스를 지급했는데, 우편선에서는 선원 중 기혼자에게 '어드벤처'(adventure)8)의 적재를 허용하였다. 그러나 이 우편선도 대개 16~18 실링을 받는 '육상 출신 숙련 선원'(able-bodied landsmen)으로 채워지는 것이 보통이었다. 정부의 군수품 운송선의 경우에는 상황이 좀 나아서, 숙련 선원은 한 달에 60 실링, 비숙련 선원은 40 실링을 받았다.

상선에서는 숙련 선원이 일반적으로 30 실링 정도의 임금을 받았던 것 같은데, 그 정도라면 식사와 잠자리를 제공받는 농업노동자의 임금과 비슷한 수준이었다. 어쨌든, 1770년 서인도 무역에 종사하는 선장들의 모임에서는 그 이상의 임금을 지불하지 말자고 결의하기도 했다.9) 동인도회사는 35 실링을 지불했다.

연안무역에서는 '항차 단위'로 임금을 받는 것이 보통이었다. 연안무역선에 승선하고 있을 당시 켈리 선장은 한 달에 40 실링밖에 받지 못했다. 필라델피아 무역선에 항해사로 승선하고 있을 때에는 60 실링을 받았고, 선장으로 승진했을 때는 한 달에 5 파운드를 받았다. 이 돈으로 육상생활을 견뎌내야 했다. 그는 "선장이 져야 할 의무와 고뇌, 책임을 감안하면 이 정도의 수입은 참으로 비참하기 짝이 없는 수준이었다"고 적나라하게 토로하고 있다. 승선생활을 통해 그가 임금과

---

8) **역주ㅣ**선원이 자기 비용으로 구입한 화물을 운임을 내지 않고 공짜로 선박에 싣는 것.

9) *Lloyd's Evening Post*, September, 21~24, 1770.

상여금을 포함하여 연간 75 파운드 이상을 벌어 본 것은 딱 한 차례에 불과하였다.

선원이 이보다 더 많은 돈을 벌었다면, 이는 비정상적인 방법으로 부수입을 챙겼기 때문이다. 그렇다 하더라도 그를 비난할 수는 없다. 선원들이 가장 많이 사용한 속임수는 우선 서인도까지의 왕복항해에 승선하기로 계약한 뒤 서인도에서 배를 버리고 도망치는 것이다. 그런 다음 황열병이나 선원의 도망으로 일손이 부족한 배의 선장을 만나 귀항하는 배에 총액불 조건으로 승선하기로 계약한다. 1742년 즈음 항차 단위로 계약할 경우의 일반적인 임금은 17~20 기네아였다. 여기에 항차 단위 임금에 상당하는 설탕과 담배, 럼주가 지급되었다. 선장이었음에도 한 달에 5 파운드도 겨우 벌었던 가엾은 켈리는 1795년에 귀항 항해 한 항차에 선원 한 사람당 45 기네아를 지불하지 않으면 안 되었다. 이는 자기 임금의 약 3배에 가까운 금액이었다.

이 같은 상황에서 선내 규율이 없고, 선원들이 배를 버리고 달아나는 일이 잦았던 것도 그리 놀라운 일은 아니다. 선원들에게 급식을 잘 제공하고, 인간적으로 대우해 준 켈리 같은 선장조차 모자라는 선원을 보충하기 위해 납치 비슷한 방법을 동원하지 않을 수 없었다. 켈리 선장이 겪었던 일들은 그래도 그가 선장이 되기 전에 모셨던 거칠고 문맹인 사람들이 겪었던 것보다는 그래도 나은 편이었을 것이다. 대개 그런 부류의 선장들은 보통 선원들과 푼돈 내기 노름이나 하면서 시간을 죽이는 일이 많았다. 큰 항구에 싸구려 유흥가가 존재하고 선원들을 대상으로 한 대대적인 약탈과 횡령이 자행되었다는 것도 놀라운 일이 아니었다. 후자의 악행에는 배의 사관과 선원들이 종종 가담하였다.

이러한 약탈이 가장 성행한 곳은 당시 영국 최대의 항구인 런던이었
다. 18세기 말 블랙웰(Blackwell)에 있던 동인도회사 전용 선거는 템즈
강에서는 유일한 폐쇄 선거였다. 창고시설도 충분하지 않았기 때문에
고가의 화물을 몇 날·몇 주일을 덮개가 없는 거룻배나 노천 부두에
방치해 둘 수밖에 없었다. 1798년 템즈 강 경찰(River Police)이 설립되기
전에 약탈과 횡령으로 상실한 연간 손해액은 런던 항의 무역 총액의
약 8%에 해당하는 50만 파운드로 추산되었다.[10]

이처럼 선상에서의 노동조건도 항구의 여건도 모두 영국의 통상이
거대하게 성장한 이 세기에는 어울리지 않는 것이었다. 또한 선박
그 자체의 발전조차, 우리의 기대를 완전히 배신할 정도로 미미한
것이었다. 1788년 영제국의 선박등록부에 등록된 500 톤 이상의 배는
겨우 105 척밖에 되지 않았는데, 이 배들은 거의 동인도무역선이었다.
18세기 말에 이르러서도 150 톤짜리 배가 제법 큰 배로 간주되는 항로가
꽤 되었고, 350 톤짜리 배는 이례적으로 큰 배로 여겨졌다. 맞바람에
거슬러 항해할 수 있는 능력과 조종 성능은 17세기에 일정하게 개선되
고, 1780년 즈음에는 구리 의장법이 도입되어 선박의 가용연수를 크게
증가시켰다. 그러나 대다수 상선의 항해의 질은 19세기와 비교하면
형편없었다. 이는 열악한 항법과 한데 어우러져 항해일수는 길어질
수밖에 없었고, 숙련된 선원에 의해 행해진 항해조차 현재 우리의
눈으로 보면 매우 길게 느껴질 것이다. 평소 자신의 항해 일수를 기록해
놓았던 켈리 선장을 통해 이를 살펴보도록 하자.

    리버풀~필라델피아   46,* 68, 63일

---

10) Colquhoun, *Commerce and Police of the River Thames*, 1800, p.154.

필라델피아~리버풀	29,* 47, 47일
시칠리아~필라델피아	89일
마조르카~필라델피아	72일
필라델피아~바르셀로나	67일
필라델피아~말라가	60일
킹스턴(자메이카)~런던	62일
리버풀~마르세이유	37일

* 추산치로서, 정확하지 않음.

켈리 선장이 경험한 최악의 항해는 리버풀에서 뉴욕까지의 겨울 항해였는데, 199일이나 걸려 목적항에 도착하였다. 그러나 이조차도 히긴스(Higgins) 선장의 항해 기록에 비하면 빠른 편이었다. 히긴스 선장은 1741년 더블린을 떠나 필라델피아로 항해한 지 144일 만에 식량부족으로 배를 포기하지 않을 수 없었다. 그의 항해는 로이즈 리스트에 기록된 대서양 횡단 최하위 기록으로서, 이는 아직까지 깨지지 않고 있다.

이러한 결함과 한계에도 불구하고 18세기 영국의 배와 선원들은 모국을 위해 대통상로를 건설하였다. 이제 프랑스와의 대격전 막바지의 영국 해운업과 활동 상황에 대해 전반적으로 살펴보기로 하자.

영광의 자리는 당연히 동인도회사 선대가 차지해야 할 것이다. 인도와 중국과의 무역은, 긴 항해 기간과 군대와 여객들을 위한 충분한 거주공간을 필요로 했기 때문에, 크고 강력한 무장을 갖춘 선박이 요구되었다. 동인도 무역선은 동양 해역에 득실거리는 해적과 전시 중의 프랑스 순시선에 대적하기 위하여 무장을 강력하게 갖추고, 선원을 충분히 승선시켜야 할 필요가 있었다. 그 때문에 18세기 후반의 전형적인 동인도선은 500 톤에서 1400 톤 정도의 크기에 전함과 유사한 무장을 갖춘 견고한 배로 건조되었다. 잘 조직된 선대 단위로 항해를 한 이 상선계의 귀족은 왕실 소유선으로 오인받기 십상이었다. 동인도선의 수없는 격전의 기록들을 보면, 이러한 오인이 단순한 착각은 아니었음을 알 수 있다.

동인도선의 규율은 해군의 전통을 따르고 있었다. 이미 앞에서 언급한 것처럼, 임금은 일반 상선보다 높았고, 사관과 보통 선원에게 모두 연금이 주어졌다. 사관들은 영국 해군 사관들과 같은 계급에서 선발되었고, 동인도회사는 최소한 왕실 소유선과 동등한 대우를 해줄 수 있었다. 즉, 동인도선의 선장은 여러 가지 무역상의 특권을 누리고 있었고, 그 특권 때문에 그들은 그 자격에 걸맞는 그 이상의 재산을 축적한 후 은퇴할 수 있다는 기대를 할 수 있었다. 관대한 대우를 받고, 해군 사관에 못지않은 지위를 인정받았으며, 25만~30만 파운드에 달하는 막대한 화물을 위탁받은 입장에 있던 동인도선의 사관들은 자신들을 다른 선원들과는 구별되는 특권계급으로 자부할 만한 충분한 근거가 있었다.

18세기 말까지 아시아로 출항한 배는 해마다 40 척을 넘지 않았지만, 이것만으로도 대선대를 필요로 했다. 왜냐하면 인도로 향하는 배는 대부분 올해 출항하면 그 다음해에 귀항했고, 중국까지의 왕복항해에는 족히 3년이 소요되었기 때문이다. 77 척이 영국에서 출항한 1801년 당시, 인도에서 건조되어 순전히 아시아 해역에서만 운항되는 선박을 제외하면, 동인도 회사의 선대는 평균 870 톤짜리 선박 122 척으로 구성되어 있었다. 다른 항로에 취항하는 배들은 평균적으로 이 크기의 절반에도 미치지 못하였다. 동인도 항로의 독점은 다른 모든 항구를 제치고 런던을 최고의 항구로 만든 주요한 이유 가운데 하나였다.

자유경쟁에 놓인 항로 가운데 선주들에게 가장 중요했던 것은 서인도 항로였다. 카리브해 지역의 설탕·럼주·당밀·커피·코코아·원면·염료용재染料用材에 대한 수요가 본토에서의 소비와 재수출용으로 계속 증가하고 있었고, 서인도의 여러 섬들은 영국 제조업자들을 위한 좋은 시장이었다. 노예도 대량으로 요구되어, 영국 배로 노예를 수송하는 것이 금지된 1806년까지 서인도와 무역하는 수많은 배들이 '검은 상아'(black ivory)를 싣기 위해 기네아 해안으로 출항하였다. 노예무역은 비인간적이었다. 켈리 같은 중산층 출신의 선장들은 노예무역을 역겨워하여 노예무역에 종사하는 것 자체를 꺼렸다. 노예제반대협회(Anti-Slavery Society)의 선전문구에 나타난 어떠한 과장된 표현보다 1799년 해상보험과 관련한 법 규정에 나타난 점잖은 표현이 이 같은 노예무역의 진짜 특성을 잘 표현하고 있다.

자연사했거나 또는 학대에 못 이겨 사망했거나 상관없이 노예의 사망으로 인해 생긴 손해나 손실, 또는 어떠한 이유에서건 노예가 바다에 빠짐으로써 발생한 손실에 대해서는 이후 일체 보상하지 않는다.

그럼에도 불구하고 노예무역은 수익성이 높은 무역이었다. 1771년 영국 배 190척이 노예무역에 종사하고 있었던 것으로 추산되고 있다.

삼각항해든 직항이든 서인도 항로에서 한 해에 한 번 이상 항해하는 배는 매우 드물었다. 나폴레옹 전쟁 말기의 입출항 기록을 보면, 해마다 700~900척 정도가 서인도 항로에 취항하고 있었다. 서인도 무역선은

150톤에서 350톤 사이였고, 평균적으로 대략 250톤 정도였다. 서인도 무역선 1척과 화물은 최대 6만 파운드까지 보험에 들 수 있었다. 서인도 무역선은 대부분 화물을 최대한 적재할 목적으로 건조되었기 때문에 속력이 느렸고, 그 중 많은 선박은 이즈음이 되면 무장을 갖추지 않고, 전시 중의 보호조치로서는 호송선단 체제에 의지하였다. 그러나 이러한 호송체제에 수반하는 여러 가지 제한을 꺼려하는 선주들도 적지 않았다. 그들은 호송선단에 의지하지 않고 단독항해를 허가받아 시장을 매점하려고 안달이 난 상인들로부터 비싼 운임을 받을 수 있는 신속하고 무장이 잘 갖추어진 배의 건조에 기꺼이 돈을 투자하기도 했다. 이러한 서인도 '쾌속선'(runner)들은 서인도 항로의 운임이 좋지 않을 때는 다른 항로에서 좋은 조건으로 용선될 수 있었다.

런던·리버풀·브리스틀이 서인도 무역의 주요 항구였다. 전시에 사나포 활동에 종사한 리버풀의 선주들은 노예무역에 특히 적극적으로 참여하였다. 18세기가 경과하는 동안 리버풀은 영국에서 선박 보유량으로는 42위에서 2위로 뛰어오르고, 해외 무역량으로도 2위를 차지하였다. 리버풀은 이미 미합중국(US)과의 무역에서 두각을 나타냈다. 아메리카 무역은 특히 전시에는 점차 아메리카 선주들에게 넘어가는 경향이 있었다. 그러나 평시에는 평균 200~250톤급 영국 배 250척이 아메리카 항로에 종사하고 있었다. 이 배들이 담배·쌀·원면·곡물·목재·해군용품 따위를 싣고 들어와 영국 제조품, 인도와 기타 외국산물의 재수출품을 싣고 출항하였다. 그렇지만 영국 선박의 주된 활동 무대로서 미합중국 항로는 북아메리카의 영국 식민지와의 교통량 급증에 따라 빛을 잃어가고 있었다. 나폴레옹 전쟁 말기에는 북아메리카의 영국 식민지 무역이 출항 선박 수에서 서인도 무역을 능가하고 있었다.

북미 항로에 취항하는 선박의 상당수는 뉴펀들랜드 어장으로 고기를 잡으러 가거나 어민들에게 필요한 물품을 공급하던 영국 서해안에 위치한 항구의 소형선들이었다. 그러나 목재 무역에 취항한 배나 허드슨만 회사(Hudson's Bay Company)의 모피를 정기적으로 운송하는 배처럼 큰 배들도 많았다. 허드슨만 회사의 선박이 귀항시 싣는 모피의 가치는 20만 파운드에 달할 때도 있었다.

대서양 무역에 종사하는 수많은 상선들은 화물 이외에 여객들을 태우기도 했다. 켈리 선장은 존 호의 선실이 여객을 태우기 위해 "아주 우아하게 장식되어 있다는 사실"을 발견했다.

선실의 장식은 군데군데 금분을 입힌 석고분으로 만들어져 있었다. 침실은 모두 가장자리에 하얀 테두리를 두른 파란 무명으로 만든 커튼이 드리워져 있었고, 모두 산뜻하고 깨끗하여 매우 만족스러웠다.

여객들은 승선 중에 필요한 용품을 스스로 마련해야 했고, 운임은 선장과 교섭하여 결정하였다. 켈리 선장은 여객운임을 10 파운드까지 깎은 한 남자에 대한 얘기를 항해기에 남겼는데, 이 가운데 5 기네아(£5 5s)는 선주 몫이고, 그 나머지(£4 15s)는 켈리 선장의 부수입이었다.

그렇지만 대부분의 여객은 체신국(Post Office)의 우편선으로 여행하는 것이 보통이었다. 약 200 톤급의 빠른 범선인 우편선은 매주 스페인·포르투갈·서인도로 우편물을 운송했고, 핼리팩스·뉴욕·브라질·수리남·지중해 여러 항구로는 이보다 다소 간격을 두어 우편물을 실어 날랐다. 1808년에 팔머스 우편선 39 척이 취항하고 있었는데, 이들이 해마다 2000~3000명의 여객을 운송하였다. 우편선들은 동인도선과 거의 똑같은 방식으로 계약을 맺어 투입되었고, 여객 운임은 모두 선장의 몫이었다. 팔머스에서 지브롤터까지의 운임이 35 기네아였으므로 우편선을 지휘하는 것은 벌이가 좋은 직업이었다. 우편선의 선장은 때때로 말 그대로 두 가지 의미를 갖고 있었다. 자신의 침실까지 우편물을 보관하는 화물창으로 사용하는 예가 보통이었다는 사실에서 보면 해군의 전통을 따르는 캡틴(captain)으로서의 성격도 있었고, 한 달에 고작 4 파운드의 임금을 받았다는 점에서 보면 업적에 따라 승진되는 항해 선장(sailing-master)으로서의 측면도 있었기 때문이다.

우편선과, 마데이라와 카나리아 제도와의 포도주 무역에 종사했던 수많은 소형 브릭선을 포함하여 약 500~600여 척의 배들이 해마다 스페인과 포르투갈로 출항했고, 북아메리카로부터 입항하는 수많은 배를 포함하여 훨씬 더 많은 수의 배들이 그 곳으로부터 영국의 여러 항으로 입항하였다. 그렇지만 정기 무역선들은 한 해에 한 항차 이상 소화할 수 있었을 것이기 때문에 이 수치는 이베리아 반도 무역에 종사하는 배의 실제 수보다는 큰 것이다. 이 배들은 제조품·생선·재수출품을 싣고 출항하여 포르투갈로부터는 포도주·올리브 기름·과일·코르크·소금을, 스페인으로부터는 고급 양모를 싣고 되돌아왔다. 이 무역에 종사하는 배들은 높이가 낮고, 120 톤이 약간 넘었다. 다트머스와 플리머스 같은 브리튼 섬의 서해안의 작은 항구들이 이베리아 해상교통에 종사하였다.

과거에 비해 그 중요성을 상당히 잃기는 했지만 지중해 무역은 한 해에 약 250 척이 출항하였고, 200 톤 이상 나가는 배는 거의 없었던 것으로 보인다. 한 해에 약 70 척 정도면 바르바리 해안·기네아 해안·희망봉·아프리카의 기타 지역과의 직교역에 충분했다. 이 배들은 상아·

야자기름·고무·포도주·과일을 싣고 들어와 값싼 섬유제품과 흑인들에게 문명을 전파하는 데 일정한 역할을 한 술과 화약을 대량으로 싣고 출항하였다.

장거리 항로 가운데 마지막으로, 그러나 결코 무시해서는 안 될 무역으로는 그린랜드와 남해의 고래잡이 어업이 있었다. 고래잡이는 여전히 돈벌이가 아주 좋은 산업이었다. 해마다 100~150 척의 배가 잉글랜드와 스코틀랜드 여러 항구에서 고래 어장으로 출항했다. 고래잡이 배들은 2년에서 3년 심지어 4년씩 출어하는 경우가 많았기 때문에 고래잡이에 종사하는 배의 전체 수는 상당히 많았을 것이다. 고래잡이 배들은 장거리 항해 기간 동안 필요한 선용품을 충분히 선적하고, 값비싼 고래기름을 싣고 되돌아올 수 있도록 충분히 커야 했다. 전형적인 포경선은 견고하고 튼튼하며 매우 깊은 약 300 톤짜리였다. 이 정도 크기라면 동인도 항로를 제외하고 다른 항로에 취항하는 배 가운데서는 가장 컸다.

영국 해운사에서 보면, 이들 장거리 항로가 대부분을 점하고 있지만, 그 밖에도 북해의 단조로운 해상교통에 종사하는 많은 선박들의 편무역이 있었다. 영국 제조품과, 외국과 식민지 산품의 재수출품을 독일·폴란드·러시아·스칸디나비아로 수출하는 양은 다른 시장이 흡수하는 양보다 훨씬 더 많았다. 목재·조선용재·대마·수지·철·가성칼륨·곡물·털실·린네르가 대량으로 수입되었는데, 영국에게는 매우 중요하고 필수 불가결한 원재료들이었다. 북해무역은 대개 외국 배로 이루어졌다. 왜냐하면, 평시에도 항해법 규정에 따르면, 덴마크인·스웨덴인·뤼벡인들은 자국 산품을 자국의 배에 실어 영국(GB)으로 운송할 수 있었기 때문이다. 그러나 입출항 선박에서 영국 배가 차지하는 비율은 다른 장거리 항로에서보다 훨씬 더 높았다. 반복 항해가 허용되었다는 점을 감안하면, 프랑스혁명전쟁이 발발하기 전에 북해무역에 종사하는 영국 배의 수는 서인도 무역에 종사하는 배 만큼이나 많았던 것으로 보이며, 크기도 지중해 무역선과 같거나 그보다 더 컸다.

네덜란드·플랑드르·프랑스 여러 항구로 향하는 근해 항로는 평시에 아주 고급 화물을 취급하였고, 다수의 소형선들이 연간 여러 차례 반복항해를 했다. 그러나 근해항로 가운데 선주들에게 가장 중요했던 것은 이따금 '외국 연안항해'(Foreign Coasting)로 알려진 아일랜드·채널 군도(Channel Isles)·만 섬(Isle of Man)과의 해상교통이었다. 영국 입법자들의 배려 덕분에 아일랜드는 제조품과 식민지 산품을 주로 영국(GB) 본토에서 공급받고 있었다. 아일랜드 해를 가로지르는 석탄 운송 또한 브리튼 섬 서해안의 화이트헤븐을 영국의 항구 가운데 상위에 위치시킬 수 있을 만큼 많았다. 아일랜드는 석탄을 수입하는 대신 린네르와, 영국(GB)의 인구증가에 따라 점점 그 중요성이 커져 가고 있던 버터와 염장 식품을 대량으로 수출하였다. 이와 같은 대량의 해상 물동량을 운송한 평균 70~80 톤급 소형선들은 아일랜드와 브리튼 섬 사이를 한 해에 수천 번씩 반복 항해하였다. '외국 연안무역'의 총 출항선박 수는 적어도 영국의 총 해외무역 입출항 선박의 반 이상을 차지하는 것이 보통이었다. 프랑스전쟁기의 선박 및 멸실 통계를 보면, 아일랜드 무역을 '해외무역'과 제대로 구별하지 못하여 통계작성자가 간혹 혼란을 겪고 있었음을 알 수 있다. 프랑스와의 전쟁이 발발하기 직전과 종전 직후의 영국 무역에서 영국 선박의 활동 상황을 살펴볼 수 있도록 만든 표를 보면 그 중요성이 명확하게 나타날 것이다.

그렇지만 프랑스와의 전쟁이 영국의 해운활동을 위축시키지는 못했

표 3. 영국(GB)의 해외무역 입출항 영국 선박량

1792			출항항 또는 목적항	1816		
배의 척수		평균		배의 척수		평균
입항	출항	톤수		입항	출항	톤수
2746	1367	186	러시아, 스칸디나비아, 발트해, 독일	1824	1721	148
1603	1734	117	네덜란드, 플랑드르	1148	1070	99
1413	1317	73	프랑스	1522	1442	70
975	615	126	스페인, 포르투갈, 대서양 제도, 지브롤터, 말타	806	545	120
138	215	143	이탈리아, 오스트리아	175	230	143
38	48	224	터어키, 레반트, 이집트	26	18	180
77	250	202	아프리카(이집트 제외)*	42	68	188
28	36	707	아시아**	116	164	657
219	383	147	영국령 북아메리카	783	772	220
202	223	221	미합중국	175	277	260
705	603	233	서인도(영국령과 외국령 포함)***	963	936	258
160	135	270	포경업	175	164	320
8304	6926	151	'외국 연안항해'를 제외한 총합	7755	7407	165
532	611	47	채널 군도와 만 섬	1424	1115	45
4194	6354	75	아일랜드	7575	8861	82
1,3030	1,3891	117	전체 합계	1,6754	1,7383	116

* 1792년 아프리카로 출항한 선박은 서인도제도로 향하는 노예무역선을 포함한다.

** 오스트레일리아로 가는 한두 척을 포함한다. 1816년에 큰 폭의 증가를 보인 것은 1814년 인도항로가 사적 개인상인들에게 공개된 결과다.

*** 1816년에 남아메리카 항로에 취항하는 몇 척의 배를 포함한다.

다. 비록 소규모이긴 했지만 아일랜드와의 직접 외국무역은 무시할 수 없었다. 영국 이외의 항구로 출항한 영국 배가 한 해에 500척에 이르렀는데, 이 가운데 2/5 이상이 아일랜드 배였다. 또한 해외의 여러 항구 사이에서 이루어지는 중요한 '제3국간 무역'도 많이 이루어지고 있었다. 3국간 무역 중에서는 서인도와 영국령 북아메리카 간 무역과, 포도주와 소금을 싣고 가서 염장 생선을 싣고 오는 뉴펀들랜드와 스페인·포르투갈 간 무역이 특히 중요했다. 켈리와 우링의 항해기를 통해, 오늘날 우리가 해외 항구 사이를 왕래하는 '부정기 영업'이라고 부를 수 있는 배선활동이 상당히 많았음을 알 수 있다. 로이즈 리스트에 게재된 선박 손실 기록을 분석해 보면, 영국적 선박 가운데 상당수가 바로 이 같은 3국간 항해에 종사하고 있었다.[11]

18세기 해운의 전체 상을 그려보기 위해 연안항로에 대해서도 잠시 살펴볼 필요가 있다. 철도도 없고, 도로 사정도 좋지 못했던 이 당시에 연안항로는 오늘날보다 훨씬 더 중요한 의미를 가졌다. 선주의 입장에서 보았을 때, 연안무역에서 가장 중요한 항로는 뉴캐슬, 선더랜드, 블라이드(Blyth)에서 런던으로 운송되는 석탄 무역이었다. 아무리 늦어도 헨리 5세 때부터 시작된 석탄 운송무역은, 석탄이 가정용 연료로 땔나무를 완전히 대체하기 시작한 왕정복고 이후에 그 중요성이 크게 증가하고 있었다. 18세기 내내 석탄 무역은 런던의 팽창에 따라 서서히 성장을 거듭하였다. 석탄 운반선인 컬리어선(collier)이 한 해에 8~9차례 왕복항해를 할 수 있었다. 18세기 말에 석탄 운송에는 평균 200 톤이 넘는 약 500 척의 배들이 취항하고 있었다. 따라서 석탄 운송은 취항선의 척수나 평균 크기의 두 면에서 해외무역 가운데 중요한 항로에 버금가는 자리를 차지하고 있었다. 석탄 무역은 단순히 용선활동의

---

11) 저자(Fayle)는 1795, 1797, 1798, 1799년의 3월, 6월, 9월, 12월의 *Lloyd's List*에 게재된 선박 손실 기사를 분석하였다. 군용선, 연안선, '해외 연안항해'에 종사하는 선박을 제외한 선박 멸실률은 다음과 같다.

	척	점유율
영국의 해외무역	396	72.0%
아일랜드 해외무역	52	9.5%
3국간 무역	102	18.5%
합 계	550	100.0%

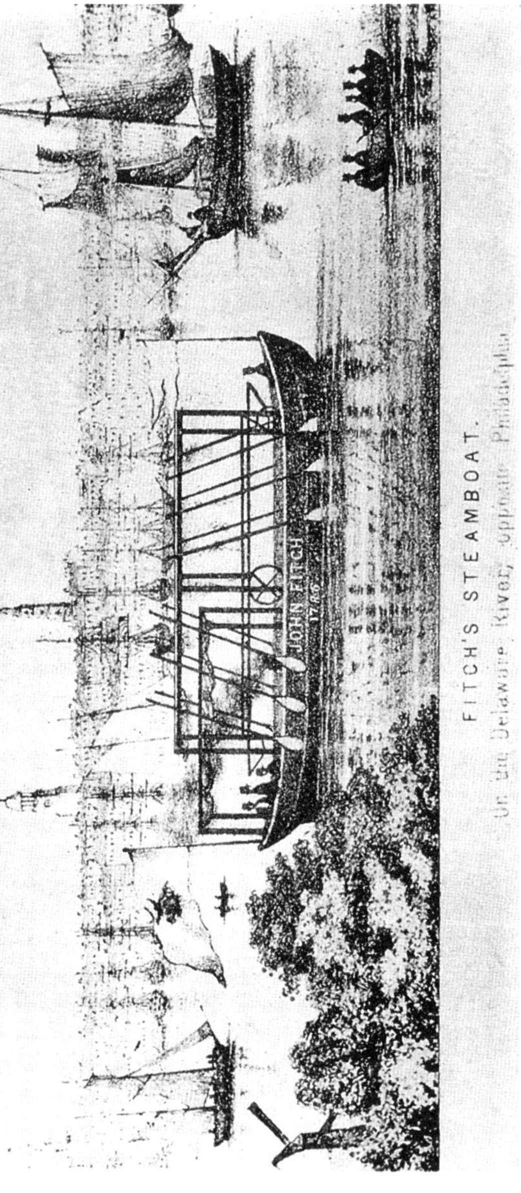

FITCH'S STEAMBOAT.
On the Delaware River, opposite Philadelphia

핏치의 증기선

원천12)으로서뿐 아니라, 선원 양성학교로서도 아주 중요했다. '석탄 배'(Geordie)의 소선장들은 이론적인 지식은 부족하지만 실질적인 항해술이 뛰어난 것으로 유명했다.

만약 석탄 배가 난바다로 밀릴 경우 자신들의 위치를 알기 위해서는 우연히 그곳을 통과하는 원양 무역선의 도움을 받아야 하지만, 그들은 브리튼 동해안과 템즈 하구의 모래톱과 모래언덕 사이를 비집고 제 항로를 찾아내는 천부적인 감각을 소유하고 있었다. 원양선에 승선하기 전에 한두 항차는 컬리어선에서 견습생활을 하는 것이 일반적이었다. 우링 선장도, 배에서 내리려는 생각이 절로 들 정도로 "선내 급식의 질과 요리법이 형편"없기는 했지만, 컬리어선에 승선한 바 있다. 위대한 항해자였던 캡틴 제임스 쿡 또한 컬리어선에서부터 시작했다. 그러나 유감스럽게도 컬리어선에 승선한 적이 없던 켈리 선장은 그로 인해 군 수송선에서 숙련선원으로 승진하지 못했다.

물론 런던 이외의 곳으로 운송되는 석탄도 상당히 많았고, 일반 연안 해상교통량도 엄청났다. 1797년에 런던과 흘 항로에서만도 100척이 정규적으로 취항하고 있었고, 컬리어선을 제외한 런던의 전체 연안 해상교통량은 600척 이상이 한 해에 약 6500 항차 정도를 소화하였다. 연안선들은 잉글랜드와 웨일즈의 여러 항구에서부터 곡물·밀가루·맥주·사과 주스·버터·치즈·과일·식료품·온갖 종류의 제조품을, 스코틀랜드에서부터는 섬유제품·내의류·생선·철·도로 포장용 석재를 런던으로 싣고 들어왔다. 동인도와 서인도의 산물·담배·쌀·면화·식료 잡

---

12) 1797년 석탄의 운임은 런던 1 chaldron당 평균 10s. 6d.이었는데, 이는 1톤당 14s. 10d.에 해당한다. [역주| 원서에는 본문 속에 괄호로 설명되어 있으나, 독자들의 이해를 위해 주로 처리하였다]

화·온갖 종류의 건화물을 싣고 돌아온 것도 바로 이들 연안선들이었다.

▌▌▌ 참고문헌

Captain Alfred Dewar, R. N. ed., *The Voyages and Travels of Captain Nathaniel Uring*, London, 1928.

Crosbie Garstin ed., *Samuel Kelly, An Eighteenth Century Seaman*, London, 1925.

David Hannay, *The Sea Trader*, London, 1912.

E. Keble Chatterton, *The Old East Indiamen*, London, 1914.

E. Keble Chatterton, *The Mercantile Marine*, London, 1923.

Charles Wright & C. Ernest Fayle, *A History of Lloyd's*, London, 1928.

S. E. Morrison, *The Maritime History of Massachusetts, 1783-1860*, London, 1923.

César Moreau, *Chronological Records of the British Royal and Commercial Navy*, London, 1827.

제9장 흰 날개와 깡통 주전자
클리퍼선 시대와 증기선의 등장

출항을 목전에 둔 성장盛裝한 클리퍼선이여
이제 항구를 벗어나— 저 뱃사람을 바다로 떠나보내라
출항을 눈앞에 둔 멋진 클리퍼선이여
저 뱃사람들이 바다로 날아갈 기회를 주렴
선원들의 노동요

"오, 너는 지금 어디로 항해하느냐, 거대한 증기선이여
잉글랜드의 석탄을 싣고 짠 바다로 출렁이며 항해하느냐?"
"우리는 네가 실어 오는 빵과 버터,
쇠고기·돼지고기·양고기·달걀·사과·치즈를 가져다 먹을 것이다."
Kipling, Big Steamers

스페인인과 포르투갈인들에 의해 대양항로가 열리면서부터 ‘배·식민지·통상’을 차지하기 위한 대투쟁이 18세기 말에 막을 내릴 때까지, 세계 해운사는 혁명적인 변화에 아랑곳하지 않고 지속적이고 끊임없이 발전을 거듭하였다. 이 투쟁이 종결되고 약 60여 년 만에 목조 범선에서 철제 증기선으로 이행함으로써 세계 해운업의 성격과 해운업이 사람들의 삶에 미칠 수 있는 기여도는 크게 변하였다. 이러한 이행은 범선 그 자체의 효율성을 거의 유례가 없을 정도로 향상시켰을 뿐만 아니라, 이행 과정에서는 영제국과 미합중국 간의 격렬한 해상경쟁을 수반하기도 했다. 영국과 미국 간의 경쟁에서 영국은 전통적인 해상정책을 전면적으로 폐기하는 대가를 치르고, 또는 그 덕분에 궁극적으로 승리하였다. 클리퍼선의 발전·증기선의 등장·미국의 도전에 대한 패배(미국독립 | 역자)·항해법의 폐지는 그들 사이에 일정한 상호작용이 이루어지고 있었고, 경제적 조건에서 비슷한 원인을 갖고 있었다는 점에서 서로 밀접하게 연관되어 있었다. 따라서 그것들이 실제로 초래한 결과와, 동시에 이루어진 전신과 주식회사의 발전이 선박소유 기법에 미친 영향은 다음 장에서 다루기로 하고, 여기에서는 그것들을 한데 묶어 하나의 이야기로 풀어나가고자 한다.

제1차 세계대전이 그러했던 것처럼, 프랑스전쟁은 종전 직후 참전국에 경제적 혼란을 야기하였다. 영국이 승리한 1918년 때와 마찬가지로 1815년에도 물가 하락·고율 과세·재정적 위기의 빈발·광범한 실업이 뒤따랐다. 당시 전쟁으로 초래된 어려움을 더욱 악화시키고 있던 산업혁명은 사람들에게 경제적 궁핍이 언젠가는 회복될 것이라는 확신을 심어 주었다. 그러나 1830년대에 1차 경제회복의 기운이 뚜렷하게 나타났을 때, 자본가와 기업가들은 자본을 가장 유리하게 투자할 수 있는 곳은 해운업과 해외무역 부문이 아니라 건설업·공장 설비·철도 건설과 같은 국내 산업 부문이라는 사실을 깨닫게 되었다.

그렇지만 이들 산업 부문은 결국 배에 대한 수요를 불러일으켰다. 산업혁명의 성과는 1835~1840년 즈음 국내외에서 명백하게 나타나기 시작했다. 여러 나라에서 산업이 발전함에 따라 원자재에 대한 수요가 큰 폭으로 늘어났고, 동시에 산업화된 나라의 구매력이 증가하였다. 특히 영국에서는 인구가 폭발적으로 증가하여 농산물 생산량을 크게 앞질렀다. 그 때까지도 흉년 이후나 전시 중에는 곡물을 수입하고 있었고, 그 곡물의 수입 자체는 새로울 것이 없었지만, 해마다 정례적으로 막대한 양을 수입해야 하는 경제적 상황은 세계 화물시장에 나타난 가장 중요하고도 새로운 요소였다. 이로 인해 특히 북해무역의 중요성이 새롭게 부각되었다.

대서양 저편에서는 아메리카인들이 해안을 따라 건설된 정주지 너머에 자리잡은 광대한 서부의 미개척지를 개발하는 데 관심을 돌리기 시작하여 구세계의 인구과밀 지역으로부터 이주민들을 기꺼이 받아들였다. 1825년부터 1834년까지 10년 동안 연평균 3만 2천 명이 유럽을 떠나 미국으로 이주하였고, 그 다음 10년 동안에는 이주민 수가 연평균 7만 1천 명으로 증가하였다. 해외 이주는 그 자체만으로도 선박에 대한 수요를 창출하는 데 상당한 자극제가 되었다. 그러나 그보다 더욱 중요했던 것은 해외 이주로 인구가 증가하게 되자 미국 자체가 수출할 수 있는 잉여 산출물과 수입 수요를 증가시키는 결과를 초래하였다는 것이다.

이러한 모든 발전의 결과, 세계 무역량이 엄청나게 팽창하였고 영국 해운업도 물론 그 이익을 공유할 수 있었다. 프랑스전쟁 종전부터

약 250만 톤 정도에서 정체되어 있던 영제국의 등록 선박량은 1835년을 기점으로 급증하기 시작하여 1845년에는 370만 톤에 이르렀다.

그럼에도 불구하고, 패권적 지위를 누리고 있던 영국 해운업은 이제 실질적으로 도전 받고 있었다. 나폴레옹 전쟁 말기에 그 누구도 이의를 제기하지 못할 우월한 지위를 누리고 있던 영국의 선주들은, 벼락부자가 된 사람들이 대개 그런 것처럼, 자신들의 사업이 특별히 노력하지 않아도 그 자체의 추동력으로 계속 발전할 것이라고 생각했던 것 같다. 1835년에서 1845년 사이에 나타난 선박량의 자동적인 증가는 상대적 효율성의 실질적인 하락 사실을 은폐하였다. 다른 한편, 나폴레옹 전쟁기에 중립무역을 하는 데는 위험과 이익이 동시에 뒤따랐기 때문에 미국의 선주들과 선박 설계사들은 프랑스나 영국의 순시선들에게 잡히지 않고 줄행랑 칠 수 있는 빠르고 조종하기 쉬운 배들을 건조하였다. 평화가 다시 찾아왔을 때 미국의 선주들은 여객·우편·그 밖의 고급 화물을 운송하는 데 신속성이 상업적으로 커다란 이점을 갖는다는 사실을 영국의 경쟁자들보다 빨리 깨달았다. 속력이 빠르고 자그마한 양키(Yankee) 브릭선과 스쿠너선이 곧 지중해 과일 항로에서 가장 선호되었고, 대서양 횡단 우편·여객 운송 서비스도 거의 미국인들의 수중으로 넘어갔다. 세계 최초로 정기항로를 개설한 것으로 유명한 블랙 볼 라인(Black Ball Line)의 우편선이 뉴욕과 런던 사이를 2주일에 1항차씩 정기 서비스를 개시한 것은 1816년이었다. 레드 스타 라인(Red Star Line)과 드라마틱 라인(Dramatic Line), 그리고 기타 여러 선사들이 그 뒤를 따랐고, 1830년대에는 미국의 여러 항구와 런던·르 아브르·리버풀 간을 정기적으로 운항하는 서비스도 등장하였다.

1838년 영국에서 양키 우편선의 독점을 막기 위한 시도가 이루어졌다. 그 때까지 본 적이 없는 이러한 영국의 도전은 대단히 참신하고 극히 의미 있는 형식을 취했다.

증기를 항해에 활용하고자 한 최초의 시도는 18세기까지 거슬러 올라간다. 사무엘 켈리(Samuel Kelly)도 1790년 델라웨어(Delaware) 강에서 증기보트가 운항되는 것을 본 적이 있었다. 그러나 실질적인 면에서 상업적으로 성공을 거둔 최초의 증기선은 풀턴(Fulton, 1767~1815)의 클레먼트(Clermont) 호였다. 클레먼트 호는 1807년 뉴욕과 올버니(Albany) 간을 정기적으로 운항하기 시작하였다. 1812년 헨리 벨(Henry Bell : 1767~1830)이 스코틀랜드의 클라이드(Clyde) 강에서 정기 서비스를 개시하였고, 이후 10년 동안 9 톤에서 448 톤에 이르는 다양한 크기의 증기선 151 척(평균 112 톤)이 영국에서 건조되었다. 미국에서는 발전 속도가 더욱 빨랐다. 1822년 미국의 호수와 강에서 운항되고 있는 증기선은 300 척에 이르렀던 것으로 전해지고 있다.

증기선을 강과 운하에서 운항하는 것이 유용하다는 사실은 너무나 명백했다. 1820년에 설립된 제너럴 스팀 네비게이션 컴퍼니(General Steam Navigation Company) 같은 선도적인 선사들은 연안항해와 근해 여객 운송 항로에 증기선을 투입할 준비가 되어 있었다. 그러나 육지가 보이지 않는 먼바다에서도 '깡통 주전자'(증기선 | 역자)가 안전하다고 여겨지기까지는 상당한 시일이 소요되었다. 증기선의 발달을 주도한 것은 영국과 그 밖의 여러 나라 정부였다. 각국 정부는 전시에 증기선이 갖는 잠재적 가치를 재빨리 간파하였다. 증기선이 유리했던 것은 범선에 비해 평균 속력이 훨씬 빨랐고, 무엇보다 우편물 수송에서 항해의 정기성을 유지할 수 있었다는 점이었다. 이러한 목적을 달성하기 위해 정부 보조금을 지원하는 것은 정당한 것이라는 주장이 제기되었다.

실제로 대부분의 나라는 실험단계에서 증기선의 개발을 위해 보조금을 아낌없이 투자하였다. 영국 해군본부와 동인도회사는 실제로 자기가 보유한 증기 우편선을 운항하였고, 1837년에는 사기업인 페닌슐라 스팀 네비게이션 컴퍼니(Peninsular Steam Navigation Company)[1]와 공동으로 영국과 인도 간의 정기교통편을 제공하였다. 하지만 이는 런던에서 지브롤터, 지브롤터에서 알렉산드리아, 알렉산드리아에서 육로로 수에즈, 수에즈에서 봄베이로 연결되는 것으로, 거리도 짧고 항해도 비교적 쉬웠다. 대양 항해에서도 증기선을 신뢰할 수 있는가의 여부는, 대서양의 정복을 통해 확인해야 한다는 것이 당시의 일반적인 인식이었다. 비록 나선 외륜을 장착한 미국의 서배너(Savannah) 호가 1819년에 처음으로 대서양을 횡단하기는 했지만, 서배너 호는 $29\frac{1}{2}$ 일간 항해하면서 겨우 80시간만 증기로 운항하는 데 그쳤다. 1835년까지도 대서양 횡단 정기 우편선을 운항한다는 것은 달나라에 가는 것 만큼이나 불가능한 것으로 여겨졌다.

따라서 1838년에 그 유명한 1340 톤급 그레이트 웨스턴(Great Western) 호를 포함한 영국 배 4 척이 증기를 이용하여 대서양을 횡단하는 데 성공하자 그 반향은 매우 클 수밖에 없었다. 당시까지 건조된 배 가운데 가장 큰 증기선이었던 그레이트 웨스턴 호는 브리스틀을 출항하여 15일 만에 뉴욕에 도착하였고, 귀항 시에는 다시 하루를 단축하였다. 이는 증기의 가치를 충분히 입증하고도 남았다. 왜냐하면 정력적이었던 블랙 볼 라인의 우편선들은 정기항로를 개설한 지 처음 10년 동안 뉴욕과 리버풀 간을 항해하는 데 평균 23일을 소요하였고, 리버풀에서

---

1) **역주** | 그 뒤 Peninsular Orient Steam Ship Company로 변경되었다가, 1999년에 네덜란드의 Nedlloyd와 합병하여 P&O-Nedlloyd로 개편되었다.

뉴욕으로 향할 때는 항상풍과 역조 때문에 43일 이상을 소요하였기 때문이다.

이듬해 우편물 운송계약의 체결에 성공한 사무엘 큐나드(Samuel Cunard : 1787~1865), 조지 번즈(George Burns), 데이비드 맥카이버(David McIver)가 오늘날 큐나드 라인(Cunard Line)으로 더 잘 알려진 브리티시 앤드 노스 아메리칸 로얄 메일 스팀 패킷 컴퍼니(British and North American Royal Mail Steam Packet Company)를 설립하여 1840년에 약 1100 톤급 외륜 증기선 4 척을 대서양 횡단 정기항로에 투입하였다. 큐나드 배들은 처음부터 크게 성공을 거두었다. 비록 미국의 범우편선帆郵便船들이 10여 년 이상 치열한 싸움을 계속하기는 했지만, 이내 그들이 질 싸움을 하고 있다는 사실은 분명해졌다.

1840년 이후 '증기-우편선사'들은 빠른 성장 추세를 보였다. 그럼에도 불구하고, 증기선들이 세계의 무역 운송량에서 실질적인 역할을 하기 시작하기까지는 많은 시일이 흘러야 했다. 초기 증기선의 가장 큰 단점은 석탄을 너무 많이 소모한다는 점이었다. 오늘날(20세기 초) 4300 톤급의 전형적인 부정기선은 하루에 석탄 26 톤을 소비하여 10 노트를 낼 수 있다. 1848년 당시 콜린스 라인(Collins Line)[2]의 아메리카 호는 1400 톤에 지나지 않았음에도 $10\frac{1}{4}$ 노트의 속력을 내기 위해 하루에 석탄 60 톤을 태워야 했다. 이는 증기선의 장거리 항로 취항을 전면적으로 막아 버렸다. 왜냐하면 연료를 수급받을 수 있는 항구가 거의 없는 것이나 마찬가지였고, 대서양 횡단항해에서조차 필요한 석탄을 싣고 나면 화물을 실을 공간은 거의 없어지는 상태가 벌어졌기 때문이다.

---

2) **역주** | E. K. Collins가 설립한 미국의 선사.

증기선의 운임은 매우 높았다. 규나드의 배들은 미국 콜린스 라인과의 경쟁으로 운임이 톤당 4 파운드 10 실링으로 하락하기 전까지 톤당 7 파운드 10 실링을 받았다. 이렇게 높은 운임을 받아도 연료비를 상쇄할 만큼 충분히 화물을 싣기란 불가능했다. 연안항로와 근해 항로를 제외하고 증기선이 화물 운반선과 동일한 조건으로 범선과 경쟁할 수는 없었다. 수년 동안 증기선의 원양항로 취항은 실질적으로 정부로부터 보조금을 많이 받는 우편물과 여객 운송선 가운데 아주 제한된 수로 한정되어 있었고, 소량의 고가 화물을 운송하는 데 증기선이 동원되는 경우는 순전히 우연한 일이었다.

가장 많은 통상량을 실어나르고 있는 것은 여전히 범선이었다. 영국의 선주들은 범선의 건조와 운항에서 급격하게 추월 당하고 있었다. 너비가 넓은 배는 불리하고, 깊이가 깊고 뱃전이 홀쭉하고 밑바닥이 넓은 배를 건조하는 것이 더 유리한 낡은 선박톤수측정법 때문에 선박설계술이 진보할 수 있는 길이 차단되었다. 깊이가 깊고, 뱃전이 홀쭉하고, 밑바닥이 넓은 배는 세금 부과기준이 되는 등록적재량을 초과하여 화물을 적재할 수 있었지만, 속력이 느리고 무거워 다루기가 쉽지 않았다. 선박의 장비와 선원 배승의 두 가지 면에서 효율성 보다는 저렴함이 더 선호되었다. 물론 예외가 많았던 것도 사실이다. 그러나 무역성 위원회(Board of Trade Commission)의 1847년 보고서는, 영국 해운업이 선박 설계·선박비품·선원의 훈련·기율·대우·사관의 전문교육과 관련하여 경쟁국들에 비해 한참 뒤떨어져 있다는 점을 명백하게 지적하고 있다. 서투른 일솜씨·허접한 장비와 비품·전문지식의 부족·게으름·지나친 음주 등이 유감스럽게도 영국의 모든 상선에 만연되어 있었다. 영국 선주들은 자기 자신의 노력보다는 프랑스혁명전쟁기에 획득했던 우위와 항해법이 제공하는 보호에 더 많이 의존하고 있었다.

그런데 항해법은 이미 대폭 수정되어 있었다. 서인도가 경제적으로 북아메리카 대륙에 의존하고 있었고, 아메리카 무역이 영국 해운업에서 갖는 중요성을 염두에 두면, 애당초 항해법을 미국 선박에게 불리하게 적용하기란 불가능했다. 영국 정부는 항해법의 원칙을 너무나 굳게 견지하고 있었기 때문에 경제적 현실을 반영하여 바로 법률 규정을 바꾸지는 못하였으나, 반세기에 걸친 소모적이고 짜증나는 외교적 논쟁과 입법을 통한 보복조치가 계속된 후 1830년에 이르러 마침내 합의에 도달하였다. 이 합의에 따라 미국 배도 미국 산물을 싣고 영국령의 어느 곳으로든 직항하고, 영국 속령의 수출품을 제3국으로 운송할 수 있었다. 미국 배는 또한 영국(UK)과 인도 간 항로에도 취항할 수 있었다.

이 시기가 되면 항해법의 전체 체계는 붕괴에 직면하고 있었다. 나폴레옹 전쟁에 뒤이어 남아메리카에서 스페인과 포르투갈 식민지들의 독립운동이 거세게 일어났다. 이렇게 해서 새로 탄생한 공화국들은 필연적으로 자국의 산물을 자국 배로 운송하고자 하였다. 게다가 남아메리카와의 직항로가 개설되자 서인도 산물을 실어 나르기 위한 경쟁이 치열해졌다. 이 때문에 서인도제도의 농장경영자가 영국 본국 시장에서 입게 되는 손실을 보상해 주기 위해, 정착민들의 선박 선택권에 가해진 제한을 일부 완화시키고, 유럽산, 미국산 또는 아프리카산 물품을 생산국의 선박을 통해 수입하고 구매국의 배로 수출할 길을 열어주는 것이 바람직한 정책으로 여겨지게 되었다.

몇몇 유럽 국가들도 점차 전쟁의 피폐로부터 회복되어 감에 따라 영국 무역에서 자국 선박에 가해졌던 제한에 대해 반격을 가하기 시작했다. 이 정부들은 엘리자베스 시기의 위정자들을 괴롭혔던 '눈에는 눈, 이에는 이의 법'을 동원하는 우려할 만한 경향을 보였다. 영국의 선박량이 이제 모든 선박들이 배선되기에는 보유 무역량을 훨씬 상회하고 있었기 때문에 당장에는 보복 위협이 효과를 냈다. 1824년 프로이센과 덴마크를 시작으로 영국은 여러 나라와 일련의 상호호혜협정을 맺었다.

이 같은 배경 아래 1845년 항해법이 근본적으로 개정되었을 때, 전체 무역량의 절반 정도가 항해법의 적용을 받지 않고 예외로 인정되게 되었다. 이것은 기묘한 상황이었다. 항해법이 너무 복잡하고 상호 모순되어 상인들은 지침서를 보지 않고서는 운송을 의뢰할 수 없을 지경이었고, 당장 이용할 수 있는 배를 용선하지 못해 심각한 어려움을 겪을 때도 있었다. 다른 한편, 영국 선박에 대한 보호는 상대적으로 극소수 항로에서만 효력을 발휘했다. 그러나 선주들은 아직도 항해법을 그들의 번영을 보장해 주는 유일한 안전장치로 여기고 있었다.

하지만 오래지 않아 자신들의 상황 판단이 잘못되었다는 사실을 깨달았다. 평화가 지속되리라는 전망·시장 확대의 필요성·원자재 수입의 필요성·수입식량에 대한 의존성의 증가와 같은 여러 요인들이 영국 통상정책의 전환을 요구하고 있었다. 통상에 의한 번영은, 다른 나라의 발전을 가로막기는커녕 오히려 교역의 자유를 촉진함으로써 보다 커질 수 있다는 사고가 점차 우세해지게 되었다. 또한 상호호혜협정 체결 과정에서 얻은 경험을 통해 영국 해운업자들은 특권의 폐지로 잃는 것보다는 세계 무역량의 전반적인 증가를 통해 얻는 바가 더 많다는 사실을 깨닫게 되었다. 결정적인 조치는 1849년에 취해졌다. 바로 이 해에 항해법은 연안항로와 관련한 조항을 제외하고 마침내 폐지되었고, 1854년에는 연안무역 자체도 외국 배에 모두 개방되었다.

해운사가인 린제이 같은 선견지명이 있는 한두 사람을 제외하고는, 선주들은 항해법 폐지에 대해 격렬히 반대하였다. 영국의 해운업이 마침내 무역의 모든 분야에서 자신의 실력으로 경쟁해야 하는 상황이 되었을 때, 절망의 울부짖음이 거의 전 해운업계에서 터져나왔다. 하지만 영국의 선주들은 미국과의 격렬한 경쟁에 자극받아 곧 새로운 결의를 다졌다.

1847년 캘리포니아에서의 금광 발견에 자극 받은 미국의 조선업은 사상 유례없는 호황을 누렸다. 이 당시에는 아메리카 대륙 횡단 철도가 없었다. 황금 채굴에 마음이 급했던 사람들은 남미 최남단의 혼 곶(Cape Horn)을 돌아가는 급행 여객선을 이용하기 위해 아무리 비싼 배삯이라도 지불할 용의가 있었다. 이용객 수도 엄청나서 1849년에만 9만 명 이상이 미국 동부의 대서양 연안 항구에서 출항하여 프리스코(Frisco : San Francisco의 줄임말)를 향해 떠났다. 따라서 빠르고 큰 배들이 대박을 터트리게 되었다.

이러한 수요에 대응하여 노바 스코셔(Nova Scotia) 태생인 도날드 맥케이(Donald Mackay)와 다른 미국의 대조선업자들이 매우 독특하고 새로운 범선인 캘리포니아 클리퍼(clipper)를 건조하였다. 클리퍼선은 당시로서는 상당히 큰 배였다. 1848년 영국 상선 가운데 1000 톤이 넘는 배는 거의 없었는데, 맥케이가 건조한 플라잉 클라우드(Flying Cloud) 호는 미국 톤수측정법으로 1783 톤이었고, 서브린 어브 더 씨즈 (Sovereign of the Seas) 호는 2421 톤이었다. 플라잉 클라우드 호는 뉴욕에서 샌프란시스코까지 98일 만에 완항하는 기록을 세우기도 했다. 클리퍼선은 선체가 유선형으로 미끈하게 빠졌고, 돛을 많이 달아 경이적인 속력을 낼 수 있었다. 클리퍼선은 혼 곶의 험한 악천후에 견딜 수 있도록 튼튼하게 건조되었기 때문에 강풍을 이겨내는 데 그에 버금가는 배는 찾을 수 없었다. 클리퍼선이 제 성능을 발휘할 수 있도록 온갖 종류의 장치가 설치되었고, 선원들은 무모할 정도로 '돛을 많이 펴서' 클리퍼선이 가차없이 속력을 낼 수 있도록 조종하였다. 클리퍼선은 그 아름다움과 힘, 놀라운 업적을 세계에 과시하였다.

샌프란시스코에서 모항으로 실어올 만한 화물은 금 가루 외에는 별로 없었기 때문에 여객을 내려놓고 난 다음 클리퍼선들은 뉴욕이나 보스톤으로 가는 화물을 싣기 위해 태평양을 횡단하여 중국으로 항해하였다. 항해법의 폐지로 중국과 영국 간 항로가 개방되자 미국의 선주들은 재빠르게 이 기회를 잡으려고 노력하였다. 중국 차무역은 속력이 빠른 배가 유리한 항로 중 하나였다. 왜냐하면 처음 수확되어 가장 먼저 런던 시장에 도착한 차가 최고 가격을 받을 수 있었기 때문이다. 1850년 8월 미국 클리퍼선 오리엔탈(Oriental) 호는 홍콩에 도착하자마자 런던향 차 1600 톤을 40 세제곱 피트 1 톤당 6 파운드에 선적하기로 용선계약을 체결한 반면, 영국 배들은 50 세제곱 피트 1 톤당 3 파운드 10 실링에도 화물창을 다 채우기 어려울 지경이었다. 1850년 12월 3일, 오리엔탈 호가 홍콩에서 출항한 지 97일 만에 런던에 도착하는 신기록을 세우자 런던 사람들을 이 배를 조선 기술상의 경이이자 영국 조선업의 호황을 예시하는 전조로 바라보게 되었다.

하지만 자유경쟁이라는 찬바람에 독침을 맞은 사람들도 있었다. 완강한 리처드 그린(Richard Green : 1803~1863)은 "우리, 영국 선주들은 마침내 미국인들과 동등한 입장에서 공정하게 경기를 하기 시작했으며, 신의 도움으로 그들을 물리칠 것이다"라고 말했다. 1851년 빅토리아에서 황금이 발견되어 오스트레일리아로 가려는 이주민의 물결이 넘쳐나게 되었을 때, 이 이주민의 상당수를 제임스 베인즈(James Baines) 같은 리버풀의 대선주들이 용선하거나 구입, 아니면 주문한 미국 건조선들이 수송하였고, 최고의 운송실적을 기록한 것도 이런 배들이었다. 맥케이가, 멜버른에서 63일 만에 귀항하는, 범선항해로서는 전무후무한 신기록을 세운 라이트닝(Lightning) 호와, 영국 톤수측정법으로 2275톤에 달하는 위대한 조선업자(Mackay)의 걸작품인 제임스 베인즈(James Baines) 호도 바로 베인즈의 주문에 따라 건조한 것이었다.

1850년 당시 미국 배들은 영국 배보다 더 크고 더 좋았다. 톤당 건조비도 미국 배가 훨씬 더 쌌다. 미국에는 방대한 양의 침엽수림이 자라고 있었고, 미국인들은 바로 이 침엽수에서 나는 연재軟材를 이용하여 배를 만들었다. 이에 반해 영국인들이 배를 만드는 데 사용하는 오크재는 점점 부족해지고, 비싸졌으며, 오크재보다 내구력이 좋은 티크재는 훨씬 더 비쌌다. 그런데 침엽수 연재로 만든 배는 심각한 결점을 안고 있었다. 한두 항차를 하고 나면 선체에 물이 스며들고 그에 따라 항해성능도 떨어졌다. 뿐만 아니라 차와 같은 까다로운 화물은 완전한 상태로 운송할 수가 없었다. 결국 침엽수보다 비싼 활엽수 경재硬材로 만든 배가 더 경제적이었다고 할 수 있다. 영국의 선주들과 선박설계사들이 1854년에 보다 합리적으로 개정된 상선법(Merchant Shipping Acts)의 선박측정법을 준수하게 되기까지는 오랜 시간이 걸리지 않았다. 이로써 영국 배들도 경쟁국 배와 경쟁할 수 있는 조건을 갖출 수 있게 되었다. 애버딘(Aberdeen)의 홀(Hall), 그리노크(Greenock)의 스티일(Steele), 선더랜드(Sunderland)의 파일(Pile)과 같은 조선업자들이 중국 항로에 투입할 작고 아름다운 배를 건조하여 미국 클리퍼선들을 이 항로에서 쫓아낼 수 있다는 사실을 입증하였다. 푸조우福州에서 89일 만에 귀항하는 기록을 수립한 써 랜슬럿(Sir Lancelot) 호와, 1866년 차 운송경쟁의 공동 우승선인 아리엘(Ariel) 호와 세리카(Serica) 호 같은 영국의 중국 클리퍼선들은 맥케이가 건조한 미국의 클리퍼선들보다 작고, 강한 바람에 더 약했다. 하지만 영국 클리퍼선들은 동양 해역에서 부는 가볍고 변화무쌍한 바람 속에서도 모든 바람을 이용할 수 있도록 아주 교묘하게 설계되었다.

인도 항로와 오스트레일리아 항로에서는 더 큰 배가 이용되었다. 이 항로에 투입된 배 가운데 오랫동안 최고의 자리를 차지한 배는 리처드 그린(Richard Green)·머니 위그램(Money Wigram)·조셉 소머스(Joseph Soames)·던칸 던바(Duncan Dunbar)가 공동으로 소유한 '블랙웰 프리깃'(Blackwall Frigates) 안에서 찾아야 할 것이다. 이 회사의 대표자들은 일찍이 '영예로운 동인도회사'를 위해 배를 건조한 선박제조업자의 대표적인 존재였고, 선박의 건조와 운항에서 여전히 동인도회사의 전통을 유지하고 있었다. 이 회사의 배들은 튼튼하고 내구연한이 길고 아름다웠으며, 예외적으로 빠른 배와 경쟁하지 않을 때는 제법 좋은 항해기록을 낼 수 있었다. 선원들은 항해 단위로 승선계약을 맺었고, 선내 급식과 대우도 좋았다. 사관들은 동인도회사의 사관들과 비슷한 계급 출신들이었고, 자사선에서 승선훈련을 받았다. 심지어 견습선원들도 제복을 입고, '사관후보생'이라는 호칭으로 불렸다.

블랙웰의 배들은 상선업계의 귀족이었지만, 해상에서의 전반적인 근무 여건 역시 개선의 여지가 크다는 사실이 조금씩 드러나기 시작했다. 1849년까지 영국 정부는 선박의 효율성이나 선원과 재산의 안전을 증진시키는 문제보다 영국 선박을 경쟁으로부터 보호하는 데 더 관심을 기울이고 있었다. 1787년 선박등록이 의무화되고, 해상 보험업자들은 해상보험과 관련한 중대한 사기사건을 일정하게 견제할 수 있을 만큼 강력해졌다. 그리고 1793년부터 여객선 항로에서 급식과 생활 여건을 규제하기 위한 조치가 취해졌다. 이것이 그 때까지 행해진 조치의 전부였다. 그렇지만 영국 해운업이 처음으로 모든 항로에서 무제한 경쟁에 노출되자, 1847년 무역성의 조사보고서에도 나와 있듯이, 사태는 바야흐로 그냥 내버려둘 수 없게 되었다. 항해법이 폐지되고 난 이듬해인 1850년 「선장, 항해사, 선원들의 근무 여건을 개선하고, 상선에서의 규율을 유지하기 위한 법」3)이 제정되었다. 이 법에 따라 무역성은 해운업 종사자의 복지와, 무역성이 떠맡은 화물이나 여객을 영국 배에 위탁 운송할 책임을 처음으로 명확히 하게 되었다. 선장과 항해사의 자격시험을 주관하고, 자격증의 발부 조항도 마련하였다. 각 선박에서 관용항해일지를 작성하여 제출하는 것도 의무화하였으며, 상선 선원의 규율에 관한 조항도 신설하였다. 또한 선원들의 거주구역에 관한 명확한 규격과 급식, 의약품에 관한 기준도 정했다. 그리고 선원들의 고용계약과 이 법의 시행을 감독하기 위해 주요 항구에 지방 해사국海事局(Marine Boards)을 두었다.

이처럼 뒤늦게나마 상선 서비스와 관련한 가장 기본적인 준수사항들을 마련한 데 이어 1854년에는 제1차 상선법(Merchant Shipping Act)을 제정하였다. 상선법은 특히 선박의 건조와 설비에 대한 감독과 관련된 무역성의 권한과 책임을 크게 확대하였다. 이 때부터 해운산업의 사회적 복리후생을 증진시키고, 해운업이 일반 대중을 위해 부담해야 하는

---

3) 역주 | *An Act for improving the Conditions of Master, Mates, and Seamen, and Maintaining Discipline in the Merchant Service.*

의무를 다하도록 하는 책임이 국가에게 있다는 인식이 명확해졌다.

많은 선주들에게 '할머니처럼 자상한' 이 법은 잃어버린 보호정책을 대신하기에는 너무 빈약하게 보였다. 그러나 효율성의 회복에서 곧 유익한 효과가 나타났다. 영국 해운업이 효율성을 회복하는 데는 경쟁의 자극적 효과도 한몫 했다. 그럼에도 불구하고, 미국의 도전을 곧바로 저지할 수 있었던 것은 아니다. 1860년에 영제국의 등록 선박량은 580만 톤으로 증가하였다. 그러나 미국의 등록 외항 선박량도 1835년 약 100만 톤에서 1860년 250만 톤으로 팽창하였다. 증가율 면에서는 미국이 훨씬 더 빠른 증가세를 보였다. 연안·호수·강에서 운항되는 배를 모두 포함할 경우 미국의 총 선박량은 영제국(Empire) 전체 선박량보다 불과 50만 톤이 부족했고, 영국(UK)의 등록 선박량보다는 50만 톤이 더 많았다. 20년 후 미국 선박량은 거의 절반으로 줄어든 반면, 영국 선박량은 거의 비슷한 비율로 증가하였다.

미국 선박량이 이렇게 큰 폭의 감소를 보인 것은, 흔히 주장되는 것처럼, 1861~1865년 사이의 남북전쟁 때 남부연맹의 순시선들이 북부연합의 선박을 파괴하였기 때문이다. 이로 인해 미국 선박의 약 50만 톤 정도가 영국 국적으로 선적船籍을 전환하였다. 그러나 남북전쟁에서 잃어버린 토대는 보다 근본적인 원인이 작용하지 않았다면 곧 회복되었을 것이다. 그 근본적인 원인 가운데 하나가, 남북분리전쟁에 이은 아메리카 서부와 중서부의 대대적인 개발이었다. 몇몇 뉴 잉글랜드 주들을 제외하고, 아메리카인들의 시선은 언제나 서부에 맞추어져 있었다. 노예제 문제에 기인한 정치적 분쟁이 해결되었을 때, 자본가와 기업가들은 해운업에 투자하는 것보다 서부 여러 주에 매장되어 있는 막대한 양의 자원을 개발하는 것이 보다 더 많은 이익을 낼 수 있다는 사실을 깨달았다. 이와 같은 바다에서 육지로의 그네타기는, 만약 미국의 선박소유자들이 19세기에 진행된 해운산업 자체의 대발전, 즉 목조 범선에서 철제 증기선으로의 변화라는 대격변에서 아무런 이익도 거둘 수 없었다면, 그렇게 두드러지지는 않았을 것이다.

미국 선박량의 급팽창이 풍부한 연재軟材 공급에 크게 의존하였다는 것에 대해서는 이미 살펴본 바 있다. 영국 선주들은 부분적으로는 선택에 의해 또 부분적으로는 필요에 따라 연재보다 값은 비싸지만, 내구성이 더 좋은 경재硬材를 고집하였다. 당장에 이용할 수 있는 목재 공급이 부족해지자 그들은 경재보다 내구성이 더 좋은 목재를 사용하는 방안을 검토하기 시작했다. 후대에 나온 대다수 클리퍼선들은 철재로 뼈대를 만들고, 목재로 뱃전을 만든 복합구조물이었다. 그러나 이 철목선의 건조는 철선 건조가 본격화되기 훨씬 이전에 시험적으로 이루어진 바 있다. 1860년대에 철이 증기선과 범선을 건조하는 조선용재로 빠르게 보급되어 갔다.

철은 조선용재로서 상업적인 면에서 두 가지 큰 장점을 갖고 있었다. 우선 철은 목재보다 무겁기는 하지만 더 강했기 때문에 철선은 선체 외판의 두께를 얇게 만들 수 있었다. 따라서 철선의 무게는 같은 크기 목선의 약 1/4 정도밖에 나가지 않았다. 그 결과 철선은 부력을 감소시키지 않은 채 목선보다 훨씬 더 많은 화물을 실을 수 있었다. 이는 범선과 증기선 모두에게 중요한 점이었다. 특히 증기선에 연료를 보급해야 하는 증기선 선주들의 경우 목선보다 훨씬 더 크게 건조할 수 있다는 점에서 철선이 크게 유리하였다. 목선으로 건조할 수 있는 최대 길이는 약 300 ft(90m) 정도였던 반면, 철선의 크기는 선주의 집화능력과 항구의 수용능력 두 가지를 제외하면 실질적으로 아무런 제한

이 없었다. 실제로 범선은 아주 큰 돛대와 돛을 장착하기 어려웠기 때문에 일정 크기 이상으로 만드는 데는 한계가 있었다. 범선의 시대가 막을 내릴 무렵 독일과 미국 조선업자들이 5대의 돛대를 장착한 5000톤급 대형 바크(barque) 선과 스쿠너(schooner) 선 몇 척을 건조하였지만, 19세기 말까지 2000톤이 넘는 범선은 아주 예외적인 것이었다. 증기선들은 이러한 크기 제한을 받지 않았고, 선박기관제작소 역시 아무리 큰 철선이라도 제작할 수 있다는 사실을 입증해 보이고 있었다. 1858년 위대한 선박설계사였던 브루넬(Isambard Brunel : 1806~1859)이 장거리 항해에 적합한 연료 적재능력과 화물 적재능력을 동시에 갖춘 배로서 그레이트 이스턴(Great Eastern) 호를 건조하였다. 그레이트 이스턴 호는 길이 680 ft(204m), 등록톤수 1만 8914 총톤으로 건조 당시 세계 최대의 배였다. 그레이트 이스턴 호는 상업적으로는 흰 코끼리[4] 같은 골칫덩이였지만, 선박 건조 면에서는 경이 그 자체였다. 그레이트 이스턴 호만한 크기의 배가 건조된 것은 1890년에 이르러서였다. 1875년에는 3000~5000톤급 증기선이 수지를 맞출 수 있다는 사실을 이미 입증하고 있었다.

철선이 이렇게 대형화되었다 해도 운항비를 크게 감소시키지 못했다면 증기선은 집화경쟁에서 범선을 이겨내지 못했을 것이다. 그러나 브루넬이 '괴물선'으로 해결하려 했던 문제는, 선박기관의 개량이라는 보다 실질적인 방식으로 해결되었다. 동력원으로서 외륜을 스크류로 대체하고, 복합기관을 도입하여 일정한 마력을 생산하는 데 필요한

---

4) **역주** | 옛날 시암의 왕이 충성스럽지 않은 신하에게 흰 코끼리를 주어 그 신하가 사육비 때문에 골치를 앓게 만들었다는 고사에서 유래한 말로, '성가신 물건', '귀찮은 존재'를 의미한다.

큐나드 라인의 칼레도니아 호(1840년)

석탄소비량을 거의 절반으로 감소시켰다. 이로써 연료비를 감소시키고, 운임수익능력을 증가시키는 두 마리 토끼를 잡을 수 있었다.

1876년 큐나드 라인이 자사 선대의 발전을 보여주기 위해 작성한 다음 표를 보면 그것이 가져온 결과를 잘 알 수 있다. 큐나드 라인의 주요 발전단계를 보여주기 위해 4 척을 선정하였다.

1840 · *Britannia* 호   목선, 외륜, 단식 레버 기관(Simple Side Lever Engines)

1855 · *Persia* 호   철선, 외륜, 단식 레버 기관

1865 · *Java* 호   철선, 스크류, 단식 회전 기관(Simple Inverted Engines)

1874 · *Bothia* 호   철선, 스크류, 복합 기관

표 4. 큐나드 라인의 보유 선박

선명	GT	실제 마력	평균 속력 (노트)	1일 석탄 소비량(톤)	석탄적재 능력(톤)	화물적재 능력(톤)	여객용 선실
Britannia	1139	740	8.3	38	640	225	90
Persia	3300	3600	12.9	150	1640	1100	180
Java	2697	2440	12.8	85	1100	1100	160
Bothia	4556	2780	13.0	63	940	3000	340*

* *Bothia* 호는 3등칸에 800명을 수용할 수 있었다.

1 마력을 내기 위해 브리타니아 호는 시간당 석탄 4.7 파운드(2.1kg)를, 페르시아 호는 3.3 파운드(1.5kg), 보티아 호는 2.2 파운드(1kg)를 각각 태워야 했다. 보티아 호는 훨씬 더 작은 톤당 마력 비율로 그 이전에 가장 빨랐던 범선과 같거나 더 빠른 속력을 낼 수 있었다.

1869년은 증기선과 범선 간의 싸움에 승부를 지은 해로 보통 알려져

있다. 바로 이 해에 수에즈 운하가 개통되어 증기선은 동양으로 가는 더 짧은 항로를 이용할 수 있게 되었을 뿐 아니라 석탄 보급기지를 적절한 간격으로 설치할 수 있게 되었다. 그러나 승부를 가른 보다 적절한 시기는 아마 최초의 알프레드 홀트5)의 정기선들이 복합기관을 사용하여 리버풀에서 모리셔스(Mauritius)까지 8500 마일을 한 번도 쉬지 않고 항해하여 세계를 놀라게 한 1865년이 될 것이다. 이후 증기선이 여객뿐만 아니라 화물 집화 경쟁에서 최종적으로 승리를 거두는 것은 시간 문제였을 뿐이다.

원양 증기선의 개발과 철선 건조의 두 부문에서 영국은 선도적인 역할을 했다. 영국 제철업은 이미 완숙단계에 접어들고 있었고, 탄광과 금속공업, 기계산업의 주요 중심지들은 항구에서 그리 멀지 않은 거리에 위치하고 있었다. 1870년 영국(UK)의 등록 증기선은 이미 110만 톤에 이르렀는데, 바로 이 해에 건조 중인 배의 3/4이 증기선이었고 약 5/6가 철선이었다. 다른 유럽 국가들 가운데는 프랑스만이 15만 4000 톤의 증기선을 보유하고 있었는데, 이는 영국 전체 증기선의 1/10에 불과한 양이었다. 미국도 영국에 훨씬 뒤져 있었다. 미국의 금속산업은 미국 선주들이 다른 나라의 선주들과 성공적으로 경쟁할 수 있을 만한 가격으로 조선용 재료를 생산할 수 없었고, 수입품에는 고율의 관세가 부과되어 영국산 철판을 수입해서 쓸 수도 없었다. 따라서 미국에서는 소형 목제 증기선들이 하천과 연안 항해용으로 계속 건조되었다. 그러나 원양항해를 하기 위해서는 대형 철선이 필요

---

5) **역주** | 영국 선주 Alfred Holt(1829-1911)는 1855년 르 아브르에서 서인도제도, 파나마, 태평양 연안에 증기선을 배선하여 1865년부터 희망봉을 경유하여 인도와 중국까지 증기선 정기항로를 운영하였다.

했다. 1870년 100만 톤 이상의 증기선이 미국 국기를 달고 있었지만, 그 가운데 20만 톤 미만만이 원양선으로 등록되어 있었다. 20년 뒤에도 이 수치는 변하지 않았다.

1870년대와 1880년대에 연재를 사용해 만든 미국의 범선들은 영국 배들과의 경쟁에서 큰 열세를 보이고 있었다. 당시는 증기선과 범선 간의 승부가 거의 결정나는 상황이었기 때문에 이는 심각한 문제이기도 했다. 증기선의 운항비 감소와 화물 적재능력의 향상 효과가 해상 운송무역에서 실제로 감지되기까지는 아주 오랜 시간이 소요되었다. 클리퍼선보다 화물 적재능력이 더 크고, 보다 경제적인 항해 계획 하에 운항되는 이 시기의 철범선이 속력이 문제되지 않는 항로에서는 가장 강력한 경쟁자였다.

대략 1875년 즈음이 되면 증기선이 오스트레일리아를 제외한 모든 항로에서 우편·여객·고가의 화물 운송을 이미 실질적으로 독점하게 되었다. 큐나드·화이트 스타·앵커(Anchor)·P&O·로얄 메일(Royal Mail)· 함부르크-아메리카 노르트도이처 로이드(Hamburg-Amerika Norddeusche Lloyd)·메시저리즈 마리타임(Messageries Maritimes)·기타 선사들이 유럽 의 주요 국가와 북미·남미·인도·극동 간 항로를 운영하여 호황을 누렸 다. 이들 선사 가운데는 이미 사라진 회사도 있고, 일부는 합병을 통해 오늘날까지 익숙한 이름으로 남아 있기도 하다. 브리티시 인디아 컴퍼니(British India Company)[6]가 인도의 여러 항구와, 미얀마·말라야· 페르시아만·아프리카 동해안을 정기적으로 연결하고 있었다. 로얄 메일과 웨스트 인디안 앤 퍼시픽 네비게이션 컴퍼니(West Indian and

---

6) 역주ㅣ1857년 Calcutta and Burmah Steam Navigation Company란 이름으로 설립되어 1862년 British India Steam Navigation Company로 개명되었다.

Pacific Navigation Company)[7]는 서인도 항로에 취항하여 파나마 지협을 철로를 이용하여 횡단하여 태평양 연안항로, 아메리칸 퍼시픽 메일 (American Pacific Mail)[8]의 태평양 횡단 항로, 퍼시픽 스팀 네비게이션 컴퍼니(Pacific Steam Navigation Company)[9]의 남미 서해안 서비스와 연계시켰다. 유럽 해역에서는 오스트리안 로이드(Austrian Lloyd)[10]와 메시저 리즈 마리타임이 지중해 항로에 취항하고 있었고, 그 밖의 수많은 선사들, 그 가운데 메저스 프레드릭 레이랜드 앤 컴퍼니(Messrs. Frederick Leyland & Company)[11]가 지중해와 흑해의 여러 항구와 영국을 연결하고 있었다.

대부분의 항로에 취항하는 최신 증기선들은 대형 범선에 비해 화물 적재능력이 적었다. 일부 증기선은 아예 여객 운임 등은 아랑곳하지 않고 순전히 화물만 운송할 목적으로 건조되기도 했다. P&O의 증기선 2 척이 '순 화물선'으로 등록되었다는 사실이 당시 해운업계의 분위기를 말해 주고 있다. 지중해 항로에도 이러한 종류의 우수한 화물선 수척이 취항하고 있었다. 이를테면 레이랜드의 정기선인 3052 총톤급 의 바라비안(Bavarian) 호는 연료를 제외하고 화물 4800 톤을 실을 수 있었다. 연안 항로와 근해 항로에서도 수많은 증기선이 여객과 화물을 대량으로 운송하고 있었다. 특히 증기 컬리어선들이 이미 수많은 '저디 브릭'(Geordie brigs) 선을 대체한 상태였다.

위의 자료들은 앞서 여러 번 언급한 바 있는 린제이의 『해운사』(1876

---

7) **역주**ㅣ1863년 작은 기업 여러 개를 통합하여 설립되었다.
8) **역주**ㅣ1847년에 설립된 Pacific Mail Steamship Company를 말한다.
9) **역주**ㅣ1840년 영국의 William Wheelwright가 특허장을 받아 설립한 해운회사.
10) **역주**ㅣAustrian Lloyd's Steam Navigation Company라고도 한다.
11) **역주**ㅣ1850년 Messrs. Bibby, Sons, and Company라는 이름으로 설립되어 후에 개명되었다.

년 출간)를 인용한 것인데, 언뜻 보면 그가 이 책을 쓸 당시에 이미 증기선이 승리를 거두었다는 인상을 받을 수 있다. 그러나 다른 자료들을 참조하여 좀 더 주의 깊게 읽어보면, 그런 환상은 곧 깨질 것이다. 린제이는 범선이 아직도 인도와 오스트레일리아 항로에서 "가장 많은 해상 물동량"을 운송하고 있다고 적고 있다. 차는 운임이 매우 비쌌다. 1875년 중국 클리퍼선들은 증기선과의 경쟁에서 이미 심대한 타격을 입었고, 1880년 즈음에는 이들 클리퍼선들이 대부분 다른 항로로 쫓겨났다.[12] 그렇지만 인도 산물은 대부분 쌀과 황마(jute)와 같은 저급 화물이어서 수에즈 운하통과세로 인해 부풀려진 증기선의 운임을 감당할 수 없었다. 린제이의 책을 다시 인용해 보면, "정부보조금을 많이 받는 항로, 특히 희망봉을 돌아 인도로 가는 항로에 취항하는 증기선들은 메저스 그린 어브 블랙웰(Messrs. Green of Blackwall)·메저스 티 앤 더블류 스미스(Messrs. T. and W. Smith)·이 항로에 취항하는 개인 선주들의 범선과 경쟁할 수 없었다." P&O의 서비스조차도 범선을 함께 배선해야 겨우 유지될 수 있었다. 왜냐하면 비록 증기 컬리어선들이 타인 강과 웨어 강에서 런던까지 단거리 항로에서 수지를 맞추고는 있었지만, 이런 방법으로 지중해·인도·극동의 연료 보급기지에 석탄을 공급하기에는 너무나 비경제적이었다. P&O는 매년 이 항로에 범선 170 척 이상을 배선하였다.

오스트레일리아 항로에서는 증기선들이 아직도 크게 불리한 상황에 놓여 있었다. 1875년 이전에 전적으로 동력만을 사용하여 오스트레일리아로 항해한 예는 극소수로서, 그저 역사적인 흥밋거리에 지나지

---

12) **역주 |** Fayle의 원문에는 most of then으로 되어 있으나, 이는 most of them의 오류인 것으로 보인다.

않았다. 보조기관을 장착한 배로 돛과 증기기관을 함께 사용함으로써 문제를 해결하려는 시도는 참담하게 실패하였다. P&O는 콜롬보와 시드니 간에 증기선을 취항시키고, 주요 항로에 취항하는 배에서 옮겨 실은 우편물을 이 항로로 운송하였다. 그러나 우편물의 상당량, 여객의 대다수, 실질적으로 화물의 거의 전부를 운송한 것은 범선이었다. 1877년 오리엔트 라인이 희망봉을 경유하여 오스트레일리아로 가서 수에즈 운하를 통해 돌아오는 오스트레일리아 정기 증기선 직항로를 개설하였다. 그러나 1880년대 내내 대형 여객 범선들은 만재할 수 있었다. 덧붙여 말한다면, '경탄을 자아내는 토렌스(Torrens)' 호가 1900년 현재 환자들을 주로 하는 여객을 운송하지 않았다면, 저자는 아마 이 책을 쓸 수 없었을 것이다.[13]

범선은 앞으로도 한참 더 화물 운송에서 제 몫을 다할 것이었다. 대형 철제 양모 클리퍼선들이 테르모필레(Thermopylae) 호와 커티 삭(Cutty Sark) 호와 같은 중국 차 항로에 투입된 후기의 클리퍼선 두세 척과 함께 1890년대까지 시드니·멜버른·아들레이드·지롱(Geelong)·뉴캐슬에서부터 영국까지 증기선들과 계속 운항 경쟁을 벌였다. 오스트레일리아 무역은 무역량이 많고, 오랫동안 수지가 맞는 항로였다. 1891년까지도 런던 시장으로 운송할 양모를 싣기 위해 시드니 항에만 범선 77 척이 취항하고 있었다. 1651 톤인 메머러스(Mermerus) 호와 같은 클리퍼선은 화물창에 양모 1만 bales을 실을 수 있었다. 양모 1만 bale이라면 거의 양 100만 마리의 털을 깎아야 모을 수 있는 양이었고, 그 가치도 13만 파운드에 이르렀다. 이에 대해 1874년 메머러스 호가 외항항해 때 실은 잡화의 운임으로 선주는 5000 파운드를 벌었을

---

13) **역주** | 저자인 Fayle은 토렌스 호를 타고 오스트레일리아에서 귀국하였다.

뿐이다. 1882년에 냉동 쇠고기를 처음으로 잉글랜드로 운송한 뉴 질랜드 쉬핑 컴퍼니(New Zealand Shipping Company) 소속의 마타우라(Mataura)호 역시 범선이었다.

오랫동안 범선이 독점을 유지한 또 다른 큰 무역로는 북아메리카의 서해안에서 유럽으로 곡물을 운송하는 항로였다. 이 항로는 1882년 대풍작 이후에 정점에 도달하였다. 바로 이 해에 대부분 영국 배나 미국 배였던 550척 이상의 범선이 밀과 보리(barley) 125만 톤 가량을 싣고 캘리포니아와 오레곤 항구에서 출항하였다.

사실 20세기가 개막되기까지 특히 장거리 항로의 저급 화물의 운송과, 선적과 하륙 과정이 오래 걸리고 불확실한 항구에서는 범선이 증기선에 맞서 성공적으로 경쟁하는 항로가 여전히 존재하고 있었다. 한때 명성을 날린 수많은 차 운반선이나 양모 운반선들은 오스트레일리아 밀 운송이나 샌프란시스코에서 출항하여 혼 곶을 도는 밀 운송·칠레의 초석硝石 운송·퀘벡의 목재 운송·뉴 사우스 웨일즈의 뉴캐슬에서 남미까지의 석탄 운송에서 말년을 보내고 있었다.

1840년 이후 증기선의 급속한 발전에 의해 세계의 범선 선박량이 감소하기 시작한 것은 대략 1880년부터였다. 이 이행기 동안 증기선 1톤이 대략 범선 3톤에 해당한다고 보면, 증기선이 전 세계 운송능력의 약 절반을 차지하게 된 것은 1880년대에 이르러서였다. 아래의 표를 보면 이러한 점진적인 이행과정을 한눈에 볼 수 있다. 그러나 증기선 톤수에 3을 곱하여 화물 적재능력을 구하면, 적어도 처음 20년 동안에는 증기선의 실제 화물 적재능력보다 많게 계산될 수 있다는 사실을 염두에 두어야 한다. 또한 표 6에 나타난 것처럼, 총 선박량에서 증기선이 차지하는 비율은 대부분의 외국 항구에서보다 영국 항구에서 훨씬 더 높았다는 점도 상기할 필요가 있다.

표 5. 영국과 세계 주요 해운국의 등록 선박 톤수(net ton), 1870~1900

년	영제국			기타 주요 해운국*		
	범선	증기선	범선으로 환산한 증기선	범선	증기선	범선으로 환산한 증기선
1860	530만 1000	50만 0000	150만 0000	통계자료가 불명확함		
1870	594만 7000	120만 2000	360만 6000	629만 5000	55만 4000	166만 2000
1880	549만 8000	294만 9000	884만 7000	638만 0000	103만 7000	311만 1000
1890	427만 4000	541만 4000	1624만 2000	486만 5000	229만 3000	687만 9000
1900	301만 1000	774만 0000	2322만 0000	373만 2000	419만 9000	1259만 7000

* USA(외항선으로 등록한 선박), 프랑스, 독일, 노르웨이, 스웨덴, 덴마크, 이탈리아, 오스트리아-헝가리.
이 기간 동안 스페인과 그리스와 같은 나라의 통계는 불완전하다.

표 6. 주요 해운국의 선박량(톤), 1870~1900

년	주요 해운국 합계				
	범선	증기선	범선으로 환산한 증기선	총선박량에 대한 증기선의 점유율	운송능력에 대한 증기선의 점유율
1870	1224만 2000	175만 6000	526만 8000	12.5%	30.0%
1880	1187만 8000	398만 6000	1195만 8000	25.1%	50.2%
1890	913만 9000	770만 7000	2312만 1000	45.7%	71.7%
1900	674만 3000	1193만 9000	3581만 7000	63.9%	84.1%

표 7. 영국 항구별 입출항 선박량에 대한 증기선의 점유율

	1860	1870	1880	1890	1900
총 선박	20.1%	41.1%	63.4%	83.0%	91.7%
영국 선박	30.1%	53.2%	74.9%	90.8%	94.7%
외국 선박	7.2%	15.0%	35.9%	62.3%	83.8%

* 공선과 만선 모두 포함.

철선과 증기선이 목선과 범선을 서서히 대체해 가면서 이제 세계 해운산업의 이야기는 과거에서 현재로 넘어왔다. 처음 복합기관을 채택하여 증기선이 잡화 운송무역에서 범선과 성공적으로 경쟁할 수 있게 되자, 조선업과 선박기관 제조업에서 아주 중요한 발전이 이루어졌다. 이를 나열해 보면 다음과 같다. 1880년대에 급속히 이루어진 강철의 철 대체, 역시 1880년대에 이루어진 트윈 스크류(twin screw)의 채용, 그 결과 당시까지 대다수 증기선들이 처음에는 보조용으로 썼다가 나중에 프로펠라 축이 끊어질 경우에 대비하여 장착하였던 돛을 완전히 제거한 것, 3 팽창기관(triple expansion engine)과 4 팽창기관(quadruple expansion engine)의 연이은 도입, 선박용 터빈의 도입, 연료로서 석탄을 대신할 석유의 도전과 모터선의 등장. 진보의 속도는 매 10년을 주기로 가속화되었다. 오늘날(1930년대)의 전형적인 여객선은 1890년이나 1900년의 여객선에 비해 더 크고, 더 빠르며, 더 호화스럽다. 전형적인 화물선 또한 더 좋은 하역기계를 장비하고, 특정 항로에서 요구되는 조건들을 더 잘 갖추고 있다. 이와 같은 발전으로 해상을 통한 화물과 여객의 운송은 과거에 비해 더 빠르고, 안전하고, 저렴해지게 되었다. 이러한 발전 양상은 선박사船舶史나, 해운사를 통사通史가 아닌 시대사時代史에서 보다 상세히 다루어야 하지 않을까 생각하는데, 이것들이 가져온 효과는 이미 시작되고 있던 여러 경향을 보다 가속화시키고 강화하는 데 불과하였다. 위와 같은 발전들은, 증기선이 세계 무역의 일반 운송자로서 범선을 대체함으로써 초래된 해운업의 성격과 기능에 어떤 근본적인 변화를 주지는 못했다. 만약 1876년에 『해운사』를 완성한 린제이가 1922년에 출판된 존스(Clement Jones)의 『브리티시 해운사』(British Merchant Shipping)를 읽었다면, 그는 아주 생소한 단어들을 많이 발견했을 것이다. 린제이는 자신이 책에서 예언한 여러 가지 일들이 실제로 일어났다는 사실에 기뻐하면서도 존스의 책에 서술된 배의 크기와 속력, 적재 능력에 한 번 더 놀랐을 것이다. 하지만 린제이는 해운 서비스나 사업 기법에 대한 분석의 전반적인 흐름은 어렵지 않게 파악할 수 있을 것이다. 다른 한편, 그의 책 제4권에서 린제이가 그의 시대의 정기선 서비스에 대해 묘사한 내용은 18세기 선주들에게는 도저히 이해할 수 없는 횡설수설로 느껴질지 모른다.

따라서 현재의 관점에서 보면 우리는 이러한 변화가 세계 인류의 삶에 어떤 영향을 미쳤는지를 요약하면 될 것이다. 이러한 변화로 모두가 이익을 얻은 것은 아닐 것이다. 범선의 퇴장에 대해 아무런 서운함도 갖지 않은 채 서술하기란 거의 불가능하다. 범선과 증기선을 모두 알고 있는 사람으로서 흰 날개를 펼친[14] 클리퍼선이 매우 아름다웠을 뿐만 아니라, 증기선에서는 도저히 느낄 수 없는 생명력과 개성을 갖고 있었다는 사실을 부정할 사람은 아마 없을 것이다. 증기선의 역량은 진수되기 전에 설계실과 조선소에서 이미 결정이 난다. 증기선은 최고 운항실적과 최저 운항실적 간에 별 차이가 없다. 그러나 범선의 운항실적은 행운과 운항기술에 크게 좌우되었다. 모든 범선은 제 나름의 독특한 특성을 갖고 있었고, 일정한 조건과 특정한 운항방법 여하에 따라 최상의 영업 실적을 낼 수 있었다. 배의 특성을 잘 알고 있고, 마지막까지 배와 함께한 사람들은 그 과정에서 배를 사랑하게 된다. 당시의 고참 선원들이 입버릇처럼 "어떻게 바다를 포기하고 증기선에 탄단 말인가"라고 말한 것도, 그저 단순한 뱃사람 특유의 보수주의 때문이라고 할 수는 없다.

---

14) **역주** | 흰 돛을 모두 펼쳤을 때의 모습을 흰 날개에 비유한 것.

그러나 이 부분에 대한 서술은 다른 작가에게 맡긴다. 여기에서 우리가 관심을 갖는 것은 범선이 증기선으로 대체됨으로써 잃어버린 불확실한 가치가 아니라, 물질적 번영이라는 측면에서 세계가 어떤 것을 얻었는가 하는 점이다.

범선에 비해 증기선이 인류에게 공헌한 가장 두드러진 점이라면, 주로 해상생활에 수반하는 모험적인 공포를 제거해 준 운항의 확실성이었다. 클리퍼선은 시간당 최대 15 노트 내외로 항해할 수 있었고, 현재의 화물선은 평균 10~12 노트를 낼 수 있을 뿐이다. 그러나 동력선은 언제나 동일한 속력을 낼 수 있었지만, 클리퍼선은 적도 무풍대에 들어서면 꼼짝도 하지 못한 채 며칠을 허비하거나 영국 해협으로 들어설 때는 바람의 방향에 따라 2주일씩 정박하기도 했다. 증기선은 항구와 항구 사이를 직항할 수 있었지만, 범선은 언제나 갈지(之)자로 항해해야 했고, 탁월풍을 이용하기 위하여 수천 마일을 회항하는 경우도 있었기 때문에 항해시간이 오래 걸렸다. 오스트레일리아 클리퍼선은 브라질 해안의 세인트 폴 록을 초인하고 나서 "항로를 동남쪽으로 돌려야" 했다. 증기선들은 외항 항로와 귀항 항로가 실질적으로 동일했다. 앞에서 살펴본 블랙 볼의 우편선들은 동향 항로나 서향 항로 모두 평균 약 2주일을 소요하였다. 증기선은 화물을 부리고 다음 화물을 싣자마자 곧바로 다음 항차를 준비하였고 게다가 언제나 큰 변화 없이 운항실적을 계속 올릴 수 있었다. 범선은 최고 속력을 얻기 위해 특정한 계절에 항해해야 했고, 그럴 경우에도 범선의 항해는 행운에 크게 의존하였다. 1866년 세리카 호는 푸조우에서 99일 만에 영국에 도착하였으나, 이듬해에는 120일이 걸렸다.

이러한 모든 이점의 결과로, 증기선은 연간 소화할 수 있는 왕복

항해의 수를 크게 증가시킬 수 있었다. 증기선의 이점은 최단거리로 항해할 때 최대로 발휘되었다. 그러나 모든 항로를 평균하면, 근대 화물선의 연간 운송능력은 적어도 같은 크기의 범선이 갖는 능력의 4배 정도 되었다. 증기력을 채택함으로써 배를 크게 만들 수 있었던 덕분에 증기선의 화물 적재능력은 범선보다 3~4배 또는 5배 정도 더 커졌다. 재화중량톤 1만 톤짜리 증기선은 북대서양 항로에서 연간 8 항차를 소화하여 과거 이 항로에 취항하였던 최대 크기의 범선 10~12 척이 실을 수 있는 양을 운송하였다.

증기선이 범선을 대체함으로써 초래된 실질적인 효과는, 방대하게 증가한 무역량을 배의 수를 증가시키지 않고도 운송할 수 있게 되었다는 점이었다. 세계 무역은 과거와 같이 계절에 따라 등락을 거듭하지 않고, 지속적이고 정규적인 흐름을 유지할 수 있게 되었다. 화물의 수급과 처분은 예정된 시간에 화물이 도착한다는 절대적인 확신에 따라 미리 정할 수 있었다. 각 항구에 근대적인 하역설비들이 갖추어져 있다 하더라도, 만약 범선시대와 같은 조건에서 화물이 운송된다면 오늘날의 세계 무역량을 제대로 처리할 수는 없었을 것이다.

증기선이 처음 성과를 거둔 분야는 우편물과 여객 운송 부문이었다. 우편통신의 속력과 정규성이 증대되고, 해상여행의 매력이 커져 감에 따라 멀리 떨어져 있는 사람들 간의 인적 교류와 사업상의 접촉도 증가하였다. 이 같은 교류의 결과 여러 사상이 널리 보급되고 확산되었으며, 국가적 편견을 무너뜨리는 역할도 하였다. 증기선은 또한 세계의 저개발 지역으로 사람들을 이주시키고, 그 곳의 자원을 개발하는 속도를 가속화시키는 데 매우 중요한 역할을 했다. 1825~1834년의 10년 동안 연평균 3만 2000명이 유럽을 떠나 미국으로 이주하였다. 제1차

세계대전 직전 10년 동안 이주민의 수는 연평균 100만 명을 넘어섰다.

그렇지만, 세계 인류의 삶에 심대한 영향을 끼친 것은 정기 여객선이 아니라 화물선이었다. 증기선의 도입으로 운송능력이 증대됨에 따라 세계 여러 나라의 생활수준이 향상되었다. 현재의 생활수준은 우리가 만족할 수준은 아니다. 그러나 불만이 터져나온다는 사실은 진보하고 있다는 표시고, 오늘날 우리가 간혹 불평하는 고가의 일상용품들은 100년 전에는 아예 존재하지도 않았거나 아주 극소수의 부유층만이 사용할 수 있는 사치품이었다는 것을 망각하는 경향이 있다. 이것을 가능케 해 준 것이 증기선이었다. 그러나 증기선의 영향력은 그것보다 훨씬 심대한 것이었다. 증기선은 풍요로운 생활과 장식품을 얻기 위한 수단이었던 해외통상을 생활의 필수요소로 바꿔놓았다. 물론 과거 국부와 국력을 해외무역에 의존한 공동체들도 존재하였었다. 또 극히 소수이기는 하지만 로마제국처럼 해상을 통한 물자공급이 필수 불가결한 나라도 있었다. 그러나 모든 공업국가에서, 일용 식량과 생활필수품을 위한 공업 원재료를 입수하기 위해 연간 수백만 톤에 달하는 물자를 매주 규칙적으로 배급 받아야 하는 방대한 도시인구가 등장할 수 있었던 것은 오직 증기선 덕분이다.

전 세계를 하나의 경제단위로 빠르게 변모시키고 있는 복잡한 산업 문명을 달가워할 수도 있고 그렇지 않을 수도 있다. 그러나 한 가지 분명한 사실은 좋건 나쁘건 간에 이것은 모두 증기선이 낳은 결과라는 점이다.

▓▓ 참고문헌

Captain A. H. Clark, *The Clipper Ship Era*, London and New York, 1910.
Basil Lubbock, *The China Clippers*, Glasgow, 1914.
Basil Lubbock, *The Colonial Clippers*, 1921.
Basil Lubbock, *The Blackwall Frigates*, 1922.
Basil Lubbock, *The Western Ocean Packets*, 1925.
Basil Lubbock, *The Down Easters*, 1929.
W. S. Lindsay, *History of Merchant Shipping and Ancient Commerce*, 4 Vols., 1874-1876.
A. W. Kirkaldy, *British Shipping : Its History, Organization, and Importance*, London, 1914.
Cd. 7033, *Tables showing the Progress of Merchant Shipping*, 1913.

제10장 정기선과 부정기선

근대 해운산업의 발전

영국의 해운산업이 오늘날과 같이 번영을 누리고 있는 것은
법률의 보호 때문이 아니라, 자기 일에 전심전력하며 해운산업에
종사한 개인과 단체들의 개별적인 활동이 축적된 결과였다.

John Hilton, Edinburgh Review, April, 1918.

클리퍼선에서 전성기를 맞이한 범선, 증기선의 대두, 이러한 발전의 원인이자 결과였던 세계 해상무역의 급팽창은 선박 소유와 선박 운항 기법에서 아주 중요한 변화를 초래하였다. 이러한 변화 가운데 가장 중요했던 것 중 하나가, 18세기의 '화물을 찾아 떠돌아다니는 무역선(constant trader)'을 정기선 서비스가 대체하게 된 것이다. 이는 증기선의 경쟁이 세계 운송무역에 전반적으로 영향을 미치기 이전부터 이미 상당히 두드러지고 있었다.

정기선(liner)이라는 용어는 좀 더 명확하게 정의될 필요가 있다. 왜냐하면 범선과 증기선의 선주의 대다수가 취항 항로에 상관없이 단순히 자기 소유의 배라는 것을 나타내기 위하여 자신들의 배를 '○○ 라인(line)'이라는 식으로 부르는 바람에 정기선이라는 용어가 잘못 이해되어 왔기 때문이다. 엄밀하게 말해, 정기선 서비스는 지정된 항구 사이에서 일정한 간격으로 고정된 서비스를 제공하고, 공동의 소유권이나 경영권 하에서 운항되는 일군의 선대를 의미한다. 정기선은 이들 항구 사이에서 항해 일정에 맞추어 여객과 화물의 운송을 바라는 사람들에게 공공 운송인으로서 화물창의 선적 공간을 제공한다. 정기선은 또한 정해진 항해 일정에 따라 정기적으로 선박을 운항해야 하고, 모든 사람들로부터 화물을 수탁하고, 공표된 일정에 따라 정해진 날짜에 화물창의 만재 여부에 상관없이 출항해야 한다. 배의 크기나 속력, 선대를 구성하는 배의 수가 아니라, 바로 이러한 요소가 정기선을 '부정기선'(tramp), '짐 바라기'(seeker) 또는 '일반 무역선'(general trader)과 구별지어 준다. 부정기선은 일반적으로 항해나 달 단위로 용선되어 용선자가 요구하는 화물을 싣고 그가 요구하는 항구로 운송하는 일을 한다.

　따라서 18세기의 동인도선이나 '화물을 찾아 떠돌아다니는 무역선'은 참된 의미에서의 정기선이라고 할 수 없다. 동인도선은 불규칙한 간격으로 선대를 이루어 항해했고, 공공 운송인도 아니었다. 화물을 찾아 떠돌아다니는 무역선은, 반드시 언제나 그랬던 것은 아니지만, 대개 동일한 항구 사이에서 운항하는 개인 소유의 배였을 뿐이다. 해외무역량 자체도 이러한 무역선이 정기적이고 주기적으로 서비스를 제공해야 할 만큼 충분한 것도 아니었다.

　근대의 정기선 서비스에서 요구되는 엄격한 정기성과 확실성을 범선에서 기대하기란 불가능했다. 그러나 무역량이 팽창함에 따라 특히 우편물 운송계약을 체결하거나, 상당수의 여객 교통이 있는 항로에서는 외항 항해시 운임에 관계없이 일정한 간격으로 배를 배선할 수 있을 만큼 충분한 선대를 유지하여 수지를 맞추는 대 선주들이 생겨나기 시작했다. 19세기 전반기에 블랙 볼 라인의 배들과 다른 양키 우편선들은 오늘날 대서양 횡단 정기선의 참된 조상이었다.

　범선의 마지막 황금기 동안 대다수의 가장 뛰어난 선박들은 정기선도 아니었고, 최소한 정규 무역선도 아니었다. 이들의 상당수가 당시의 실질적인 선대를 구성하고 있었다. 중국 차 무역에 취항하는 선박량이 그렇게 많지 않았기 때문에 같은 선주가 대개 중국 차 클리퍼선 두세 척을 소유하고 있었다. 그러나 인도 항로의 정수精髓는 대 블랙웰 선사의 대규모 선대에 실려 운송되었다. 그렇기는 하지만, 오스트레일리아 항로에서는 1851년 금광의 발견으로 이주의 물결이 빨라져서 범선으로 운항 가능한 극한점까지 정기선 서비스가 발전하였다. 제임스 베인즈의 블랙 볼 라인(Black Ball Line : 같은 이름의 미국 우편 선사와 혼동하지 말 것), 필킹턴(Pilkington)과 윌슨(Wilson)이 설립한 화이트 스타 라인,

양모 무역의 선구자 조지 톰슨(George Thompson)의 애버딘 화이트 스타 라인(Aberdeen White Star Line), 베델, 그윈 앤드 컴퍼니(Bethel, Gwyn and Company)의 런던 라인 어브 오스트레일리안 패킷(London Line of Australian Packets) 같은 선사들이 영국에서 오스트레일리아까지 매달 정기 항해를 제공한 수많은 서비스 가운데 특히 중요했다. 증기선이 클리퍼선으로부터 여객 운송의 대부분을 빼앗아 오고, 범선 선주들이 여객 운송에 클리퍼선을 매월 정기항해에 더 이상 배선할 수 없게 된 1880~90년대에 조차도 다수의 양모 클리퍼선들은 대 선대를 이루어 정기적으로 취항하고 있었다. 이들 클리퍼선이 돛대 위에 매단 소속 선사의 깃발들은 템즈 강이나 머지 강에서처럼 시드니 항이나 홉슨 만(Hobson's Bay)에서도 낯선 것이 아니었다.

　오스트레일리아 항로에 매월 정기 서비스를 제공한다는 것은 적어도 12 척 이상의 선대가 필요했다는 것을 말한다. 식민지에서 건조된 클리퍼선 한 척의 가격이 3만 내지 4만 파운드였으므로, 자사선만으로 이러한 서비스를 유지할 수는 있는 선사는 매우 드물었다. 일부 선주들은 항해 일정에서의 빈틈을 메우기 위해 다른 선주의 배를 용선하기도 했다. 선주이자 선박중개인이기도 했던 제임스 베인즈 같은 사람은 자기에게 맡겨진 다른 사람의 배에 자기 회사 깃발을 달고 빈틈이 생긴 항해 일정에 배선할 수 있었다. 베델, 그윈 앤드 컴퍼니와 같이 정기항로를 경영하는 선사들은 선박 중개업을 최우선으로 삼고 있었다. 이 선사가 운항하는 선박은 대부분 개인 소유였다. 오스트레일리아 여객 항로에 블랙웰의 전통을 상당히 많이 이식한 데빗(Devit)과 무어(Moore)는 처음에 선박에 화물을 소개해주고 수수료를 받는 선박중개인으로 시작했지만, 나중에는 자기가 관리하는 여러 선박의 지분을 사들이거나 아예 배 전체를 사버리기도 했다.

장거리 항로에서는 1860·70년대의 성능이 우수한 클리퍼선조차 한 해에 왕복항해를 한 차례 소화하는 것으로 만족해야 했다. 그러나 그들의 항해 성능은 때로 선주들에게 충분한 이익을 가져다주기도 했다. 클리퍼선들은 운임 수익능력을 놀리지 않기 위해 중간에 한두 항차를 뛰기도 했다. 중국 클리퍼선이 운항할 수 있는 가장 좋은 항로는 10월이나 11월에 홍콩이나 상하이향 잡화를 싣고 런던을 출항하여 짐을 부리고 난 뒤, 사이공이나 방콕으로 내려가서 중국이나 일본향 쌀을 싣는 것이었다. 5월 수확이 시작되는 차를 싣기 위해 푸조우나 후앙푸黃浦에 제때에 도착하기 전에 이런 식의 중간항해를 두 번 정도 할 때도 있었다. 오스트레일리아 항로에 취항하는 대다수의 배는 영국과 오스트레일리아 사이를 직항하였다. 그러나 태즈메니아에서 건조된 소형 바크선인 해리엇 맥그리거(Harriet McGregor) 호 같은 배는 극히 이례적으로 1870년대에 정기 순항을 하기도 했다. 해리엇 맥그리거 호는 성탄절에 양모와 고래기름을 싣고 호바트(Hobart : 태즈메니아의 항구)에서 출항하여 런던으로 항해하였고, 런던에서 호바트로 돌아올 때는 잡화를 실었다. 호바트로 돌아와서는 석탄을 싣고 모리셔스로 가서 이를 부리고, 그 곳에서 설탕을 싣고 다시 런던으로 운송할 짐을 실을 시점에 맞추어 성탄절 이전까지 호바트로 귀항하였다. 물론 정기 양모 선대 외곽에서 운항하는 배들도 많았다. 이런 배들은 멜버른이나 시드니로 잡화나 여객을 운송하고 난 뒤 보통 기사騎士들을 위한 오스트레일리아산 말을 싣고 인도양을 건너 인도로 가서, 캘커타에서 황마를 싣거나 랑군에서 쌀을 실었다.

대형 클리퍼선이나, 이렇다 할 영광도 누리지 못하고 어떤 기록도 남기지 못했지만, 세계 해상 물동량의 상당 부분을 운송하며 칠대양을 누빈 보잘것없는 범선들은 이제 18세기보다 훨씬 더 수월하게 화물을 모을 수 있었다. 영국 항구에는 선주와 화주 사이를 매개해주는 역할을 하는 선박 중개회사들이 자리잡고 있었다. 그리고 대부분의 주요 외국 항구와 식민지 항구에도 중개인과 대리인이 활동하고 있었다. 이들은 화주를 위해 화물 선적예약을 해주거나 정기적으로 화물을 대량으로 보내는 화주사貨主社들의 위탁을 받아 배를 용선해 주기도 했다. 이에 따라 화물감독의 필요성이 점점 줄어들었고, 선장도 화물과 관련한 업무에서 손을 떼게 되었다. 이제 선장들은 화물 적재에 더 큰 관심을 쏟아야 했다. 왜냐하면 클리퍼선의 앞뒤 기울기(trim)가 속력에 큰 영향을 미쳤기 때문이다. 후대에 범선이 증기선과 필사적으로 살아남기 위한 경쟁을 벌이고 있을 때에는 화물 적재법은 선박의 적재능력 관점에서 그 중요성이 더 커졌다. 커티 삭 호의 우드짓(Woodget) 선장은 양모를 화물창 구석구석까지 쑤셔 넣을 수 있도록 세심한 주의를 기울인 결과, 커티 삭 호의 적재능력을 4289 bale에서 5304 bale까지 증가시키기도 했다.

사실 클리퍼선의 선장은 어느 측면에서는 과거의 선장이나 현재의 선장보다 훨씬 더 큰 책임을 떠안고 있었다. 18세기의 한가로운 항해는 아주 초보적인 항해술만으로도 충분했다. 그리고 근대의 정기선 선장들은 확실한 동력이라는 도구를 손에 쥐고 있었다. 이에 비해 양키 우편선이나 캘리포니아 클리퍼선, 또는 차나 양모 항로에서 치열한 경쟁을 벌이고 있던 선박의 선장들에게는 시간이 곧 계약 성사를 좌우하는 핵심 요소였다. 일단 빠른 배라는 명성을 얻게 되면 선주들은 수천 파운드를 손쉽게 벌 수 있었고, 계속해서 용선계약을 체결할 수 있는 보증을 얻었다. 하지만 쾌속항해는 선장의 노력과 능력에 크게 좌우되었다. 불리 워터맨(Bully Waterman) 선장처럼 돛을 있는 대로 다 펼치고 항해하거나, 써 랜슬럿 호의 로빈슨(Robinson) 선장처럼 위험천만한 동양 해역의 암초와 섬들을 지나 지름길로 항해하는 모험을 감수하는 강철 심장의 소유자들도 있었다. 산들바람밖에 없는 바다에서 범선의 '마성적' 능력을 끄집어내는 데는 선장의 예민한 판단력이 요구되었다.

오스트레일리아 이민 운송은 선장의 항해능력을 소진시켰을 뿐 아니라, 다른 종류의 주의력과 경계심을 요구하였다. 라이트닝 호가 태운 400명 이상의 승객이나 1854년 제임스 베인즈 호가 운송한 700명의 승객 수는 1914년에 건조된 아퀴테니아(Aquitania) 호가 거의 5000명 이상의 '사람이라는 화물'을 태운 것에 견주어 보면 아주 적게 보일지 모른다. 그러나 아퀴테니아 호는 블랙 볼 라인의 배 보다 20배 가량이 더 컸다. 길이 224 ft(68.3m), 너비 44 ft(13.4m), 깊이 23 ft(7.0m)의 제원을 갖춘 244 톤짜리 배에서 두세 달을 생활하는 동안 400명의 승객들, 그 가운데 대부분은 3등 선실에 거주하는 승객들을 건강하고, 질서 있고, 모두가 만족하게끔 지내게 하기 위해서는 통상적인 수준 이상의 기술과 결연함이 요구되었다. 특히 악천후 속에서 힘겨운 항해를 해야 할 경우 승객들은 장기간을 갑판 아래의 화물창에 머물러 있어야 했다. 라이트닝 호의 명성을 크게 드높인 엔라이트(Enright) 선장은 항해를 완수해 내는 자신의 능력뿐 아니라, 잡다한 승객들을 권위와 인간적인 호의로 대하고, 승객들의 여흥을 위해 놀이·음악회·댄스파티·토론·온갖 종류의 심심풀이를 고안해 내는 창의력에 대한 대가로서 선주에게 1년에 1000 파운드를 요구하여 선주를 놀라게 하였다. 그는

'선내 신문'을 발간하기 위해 자사 소유의 선박마다 인쇄실을 설치한 메저스 제임스 베인즈 앤드 컴퍼니(Messrs. James Baines and Company)의 사려 깊은 배려에 의해서도 도움을 받았다.

후기 범선의 운항 성과와 상업적 성공 여부는 훨씬 더 선장의 능력에 의존하기는 했지만, 선주의 경영능력과 기술적 지식에 의해서도 좌우되었다. 일부 선주는 극히 많은 선박을 보유하기도 하였는데, 유명한 던컨 던바 같은 선주는 50여 척에 4만 톤 가량을 소유하고 있었다. 그러나 대부분의 선주는, 상당히 큰 선박의 소유자라 해도, 선박의 장비와 예비품, 때로는 선적작업까지 세세히 배려하는 일을 게을리하지 않았다. 선주임과 동시에 상인인 경우도 있었다. 예컨대 던바 상사는 주류의 수출무역을 겸하였다. 일급 중국 클리퍼선 가운데 일부는 자아딘, 매티슨 앤드 컴퍼니(Jardine, Matheson and Company)와 같은 대형 차 수입상의 주문에 따라 건조되기도 했다. 그렇지만 대부분의 선주는 실제로 해사海事에 정통한 사람들이었다. 앞서 살펴본 바와 같이 그중 일부는 중개인이었다. 그린 앤드 머니 위그램 앤드 컴퍼니(Green and Money Wigram and Company)처럼 조선업자로서 해운업에 발을 들여놓은 사람도 있었다. 해운업에서 크게 성공을 거둔 선주 가운데는 은퇴한 선장이 많은 비중을 차지하였다. 트위드 램머뮈어(Tweed Lammermuir) 호와 기타 유명한 배의 선주이자 선장이었던 쉬안(Shewan)이 전하는 바에 따르면, 널리 알려진 '스톰어롱'(Stormalong)[1]이라는 노래의 주인공인 큰 존 윌리스(Old John Willis)는 보통 선원으로 시작하여 선주로서 자수성가한 사람이었다. 그의 아들로서 커티 삭 호의 선주인 작은 존 윌리스(Young John Willis) 또한 아버지가 소유하는 배의 선장으로

---

1) *The Great Days of Sail*, p.45.

승선하기도 했다.

실제로 선원 출신이든 아니든 이러한 유형의 선주들은 가족의 바람도 있고 해서 가능한 한 도크 가까이에 거처를 마련하였고, 항구에 접안한 자기 배에 승선하여 개인적으로 모든 것을 감독하기도 했다. 큰 존 윌리스는 자기 배가 항구에 정박해 있을 때에는 배를 떠난 적이 거의 없었고, 로이즈 선급(Lloyd's Register)의 회장이자 태즈마니아와 퀸즈랜드 무역에 취항하는 속력 빠른 소형 바크선대를 소유한 선주이기도 했던 워커(T. B. Walker)는 매일 아침 정각 9시 30분에 도착하여 배를 둘러보곤 했다고 한다. 자기 소유의 배가 대부분 귀항하거나 정박하는 봄철에, 부둣가에서 벌어지는 두드러진 풍경 가운데 하나는 선장을 동반한 워커 씨 일행이 일과를 수행하기 위해 웨스트 인디아 도크(West India Dock Station)로 향하는 광경이었다.

이따금 해운상사의 조합원들이 자신이 제일 잘할 수 있는 일을 나누어 맡기도 했다. 1867년에서 1885년 사이에 20여 척의 철제 양모 클리퍼선을 건조한 글래스고의 로크 라인(Loch Line)은 어느 선주의 사무실에서 근무하고 있던 두 명의 젊은 형제에 의해 설립되었다. 애잇킨(William Aitken) 같은 선주는 켈리 선장이 언급한 것처럼 "화물을 찾아 런던 시티를 순회"하듯이 수출업자의 사무실을 매일 순회하였다. 릴번(James Lilbum) 같은 선주는 자신이 직접 배의 선적작업과 출항작업을 감독하기도 했다.

그렇지만, 사업을 크게 하기 위해서는 선박운항에 대한 기술뿐만 아니라 자금도 필요했다. 영국 해운업이 19세기 중반에 큰 번영을 누릴 수 있었던 것은 해운 전문가이기도 했던 선주들의 능력과 기업심에 의존한 바 컸지만, 해운산업계에서 필요한 자본을 제공하기에는 전반적으로 충분하지 않았다. 세계의 무역량을 운송하는 데 필요한 선박의 수와, 개별 선박의 크기와 가격이 모두 크게 상승하였기 때문에 선박 소유자의 범위를 확대하고, 잠자고 있는 동업자의 자금을 해운산업 쪽으로 유도할 필요가 있었다.

1854년의 상선법(Merchant Shipping Act)에 따라 모든 영국 선박의 지분은 64분제로 분할해야 했고, 지분을 소유한 모든 선주는 해당 선박의 지분 소유자로 등록해야 했다. 이들 지분을 더 이상 재분할 할 수는 없었지만, 지분의 1에서 64까지 소유한 지분 소유자들은 한 사람 명의로 등록할 수도 있었다. 이러한 법 규정의 이점을 활용하기 위해 바다와는 이렇다 할 관련을 맺고 있지 않았던 단순 투자자들은 몇 백 파운드를 투자하여 배 한 척을 사거나 건조하여 해운사업에 경험이 있는 동료 투자자 중 한 사람에게 선박운항을 맡길 수도 있었다. 선박운항을 맡은 사람은 그 대가로 일정한 봉급이나 운임 중 일부를 수수료로 받았다.

전체 지분 64 가운데 일부를 소유한 공동 선주들은 흔히 단순 투자자일 경우가 많았지만, 공동투자자 가운데 핵심 인사들은 해운사업의 여러 부문에 일정한 관련을 맺고 있는 사람이 많았다. 조선업자·선박중개인·해외로 상품을 수송해야 하는 상인·선용품상船用品商·선식업자船食業者들이 공동의 이익을 위해 배 한 척을 함께 건조하여 운항할 수도 있었다. 이 경우에는 선박중개인이 관리 선주로 임명되는 것이 보통이었다. 이들은 서로 각각 선박 건조·의장艤裝·수리·선용품 공급·화물의 확보와 같은 배와 관련된 일을 처리하는 데 최선을 다하고, 자기 사업의 영역과 관련하여 배를 위해 처리한 일상적인 사업에 대한 대가를 받고 매 항차마다 발생하는 이익금을 지분에 따라 분배받았다. 만약 그들이 선가船價 전부를 나누어 떠맡길 원하지 않을 경우, 전체 지분 64 가운데 일부를 가족·친구·사업상의 동료에게 처분할 수도 있었다.

이러한 지분 소유체제는 범선뿐만 아니라 증기선에도 적용되었다. 그러나 앞에서 살펴본 바와 같이, 초기 증기선의 대다수는 정기 서비스에 취항하는 선대에 속해 있었고, 대부분 자본력이 풍부한 상사나 왕의 특허장을 받은 주식회사가 소유하고 있었다. 해운산업에 주식회사체제가 도입된 것은 커다란 진보였다. 이 체제 덕분에 선박 소유자의 범위가 전체 일반 투자자에게까지 확대될 수 있었기 때문이다. 그렇지만 지분 소유자가 무한책임을 지고 있는 한, 산업적 투자는 매우 위험한 것이었다. 19세기 전반기에 해운회사에 투자했다가 잃은 돈은 철도와 보험 쪽 거품 회사에 투자했다가 잃은 것만큼 많지는 않았지만, 역시 그 위험은 실제로 투자자층의 범위를 상당히 제한하였다.

해운업의 근대적인 발전의 토대를 만든 것은 1862년에 제정된 회사법(제한책임법)이었다. 이 때부터 투자 자금을 보유한 사람들은 최악의 경우 자신이 위험을 떠맡기로 결정한 투자액만큼만 잃고, 채권자들이 자신의 다른 자산에 대해 채무상환을 요구할 수 없다는 사실을 알고 해운회사 지분을 매입할 수 있었다. 대형 선사들이 선대를 건조하기 위한 자본을 낼 수 있는 투자자층은 이제 더 이상 소수 부유층으로 한정되지 않고, 금액의 대소에 상관없이 저축하거나 상속을 통해 돈을 가진 모든 사람에게까지 확대할 수 있게 되었다. 보통 7자리 숫자, 즉 수백만 파운드에 달하는 오늘날의 대형 선사의 주식자본을, 작은 범위의 투자자층을 통해 유치하기란 불가능했을 것이다.

그러나 근대 해운산업의 건설에 이바지한 것은 이들 대형선사만이 아니었다. 운항 원가의 절감과, 복합기관의 도입에 힘입은 운임벌이

능력의 증대로 증기선들은 범우편선과 수많은 정규 무역선과 경쟁을 할 수 있었을 뿐만 아니라, 칠대양을 누비며 온갖 잡일을 해낸 수많은 평범한 배들과도 경쟁할 수 있었다.

이즈음 해외 무역량은 급팽창기로 접어들고 있었다. 캘리포니아와 오스트레일리아에서 발견된 금광으로 전 세계 금 공급량이 크게 증가한 것은 기업 경영의 자극제가 되었다. 산업과 인구가 더불어 성장하고, 선진 국가들은 매년 식량과 원재료를 해외에서 점점 더 많이 수입하게 되었다. 이들 국가는 해마다 자신들이 필요로 하는 물품의 공급처와, 제조품을 판매하기 위한 시장을 수립하기 위해 수십만 명의 사람들을 해외로 내보냈다.

이는 두 가지 측면에서 증기선에 의한 해운 발달을 촉진하였다. 우선 몇몇 항로에서는, 정기 화물의 수송량이 증대하여 여객과 우편물 수송량에 필적할 정도의 중요성을 띠게 되었다. 그 결과는 19세기 마지막 20년 동안 점차 정기선대의 분화로 나타났다. 우선, 배의 크기에 비해 그리 크지 않은 화물 적재능력을 갖추고, 주로 여객 운임과 우편운송계약을 통해 수익을 올리는 크고 빠르며 호화스러운 '정기 여객선'(Passenger Liners)이 있었다. 그 다음에는 속력은 느리지만 화물 적재능력이 크고, 여객 운송은 이차적 중요성을 띤 '정기 화객선'(Intermediate Liners)이 있었다. 마지막으로 오로지 상품만을 운송할 목적으로 건조된 '정기 화물선'(Cargo Liners)이 있었다. 정기 화물선 중 일부는 5~12명 정도의 여객을 부업으로 태우기도 했지만, 정기 화물선 가운데 무역성의 여객선증명서를 받은 선박은 별로 없었다. 정기 화물선은 우편선처럼 정기적으로 혼합 화물을 대량으로 운송하였다.

그렇지만 세계의 무역이 모두 정기성을 띤 것은 아니었다. 밀과 양모 같은 계절 산품들이 있어서, 이런 산품들이 한꺼번에 출하될 때에는 정기선만으로는 이를 모두 감당할 수 없었다. 선주들에게 정기 서비스를 개설하게 할 수 있을 만큼 무역량이 충분하지 못한 항구도 있었다. 그러나 이런 항구에서도 돈벌이가 되는 화물을 선적할 수 있을 때도 있었다. 철광석·석탄·목재와 같이 조악한 대량 화물도 있었다. 이런 화물들은 제법 크기가 큰 배를 채우기에 충분할 만큼 많은 양을 매입하여 위탁운송되는 것이 보통이었고, 다른 정기 화물들과 혼재하여 운송할 수는 없었다.

이와 같은 '허드렛 일'이 세계 무역량에서 아주 큰 비중을 차지하고 있었다. 이런 일 가운데 일부는 오랫동안 범선에 의해 계속 이루어지고 있었다. 그러나 1880년 즈음부터 범선은 부정기 증기선이라는 아주 강력한 경쟁자를 만나게 되었다. 증기선의 우월성은 정기 서비스에서는 처음에 그렇게 두드러지지 않았다. 그러나 연료 보급소가 주요 항구에 설치되면서 증기선은 제몫을 훌륭하게 해내기 시작했다. 증기선은 범선보다 연간 더 많은 항차를 소화할 수 있었고, 바람과 기상 조건에도 영향을 크게 받지 않았다. 또한 범선에 비해 상대적으로 확실하게 항해일수를 계산할 수 있었기 때문에 미리 용선계약을 체결하는 데도 수월했다. 이러한 모든 장점들에 힘입어 증기선 운항은 훨씬 더 탄력성을 발휘하여 통상 상황에 쉽게 적응할 수 있었다. 그러나 이러한 배선의 탄력성이 갖는 모든 이점도 1850~60년대에 전신이 전 세계 항구를 연결하지 못했더라면 제대로 발휘될 수 없었을 것이다.

해저 전신의 발명은 증기선의 역사만큼이나 해운산업의 역사에서도 중요했다. 근대 통상량이 급팽창한 것은 증기선 덕분이었다. 그러나 이 거대하고 복잡한 기계(증기선)에 의해 통상활동이 이루어지고, 화물의 구매·운송·보험가입·수령·배분과 관련한 조치들이 이루어지는 방대하고 복잡한 구조는 전신과 뒤이어 등장한 무선에 의존하고 있었다. 오늘날과 같은 운송능력은, 만약 주문·수배 또는 지시서를 보내고 그 답을 받는 데 몇 주씩 걸리는 상황으로 되돌아간다면 절반 가량은 사라지게 될 것이다.

해저 전신의 도입은 통상의 성장에 전반적인 영향을 미쳤으며 그 밖에 선박 소유기법에도 큰 영향을 끼쳤다. 전신시대 이전에는 선주들은 귀항 화물을 수배하거나, "적절한 운임을 받고" 다른 대체 항구로 항해할 것을 결정하는 일을 대리인으로서 선박에 승선한 선장이나 화물관리인, 또는 하륙항의 대리인이나 거래처에 위임해야 했다. 만약 배가 자동적으로 출하되는 화물을 실을 수 있는 정기항로에 취항하고 있지 않다면, 선주는 현지에 있는 사람에게 광범위한 재량권을 부여하지 않으면 안 되었다. 배가 항구에 도착하지 않고서는, 대리점이나 대리인과 통신연락을 취할 기회가 전혀 혹은 거의 없었기 때문이다. 게다가 자유재량권이라고는 하지만, 그것은 해당 지역의 조건에 따라 한정된 범위에서 행사되는 정도에 불과했다. 예컨대 배가 바로 모항으로 직항하는 운송화물을 적재하였다 하더라도, 배가 도착했을 때에는 긴요한 화물시장이 침체되어 있을지도 모른다. 또 도중에 3국간 항해를 하는 용선계약이 체결되었다고 해도, 목적항에서 모항으로 가져갈 화물을 제대로 선적할 수 있을지 그 여부는 우연에 맡겨야 했다. 이러한 상황에서는, 대다수의 배들이 일정 기간 내에 선주의 직접적인 통제하로 복귀해야 한다는 최우선적인 지시에 따라 운항된 것은 자연스러운 일이었다.

전신의 도입은 전면적이고 놀라운 변화를 초래하였다. 전신이 도입된 이후 런던이나 리버풀의 선주들은 모든 항로와 모든 항구에서 선박 수요가 어떻게 변화하는지 날마다 파악할 수 있었고, 배가 기항하는 모든 항구에서 항해지시서를 선장에게 보낼 수 있게 되었다. 이제 배들은 몇 년이든 계속해서 해외 항구 사이에서 취항할 수 있었고, 그 기간 내내 선주의 통제 하에 있을 수 있게 되었다.

근대 부정기선의 운항 사례를 한번 상상해 보기로 하자. 선주는 미들즈버러(Middlesbrough)에서 캘커타(Calcuta)까지 철도레일을 운송하는 용선계약을 체결한다. 배가 캘커타에 도착하기 전에 선주나 중개인은 해저 전신을 통해, 오스트레일리아 농부들이 곡물을 넣는 데 필요한 마대자루를 싣는 용선계약을 체결한다. 이에 배는 시드니로 향하고, 시드니에 도착한 선장은 "공선空船으로 뉴캐슬까지 항해하여 이퀴키(Iquiqui)향 석탄을 선적"하라는 전신을 받게 된다. 그런데 그 후 질산칼륨의 선적항에 선박이 많이 대기해 있다는 사실을 알고 해저 전신으로 연락을 취한 결과, 즉시 공선으로 라 플라타 강(Rio de la Plata)으로 항해하라는 전신을 받는다. 라 플라타에서는 옥수수 수확철이 시작되어 선박 수요가 많을 것으로 예상되었기 때문이다. 배가 부에노스아이레스에 도착하지만, 운임이 매우 낮은 상태였다. 석탄을 선적한 배들이 최근 영국에서 많이 도착하여 귀항 화물로 곡식을 싣기 위해 대기하고 있던 중이라 선박 공급량이 수요량을 초과하고 있었기 때문이다. 선주가 운임이 올라가기를 기다리고 있는 동안 배는 한두 주 동안 한가히 정박해 있다. 마침내 운임이 일정 수준으로 올라가고, 용선계약이 체결된다. 용선계약을 체결하는 과정에서 선장은 전신을 통해 선주로부터 적절한 조언을 받는다. 그렇지만 용선자는 소비자가 아니라 곡물무역상이다. 그는 아직 화물을 어디에서 가장 좋은 가격으로 팔 수 있을지 모른다. 따라서 용선계약에는 용선자에게 런던·로테르담·제노바 중 어느 항구로도 항해시킬 수 있는 권한을 인정하는 조항이 포함되어 있다(이들 각 항구에 대한 적절한 운임은 구체적으로 적시됨). 용선계약에는 또한 지시에 따라 케이프 베르데 제도의 세인트 빈센트에 기항하여 연료를 보급할 수 있다는 조항도 포함되어 있다. 세인트 빈센트에서 선장은 전신을 통해 곡물이 네덜란드 수입업자에게 팔려 로테르담에서 이를 넘겨주어야 한다는 사실을 통보받는다. 로테르담에 도착한 선장은 라인강 하구로 운송된 루르산 석탄을 싣고 제노바로 항해하는 용선계약이 체결되었다는 통지를 받는다. 제노바에서 선장은 전신으로 받은 항해지시서에 따라 알제리아로 건너가서 철광석을 싣고 모항을 떠난 지 수개월 만에 마침내 티 강(Tees)으로 귀환한다.

위의 예상도를 마무리하기 위하여 부정기선의 선주가 그의 배를 배선할 수 있다는 사실을 두 가지 다른 방법이 있다는 사실도 덧붙여야 할 것이다. 선주는 배를 3, 6 또는 12개월 동안 기간 용선자에게 대선해 줄 수도 있다. 기간 용선자는 이 기간 동안 (용선계약서에 적시된 특별한 조건에 따라) 적당하다고 판단되는 항로에 배를 투입한다. 아주 드물게는 특정 항구로 출항하기 위해 '선석(berth)에 정박'해 있을지도 모른다. 즉, 이 부정기선은 특정한 날 그 항구로 출항한다는 광고가 나가고 화주나 그 대리인으로부터 화물 선적 의뢰를 받아 정기선과 같은 방식으로 운항하기 위해 일반 대중에게 공개되는 것이다.

이제 부정기선의 소유권이 정기선 서비스의 운항법과는 아주 다르다는 사실을 알 수 있을 것이다. 정기선 서비스를 유지하기 위해서는 일정 규모 이상의 선대를 필요로 한다. 정기선 서비스는 또한 많은 육상 지원인력이 필요하다. 정기선이 여러 가지 혼재 화물을 제때에 빠르게 운송하기 위해서는 사무실과 부두에서 뒷받침해야 하는 일들이 배 자체만큼이나 중요하기 때문이다. 게다가 정기선은 부정기선처럼 단일 용선자의 화물로 화물창을 만재하지 못하고, 수백 명의 다른 화주로부터 의뢰받은 '소화물'을 싣는다. 대형 정기선사들은 배를 최대한으로 가동하기 위하여 배가 기항하는 모든 외국 항구와, 심지어는 여객이 승선 예약을 하거나 화물 선적 예약을 받을 수 있는 내륙 중심지에까지 지사나 대리점을 설립해야 한다. 이 모든 것을 제대로 해내기 위해서는 막대한 비용을 필요로 한다. 큐나드 라인과 같은 일부 대형선사들은 창립자 개인의 사업으로 시작했음에도 불구하고, 자본의 상당 부분을 대중으로부터 유치한 대자본을 가진 대형 선사로 성장하지 않을 수 없게 된다.

부정기선의 선주는 이와는 아주 다른 처지에 있다. 매 항차가 별도의 모험사업이나 마찬가지다. 모든 부정기 증기선이 하나의 독립적인 경쟁 단위로서, 그 운항에는 별도의 정교한 조직은 필요하지 않다. 필요한 것은 세인트 메리 엑스(St. Mary Axe) 가에 자리잡은 세계 최대의 부정기 용선시장이자 대량 화물시장인 볼틱 익스체인지(Baltic Exchange) 같은 화물시장과 전신회사의 사무실에 접근할 수 있는 방법뿐이다. 부정기선 운항의 성패는 정기선 운항에 필요한 재정 능력과 조직력보다, 해운에 관한 실질적 지식과 모험을 할 수 있는 과감성과 임기응변, 운영비에 대한 세심한 주의에 달려 있다. 이 때문에 현재 일반 무역선의 경우는, 대자본을 가진 회사가 대형선대 형태로 소유하고 있지만, 해운이 호황기일 때에는 은퇴한 선장이나 불과 수천 파운드의 자본금 밖에 없는 소규모 선박 중개인도 중고선 한 척을 구입하여 일확천금을 노리는 것이 가능한 것이다.

증기 화물선 초창기에 대다수의 부정기선은 개인이나, 개인상사, 또는 64분제로 구성된 소규모 동업조합이 소유하고 있었다. 그러나 선박의 평균 크기와 속력이 꾸준히 증가되고, 다른 선박과 효율적으로 경쟁하는 데 필요한 각종 장비들이 정교화됨에 따라 해운 원가가 상승하면서 배 한 척도 소규모 합자회사가 소유하는 경우가 점점 더 일반화되었다. 합자회사의 자본은 동료나 발기인으로 참여한 시민들이 주로 제공하였다. 이들 발기인은 대개 선박의 관리선주였다. 투자자의 범위도 확대할 필요가 있었지만, 기술과 경험 역시 선박의 운항에는 어느 것 못지않게 필요했다. 자사 소유의 선박을 운항하는 데 성공한 상사라 하더라도 적절한 시기에 부정기선 한두 척을 소유한 소규모 6개사에 속한 배들을 맡아 운항할 관리선주를 찾아야 할지도 모른다. 64분제 하에서와 마찬가지로, 관리선주는 대개 총 운임이나 순익 대비 일정 금액을 수수료로 받았다. 그리고 그들은 보통 일정한 계약을 맺어 사무소를 두었는데, 이 때문에 그들은 실제로 이동이 불가능하게 되었다.

부정기 증기선은 정기선 서비스보다 훨씬 늦게 발전하였지만, 범선을 대량화물의 운송수단이라는 자리에서 최종적으로 몰아낸 것은 정기선이 아닌 바로 이들 부정기선이었다. 19세기 말까지 부정기 선박량이 정기 선박량을 크게 앞질렀다. 그렇지만 이미 시계추는 제자리로 돌아갈 기미를 보이고 있었다. 원래 부정기선이나 범선의 불규칙적인 항해에 의해 개방된 수많은 항로가, 정기적이고 주기적인 서비스를 실시하여 수익을 올릴 수 있는 수준으로까지 발전하였다. 식량과 원재료에 대한 세계의 수요가 지속적으로 증가하고, 항구의 저장설비가 크게 확충되어 정기선은 계절산품의 운송에서도 큰 몫을 차지하기 시작했다. 일부 선사들은 성수기에 부정기선을 용선하여 정기선대를 증가시키기도 했다. 일부 다른 선사들은 정기선대를 항구적으로 대규모로 운용하기도 했는데, 시황이 조용할 때는 선박 수요가 많은 항로에 용선계약의 체결을 기대하며 화물시장에 놀고 있는 배를 배선하기도 했다.

정기선 서비스에 적용된 이러한 배선방법에 의해 운항의 탄력성은 증가했지만, 정기선 조직은 근대 통상의 필요를 충족시킬 수는 없었다. 철광석·석탄·질산칼륨·목재와 같은 대량 중량화물을 전문적으로 취급하고, 일반 잡화는 별로 취급하지 않는 항구에 정기선을 투입하는 것은 적절하지 않았다. 특히 그 항구가 철광석과 갱목이 수입화물의 대종을 이루는 나라의 석탄 항구 같은 성격을 띠고 있다면 더욱 그러했다. 곡물 같은 일반 소비용 대량 수입화물을 지역의 수요에 맞추어 공급하기 위해서는 정기선의 모항이 아닌 항구로 간헐적으로 운송해야 했다. 전 세계의 계절산물이 한꺼번에 쏟아져 나오는 것은 아니었다. 심지어 밀 같은 농산물조차 주요 생산국마다 그 수확기에 차이가 있었다. 주요 농산물 수출국에서 확보할 수 있는 밀·옥수수·설탕 등의 수출 가능한 잉여량은 작황에 따라 해마다 달라졌다. 수입국에서의 식량과 원재료에 대한 수요 역시 자국의 생산과 무역 상황에 따라 차이가 있었다. 캐나다나 아르헨티나에서의 풍흉작, 유럽 대륙에서의 풍흉작, 영국과 독일 철강산업의 호불황에 따라 특정 항로에서 운송되는 무역량은 수백만 톤씩 차이가 날 수 있었다.

연간 총 수요와 항로 간의 배선 분포라는 두 가지 면에서 나타나는 광범위한 변동에 잠재운송능력을 신속하고 수월하게, 또 경제적으로 대응하기 위해서는, 특정 항로와 무역에 구속받지 않는 선박으로 구성되고, 모든 나라가 그때그때의 필요를 충족시키기 위해 자유롭게 배선할 수 있는 배들로 구성되는, 기존의 세계 부정기 선단으로 보완할 필요가 있었다.

전 세계의 선박량은 모든 나라의 선박으로 구성되어 있지만, 영국적 선박이 많은 비중을 차지하고 있다. 대략 영국적으로 등록된 선박의 경우 부정기선의 비율이 지금까지는 항상 높았기 때문이다. 1914년 원양 증기선의 약 2/3, 전체 선박량의 60% 가량이 영국(UK) 선적으로 등록되어 있었던 것으로 추산되고 있다. 전체 선박량의 약 40%는 제3국간 항로에 취항하고 있었고, 제3국간 항로의 부정기선의 비중은 75%로 상승해 있었다.

제3국간 항로에 취항하는 이러한 배들은 때로 "영국무역에 해를 끼치는 것"으로 간주되곤 했다. 그러나 이것은 아주 잘못된 환상이다. 전시든 평시든 비상시에는 언제나 영국(UK) 항로로 불러들일 수 있는 일종의 예비선대로서 유용하다는 점을 제외하고라도, 그들이 제공하는 서비스는 전 세계적으로뿐만 아니라 영국에게 경제적으로 귀중하다. 이미 앞에서 가정해 본 바와 같은 방식으로 운항되는 전형적인 부정기선은 라 플라타 강에서 로테르담까지 옥수수를 운송하고 있을 때는 직접 '영국 항로'에 취항하고 있는 것은 아니다. 그러나 이 배는 무역 수지의 수입收入 계정에서 가장 큰 비중을 전하는 순 운임수입의 증가에 이바지하고 있다. 또한 이 배는 주요 원료 공급원과 영국 산품을 위한 주요 시장의 건설에 기여하고 있을 뿐만 아니라, 곡물을 항구까지 운송하는 것으로 주된 수입을 얻고 있는 아르헨티나 철도에 투자한 영국 투자자들이 배당금을 받을 수 있도록 이바지하고 있는 셈이다.

무역상과 투자자들의 나라에게 세계 재원의 개발과, 구매력 증진, 물물교환의 촉진에 이바지하는 서비스를 '해를 끼치는 것'으로 간주해서는 안 된다.

▮▮▮ 참고문헌

Captain Andrew Shewan, *The Great Days of Sail*, London, 1927.
A. W. Kirkaldy, *British Shipping : Its History, Organization, and Importance*, London, 1914.

제11장 경쟁과 연합

근대 해운업의 조직

오! 바다여, 세계 모든 나라의 깃발을 나부껴라!
Walt Whitman(1816~1892)

이미 앞의 두 장에서 근대 해운산업의 전개과정을 영국 해운업을 중심으로 살펴보았다. 이것이 이 책의 서명(원제 '세계 해운업 약사')과 상치되는 것은 아니다. 왜냐하면 18세기 말까지 영국 해운업이 세계 해운업계를 지배하였고, 범선에서 증기선으로 이행하는 시기에 되찾거나 재확인한 우월적 지위를 전반적으로 유지하고 있었으며, 영국의 상선계에서 일어난 일들이 다른 나라의 상선계에서도 발생 가능한 전형으로 간주될 수 있기 때문이다.

그럼에도 불구하고 유럽의 상황이 점차 안정되어 가고, 자원 개발의 측면에서 영국보다 뒤떨어졌던 대륙 국가들이 그 차이를 만회하기 시작하면서 운송무역도 그 토대를 다져가기 시작했다. 그 결과 20세기 초에는 해상에서의 국제경쟁이 치열해졌다. 물론 이것이 새로운 것은 아니었다. 그러나 18세기 국제간의 경쟁은 대개 운송무역에 대한 법적 제한과, 그러한 법규 하에서 무역과 시장을 확보하기 위한 무력 충돌이라는 형태를 띠었다. 이에 반해 19세기 말의 해상경쟁은 공개적인 분야에서 평화적인 방법으로 이루어졌다. 그것은 효율성 경쟁과 운임 인하 경쟁이라는 형태를 띠었다. 효율성 경쟁은 언제나 긍정적인 효과를 미쳤지만, 운임인하 경쟁은 이따금 부정적인 영향을 끼치기도 했다.

부정기 항로에서는 스칸디나비아 국가, 특히 노르웨이인들이 강력한 경쟁자였다. 노르웨이인들은 타고난 선주였고, 대륙국가 국민들 가운데서는 보기 드물게 해운산업을 그 자체를 위해 발전시켰다. 다시 말해 노르웨이인들은 자국의 통상을 위해 필요한 것보다 훨씬 더 많은 상선대를 오랫동안 보유하였다. 그들이 보유한 상선대는 대부분 세계의 일반 운송무역에서 용선자를 찾아 언제나 바쁘게 움직였다. 제1차대전기에 영국과 동맹국에 대해 수행한 위대한 공헌을 상기시켜

보라. '범선에서 증기선으로 이행'하는 데는 다소 늦었던 노르웨이는 1890년에 이르기까지 범선 선박량이 꾸준히 증가한 거의 유일한 나라였다. 영국의 수많은 클리퍼선들이 노르웨이 선적으로 생을 마감하였다. 그러나 노르웨이인들이 일단 증기선으로 옮겨가기 시작하였을 때, 그들은 부정기 증기선 운항에서 아주 진취적이고 성공적임을 보여주었다. 주로 저렴하게 구입한 중고선을 운항하는 그리스인들도 지중해 운임시장에서 영국의 부정기선 선주들보다 싼 운임으로 경쟁을 벌였다.

독일·프랑스·이탈리아·네덜란드·미국의 선주들도 정기선 항로 쪽으로 관심을 돌리고 있었다. 물론 이탈리아 선주들은 수입 석탄과 곡물의 운송에 취항하는 자국의 부정기선을 상당히 많이 보유하고 있었고, 프랑스에서도 20세기 초에 대형 범선이 증가하는 기현상이 나타나기도 했다.

부정기 항로뿐 아니라 정기선 항로도 경쟁이 치열해졌다. 정기선을 수많은 항구에 기항시켜야 하는 대형 정기선사들과 전 세계에 퍼져 있는 대리점들은 여러 나라에서 화물과 여객을 모아야 했기 때문이다. 특히 독일의 대형 정기선사들은 효율과 조직화 면에서 우수하였으며, 은행과 국영철도, 독일의 다른 정기선사와 밀접한 협조 하에 세계의 모든 바다에서 영국의 정기선사들과 경쟁하고 있었다. 제1차대전 직전에 독일 선적 선박량의 60% 이상을 소유한 10개 정기선사들이 공동 예비선대 또는 선대 풀(pool)을 구성한 단일 연합체의 구성원이었고, 이 연합체의 구성원은 누구든 운임-전쟁을 연합체에 요구할 수 있었다. 이는 독일 정기선사들이 대형 선사를 형성하는 경향이 있었고, 공격적인 방법을 동원하였다는 사실을 잘 보여준다.

부정기선과 정기선 항로 모두에서 영국 해운업은 패권을 유지하기 위해 격렬히 싸워야 했다. 이러한 경쟁들 가운데 다수는 외국정부가 조장한 측면도 있었다는 점을 기억해 두어야 할 것이다. 비록 항해법의 일반 원칙은 영국뿐 아니라 외국에서도 무너졌지만, 많은 나라들은 연안무역을 자국 선박으로 한정하고 있었다. 이러한 나라, 특히 프랑스·러시아·미국은 '연안무역'의 개념을 원거리 속령과의 교통까지 포함시켜 확대 시행하고 있었다. 이에 따라 오데사(Odessa)에서 블라디보스톡, 마르세이유에서 사이공, 뉴욕에서 호놀룰루까지의 항해는 연안항로로서 자국 선박에게만 허용되었다. 이것을 제외하고도, 선박건조 보조금, 항해거리에 따른 항해 보조금, 자국 선박으로 운송되는 화물에 대한 국영철도 운임 특별할인과 같은 자국 해운업의 진흥을 위한 다양한 직접 지원책이 마련되어 있었다.

그러나 외국 정부들이 이러한 해운업 진흥책의 시행을 위해 아낌없이 투입한 거액의 자금이 제대로 쓰여졌는지는 아주 의심스럽다. 항해 보조금은 일찌감치 폐선됐어야 할 낡고 비효율적인 선박을 오랫동안 자국 선적으로 유지시키는 경향이 있었기 때문에 특히 문제가 많았다. 가장 많은 금액이 보조된 정기선 서비스 가운데 일부는 악명 높을 정도로 비효율적이었고, 그렇게 많은 보조금을 받았음에도 불구하고 투자자들에게 이렇다 할 이익배당을 할 수 없었다는 것은 중대한 문제였다. 이와는 달리 역시 거액의 보조금을 받아 운항된 일본의 정기선사들은 이익을 많이 내어 보조금 없이도 상당한 배당금을 지급할 수 있었다. 일본 정기선사들에게 지급되는 정부보조금은 국가가 선주들에게 주는 단순한 선물 같은 것이 되어 버렸다.

투자자들에게 최상의 이익금을 배당한 것은 자국 선박에 거액의 보조금을 준 국가의 선박이 아니었고, 영국 해운업에 가장 강력한 경쟁자로 대두한 것도 거액의 보조금을 받은 선박이 아니었다. 정부로부터 보조금을 별로 받지 않았던 네덜란드와 덴마크 선주들이 크게 성공을 거두었고, 독일의 대형 정기선사들이 받은 우편선 보조금은 우편물 운송을 떠맡은 데 대한 단순한 운임에 지나지 않았다. 영국 선주들이 주로 불평을 토로한 관행은 직접 보조금이 아니라 국기차별이었다. 일부 외국 항구에서는 외국 선박에 대해 차별 관세를 부과하기도 했고, 독일 국영철도는 외국 선박이 운송한 화물에 대해서는 차등운임을 적용하였으며, 독일 국경의 이민통제소는 독일을 경유하여 이동한다는 이유로 이주민들에게 독일 정기선사의 이용을 강제하기도 했다.

영국에서는 아주 예외적으로 정부가 선주들에게 재정적 지원을 전혀 하지 않고 있었다. 영국정부는 부정기선 해운업에 어떠한 보조금도 지원한 적이 없었고,[1] 정기 우편선에 지급된 우편선 보조금은 이미 오래 전부터 지급된 금액만큼의 효과를 거두지 못하고 있었다. 1902년까지 극소수의 쾌속 정기선들이 무장상선순시선으로서 전쟁에 투입할 수 있도록 법에 규정된 설비를 갖추는 데 필요한 금액을 보전하기 위하여 해군성으로부터 보조금을 받았다. 그러나 1902년 의회 조사위원회는 대다수의 대형·쾌속 정기선들이 이러한 보조금 없이도 해군성이 규정한 조건을 충족시키고 있음을 밝혀냈다. 이에 따라 무장상선순시선으로 활용 가능한 쾌속 정기선에 대한 보조금은 전반적으로 폐지되었다. 1914년 당시 영국정부로부터 어떠한 종류의 보조금이라

---

1) **역주** | 이 책이 1933년에 출판되고 난 뒤 영국정부는 1935년에 「영국 해운법」(British Shipping Act)을 개정하여 부정기선에 대한 지원책을 마련하였다.

342

도 받고 있었던 선박은 큐나드의 최우수선인 모리타니아(Mauretania)
호와 루시타니아(Lusitania) 호, 메저스 엘더스 앤드 에이프스(srs. Elders
and Eyffes) 선사의 서인도 과일 운반선 몇 척뿐이었다. 서인도 과일
운반선에 보조금이 주어진 것은 1897년 사탕수수 설탕 시장이 붕괴된
데 따라 야기된 어려움을 경감시켜 주기 위해서였다.

그러므로 영국 해운업은 지리적 위치의 자연적 이점과 순전히 자신
의 실력에 의지하지 않으면 안 되었다. 영국은 섬나라라는 특성으로
인해 여러 항구가 세계 무역에서 화물집산지가 되어 있었고, 연안선이
만곡되어 있어 항구에서 주요 생산중심지까지 쉽게 접근할 수 있었다.
또한 석탄이 풍부하여 산업의 동력원을 자체 조달할 수 있었고, 선박의
연료를 싸게, 부정기선의 외항화물을 쉽게 확보할 수 있었다. 게다가
인구의 급격한 증가로 식량과 원재료에 대한 수요가 컸고, 작은 나라
안에 자본축적이 많이 이루어져 있었을 뿐만 아니라 해운업·통상·해외
에 투자할 잉여자본도 많이 축적되어 있었다. 이러한 모든 조건들과
그것들로부터 파생된 모든 상황이 어떠한 보조금 체제보다 영국 상선
대의 지위를 유지시키는 데 크게 기여하였다. 1914년 6월 속령과 식민
지에 등록된 선박을 포함한 영국 선박량은 세계 증기선의 45.2%를
차지하였다.[2] 이보다 더욱 중요했던 것은 세계 해상 물동량의 거의
절반을 영국 선박이 운송하였다는 점이다. 세계 해상무역액에서 영국
이 차지하는 점유율을 52%였다. 영국 해운업은 영제국 간 항로의
92%, 영제국과 외국 간 항로의 63%, 영제국 외 항로의 30%를 운송하였
다.

영국에 이어 2위를 차지한 것은 독일이었다. 독일의 증기선 선박량은

---

2) 영국(UK) 자체만으로는 41.6%를 차지하였다.

영국의 1/4에 불과하였지만, 미국을 제외한 다른 나라의 선박량을 합친 것의 2.5배 이상이었다. 미국이 선박량 3위를 차지할 수 있었던 것은 오대호와 연안항로에 상당량의 선박이 취항하고 있었기 때문이다. 오대호에 취항하고 있는 선박을 제외하면 미국 선박량은 노르웨이, 프랑스, 일본, 네덜란드, 이탈리아 등으로 이루어진 중간 그룹으로 떨어지게 된다. 일본이 해운업계의 샛별로 떠오른 것은 20세기 벽두의 특이한 현상이었다. 이들 나라의 한참 밑에서 오스트리아-헝가리 제국, 스웨덴, 스페인, 그리스, 덴마크가 뒤를 이었다. 그 밖의 나라들의 선박량은 그다지 중요하지 않았다.[3]

영국 해운업이 세계 무역에서 그 패권적 지위를 상실하지 않았다면, 그것은 운송무역에서 늘 치열했던 경쟁적 요소를 더욱 강화한 데 힘입은 것이었다. 그 결과 직접적으로는 영국 해운산업은 크게 번영하였고, 간접적으로는 운항방법을 변화시킬 수 있었다. 부정기선 해운업의 높은 탄력성, 신참자들의 진입 용이성, 수요의 높은 파동성으로 부정기선의 선주들은 합법적인 온갖 방법을 동원하는 가장 투기적인 사업가에 속한다. (남아프리카 전쟁 동안에서와 같이) 군 수송이나

---

3) 오대호에 취항하는 미국과 캐나다 선박, 그리고 낡고 비효율적인 목재 증기선과 목철제木鐵制 증기선을 제외하면, 1914년 7월 현재 세계의 증기선 점유율은 다음과 같이 대별할 수 있다.
   A. 영제국 47.7%[영국(UK) 44.4%
   B. 독일 12.0%
   C. 노르웨이 4.5%, 프랑스 4.5%, 미국 4.3%, 일본 3.9%, 네덜란드 3.5%, 이탈리아 3.4%
   D. 오스트리아-헝가리 2.5%, 스웨덴 2.3%, 스페인 2.1%, 그리스 1.9%, 덴마크 1.8%
   E. 기타 5.6%
   자료 : Brasey, *Naval and Shipping Annual*, 1924, pp.207~209.

기타 무역에서 수요가 크게 늘어나게 되면 선박의 수요와 공급 간에 차이가 발생하고, 운임이 치솟는다. 선주들은 경기 호황을 이용하여 이익을 얻기 위하여 보유 선박량을 서둘러 증가시키고, 신참자들이 대거 해운업으로 진출하였다. 그 결과 세계의 선박량은 평상시 필요량 이상으로 급증하고, 호황은 짧게 끝나고 해운업 불황이 오래 지속되는 것이 보통이었다. 제1차 세계대전 이전 30년 동안 페어플레이(Fairplay) 운임지수는 귀항 화물의 운임은 58에서 128 사이에서, 외항 화물의 운임은 50에서 119 사이에서 오르내렸다. 1898년에서 1913년 사이에 7500 중량톤급 신조 화물선의 가격은 최소 3만 6000에서 최대 6만 파운드 사이였다. 호황기에는 부정기선 선주들이 돈을 많이 벌었지만, 불황기에는 선박은 소모성 자산이라는 사실을 망각하고, 선대의 감가 상각비용으로 비축해 두어야 할 수익금을 배당해 버리는 경솔한 해운 선사들이 주로 거액을 날렸다.

정기선 항로는 수요의 변동에 크게 영향을 받지 않았고, 미리 일정 기간 동안 고정되는 정기선 운임은 부정기 운임처럼 그렇게 심하게 오르내리지 않았다. 그러나 정기선은 아마도 국제경쟁으로 훨씬 더 큰 영향을 받았던 것 같다. 북대서양 여객항로에서 '대서양 파란 리본'[4] 을 차지하기 위해 치열한 경쟁이 벌어져 선사들은 막대한 광고비를 쏟아 부었다. 이러한 속력경쟁으로 한편으로는 1등급 객실을 화려하게 꾸미려는 여객선사 간의 경쟁은 비정상적일 정도로 격렬해졌고, 또 다른 한편으로는 보통의 항해로는 설사 이익을 올릴 수 있다 하더라도 눈꼽만큼에 불과했을 이주민 운송시장에서 운임인하 경쟁이 촉발되었

---

4) **역주**ㅣBlue Riband of the Atlantic. 대서양을 가장 빨리 횡단하는 배에게 수여되 는 파란색의 띠.

다.

　부정기선 항로에서는 운임과 이익의 변동 폭이 다 컸던 데 비해, 정기선사는 운임 인하경쟁에 특히 민감하였다. 정기선사의 존속 여부는 공표된 서비스 시간을 얼마나 잘 준수하느냐에 대한 세간의 평판에 전적으로 달려 있었다. 흘수선까지 화물을 만재하든 절반밖에 싣지 못하든 정기선은 정해진 날에 출항해야 했다. 정기선은 또한 떠오르는 시장으로 전배할 수도 없고, 수익성이 나쁜 항로에서 수익성이 좋은 항로로 전배할 수도 없었다. 최소한 정해진 정기 서비스의 뼈대만은 유지해야 했기 때문에 운항선박 중 극소수만을 시황이 호전될 때까지 계선시킬 수 있었다. 또한 정기선을 운항하기 위해 호황기든 불황기든 상관없이 국내외에 설립한 본사와 지사, 대리점에 들어가는 인건비도 막대하였다.

　따라서 정기선사들에게는 확실한 최저 수입이 절대적으로 필요하였고, 이를 확보하기 위한 노력으로 선박 소유기법은 두 가지 주목할 만한 발전을 이루었다. 첫째는 여러 정기선사들이 '한 우산' 밑으로 들어가는 방법이었다. 이는 한 정기선사가 다른 정기선사를 직접 매입하여 흡수하거나, 각 정기선사들이 이사진과 사기社旗, 서비스망을 그대로 유지하면서 연간 재정 운영실적을 공동으로 분담하는 대연합체(great combine)를 형성하거나 또는 다른 선사가 호황을 누릴 경우 그 이익을 나눠가질 수 있도록 정기선사들 간에 지분을 대량으로 서로 교환하는 방식이 있었다. 부분적이건 전면적이건 이러한 다양한 형태로 정기선사들이 결합하게 된 것은, 경쟁을 감소시키고, 서비스와 관리에서 경제성을 실현하고, 한 항로 이상 여러 항로에 취항함으로써 정기선사가 떠안은 위험을 분산시킨다는 동일한 목적을 갖고 있었다.

1차 세계대전 이전 영국 해운업에서 이루어진 이러한 두드러진 본보기는 로얄 메일의 주도 하에 남미·서인도·아프리카 항로에 취항하는 대부분의 정기선사들이 결합하여 하나의 대연합체를 형성한 것이었다.

운임인하경쟁을 감소시키기 위해 채택된 또 다른 방법으로는 정기선 동맹(Liner Conference)을 형성하는 것이었다. 정기선 동맹은 특정 항로의 운임을 통제할 목적으로 그 항로에 취항하는 정기선사들이 결성하는 단순한 연합체였다. 개별 정기선사들은 완전히 독립성을 유지하고, 재정적으로도 합병하지 않았다. 동맹은 소유권이 아니라 항로에 따라 결성되었고, 어떤 동맹의 회원으로 가입한 정기선사는 다른 동맹의 회원으로도 가입할 수 있었다. 또한 어떤 동맹은 몇 개의 대연합체에 속한 정기선사로 구성될 수도 있었고, 몇 개의 다른 국적의 정기선사로 구성될 수도 있었다. 동맹 선사들을 묶고 있는 유일한 끈은 동맹 선사들이 공동으로 배선하는 항구 간에 운송하는 화물에 동일한 운임을 적용한다는 합의뿐이었다. 언제나 그러했던 것은 아니었지만, 동맹 선사들은 이따금 각 선사의 이해관계를 조정한다는 데 합의하는 경우도 있었다. 다시 말하면, 동맹 선사들은 배선하는 항구나, 항해 수, 전체 항로에서 각 선사들이 운송할 수 있는 최대 적취율 등에 대해 합의하는 수도 있었다. 하지만 동맹을 결성하는 필수적인 연결고리는 운임협정이었다.

정기선 동맹에서 가장 문제가 되었던 것은 운임환급제였다. 동맹 태동기부터 채택된 이 제도는 화주들을 정기선 동맹에 묶어 두기 위해서 시행되었다. 운임환급제에 따라 특정 기간 동안, 이를테면 6개월 동안 화물을 동맹 선사에게 독점적으로 위탁 운송한 화주는 그 동안 지불한 운임의 5% 또는 10%를 환급받을 수 있었다. 그러나 이 환불금은 그 다음 6개월이 지난 뒤에야 받을 수 있었고, 그 사이 화주가 동맹 선사가 아닌 선주가 소유한 배로 한 번이라도 화물을 운송했을 경우 취소되었다.

정기선 동맹이 해당 항로를 독점하여 특히 환급제라는 무기를 활용하여 그들의 지위가 강력해져서 해당 서비스의 경제적 가치 이상으로 운임을 강제하는 경향이 있을 때는, 동맹체제에 대한 거센 반발이 일어났다. 이에 대해 선사들은 특정 항로가 수익을 보장할 수 있을 정도로 충분한 물동량이 있다는 확신을 하지 못한다면 화주들이 요구하는 정기적이고 효율적인 서비스를 적절하게 제공할 수 없다고 주장했다. 그들은 또한 운임이 합리적인 수준으로 고정되어 있는 쪽이 격심한 경쟁에 의해 급변하는 것보다 무역에 더 유리하다고 주장했다.

물론 독점이라는 것이 결코 완전할 수는 없었다. 실질적으로 언제나 그런 것은 아니지만, 이론적으로는 해당 항로에 다른 정기선사들이 끼어들 가능성이 있었다. 그리고 대량 산적화물散積貨物(bulk cargo)이 관계되는 한, 해운에서의 독점은 부정기선이라는 실질적 또는 잠재적인 경쟁자의 존재 때문에 제한될 수밖에 없다. 주로 정기선과의 경쟁으로 인해 귀항 항로의 대부분은 정기선 동맹의 통제에서 거의 벗어나 있었다. 외항 항로에서는 부정기선이 운송하는 석탄과 일부 몇몇 산적화물을 제외하고 남미·아프리카·인도·오스트랄라시아·극동향 화물은 대부분 동맹 협정이 적용되었다. 북대서양동맹(North Atlantic Conference)은 외항 여객 수송의 통제로 한정되어 있었다.

선주와 화주들이 제기하는 정반대의 주장을 일반적인 관점에서 검토해 보면, 1909년 왕립해운동맹조사위원회가 "동맹체제의 독점적 경향에 대해서는, 정부가 주의하여 감시할 필요가 있지만, 실질적인 측면에서 동맹체제가 통상 활동에 불공정한 부담을 지운다는 사실을 입증할 만한 증거는 적거나 거의 없다"고 결론을 내린 사실을 인정하는 것이 이치에 맞을 것이다. 동맹체제의 도입으로 정기선의 운임은 불황기에는 부정기선의 운임보다 약간 높게, 호황기에는 부정기선의 운임보다 약간 낮게 유지되었다.[5)]

해운산업의 조직이 더욱 정교화되면서 대형 연합체와 정기선 동맹이 출현하고, 부정기선 시장에서는 볼틱 익스체인지가 세계 용선시장의 중심지로 성장하였다. 이 같은 발전으로 인해 1858년 리버풀 기선 선주협회(Liverpool Steam Ship Owners' Association)가 설립되고, 영국선주협회(General Shipowners' Society)는 1878년 영국해운집회소(Chamber of Shipping of the U K)로 발전하였다. 각 지역의 선주협회와, 제3자의 위험과 법적 비용을 회원 상호간에 분담하기 위해 설립된 P&I 클럽船主責任相互保險組合(Protection & Indemnity Clubs)들이 영국해운집회소의 회원으로 가입하였다. 리버풀 선주협회에 가입한 선주들을 제외하고 1914년까지 영국의 거의 모든 선주들은 직접 또는 각 지역 선주협회의 회원 자격으로 영국해운집회소의 회원이 되었다. 영국선주협회와 영국해운집회소의 회장은 정부나 다른 산업계 대표자들과의 협상에서 해운산업계를 대표하여 업계의 입장을 대변할 수 있었다. 1차대전 중에 두 단체의 해운업계에 대한 장악력은 더욱 커졌다. 해운과 관련한 입법 문제를 둘러싸고 영국선주협회와 영국해운집회소는 두 단체의 회장이 공동대

---

5) 1차 세계대전 중에 운임이 급격하게 상승한 원인을 '해운 동맹' 탓으로 돌리는 것은 해운업에 대한 전반적인 지식의 부족을 보여주는 아주 흥미로운 예다. 전쟁기에 동맹의 협정운임이 상승하기는 했지만, 실제로는 개방시장의 운임보다는 훨씬 적게 올랐다.

표로 있는 선주의회위원회(Shipowners' Parliamentary Committee)를 통해 함께 보조를 맞추었다.

이 두 단체에 대해서는 이 책의 마지막 장에서 좀 더 다루게 될 것이다. 여기에서는 해운업보다 해상보험업계와 더욱 밀접한 관계를 맺고 있지만, 해운산업의 발전에 큰 영향을 미친 다른 두 단체에 대해 잠시 언급하고 넘어가야 할 것 같다. 이미 앞에서 로이즈의 기원에 대해 기술한 바 있다. 보험업자들의 단체인 로이즈가 프랑스혁명전쟁과 나폴레옹전쟁기에 해군본부에 해운에 관한 정보를 제공하는 주된 통로 역할을 맡게 된 전말, 그 결과 정부와의 관계에서 해운 산업계의 이익을 대변하는 기관이 된 내막, 1870년 로이즈 법인으로 발전한 과정, 로이즈의 다양한 활동범위에 대해서는 필자와 라이트(Wright) 전 로이즈 회장이 함께 저술한 『로이즈의 역사』(*History of Lloyd's*)에 상세하게 다룬 바 있으므로, 여기에서 이를 다시 요약할 필요도 없고 그럴 지면도 없다. 여기에서는 거시적인 측면에서 로이즈가 해운산업에 미친 영향에 대해서만 간단히 살펴보기로 한다.

로이즈는 피보험자들에게 최대한의 안전을 보증함으로써 보험업자 전체의 신용도를 확립할 목적에 따라, 보험업무를 위한 제반 편의를 제공하고, 보험업자들의 사업을 통제하는 것 외의 다른 역할은 하고 있지 않다. 그러나 이러한 역할을 수행하는 과정에서 로이즈는 국내외적으로 중요한 기능을 자체적으로 창출하였고, 그러한 기능을 수행할 책임을 기꺼이 떠맡았다. 선박과 화물을 위한 싸고, 빠르고, 무엇보다 안전한 보험을 제공한다는 것은 그 자체만으로도 오늘날 방대하게 행해지는 무역 메커니즘에서 필수적인 부분이다. 현재 보험시장은 대형 해상보험사들(이들은 모두 로이즈에 가입되어 있다)이 분할하고 있지만, 해상보험업을 이끌어 나가고, 기준을 정하는 것은 로이즈라고 말해도 지나치지 않을 것이다. 그렇지만 이것이 전부는 아니다. 로이즈는 가입자들의 편의를 위해 전 세계에 약 1500개의 대리인(또는 대리점)과 부대리인(Sub-Agent)을 지정하여 유지하고 있다.[6] 이들 대리인들의 주된 역할은 해양사고나 해난구조가 발생했을 경우 보험업자들의 이익을 지키는 것이지만, 해외의 항구에 있는 영국 선장들은 그들이 제공하는 서비스를 언제든지 자유롭게 이용할 수 있었다. 로이즈는 또한 이들 대리인과, 영국과 해외의 주요 곶(cape)에 설치한 150여 개의 통신국으로부터 해양사고와 해난구조뿐 아니라 전 세계의 모든 항구와 바다에서 선박의 입출항과 선박의 동정에 관한 소식을 매일 그리고 거의 매시간 전신이나 전보를 통해 받고 있다. 이러한 정보들은 로이즈 리스트를 통해 일반 대중에게도 공개되고 있다. 이 같은 로이즈만의 독특한 해운정보체계가 해상보험업자들에게 얼마나 중요한가에 대해서는 새삼 설명할 필요도 없을 것이다. 그것은 런던을 세계 해상보험의 중심지로 만드는 주요 동력이었다. 나아가 이는 전시 중에는 국방과 해운통제를 위해, 평시에는 선주업무를 지도하기 위해 마찬가지로 중요한 역할을 수행하였다.

이뿐만이 아니다. 해상보험업자들이 해운업에서 가장 관심을 갖고 있는 것은 선박과 화물 사고를 최소화시키는 것이다. 조선기술과 선박기관의 진보, 영국 상선법과 그에 상응하는 외국 상선법에 규정된 건조·장비·선원 배승·선적 방법에 관한 법규, 영국과 외국의 해군이

---

6) **역주** | 2000년 말 현재 로이즈의 회원은 개인 회원 3296명, 단체회원 853개고, 2001년 현재 세계 해상보험시장의 약 13%를 차지하고 있다. www.lloydso flondon.co.uk/keyfacts/businesssplit.htm, 2001.10.10.

실시한 전 세계 바다에 대한 조사와 해도 작성, 개선된 연안의 등화와 부표 시설, 더욱 강화된 도선 규정 등으로 오늘날 해상모험의 위험은 크게 감소되어 가고 있다. 로이즈는 이 같은 움직임이 구체화되는 데 자문 형태로 협조해 왔으며, 자신들의 고유 분야인 해상보험법을 개정하는 데 중요한 역할을 했다. 해상보험법의 개정 과정에서 19세기 초에 만연했고, 그 후에도 이따금 발생한 선박과 화물의 고의 유실과 같은 사기행위는 점차 법 조항에서 사라져 갔다. 그러나 로이즈가 해상의 인명과 재산의 안전보장에 가장 크게 이바지한 것은 의심할 바 없이 1834년에 로이즈 선급(Lloyd's Register)의 설립에 참여한 것이다. 로이즈 선급은 18세기 중반 『선명록船名錄』(Register Book)을 발간한 해상보험업자 단체의 직계 후손이라고 할 수 있다.

　로이즈 선급은 완전히 독립적인 단체이기는 하지만 로이즈의 작은 집이나 다름없다. 로이즈는 해상보험업계·조선업계·선박기관제조업계·해운업계·무역업계의 대표자들과 함께 로이즈 선급의 위원회에 유력한 회원으로 활동하고 있다. 로이즈 선급은 해마다 영국적이나 외국적 원양선의 명세가 포함된 선명록을 발간하고, 각 선박의 상태를 나타내는 '선급'船級(class)을 등록선박에 부여하여 해상보험업자들이 자신들이 떠안을 위험도를 평가하는 데 도움을 준다. 하지만 여기에서 다시 한 번 해상보험업자 단체인 로이즈는 전 세계적인 규모의 서비스를 제공하게 된다. 선박의 경우, 보험료가 싸고, 요청이 있을 때 즉시 보험료를 지급하는 보험에 들고 싶다면, 로이즈 선급이나, 영국내 유일한 로이즈 선급의 경쟁사로서 1890년 글래스고에서 설립된 영국선박검사·등록조합(British Corporation for the Survey and Registry of Shipping), 또는 프랑스 선급(Bureau Veritas)과 같은 해외 선급 단체에 등록해야 한다. 선박이 선급을 얻기 위해서는 선급 검사원의 감독 아래 그가 검사한 재료를 사용하여 선급이 정한 규정에 따라 건조되고 설비해야 한다. 그리고 선급을 유지하기 위해서는 선체와 장비 상태가 선급규정을 충족시키고 있음을 확인받아야 하고, 이를 위해 주기적으로 검사를 받아야 한다.

선박의 건조와 장비에 관한 고도의 기준을 확보할 책임을 떠맡은 것 외에도 로이즈 선급과 영국선박조합(British Corporation), 그리고 프랑스 선급 영국 위원회는 1890년 무역성으로부터 영국 선박에 적용할 만재흘수선을 설정하는 과업을 위임받았다. 이미 앞서 중세 베네치아 법률에서도 이러한 원리가 나타나 있음을 살펴본 바 있다. 그러나 17·18세기와 19세기 초에 국가 간의 경쟁이 격화되고 상업주의가 팽배하자 사람들은 안전과 인명의 중요성을 간과하고 말았다. 각국 정부도 선주들이 봉사해야 하는 일반 대중과 선주를 위해 일하는 사람들에게 의무를 부과하기보다는 흔히 잘못된 방법으로 선주들의 이익을 증진시키는 데 더 많은 관심을 가졌다. 불행히도 운임이나 엄격하게 제한할 필요가 있는 부당한 방법으로 이득을 얻는 데 혈안이 된 선주들도 있었다. 19세기 중엽의 해운 대호황으로 이러한 부류의 사람들이 한탕 할 기회를 잡았고, 신참자들도 대거 해운업에 진출하였다. 많은 선박들이 감항 능력도 갖추지 않은 채 심각한 과적 상태로 항해한 것으로 널리 알려지고 있었다. 간혹 해상보험업자들이 인수한 선가가 원래 선가보다 훨씬 높을 경우 전손全損이 발생하면 오히려 선주에게 이익이 되는 상황도 발생할 수 있었다. 널 모양의 코핀 선 (coffin ship)에 대해 반대운동을 주도한 사람은 더비(Derby) 출신의 사무엘 플림솔(Samuel Plimsoll) 의원이었다. 그의 노력 덕분에 1874년 '왕립불

감항선조사위원회'(Royal Commission on Unseaworthy Ships)가 구성될 수 있었다. 이 조사위원회의 권고에 따라 선주들은 배가 짐을 안전하게 실을 수 있는 최대 깊이를 나타내기 위해 배의 양현兩舷에 '플림솔 마크'(Plimsoll Mark)로 널리 알려진 확실한 표시를 해야 한다는 법이 1876년에 제정되었다. 무역성은 이 마크를 넘어서까지 선적한 배는 어떤 배든 억류할 권한을 갖고 있었다. 만재흘수선을 결정할 책임은 선주에게 있었는데, 당시에는 선박의 적재능력을 확인할 만한 일반적인 방법이 아직 없었기 때문이다. 그러나 1882년 로이즈 선급이 일련의 예비 부력표(reserve buoyancy table)를 발간함으로써 각 선박의 만재흘수선을 결정하는 문제를 과학적으로 해결할 수 있는 길이 열렸고, 1890년에는 이미 앞에서 살펴본 것처럼 무역성이 이 문제를 책임지고 해결하도록 유력 선급 단체에 위임할 수 있게 되었다.

1870년대의 선주들은 플림솔이라는 이름을 상당히 오랫동안 조롱거리로 삼았는데, 이것은 그다지 명예로운 이야기는 아니다. 플림솔이 악질적인 선주들뿐만 아니라 모든 선주를 공격의 대상으로 삼음으로써 자신의 정당성을 훼손시킨 것은 사실이지만, 그가 최종 승리를 거두기 전에 이미 그의 일이 얼마나 가치 있는 것인가를 정당하게 평가할 수 있는 눈을 가진 사람들도 있었다. 1873년, 애버딘 화이트 스타 라인의 신조 양모 클리퍼선이 이 위대한 선동가의 이름을 따 서 명명되고, 사무엘 플림솔 호의 선수상船首像(figurehead)이 프록코트에 중절모를 눌러쓴 사무엘 플림솔 의원의 모습으로 조각되었다는 사실을 통해서도 확인할 수 있다. 플림솔은 영국 선원들을 위해 많은 노력을 기울였으며, 장차 완성해야 할 많은 과제들도 남겨주었다. 이를테면 갑판 위에 과도하게 짐을 실음으로써 초래되는 위험을 제거하는 문제를 들 수 있다. 이 문제는 이미 그리스 시대에 데모스테네스가 법적 대응을 검토한 바 있었고, 20세기 초까지도 무역성을 괴롭힌 사안이었다.

무역성은 해상에서의 안전기준과 근로조건의 기준을 높이기 위해 19세기 4/4분기 동안 선주들과 자주 마찰을 빚었다. 선주들은 무역성이 실제로는 소수의 선주들이 저지르는 잘못에 대해 산업계 전체를 처벌하는 엄격하고 가혹한 법률을 제정하여 해운산업의 발전을 저해하고 있을 뿐 아니라, 외국 선박에 대해서는 심지어 영국 항구에 체항하고 있을 때조차 이러한 규제를 면제해 주어 국제경쟁을 해야만 하는 영국 선박을 어렵게 하고 있다고 비난하였다. 이러한 불평은 점차 설득력을 얻어 마침내 1906년 상선법이 개정되었다. 개정된 상선법은 낡은 규정을 많이 삭제하고, 대부분의 안전규정을 영국 항구를 이용하는 외국선박에게도 적용하도록 법제화하였다. 동시에 선주와 선원, 조선업자가 참여하는 해운자문위원회(Merchant Shipping Advisory Committee)를 신설하고, 장차 무역성과 업계의 관계를 원활하게 만들기 위해 이들 사이를 지속적으로 연계시켰다.

전체적으로 보건대, 제1차 세계대전이라는 대시련에 직면했을 당시 영국의 상선대는 상업적 효율성과 인명·재산의 안전에 관한 한 많은 부분에서 자부심을 가져도 될 만하였고, 부끄러운 수준의 것은 거의 없었다. 하지만 배에 승선한 사람들의 처우와 관련해서는 아직 만족할 만한 수준에 이르지 못하고 있었다. 항해법 체제가 상선법 체제로 대체된 이래, 선원들이 공정한 조건으로 고용계약을 체결하고, 선원 유괴업자와 사기꾼들로부터 선원들을 보호하며, 선원들에게 해난구조 설비와 적절한 의료 서비스를 제공하기 위한 많은 조치가 이루어졌다. 그러나 선원들의 거주구역은 너무나 조잡하였고, 특히 부정기선과 범선의 경우 선실 바닥과 통풍, 위생은 극히 부적당했다. 그 후 상선법에 규정된 표준급식은 과거 선원들이 먹었던 것에 비하면 크게 개선된 것이었지만, 엄격한 규칙에 따라 양질의 재료가 선택되었다 해도 조악한 조리법 때문에 맛이 형편없기 십상이었다. 1906년 상선법에서 도입된 가장 시의적절한 개혁 가운데 하나는 원양선에 자격을 갖춘 요리사를 승선시키라는 규정이었다. 그러나 제대로 교육받은 요리사를 제대로 공급하기까지 일정 기간이 필요했다는 것은 말할 것도 없다.

선원들의 생활은 특히 소형선의 경우에 가혹한 요소가 내포될 수밖에 없었다. 육지 출신의 풋내기 선원들이 해상 근로조건에 대해 비난하는 것에는 감상적 요소가 개입되어 있었던데다 해상에 대한 무지 때문에 이따금 그 의미가 반감되기도 한다. 그러나 각 항구의 의료·위생 담당 관리들이 계속 개선을 요구하였고, 선상 생활을 직접 체험한 다른 목격자들 역시 1914년에 이르기까지 해상에서의 전반적인 노동조건이 팽창일로에 있는 대해운산업에는 걸맞지 않다고 지적하였던 것은 명백하다. 일부 외국 선박에서의 평균 근로조건이 영국 선박보다 열악하였던 것은 사실이지만, 영국 선박이 다른 측면에서처럼 근로조건에서도 세계 상선대 가운데 최상위에 있다고 자부할 정도는 아니었다는 점도 덧붙여야 한다. 『상선·어선원사망자통계』(*Return of Deaths of Seamen and Fishermen*)에 기록된 끔찍한 내용을 보면, 1901~1902년부터 1911~1912년까지 11년 동안 좌초와 사고를 제외하고 질병으로 인한 영국 상선 선원의 사망률은 1905~1906년에 207명 중 1명에서 1909~1910년에 269명 중 1명 사이를 오르내렸다. 이와 같은 높은 사망률은 부분적으로는 선원들이 기항지에서 상륙 도중 유기遺棄되는 사고가 많았던 데 기인하였음에 틀림없다. 한편 거의 해마다 증기선에서의 사망률이 범선에서보다 훨씬 높았다는 점도 주목할 만하다. 그러나 조악한 음식, 비좁고 습기 많고 불결한 거주구역, 이런 열악한 조건에 아랑곳하지 않은 생활습관 따위가 더 큰 원인이었을 것이다.

선원의 임금은 음식·숙박·의료 서비스의 제공을 감안한다고 하더라도 다른 직업에 비해 낮은 편이었다. 게다가 선원들이 실제로 받는 현금불 임금은 항로에 따라, 그리고 모항이냐 외국항이냐에 따라 차이가 났다. 외항선에 승선하는 숙련선원(A.B.)의 통상적인 한 달 임금(특정 해에 이례적으로 높거나 낮은 수치는 무시하였다)은 다음 표에 나타나 있다.

표 8. 숙련선원의 임금, 1880~1914

구분	1880	1890	1900	1910	1914
범선	50~55s.	60~70s.	60~65s.	60s.	-
증기선	55~70s.	80~95s.	70~90s.	70~90s.	100~110s.

1914년 현재 화부(fireman)의 임금은 105~120 실링 사이였다. 4000톤급의 전형적인 화물선 선장은 한 달에 22 파운드, 기관장은 20 파운드, 1등항해사는 12 파운드 10 실링을 각각 받았다. 연안 항로에서 숙련선원은 일반적으로 자신이 식사를 해결하는 조건으로 주당 약 35 실링을 받았다. 1914년 선원의 임금은 전국선원화부노동조합(National Sailors and Firemen's Union)의 노력과 1911년 선원들의 대파업 덕분에 20세기 벽두에 비해 상당히 올랐다. 이는 주목할 만하다. 여기에다가 노동조건 역시 연이어 발표된 몇 가지 상선법 덕분에 확실히 향상되었는데, 이렇게 되기까지에는 강제가 아니라 그 자신의 자유의사에 따라 법정의무 이상으로 배려해 준 수많은 선주들 덕도 적지 않았다. 이러한 임금과 근로조건의 개선으로 초래된 주목할 만한 결과는 선원들 가운

데 영국 선원의 비중이 증가한 점이었다.

영국 선박에 승선한 선원 가운데에는 외국 선원들이 많이 있었다. 항해법 하에서조차 선원의 1/4을 외국 출신으로 채우는 것을 허가하였고, 전시에는 이 비율을 초과하기 일쑤였다. 사실 선원사회는 불가피하게 국제적일 수밖에 없다. 대개 많은 선원은 외국 항구에서 고용되었는데, 이 경우 순수한 자국출신 선원만을 골라서 고용한다는 것이 어려웠고 사실 불가능하였기 때문이다. 육상과 해상에서의 생활조건이 다르다는 점도 또 하나의 중요한 요소였다. 미국 클리퍼선들은 주로 영국과 유럽 선원들을 배승하였다. 왜냐하면 1840~1850년대의 미국인들은 육상의 다른 직업을 통해 많은 돈을 더 쉽게 벌 수 있었기 때문이다. 또 19세기 말기 수년 동안 영국 선박에 승선한 영국 선원의 비중이 감소하였는데, 영국 선박의 급료와 근로조건상 생활수준이 비교적 낮은 나라에서 보다 우수한 사람들을 고용할 수 있었기 때문이다. 외국 선원의 증가 추세는 1903년에 정점에 이르렀다. 이 해에 영국 선박에 고용된 외국 선원은, 동양 수역에 취항하는 배에 승선하고 있는 인도 선원과 다른 아시아 선원들을 제외하고도, 영국 선원 100명당 약 23명이었다. 1903년 이후, 앞에서 언급한 여러 가지 개선조치 덕분에 이 비율은 상당히 하락하였다. 다음 표는 그 등락을 상세하게 보여준다.

임금과 근로조건이 개선되었음에도 불구하고, 상선에서 고용주와 피고용인 간의 관계는 1914년 당시 그렇게 좋지는 않았다. 고용주들은 해운집회소에 상응하는 해운연맹(Shipping Federation : 1891년 결성)과 리버풀 기선선주협회에 상응하는 리버풀 고용자협회(Liverpool Employers' Association)를 결성하였다. 갑판부 사관들은 제국상선조합(Imperial

표 9. 영국 선박에 고용된 선원 수, 1880~1912 (단위 : 인, %)

년	영국인 선원	외국인 선원	영국인 100명당 외국 선원 비율	인도 선원	합계
1880	16만 9692	2만 3280	13.72	?	-
1890	18만 6147	2만 7227	14.63	2만 2734	23만 6108
1895	18만 0074	3만 2335	17.96	2만 8077	24만 0486
1903	17만 6520	4만 0396	22.88	4만 1021	25만 7937
1907	19만 4848	3만 7694	19.35	4만 4604	27만 7146
1912	20만 8635	3만 0960	14.84	4만 7211	28만 6806

주 : 고용계약을 체결하고 승선한 선원의 수임.

Merchant Service Guild)과 기타 조직을 만들었고, 선박 기관사들도 자체 조직을 만들었지만, 그들 중 대다수는 기관사연합회(Amalgamated Society of Engineers)의 회원이었다. 조리부는 전국선박조리사·급사·푸주한·제 빵사노동조합(National Union of Ships' Cooks, Stewards, Butchers and Bakers)이 대표적인 단체였지만, 이들은 전국선원화부노동조합(1889년 조직)의 회원으로도 가입하였다. 1911년 대파업 이후 전국선원화부노동조합이 각 항구에 조직되어 있던 대부분의 소규모 지역노동조합을 흡수하거나 합병하였다. 1930년대 현재 전국선원화부노동조합은 노조에 가입한 갑판부 보통선원의 90%를 회원으로 거느리고 있었다. 물론 비노조원 도 다수 존재하였는데, 이들은 주로 외국인과 아시아인들이었다.

해기사협회(Officers' Association)는 원칙적으로 고용자 단체와 갑판부 보통선원노조 모두에 대해 초연적인 입장을 취했는데, 고용자 단체와 보통선원노조는 본질적으로 투쟁단체였다. 리버풀에서는 조정기관의 역할을 하는 해원공동위원회(Seafarers' Joint Committee)라는 것이 있었지 만, 해운연맹과 전국선원화부노동조합은 비타협적인고 적대의식을 갖고 있었다. 그리고 1911년 파업의 결과, 양측은 서로 격렬한 적개심을 드러내게 되었다. 따라서 양측은 모두 최후까지 싸운다는 각오 하에 각각 자신들의 재원 확충을 도모하고 조직 개선에 진력하였다.

▌▌▌ 참고문헌

A. W. Kirkaldy, *British Shipping : Its History, Organization, and Importance*, London, 1914.

Sir Doughlas Owen, *Ocean Trade and Shipping*, Cambridge, 1914.

B. Olney Hough, *Ocean Traffic and Trade*, London and Chicago, 1914.

Clement Jones, *British Merchant Shipping*, London, 1922.

Cd. 7033(영국 선박량과 임금 통계).

Lindsay, History of Merchant Shipping and Ancient Commerce, Vol. III(Plimsoll 의원 관련 자료).

H. C. 385 of 1902, *Report from the Select Committee on Steamship Subsidies*.

Cd. 4668, *Report of the Royal Commission on Shipping Rings*, 1909.

Cd. 6629, *Return of the Deaths of Seamen and Firemen*, 1913.

Cd. 6899, *Report on Bounties and Subsidies in respect of Shipping and Navigation in Foreign Countries*, 1913.

Grosvenor S. Jones, *Government Aid to Merchant Shipping*, Special Agents' Series, No.119, Department of Commerce, Washington, 1916.

제12장 세계의 핵심 산업

오늘날의 해운산업

우리 자신이 인간의 본성이 요구하는 대로 생활하는 데 필요한
적절한 물품을 충분하게 자급하지도 못하고, 인간의 존엄성을 유지하는 데
적합한 삶을 영위하지도 못하기 때문에 혼자서 외톨이로 살아갈 경우에
부족하기 마련인 부족함과 결점을 보완하기 위해 다른 사람들과
교류하고 친교를 맺는 것은 자연스러운 일이다.

Richard Hooker 주교(1553~1600)

이제 해운사는 1차대전에 돌입하는 단계에 이르렀는데, 여기에서 이 부분을 상론할 수는 없다. 그 대전의 소용돌이 속에서 일어난 해사 관련 사건들을 몇 쪽으로 요약한다거나, 연합국 국민들에게 어떻게든 식량을 공급하고 그들의 군대가 지속적으로 저항할 수 있는 수단을 제공하기 위하여 날마다 어뢰와 기뢰의 위험을 무릅쓰고 활약한 여러 나라의 수십만 비전투원(선원 | 역자)의 침착하고 냉정한 영웅적 행위를 정당하게 평가한다든가 하는 것은 적절한 태도가 아니다. 이제 얼마 남지 않은 지면에 연합국의 승전에 해상 수송능력이 얼마나 기여했는지를 요약하려 한다거나, 긴박한 전쟁기의 수요에 적절하게 선박량을 공급하도록 통제한 국내외적으로 복잡하게 조절되는 메커니즘의 장단점을 논한다는 것은 터무니없는 짓이다.

그것은 어리석을 뿐만 아니라 적절하지도 않다. 왜냐하면 세계 해운사에서 세계대전이란 한낱 에피소드에 불과하기 때문이다. 여기에서는 단지 전쟁이 해운산업에 미친 궁극적인 영향에 대해서만 다루기로 한다. 하지만 1차대전기의 자료가 취합되고 있는 중이기 때문에 아직 적절한 수치를 제시할 수는 없다. 전쟁으로 심대한 타격을 받은 사회의 정치·경제적 구조가 어느 정도 안정을 되찾은 연후에야 대격동으로 야기된 일시적인 영향과 항구적인 영향을 명확하게 구별할 수 있을 것이고, 새로운 질서가 과거의 질서와 어떻게 다른지도 지적할 수 있을 것이다.

여기에서 이야기할 수 있는 것은, 전쟁으로 새로 발생했거나 강화된 어떤 경향들이 있다는 것이다. 그것들은 단순히 그 본래의 중요성 때문만이 아니라, 그러한 경향들을 무시할 경우 과거의 발전들을 파악하기 어려울 정도로 과거의 여러 발전과 밀접한 인과관계를 갖고 있기 때문에 문제 삼지 않을 수 없다.

우선 여기에서는 전쟁의 결과, 선박소유업에서 국제적 경쟁이 격화되었고, 세계 상선대의 상대적 지위에 변화가 생겼다는 점을 간단히 살펴보기로 한다. 이 경우, 그 고찰 대상은 증기선과 내연기관 선박(motor ship)으로 한정시키는 것이 적절할 것이다. 왜냐하면 전쟁이 원양항로에서 범선의 퇴출을 촉진시킨 것은 분명하지만, 세계 해상 물동량 운송에서 범선이 차지하는 비중은 1914년에 이미 아주 미미한 수준에 머물렀기 때문이다.

전쟁 동안 범선을 포함하여 120만~130만 총톤에 이르는 선박이 파괴되었음에도 불구하고, 1919년 6월 현재 세계 선박량은 실제로는 1914년 전쟁 발발 당시보다 많았고, 1920년 6월에는 훨씬 더 많아졌다. 이렇게 선박량이 전쟁으로 상실한 부분을 급속히 회복할 수 있었던 주요 요인은, 미국이 참전한 뒤에 대대적으로 조선계획에 착수하였기 때문이다. 미국의 조선계획은 부분적으로는 연합국의 다급한 원조 요청에 부응하기 위해서이기도 했지만, 다른 한편으로는 운송무역에서 과거 미국이 차지하였던 지위를 탈환하기 위해서이기도 했다. 그렇지만 세계 선박량의 급속한 회복에는 이 밖의 다른 여러 요인들도 작용하였다. 영국의 조선소들은 전쟁 중에 상실한 선박량을 회복하기 위한 노력의 일환으로 1차대전 종전 직전 2년 동안(1917~1918) 정부의 원조 아래 확장을 꾀했고, 다른 여러 나라의 조선시설도 대폭 확충되었다. 일본 조선소들은 영국 정부의 발주와 일본 선주들의 사업열에 자극받아 급팽창하였다. 일본 선주들은 전쟁기에 동양 항로와 태평양 항로에서 자신들의 활동범위를 확대시킬 절호의 기회를 포착하였다. 유럽에서는 전쟁 중에 선박을 많이 상실한 중립국들이 평상시처럼 중고선을 매입하거나 영국 조선소에 발주할 수 있는 상황이 아니었기 때문에 자연스레 자국의 조선소를 개발하는 쪽으로 방향을 바꾸었다.

요약해 보면, 세계의 조선능력은 전쟁의 결과 2.5배 정도 늘어난 것으로 추산되었다. 세계는 이러한 조선능력을 몇 년 동안 자유롭게 이용하였다. 모든 사람들은 전쟁을 통해 수송력의 국가적 중요성을 절감하였다. 특히 전쟁 중에 제3국간 항로에 취항하던 영국 선박이 항로에서 철수함으로써 심대한 타격을 입은 나라의 선주들은 단순히 상실한 선박량의 회복을 위해서뿐만 아니라, 자국의 상선대를 증가시키기 위해 대중여론과 정부로부터 모든 지원을 받았다. 1919~1920년의 일시적인 운임시장의 호황으로 조선열造船熱이 일어났고, 전후 배상계획에 따른 적국 선박의 연합국으로의 양도는 또 다른 자극제로 작용하였다. 예전의 독일 선박이 다른 나라 국기를 달고 운항을 계속하는 한편, 독일의 선사들은 새로이 상선대 재건을 서둘렀기 때문이다.

이는 실로 어처구니 없는 결과를 낳았다. 1920년 6월 무역업자들이 자유롭게 이용할 수 있는 원양선은 약 14% 증가한 반면, 해상 물동량은 전쟁으로 인한 경제적 혼란 때문에 크게 감소했다. 그 결과 1920년 여름, 전후 해운의 활황活況에 뒤이어 해운역사상 가장 길고 가장 최악의 경기 불황이 찾아들었다. 해마다 민영 선사들은 배당금을 지불하지 못하거나, 한다 해도 적립금에서 떼어 지불해야 했다. 미국·오스트레일리아·캐나다의 납세자들은 해마다 전쟁기와 종전 직후 정부가 폭등한 가격에 사들인 정기항로에서 발생하는 엄청난 손실을 떠안아야 했다.

그럼에도 불구하고 세계 선박량의 증가는 계속되었다. 많은 배들이 이익은커녕 손해를 감수하며 항해하고, 수백만 톤의 선박이 용선자를 찾지 못해 계선되어 있던 수년 동안 선박량은 꾸준하게 증가하고 이었다. 그야말로 놀라운 역설이 아닐 수 없다.

그런데, 순전히 수요라는 측면에서 설명할 수 있는 가능한 무역이 유일하게 딱 하나 존재했다. 전후 세계의 석유소비량이 엄청나게 증가하였고, 순전히 이 때문에 세계의 유조선 선대가 약 125만 톤에서 약 900만 톤으로 증가하였다. 유조선은 석유를 대량으로 운송할 수 있는 유일한 선종이었기 때문이다. 유조선은 고래기름이나 당밀 같은 극소수의 예외를 제외하면 석유가 아닌 다른 화물을 운송할 수 없었기 때문에 일반 화물선과 경쟁할 필요가 없었다.

정기선과 일반 화물선의 선박량이 증가한 것은 부분적으로는 다음 두 가지로 설명할 수 있다. 국제적으로 경쟁이 치열해지는 상황 하에서는, 오직 신조 고효율의 선박에서만 이익을 기대할 수 있기 때문에 선주들은 배를 새로 건조하지 않을 수 없었다. 그러면서도 선주들은 전쟁 중에 폭등한 가격으로 건조하거나 확보한 배를 해체하는 것을 꺼려하였다. 그 때문에 많은 노후선과 긴급건조계획(Emergency Programme)에 따라 건조된 미국선박은 해체되지 않은 채 계선되는 결과를 낳았다. 덧붙이자면, 위의 미국선박들은 다시 취항하리라곤 생각할 수 없을 정도로 형편없는 것들이었다. 그러나 궁극적으로 말해 선박량의 주된 증가 원인은 경제적 민족주의의 부활이었다. 경제적 민족주의란, 어떤 일을 스스로 할 수 있을 정도만 된다면, 비록 그 일을 훨씬 쉽게 할 수 있는 사람이 있다 해도 그에게 그 일을 시키지 않고, 설사 다소 비싸고 비경제적이라 해도 자기 힘으로 하려고 하는 사고방식을 말한다.

영국 선주들은, 이와 같은 부당한 선박량의 팽창에 어떤 책임도 없다고 주장할 수 있다. 영국 선적의 선박은 극히 조금밖에 증가하지 않았고, 그 증가도 거의 유조선의 증가에 의한 것이었다. 적어도 영국 선주들은 노후선을 해체하는 데는 주저하지 않았다. 영국 선박량 가운데 10년 미만의 선박이 차지하는 비율은 전 세계 선박량에서 10년 미만의 선박이 차지하는 비율보다 훨씬 높았다. 그리고 25년 이상 된 선박의 비율은 훨씬 낮아서, 전 세계의 선박량의 경우 17%를 차지했던 데 비해 영국 선박량에서는 겨우 8.3%에 지나지 않았다. 그 결과 다음 표에 나타난 바와 같이 전 세계 선박량에서 영국 선박이 차지하는 비율은 크게 감소하였지만, 용선되었거나 용선 가능한 배 가운데 영국 선박이 차지하는 비율과 세계 해상물동량의 운송에서 영국 선박이 운송하는 점유비는 그렇게 많이 감소한 것은 아니었다.

선박 과잉 문제는 잠시 뒤로 미루기로 하고, 전쟁이 영국의 상선대의 구성에 어떤 영향을 미쳤는지 살펴보기로 하자. 선종에 관계없이 모든 배가 엄청난 손실을 입었지만, 특히 부정기 선대가 입은 타격이 컸다. 부정기선은 상대적으로 느렸을 뿐 아니라, 지중해 석탄·철광석 수송과 같이 특히 위험한 항로에 취항하는 비율이 높았기 때문이다. 이에 대해 정해진 항로를 유지해야 하는 정기선사들은 당장 상실한 선박을 보충하지 않으면 안 되었다. 따라서 전쟁 중에도 정기선사들은 부정기 선들을 대량으로 매입하여 이를 정기선으로 배선하였다. 전후에도 중고선 매입과 신조선 건조를 통해 선대를 재편하는 데 앞장선 것은 부정기선사에 비해 신용도 높고 자본도 많이 축적해 놓은 바로 이들 정기선사들이었다.

1920년 여름에 시작된 장기 불황은 부정기선과 정기선 가운데 정기선 쪽에 유리하게 작용하였다. 정기 서비스는 선적 주문량이 감퇴했다고 해도 그 가운데 큰 부분을 취급할 수 있었기 때문이다. 이에 반해 영국의 부정기선이 외항화물로 기대한 것은 주로 타인 강과 브리스틀 해협으로부터 출화되는 석탄뿐이었기 때문에, 영국의 석탄 수출의 감소는 부정기선 선주들에게 큰 타격을 주었다.

불황이 장기화되자 부정기선사들처럼 여러 정기선사들도 선박을 계선시키지 않을 수 없었다. 길게 열을 지어 계선되어 있는 선박들의 모습은 불황이 얼마나 심각한지를 여실히 보여주는 우울한 증거였다. 이렇게 암울하게 계선되어 있는 선박에서도 부정기선이 압도적인 비율을 점하였다. 1930년에 유조선을 제외하고 영국(UK) 선적으로 등록된 선박은 정기선과 부정기선이 대략 절반씩을 차지하고 있었다. 그러나 실제로 취항하고 있는 선박량을 보면 정기선이 훨씬 더 많았다.

정기선 항로 그 자체로서 보면, 전쟁은 앞서 서술한 바 있는 기업합동의 경향을 더욱 촉진시켰다. 선대가 전쟁 중에 침몰되거나 군용으로 징발되어 심하게 고갈되었을 때, 같은 항로에 취항하는 두 정기선사가 합병을 하거나 혹은 큰 선사가 다른 선사를 흡수하는 것이, 정기 서비스를 계속 유지하고, 지점과 대리점의 막대한 인건비를 절약할 수 있는 가장 효율적인 방법이었다. 유명한 많은 선사들이 바다에서 사라졌고, 정체성을 유지하며 독자 경영을 해온 다른 선사들은 선도 그룹의 재정적 통제 아래 놓이게 되었다. 이러한 통합정책은, 종전 후 해운산업에 몰아닥친 불황과 기업단위의 공공연한 대형화를 꾀하는 전반적인 경향에 힘입어 지속될 수 있었다. 명목상 독자적으로 운영되고 있던 정기선사들 간의 복잡다단한 내부관계를 이해하기 위해서는 엄청난 노력을 필요로 한다. 여기에서는 그저 영국(UK) 선적 선박량의 약 1/4이 전쟁 이래 '5대 선사'(P&O, Royal Mail, Cunard, Ellerman, Furness Withy

표 10. 로이즈 선명록에 등록된 증기선과 내연기관 선 (G/T)

	G/T		점유비(%)	
	1914	1931	1914	1931
영국(UK)	1889만 2000	2019만 4000	41.6	29.4
영국 속령	163만 2000	293만 3000	3.6	4.3
영국 전체	2052만 4000	2312만 7000	45.2	33.7*
미국(항양선)	202만 7000	1035만 6000	4.4	15.1
미국(오대호와 필리핀)	230만 3000	253만 6000	5.1	3.7
미국 전체	433만 0000	1289만 2000	9.5	18.8
독일	513만 5000	422만 6000	11.3	6.1
노르웨이	195만 7000	406만 2000	4.3	5.9
프랑스	192만 2000	351만 3000	4.3	5.1
일본	170만 8000	427만 6000	3.8	6.2
이탈리아	143만 0000	327만 4000	3.1	4.8
네덜란드	147만 2000	311만 1000	3.2	4.5
기타	692만 6000	1024만 2000	15.3	14.9
총합	4540만 4000	6872만 3000	100.0	100.0
유조선				
영국	68만 3000	294만 5000	-	-
기타	56만 2000	607만 9000	-	-

* 1931년 오대호를 제외하면 영국의 점유비는 34.5%가 된다(UK의 점유비는 30.6%). 영국은 선령 10년 미만이 선박량의 44.8%, 8000톤 이상의 선박 톤수는 42.1%, 12노트 이상의 선박 수는 46.1%를 차지하였다.

Groups)에 의해 직·간접적으로 통제되고 있었다고 지적하는 선에서 마무리짓고자 한다.

　이러한 경향이 앞으로 얼마나 지속될지 단언하기는 어렵다. 전쟁 중과 종전 직후 폭등한 가격으로 합병을 단행한 많은 선사들은, 지배 선사들에게 과대하게 부풀려진 자본금이라는 부담을 떠안기고, 그 중압은 이후 불황기를 통하여 이들 선사의 핸디캡으로 작용하였다. 그 밖에도 일찍이 자유경쟁을 무대로 하여 해운업무를 배운 사람들의 손으로 이루어진 대형 기업연합체는, 지나치게 규모가 방대하여 그대로 후계자에게 물려줄 수 없어 결국 보다 작은(그렇다고는 해도 상당히 커다란 기업단위다) 단위의 기업으로 분할될지도 모른다고 믿는 사람들이 있다.

전쟁으로 강화된 또 다른 추세는, 해운산업이 전반적으로 보다 긴밀하게 조직화되었다는 점이다. 전쟁 중에 정부가 시행한 여러 정교한 장치들의 장단점에 대해서는 의견이 분분했다. 하지만 정부·해군·선박 통제관(Shipping Controller)들이 정기선 동맹으로부터 협조를 받아냄으로써 얻게 된 이익과, 이를 통해 정책당국자가 전 선주 단체들과 교섭을 벌일 수 있었다. 나아가 풍부한 실무경험에 기초한 자문을 받을 수 있었던 강력한 대표기관의 협력으로부터 얻어낸 이익에 대해서는 거의 이론의 여지가 없을 것이다. 전쟁이 가져다준 성과 중 하나로, 영국 해운집회소와 리버풀 기선선주협회 간의 긴밀한 제휴를 들 수 있다. 이 제휴 때문에, 오늘날 만재흘수선 규정의 변경을 제의하건, 해운관계 서식을 변경하건, 영국무역을 저해할 수 있는 과도한 항비 문제에 대해 항의를 하건, 항상 해운집회소와 리버풀기선선주협회의 공동위원회가 설치되고, 나아가 해운정책을 둘러싼 전반적인 문제에 대해서도 이들 두 단체는 결정적인 영향을 미치고 있다.

다른 여러 측면과 마찬가지로, 이 점에서도 전쟁은 이미 진행되고 있던 경향들을 더욱 강화하고 촉진했을 뿐이다. 그러나 조직화된 경영자와 노동자 간의 관계에서는, 전쟁은 혁명적인 변화를 불러왔다. 선원들의 근로조건은 이 전쟁에서 직접적 내지 궁극적인 영향을 받았다. 이를테면 모든 신조선은 훨씬 더 강화된 거주설비 기준에 따라 건조되고, 실업보험이 도입되었으며, 선원연금제도도 시행되었다. 이에 따라 선원들의 근로조건은 전반적으로 향상되었다. 선원들의 근로

조건이 이처럼 크게 개선된 데에는 전쟁 중에 "대양에서 자기 일을 묵묵히 해 나가는" 선원들이 국가에게 매우 중요하다는 사실을 갑자기 인식하게 된 대중들이 상선에 대해 보여준 열렬한 관심에 부분적으로 덕을 보았다. 그러나 이보다 더 중요한 요인은 해운산업계 자체에서 건전한 분위기가 형성되었다는 점이다. 노사간의 관계가 극한 대립으로 치달을 때도 있었다. 전쟁의 발발로 초래된 어려운 상황들이 1914년 당시 존재하고 있었던 여러 노사대립의 요인들에 새로운 불만거리를 더하였기 때문이다. 다행히도 윌슨(Havelock Wilson) 씨가 주도하는 선원노조 대표자들에 의해 "국가의 위기가 뱃사람들의 기회가 되어서는 안 된다"는 결정이 내려졌다. 노동조합이 애국적인 견지에서 태도를 누그러뜨리자 그들의 오랜 적대자였던 선주 측도 그에 상응하여 관용을 베풀었다. 선박에 선원을 배승하는 것과 관련하여 야기되는 모든 문제를 둘러싸고, 해운동맹과 전국선원화부노조의 대표자들은 우호적인 분위기 하에서 회의를 열었다. 노사가 모두 위험에 처하게 되자 해운업에 종사하는 모든 사람들, 즉 선주, 해기사, 보통 선원들은 서로 긴밀하게 협조하지 않을 수 없었다. 그 결과 1917년 해사위원회가 신설되었고, 이 위원회는 1919년 해운산업 전반을 관할하는 기구로서 항구적으로 재편되었다.

해사위원회는 양대 선주협회와, 일부 과격한 성향을 띤 소규모 해원노조海員勞組(Seafarer's Union)를 제외한 항해사·기관사·보통 선원을 대표하는 모든 종류의 선원단체의 대표자들로 구성되었다. 해사위원회의 기능은 다양했다. 분쟁의 예방과 조정, 해운산업 전체에 적용되는 임금과 근로조건의 설정(각 항구 간의 차이는 없어졌다), 고용관계의 감독 등을 맡아보았고, 선원과 화부의 공급문제는 해운동맹과 전국선원노조가 공동으로 관할하였다. 특정한 노동 관련 문제에 대해서는, 해기사나 보통 선원의 대표자들이 동수로 선주들과 모임을 가졌다. 또한 양측 대표자들로 구성된 지역해사위원회(District Boards)와 항만자문단(Port Consultants)이 구성되어 해사위원회가 결정한 사항을 집행하고, 각 지역의 분쟁을 해결하였다.

다른 산업과 마찬가지로 해운업계에서도 임금은 전쟁 중에 천정부지로 치솟았다. 선원들의 임금은 1918년 가을 숙련선원이 전쟁 보너스를 포함하여 290 실링으로 최고치에 이르렀고, 1921년 가을까지 이 수준을 유지했다. 화폐의 구매력을 감안한 실질임금은 1919년 봄에 최고에 달했는데, 당시의 290 실링은 이전 가치로 환산하면 약 141 실링 6 펜스밖에 되지 않았다. 하지만 불행하게도 장기간에 걸친 불황으로 선원들은 그 동안 벌어 놓은 모든 것을 까먹어 버렸다. 그러나 물가폭등과 통화수축의 전 과정을 통하여, 다른 산업부문을 황폐화로 이끈 공포스러운 이해관계의 충돌이라든가 격렬한 불평이 해운산업계에서는 발생하지 않은 것은 위에서 언급한 해사위원회의 공적으로 보아도 좋을 것이다. 또한 불황에 접어든 후에도 상당히 오랫동안 호황 때의 임금수준이 유지되었고, 일시적으로 경기가 호전될 전망을 보인 1924년에 단기간이지만 임금이 장래의 호황을 내다보고 인상되었던 사실을 기억해야 할 것이다.

근로조건의 개선, 노조의 승인, 국가적 표준임금을 요구할 수 있는 권리의 인정, 노사간 타협과 협의를 위한 항구적인 기구의 설립 등은 전쟁으로 보통 선원들이 얻어낸 것들이었다. 이에 대하여 해기사의 경우, 표준제복을 공인 받고, 황태자인 웨일즈 공이 '상선대의 선대장'(Master of the Merchant Navy)으로 임명되는 등 그들의 지위가 향상되었음을 보여주기는 했지만, 보통 선원들에 비하면 얻은 것이 별반 없었다. 이러한 사정의 배후에는, 겉으로 드러나지는 않지만 그렇다고 경시할 수는 없는 중요한 변화가 있었다. 그것은 해원교육서비스(Seafarers' Education Service) 사업을 실시하는 데 여러 교육기관과 여러 주도적인 선사들, 전국선원노조들이 상호 긴밀하게 협조관계를 유지했다는 점이다. 해원교육서비스는 승선중인 해기사들과 보통 선원들에게 도서를 제공하고, 선원들이 선상에서 독서와 학습을 할 수 있게 할 목적으로 1919년에 설립되었다. 이 서비스는 아직 초기 단계지만, 장기간의 항해에서 오는 지루함을 달래고, 선원들에게 자기 계발의 기회를 제공하며 자존심을 갖게 하는 데서 확실히 성공을 거두고 있는 것으로 보인다. 선원들의 전반적인 지위향상과 관련하여서는 이보다 더 두드러진 변화를 보기 어렵기 때문에 해운사를 다루는 이 책에서 이 부분에 대해서 언급할 가치가 있다. 1차대전 이전에는 '잭'(Jack : 영국 선원의 통칭 l 역자)에게 춘화나 선교책자 이상의 다른 책을 제공해야 한다는 생각을 가진 사람은 거의 없었다. 그러나 현재 수많은 배에 승선하고 있는 영국 선원들은 과학서·역사서·시집·순수 문학서를 접할 기회를 갖게 되었을 뿐만 아니라 그런 것들을 열의와 안목을 가지고 자신에게 유용한 것들로 만들고자 하고 있다.

선원들의 임금률을 회복시키고, 근로조건을 더 개선시키기 위해서는 주로 국제적 발전에 기대해야 하고, 해운산업이 다시 번영을 누리기 위해서는 세계 무역이 회복되어야 한다. 해운산업은 그 자체가 국제적인 성격을 띠고 있어서 어느 한 나라만 사업의 편의를 촉진하거나 사회적 기준을 향상시키는 데는 일정한 한계가 있을 수밖에 없다.

전쟁은 다른 분야와 마찬가지로 해운정책에서도, 경제적 민족주의의 부활과 국제적 협력 조짐의 증대라는 두 가지 상충되는 경향을 초래하였다. 영국을 비롯한 모든 나라의 해운업의 장래는 이러한 두 가지 기제 가운데 어느 것이 궁극적으로 승리를 거두는가에 전적으로 달려 있다고 할 수 있다.

제1차 세계대전 중에 미국·오스트레일리아·캐나다 정부가 징발한 선박을 국유화시킨 것은 사회주의적인 이론에 따른 것이라기보다는 민족주의에 따른 것이었다. 현재 이들 세 나라는 민족주의에서 탈피하거나 탈피하려 하고 있지만, 단지 소비에트 정부만이 사회주의 원칙을 고수하며 국유 상선대를 고집하고 있다.

이러한 국유상선대의 실험 실패를 가지고 곧바로 국영 선사가 효율성이 떨어진다는 식의 일반적인 교훈을 도출하려는 것은 부당할 것이다. 미국 해운국과 오스트레일리아 정부가 해운 사업에 착수한 것은, 선박 건조비가 너무 비싸서 이익을 내거나 또는 최소한 선박의 감가상각비를 보전하기 위해 아주 예외적으로 높은 운임을 지속적으로 유지할 필요가 있을 때였다. 당시에 또는 그와 비슷한 시기에 설립된 민영 선사들은 대불황 초기에 대부분 소멸되었다. 그러나 해운업은, 국영체제와 불가분의 관계가 있어 보이는 경직성과 관료주의에는 특히 적합하지 않는 산업이라고 할 수 있다. 나아가 다른 어떤 산업부문보다 해운업의 경우, 국영체제는 극히 자주 국제적 알력의 불씨가 되기 쉽다는 점도 덧붙여 둔다. 두 경쟁선사 간의 운임전쟁이라든가, 외국 항구에서 선박이 나포되었을 경우(그 선박이 합법적으로 운항 중이었건 아니면 그 지역의 법규를 위반하였건 상관없이) 해당 선박이 국영 선박일 때는 어찌되었든 세간의 주목을 더 많이 끌고 더 격렬한 비난을 받게 될 것이다.

그러나 국영체제에 대한 주된 반대는, 국영선사는 정치적 이유에 의해서건 혹은 낮은 운임을 바라는 상업계의 요구에 의해서건 어찌되었든 비경제적인 운임률로 서비스를 제공하고, 그 결과 정부재정에 손실을 끼칠 우려가 상존하고 있다는 점이다. 그러한 배가 경쟁시장에 나타나게 되면 서비스 고유의 장점만으로 경쟁하는 선주들은 타격을 받게 되고, 장기간의 안목에서 보면, 이는 세계무역에도 해를 끼치게 된다. 국영선박은 해운 서비스 자체의 효율성을 증진시킬 수 있는 유인력을 파괴시키고, 전혀 존재 이유가 없는 과잉선박을 유지·운항하는 데 비용을 들임으로써, 필연적으로 세계 경제에 부담으로 작용하게 된다.

이 같은 반대논리는, 다소 그 정도가 가볍기는 하지만 모든 형태의 일반 보조금에 대해서도 적용된다. 보조금 지급이 특별히 정당화될 수 있는 경우도 있는데, 후진지역을 개발하기 위해 시험항로를 개척한다거나, 적절한 교통수단을 제공하는 경우가 그런 예다. 그러나 세계의 실제 선박 수요를 초과하여 보조금을 받아 건조된 모든 선박은 전반적으로 수입 수준을 저하시키는 데 일조하여, 결국 세계 무역에 부담이 된다.

이것들보다 훨씬 더 격렬한 반대의 대상이 되는 것은 국기차별조치다. 종전 후, 영국에서는 이전의 항해법을 부활시키려는 움직임이 일어났으나 다행히도 선주들의 반대에 부딪혀 실패로 돌아갔다. 선주들은 항해법을 재도입하려는 시도는 그것이 어떤 것이든 필연적으로 보복을 불러올 것이며, 이는 그 활동이 전 세계적일 때에만 번영을 가져오는 해운산업을 파멸시키리라는 것을 알고 있었던 것이다. 그러나 국기차별주의에 대한 반대론은 단순히 특정 국가 선주의 이해관계에만 기초하는 것이 아니고, 그 뿌리는 훨씬 깊다. 앞서 살펴본 것처럼, 현재 선박의 공급은 항로와 항로 간에 요구되는 계절별, 연간 수요의 변동에 따라 조절되는데, 이는 모든 국적의 선박으로 구성되고 모든 나라의 화주가 믿고 이용할 수 있는 세계 상선대가 존재하기 때문이다. 그런데 만약 이 세계 상선대의 활동이 특정 국가에 의해 국기차별·적취율 할당·차별 관세 등 온갖 차별 때문에 장애를 받게 되면, 다음 두 가지 결과 중 하나 내지 둘 모두가 나타나게 된다. 즉 화주는 합법적으로 운송할 수 있는 선박이 부족하여 지속적으로 어려움을 겪게 될 것이고, 각 나라는 자국의 통상적인 필요를 초과하여 선박을 확보해야 하기 때문에 수요가 많을 때를 제외하고는 배가 남아돌게 될 것이다. 어느 경우든 공선 항해가 증가할 것이고, 운임은 그 비용을 보전하기 위해 오르게 될 것이다.

때로는 항해법의 원칙을 수입항로에만 적용하려고 하는 경우가 있다. 그러나 이렇게 할 경우 위에서 언급한 두 가지 경향이 동시에 작용하게 되어, 모든 선박이 외항 항해시에는 빈 배로 항해해야 하는 사태를 낳을 것이다.

그 형태가 어떤 것이든, 그리고 어떻게 신중을 기하든, 국기 차별은 필연적으로 수송력을 낭비하고, 세계 통상에 부담을 주게 된다. 그것은 또한 무제한적인 국제경쟁을 유발할 요소를 내포하고 있다. 이는 관세·할당·수입과 수출금지 등의 방법을 동원하여 자국민의 외국무역에 간섭하고 제한을 가하는 것을, 그것이 현명한 방책인지 아닌지는 별도로 치고, 아랑곳하지 않으며 정당화시킨다. 그러나 국제무역이 인정되고 있는 한, 무엇 때문에 국제무역이 존재하는지를 인식해야 한다. 카디프에서 보르도까지의 석탄 운송은 '영국의 무역'임과 동시에 '프랑스의 무역'이다. 보르도에서 카디프까지의 갱목坑木 운송은 '프랑스의 무역'임과 동시에 '영국의 무역'이다. 어느 경우에서건 구매자와 판매자가 다같이 수송문제에 이해관계를 갖고 있고, 구매자의 정부나 판매자의 정부가 수송조건에 대해 이래라 저래라 할 권리는 전혀 없다. 국기차별에 대해 반대하는 궁극적인 이유는, 국가가 국제교통에까지 관할권을 갖고 있다고 주장하려 든다는 점에 있다. 그것은, '전후 해운조선에 관한 Booth위원회'(the Booth Committee on Shipping and Shipbuilding After the War)의 표현에 잘 나타나 있듯이, "무역의 자연적인 흐름을 방해"하는 데 그치지 않고, "세계 해상국가 간에 끊임없는 싸움을 유발"한다.[1] 항해법 정책은 '배·식민지·통상'을 승전의 전리품으로 본 과거시대의 소산이고, 그것은 끊임없이 바람직스럽지 못한 사태를 불러일으켰다.

1차대전은 항해법을 부활시키려는 제안을 고취시킨 경제적 민족주의를 되살려냈고, 실패로 끝나기는 했지만 1921년 미국선박보조법 (American Ship Subsidy Bill)을 탄생시키기도 했다. 그러나 다행히도 세계대전을 통해 세계 각국은 상호 의존과 경제적인 협력의 필요성을 새롭게 인식하게 되었다. 국제연맹 헌장은 국기 차별과 관련하여 "해양의 자유, 모든 항구의 모든 선적국의 선박에 대해 동등하게 대우하자"라는 Booth 위원회의 슬로건을 실행하기 위한 초석을 놓았다. 실제로 영국 선주들은 국제연맹의 가장 열렬한 지지자에 속했다. 그러나 적어도 경제적인 측면에서, 이미 이전부터 무역업자와 선주들에게는 절대적이라고 해야 할 이 실제적인 필요성을, 연맹 창설자들은 마지못해 정치적으로 긍정하였던 데 불과하다는 사실을 기억해 두어야 할 것이

---

1) Cd. 9092, p.110.

다.

이미 언급한 것처럼, 해운업은 국제적인 사업이고 해운사업은 국제적인 기반 위에서 효율적으로 조직 통제되어야 한다. 이를테면 도로교통법의 경우, 영국에서는 왼쪽으로 통행하고, 유럽 대륙에서는 오른쪽으로 통행해도 별다른 문제는 낳지 않는다. 그러나

초록등은 초록등을, 빨간등은 빨간등을
마주보며 안전하게 항해한다

라는 오래된 훌륭한 규칙을 일부 배만 지키고, 다른 배들은 반대로 항해한다면, 해상교통의 위험은 크게 증가할 것이다. 다시 말하면, 어떤 배가 어떤 항구에 입항하기 위해 입항허가를 기다리고 있는 상황에서 해당 항구의 만재흘수선, 갑판 적화積貨, 선적항을 출항하기 전에 갖추어야 할 안전장비와 관련한 일련의 규정에 서로 상이하고 모순되는 규정이 포함되어 있다면 이는 아주 심각한 문제다. 또한 안전과 설비 기준이 너무 높아 막대한 비용을 지출해야 한다면 선진국의 선주에게도 타격을 줄 것이고, 그렇게 되면 아무리 선진국의 선주일지라도 그보다 낮은 기준을 적용하는 나라의 선주들과 운임경쟁을 벌일 수는 없을 것이다.

이러한 곤란한 상황은 해운업의 순전히 사업적인 측면에서도 발생한다. 어느 항구든 모두 국적을 달리하는 많은 배가 출입하고 있으며, 또 한 척의 배라 해도 많은 나라의 항구들에 출입하는 경우가 있다. 나아가 선주·선박중개인·송화주·수화주·거래를 재정적으로 지원하는 은행·선박보험과 화물보험을 인수하는 보험업자와 같은 사적 거래

에 관계하는 모든 당사자는, 국적을 달리하는 세 나라 또는 네 나라의 국민일 수도 있다. 그러므로 용선계약서·선하증권·해상보험약관의 형식은 세계적으로 통일되어 있고, 선주의 책임·충돌·해난구조 같은 문제와 관련한 법은 모든 나라에서 가능한 한 비슷해야 바람직하다. 게다가 해당 선주가 전쟁중에 있는 나라의 항구에 차압당할 수도 있고, 법률수속이 끝날 때까지 유치留置되는 경향이 있기 때문에 특히 이러한 법규는 국제적으로 통일되는 것이 바람직하다.

중세시대에 법률과 관할권의 상충으로 인해 발생하는 불편을 크게 완화하기 위해 널리 수용되고 있는 관습법을 집대성하고, 각 지역의 법률로 채택하는 현상이 늘어났다는 것에 대해서는 이미 살펴본 바 있다.

17·18세기의 격화된 민족주의로 인해 이 같은 관습법은 대부분 폐기되었고, 19세기 동안 그것을 제자리로 돌려놓으려는 이렇다 할 시도도 이루어지지 않았다. 「국제신호규칙」(International Code of Signals)이 채택된 것은 1857년이고, 각국이 「국제선박교통규칙」(International Rule of the Road for Shipping)에 동의한 것이 1862년이었다는 사실은 좀 충격적이다. 심지어 「국제해상인명안전협약」(Convention on Safety of Life at Sea)의 초안이 마련된 것은 1914년이 되어서였다.

1차대전 이전 30여 년 동안 선주·보험업자·사업가들은 복잡한 실타래를 풀기 위해 상당한 노력을 기울여 왔다. 여러 무역에서 공통으로 사용할 수 있는 해운 관련 서식을 제정하는 문제도 선주와 여러 나라의 무역업자를 대표하는 조직 간의 협의를 거쳐야 했기 때문에 쉬운 일이 아니었다. 다행히도 주로 '국제해사위원회'(International Maritime Committee)의 노력으로 해사 계약과 관련한 통일 법률안의 제정에 일정한 진전이 이루어졌다. 특히 충돌과 해난구조와 관련한 법률은 세계의 거의 모든 해운국이 채택하였다.

또 한편으로는, 행정 승인이 필요 없는 국제규칙은 관계 당사자들이 자발적으로 채택하기로 하고, 참고용으로 표준계약서식이라는 형태로 구체화되었다. 이러한 진전 가운데, 초기에 이루어졌으며 동시에 가장 중요한 의의를 갖는 것이 1870년대에 채택된 「공동해손정산共同海損定算을 위한 요크-앤트워프 규칙」(York-Antwerp Rules for the Adjustment of General Average Claims)이다.

이와 같이 해운산업을 국제적으로 규제하려는 경향은 전쟁 이래 더욱 두드러졌다.[2] 안전규정과 장비, 만재흘수선, 조타명령어, 해상화물운송과 관련한 국제협약들이 체결되었다. 국제해사위원회는 선주의 책임범위, 선박 저당권 및 유치권과 관련한 다른 협약들의 초안도 마련하였다. 1920년 제노바에서 개최된 국제(선원)노동자회의(International Labour- Seamen's -Conference)에서는 최저 승선연령(14세로 확정), 실업보험, 좌초선박에 승선한 선원에 대한 보상, 그 밖의 선원의 사회적 복지와 관련한 합의가 도출되었다. 국제연맹이 「운송과 항구의 자유에 관한 협약」(Convention on Freedom of Transit and Maritime Ports)을 채택하기 위해 들인 노고에 대해서는 이미 강조한 바 있다.

물론 아직 해야 할 일들이 많이 남아 있다. 그리고 이미 체결된 협약을 비준하고 그에 상응하는 국내 입법 조치들을 마련하는 일이 지체되고 있다는 것에 대해 영국 선주들은 심하게 비난을 하고 있기도 하다. 그러나 해운업을 규제하는 데 국제적인 협조가 이루어지는 이 같은 추세가 앞으로 더욱 진전될 것이라는 사실은 추호의 의심도

---

2) **역주** | 원문에는 since the war 뒤에 마침표(.)가 없으나, 오식이다.

없다. 이는 해운산업 자체의 필요와 상황에서 유래된 것이기 때문이다. 이러한 경향이 얼마나 강한가는, 정식 국제협약이 체결되고 있을 뿐만 아니라, 대형 선급협회들이 서로 밀접하게 협력하고, 로이즈 선급이 주요 해운국 중 일부에 지사를 설립하는 데서도 잘 나타나 있다. 그 중에서도 특히 전 세계의 중요한 모든 선주협회 대표자들로 구성된 '세계해운회의'(International Shipping Conference)의 활동에 잘 나타나 있다. 세계해운회의는 원래 영국 해운집회소와 리버풀 기선선주협회의 주도로 1921년에 개최되었다. 회의의 토론결과가 매우 유익하다는 것으로 밝혀지자, 앞으로의 회의를 준비하기 위해 항구적인 조직이 구성되었다. 근자에 해운에 관한 국제적 규제 부문에서 이루어진 성과 중 상당수는 바로 이 해운회의와 그 위원회 덕분이라고 할 수 있다.

　종전 직후 몇 년 동안 국제적인 임금기준을 설정하려는 꿈은 주요 해운국의 생활수준과 육상 임금수준과의 큰 차이가 일정하게 해소되지 않는 한 한낱 꿈에 그칠 가능성이 크다. 현재 국제적 합의에 따라 선원들의 전반적인 근로조건이 개선될 가능성은 그 어느 때보다 높다. 그러나 번영의 물결이 산업을 전반적으로 회복시킬 때까지 큰 진전이 이룩될 수 있을지 의문이다. 이미 살펴본 것처럼, 그것은 전적으로 세계무역의 회복 여하에 달려 있다. 그러나 만약 과잉 선박을 해체하고, 선적에 관계없이 가장 편리한 선박을 용선하는 것에 가해지는 제한을 철폐하며, 배의 새로운 건조에 부여되는 특수한 장려책이나 자극을 배제하거나 제한하고 다른 한편 노후선의 취역을 가능한 한 억제하는 방향으로 일정하게 협정이 체결된다면, 해운업의 회복도 더 빨라지고 현재의 불황의 중압도 견뎌내기 쉬워질지 모른다. 이러한 계획을 실천하는 데는 국가의 정책과 편견뿐 아니라, 해운산업 자체의 격심한 경쟁, 극히 개인주의적인 전통 등 극복해야 할 장애가 많다. 50년 이전에 세계해운회의를 개최하는 것을 생각하는 것보다는, 현재 이러한 계획을 생각하는 쪽이 아마도 훨씬 쉽지 않을까 생각한다.

이 책은 국제협력에 관한 이야기로 마무리하는 것이 상당히 적절해 보인다. 무릇 해운업이란 그 기나긴 역사를 통해, 세계 단일화를 위한 주요 계기로서 행동하는 것을 자신의 임무로 삼아 왔기 때문이다. 정복욕·약탈욕·미지의 것을 밝혀내고자 하는 끝없는 충동 같은 모든 것들이 선박의 발전에 제 역할을 했다. 그러나 해운업은 인간생활에 편리·안락·향유를 더해주는 해외산물의 적절한 공급은 약탈보다는 무역 쪽이 더 확실한 방법이며, 무역은 주고받는 것이라는 사실을 깨달은 데서 유래하였다.

후커 주교가 지적한 것처럼, 물질문명이 조금씩 발전함에 따라 "우리의 본성이 바라는 삶과, 인간의 존엄을 유지하는 데 적합한 삶을 살기 위해" 필요하다고 생각되는 것들의 수가 증가해 왔다. 해상 무역업자들은 이렇게 인간에게 필요한 것들을 찾아 점점 더 미지의 바다로 나가지 않으면 안 되었다. 그들은 통과할 수 없는 육지의 장애물이나 파도가 넘실대는 수백만 마일의 바다를 넘어 민족 간에 무역관계를 구축하고, 생산물을 교환하고 나아가 정치·사회·종교적 사상을 교환하는 길을 열어 놓았다. 새로운 접촉으로 인간의 사악함을 적나라하게 드러낸 경우도 많았고, 흔히 무역과 전쟁은 함께 일어나는 것이 보통이었다. 하지만 이렇게 해서 적어도 접촉관계는 만들어졌다. 이웃과 싸운다는 것은, 그의 존재를 모르는 것에 비해, 그 대상에 친근감을 품게 되는 첫걸음이다.

뱃사람들은 자기 화물이나 다른 사람의 화물을 외국으로 운송하고, 다시 다른 화물을 싣고 돌아온다. 그들은 자신들이 방문한 지역과 자기 나라의 번영과 문화를 건설하는 데 일정한 역할을 하였다. 그러나 애당초 배를 만들고 부리는 데 특별한 재능과 소질을 갖고 있는 민족도 있어서, 그들은 전 세계에 봉사하는 데서 스스로의 이익을 찾아냈다. 고대의 페니키아인들, 중세의 베네치아인과 한자 상인, 17세기의 네덜란드인, 18세기의 영국인들은 이타적인 것과는 거리가 먼 사람들이었다. 그들은 자기 자신의 이익만을 추구했다. 그들은 자기들의 항구를 통해 세계무역이 이루어지도록 강제하고, 해상운송을 독점하기 위해 거리낌 없이 싸우고 음모를 꾸몄다. 그러나 그들은 자신들의 의지에 상관없이 그리고 무의식적으로 자신들이 화물을 운송한 모든 지역 사이에 세계의 모든 나라의 부와 문명을 성장시키는 역할을 하였다.

해운업이 세계에 이바지할 길은 지금도 여전히 남아 있다. 해운업에서의 독점은 경쟁을 통해 차례차례 사라져 거의 와해되었다. 아니, 그 대부분은, 일반 운송인으로서의 그들의 서비스가 국민적 발전의 달성을 도운 적들의 손에 의해 타파되었다고 보는 편이 나을지도 모른다. 최후까지 남아 있던 독점(영국 항해법에서 인정되고 있었던 부분적 독점)은, 해상수송의 자유가 바람직할 뿐만 아니라 필수적인 것이 되어버린 세상에서 더 이상 존재할 수 없다는 점이 명백해지자 자발적으로 폐지되었다.

해운업은 인간의 욕구를 충족시키고, 그것을 배가시킨다. 오늘날 해운업은 "인간의 본성이 바라는 그런 삶을 살아가는 데 필요한 것"들을 보다 풍족하게 공급할 뿐만 아니라, 수억 명의 사람들에게 최소한의 생계를 연명하는 데 필요한 필수품을 확실하게 제공하고 있다. 해운산업 자체의 국제조직이 결성되는 경향이 증대하고 있는 것은, 여러 나라가 서로 협력해야 한다는 것, 그렇지 않으면 멸망할 수밖에 없음을 조금씩 가르쳐 준 경제적 상호의존 관계라는 상황의 출현에 해운업 자신이 수행하였던 역할을 반영한 것에 불과하다.

이 책에서 노예무역의 공포, 초기 이민자들이 겪어야 했던 끔찍한 선내 거주조건, 선원 복지에 대한 냉담한 무관심 등 해운업의 어두운 면을 길게 다루지 않았던 것은, 일부러 그러한 일들을 무시하거나 축소하려는 생각에서가 아니었다. 다른 산업과 마찬가지로 해운산업도 부끄러워해야 할 일들이 과거에 많았고, 오늘날에도 고쳐야 할 문제들이 존재한다. 그렇지만 자그마한 도화지에 그림을 그린다고 했을 때, 진취적인 기업심과 성취, 새로운 활동방식에 대한 쉼없는 탐색, 끊임없이 증가하는 욕구에 대한 부단한 적응과 조정 등 놀라운 기록에 주로 초점을 맞추는 것이 아마도 진짜 전경을 그리는 일일 것이다. 바로 이러한 점들을 통해 세계의 핵심산업은 인류의 진보에 제 몫을 다해 왔기 때문이다.

▌▌▌▌ 참고문헌

Sir Archibald Hurd, *The Merchant Navy*, 3 vols., London, 1921-1929.
David W. Bone, *Merchantmen-at-Arms*, new ed., London, 1929.
Father Hopkins, *National Service of British Seamen, 1914-1919*, London, 1920.
C. E. Fayle, *Seaborne Trade*, 3 vols., London, 1920-1924.
C. E. Fayle, *The War and the Shipping Industry*, London, 1927.
The Report of the Committee on Shipping and Shipbuilding after the War, Cd. 9092, 1918.

찾아보기

지은이 | C. Ernest Fayle (1879~1943)

영국의 해운경제사가, City of London School 졸업, Imperial Defence College 강사(Lecturer).
저서로 *Seaborne Trade : History of Great War*, 3 vols.(1920~1924), *War and the Shipping Industry*
(1927), *A History of Lloyd's*(Charles Wright와 공저, 1928) 등이 있다.

옮긴이 | 김성준

한국해양대학교 항해융합학부 교수·Master Mariner(STCW 95 II/2).
저서로『영화에 빠진 바다』(혜안, 2009),『한국항해선박사』(문현, 2014),『서양항해선박사』
(혜안, 2015),『해사영어의 어원』(문현, 2015),『역사와 범선』(교우미디어, 2015),『유럽의
대항해시대』(문현, 2019), 역서로 J. H. Parry,『약탈의 역사』(신서원, 1998), Luc Cuyvers,
『역사와 바다 : 해양력의 세계여행』(한국해사문제연구소, 1999), Mike Dash,『미친 항해
: 바타비아호 좌초 사건』(혜안, 2012),『현대해사용어의 어원』(문현, 2017), Nicollette Jones,
『바다에서 생명을 살린 플림솔 마크』(장금상선, 2019) 등이 있고, 해운경제사와 항해사
관련 다수의 논문을 집필하였다.
E- mail : s-junekim@hanmail.net   www.seahistory.or.kr

서양 해운사

어니스트 페일 지음 | 김성준 옮김

2004년 3월 2일 초판 1쇄 발행
2021년 2월 10일 2판 1쇄 발행

펴낸이 · 오일주
펴낸곳 · 도서출판 혜안

등록번호 · 제22-471호
등록일자 · 1993년 7월 30일

㈜ 04052 서울시 마포구 와우산로 35길 3(서교동) 102호
전화 · 3141-3711~2 / 팩시밀리 · 3141-3710
E-Mail · hyeanpub@hanmail.net

ISBN 89-8494-210-3 93920

값 23,000 원